Human Capital Management

Raimund Birri

Human Capital Management

Ein praxiserprobter Ansatz für ein strategisches Talent Management

2., überarbeitete Auflage

 Springer Gabler

Raimund Birri
Zürich, Schweiz

ISBN 978-3-8349-4574-7   ISBN 978-3-8349-4575-4 (eBook)
DOI 10.1007/978-3-8349-4575-4

Die Deutsche Nationalbibliothek verzeichnet diese Publikation in der Deutschen Nationalbibliografie;
detaillierte bibliografische Daten sind im Internet über http://dnb.d-nb.de abrufbar.

Springer Gabler
© Springer Fachmedien Wiesbaden 2011, 2014

Lektorat: Juliane Wagner

Gedruckt auf säurefreiem und chlorfrei gebleichtem Papier

Springer Gabler ist eine Marke von Springer DE. Springer DE ist Teil der Fachverlagsgruppe Springer
Science+Business Media
www.springer-gabler.de

Vorwort der 2. Auflage

Die 1. Auflage hat erfreulich viele Reaktionen in Form von persönlichen Feedbacks, Rezensionen, Einladungen zu Präsentationen und einzelnen Beratungsmandaten bewirkt. Diese haben mich angeregt, meine Sicht und meine Argumente teils zu hinterfragen bzw. zu vertiefen und zu erweitern. Sie haben auch aufgezeigt, welche Elemente des postulierten HCM aus der Perspektive von interessierten Unternehmen besonders wertvoll sind. Die 1. Auflage war in wesentlichen Teilen eine konzeptionell in Ansätzen aufgearbeitete und verallgemeinerbare Fallbeschreibung des Human Capital Managements der Credit Suisse. In der 2. Auflage werden nicht nur die Literaturverweise aktualisiert und die Ausführungen mit zusätzlichen Beispielen ergänzt sondern auch in zentralen Teilen das theoretisch-wissenschaftliche Fundament des vorgeschlagenen Ansatzes verbreitert. Dies in erster Linie durch Einbezug von Management-Theorien wie die ‚Resource Based View (RBV)' eines Unternehmens, die ‚Principal-Agent-Theorie' oder verschiedene Arbeiten rund um Human Capital und ‚Knowledge-Management'. Diese sind neu im Kapitel 1.7 erläutert, ihre Auswirkungen finden sich aber an verschiedenen Stellen in den darauffolgenden Kapiteln, z.B. in 8.2.4 zum Thema „Integration". Insgesamt hat sich gezeigt, dass die im praktischen Aufbau eines HCM getroffenen, oft intuitiven Annahmen und Entscheidungen durch wissenschaftliche Konzepte und Theorien aus teils anderen Fachbereichen (Strategisches Management, Wirtschaftswissenschaften) bestätigt und untermauert werden konnten.

Die in Kapitel 3 vorgeschlagene HCM-Architektur hat sich in Diskussionen mit an einer Überarbeitung ihres HCM interessierten Firmen immer mehr als konzeptionelles ‚Herzstück' des vorgeschlagenen HCM-Ansatzes herausgestellt, das einen vielfältigen Nutzen generieren kann. Die Begründung für die in dieser Architektur gefällten Entscheidungen sind vertieft und die verschiedenen Nutzenaspekte ausführlicher erläutert worden, auch in späteren Kapiteln wie z.B. „Strategie und HCM" (Kapitel 7).

Der praktische Teil des vorgestellten HCM, d.h. die Messgrössen und Prozesse (Kapitel 4 und 5) ist praktisch unverändert geblieben.

Dank laufender und breiterer Lektüre zum Thema HCM und Talent Management konnten die Literaturverweise in allen Kapiteln aktualisiert und ausgebaut werden.

Dem eingehenden Kenner der 1. Auflage empfehle ich eine Lektüre der teils neuen oder stark erweiterten Kapitel 1.7, 2.1, 3, 7, 8.2, 9.3, 9.6 und 9.7.

Ein grosses Dankeschön möchte ich hier Herrn Prof. Dr. Ch. Lebrenz von der HS Augsburg aussprechen. Er hat mir äusserst wertvolle Hinweise gegeben und viel Zeit in einen regen gedanklichen Austausch investiert.

Einmal mehr hat mich mein ehemaliger Arbeitskollege Andreas Melcher von der Credit Suisse tatkräftig unterstützt beim Gegenlesen neuer/überarbeiteter Abschnitte. Seine kritischen Feedbacks und praxisbezogenen Tipps haben meine teils ausufernden Erweiterungen in praktikable und nachvollziehbare Bahnen gelenkt. Herzlichen Dank!

Dem Gabler Verlag und seinen kompetenten Vertretern Frau Wagner und Frau Bernatz ein besonderer Dank erstens für die Möglichkeit und Herausforderung einer überarbeiteten/erweiterten neuen Auflage und zweitens für die geschätzte Lektorinnen-Arbeit.

Im Voraus vielen Dank für hoffentlich erneut viele Rückmeldungen und Anregungen, vielleicht in Richtung einer 3. Auflage …

Zürich, August 2013   Raimund Birri

Vorwort

Verständnis und Akzeptanz der Aussagen eines Buches hängen nicht selten vom Wissen darüber ab, wie und wo es entstanden ist. Im Spektrum zwischen rein akademisch basierten Publikationen und unreflektierten Praxisberichten nimmt dieses Buch eine besondere Stellung ein. Die hier vorgestellten Konzepte und das praktische Erfahrungswissen sind in langjähriger, teils mühsamer Arbeit in einer größeren Organisation Schritt für Schritt entstanden. Ziel war dabei nicht eine Publikation, sondern eine optimale Lösung für das Unternehmen. Viele haben zu dieser Lösung beigetragen, allen voran die praktisch tätigen Führungskräfte auf allen Stufen, die für die vielfachen an sie gestellten Anforderungen effiziente, aber auch wirkungsvolle Prozesse und Instrumente der Personalführung suchten. Als Fachspezialisten im HR haben wir akademisches Wissen und Erfahrungen aus internationalem Austausch in Fachkreisen so aufbereitet und adaptiert, dass wir zu verlässlichen und kompetenten Partnern der Führungskräfte wurden. Dazu hat auch beigetragen, dass wir aus unterschiedlichen Fachbereichen (IT, Ergonomie, Kognitionspsychologie, Statistik, Personaldiagnostik/Assessment, Management, Personalentwicklung) teils langjährige praktische Erfahrung mitbrachten und zu von Praktikern akzeptierten Lösungen kombinieren konnten. Erst die von mir frei gewählte Distanz zum Erreichten hat die Lust auf eine vertiefte Reflexion und Diskussion der erarbeiteten und funktionierenden Lösung geweckt sowie Zeit und Ressourcen für die Aufbereitung zu einem allgemein verständlichen und breiter gültigen Lösungsansatz geschaffen. Diese Aufbereitung war spannend, hat via Lektüre der relevanten Literatur neue Einsichten und Zusammenhänge eröffnet und oft dazu geführt, dass intuitive, pragmatische und scheinbar unternehmensbezogene Entscheide und Lösungen erst im Nachhinein grundlegender erklärt, verstanden und strukturiert werden konnten. Dabei ist aber nicht auszuschließen, dass die konzeptionelle und theoretische Stringenz vereinzelt zu Gunsten einer verständlicheren Darstellung und Erklärung der Lösung leicht zurechtgebogen wurde. Dass der hier vorgestellte Ansatz von Human Capital Management durch eine Kombination erprobter und natürlich gewachsener unternehmerischer Praxis und allgemeiner Theorien/Konzepte entstanden ist, mag den Aufbau und die Schwerpunktsetzung des Buches bestimmt haben. Diese „Herkunft" hat hoffentlich auch den Vorteil, dass die Aussagen sowohl für Personalfachleute wie auch für praktisch tätige Führungskräfte/Manager auf unterschiedlichen Stufen relevant, verständlich und überzeugend sind.

Zu den Inhalten dieses Buch haben folglich nicht nur der Autor und sein „innerer Kreis" an Fachkollegen beigetragen, sondern indirekt auch unzählige engagierte und innovative Führungskräfte. Ihnen und der Organisation als Ganzes gebühren der größte Dank und eine bewundernde Wertschätzung.

Besonders gedankt sei Andreas Melcher und Silvan Winkler als neugierigen und gewissenhaften Fachspezialisten. Fruchtbare Diskussionen mit ihnen vor und während der Entstehung des Buches haben wesentlich zum Gelingen und zur Substanz des Buches beigetragen.

Gedankt sei auch den Personen, die erste Entwürfe und später dann überarbeitete Versionen gegengelesen und mir wertvolle Hinweise zur inhaltlichen und sprachlichen Ausgestaltung des Buches gegeben haben. Hervorheben möchte ich hier die erfahrenen Manager Jean-Paul Klauser und Urs Stahlberger sowie Christoph Bannwart als scharfsinnigen und konstruktiven Analytiker meiner sprachlichen Unzulänglichkeiten. Marc Bider hat als begnadeter visueller Gestalter meine Entwürfe für die Abbildungen veredelt.

Im Gabler Verlag habe ich mit Ulrike M. Vetter eine aufmunternde und effiziente Lektorin gefunden.

Danken möchte ich im Voraus für hoffentlich vielfache Rückmeldungen, Kritiken, Fragen, Anregungen usw. von Ihnen, liebe Leserinnen und Leser.

Zürich, Juni 2011   Raimund Birri

Inhaltsverzeichnis

1 Um was geht es?

1.1 Lippenbekenntnisse und aktionistische Orientierungslosigkeit

„Die Mitarbeitenden sind unser wichtigstes Gut" oder „Die Qualität und das Engagement unserer Mitarbeitenden sind wettbewerbsentscheidend" oder auf Schweizerdeutsch „Ohni d'Lüüt gaad nüüt" sind übliche Äußerungen von Entscheidungsträgern in Unternehmen.

Die Realität sieht leider oft noch anders aus: Mitarbeitende werden einseitig als Chance für kurzfristig motivierte Kostensenkungen genutzt, und Verwaltungsräte, Aktionäre sowie Politiker streiten sich, wie der im Wesentlichen durch die Mitarbeitenden erzielte Unternehmensgewinn auf Management, Investoren und Staat verteilt werden soll. Die methodische Professionalität und firmenübergreifende Standardisierungen hinken bei der „Bewirtschaftung" des Personals weit hinter vergleichbaren Disziplinen wie Marketing oder IT her. Viele wohlklingende Beteuerungen von CEO's zur Bedeutung der Mitarbeitenden entpuppen sich also vielfach als Lippenbekenntnisse.

Der Personalaufwand ist, insbesondere im Dienstleistungsbereich, oft der klar größte Kostenblock eines Unternehmens. Die Aufwände für Immobilien und technische Einrichtungen treten mengenmäßig zunehmend in den Hintergrund.

Buchwert und Marktwert eines personalintensiven und wissensbasierten Unternehmens unterscheiden sich meist beträchtlich. Der normalerweise höhere Marktwert wird durch die „Intangible Assets", die in den Bilanzen nicht ausgewiesen werden (können), erklärt (vgl. Lev, 2001). Zu den „Intangible Assets" zählen nebst Kundenbeziehungen, Marke und Produkt-Pipelines auch das Personal und sein Management. Die ‚Intangible Assets" sind für Investoren oder bei der Bewertung im Rahmen von Firmenübernahmen von entscheidender Bedeutung.

Qualität und Produktivität des Personals können beeinflusst, seine Wertschöpfung optimiert werden. Die Mittel und Wege, die dem Management dazu zur Verfügung stehen sind grundsätzlich bekannt. Für ihre Wirkung gibt es ausreichend empirische Belege (z.B. Pfau und Kay, 2002).

Der Aufwand für das Personal und sein Wert als "Intangible Asset" sowie die Tatsache, dass beides auch beeinflusst werden kann, sind Grund genug dafür, sich eingehend und umfassend darüber Gedanken zu machen, wie der effektive Wert und die Produktivität bzw. der Wertschöpfungsbeitrag der Mitarbeitenden eingeschätzt und gezielt gesteigert werden können. Dazu braucht es Methodik, Management-Disziplin und Ressourcen analog dem Finanzwesen, der IT oder dem Marketing eines Unternehmens.

Eine Analyse der Ist-Situation zeigt zusammenfassend folgendes Bild:

■ Die Praxis im Umgang mit dem Personal wird dem anteilsmässigen und strategischen Gewicht der Mitarbeitenden noch keineswegs gerecht. Methodische Professionalität, Image und organisatorischer Status der HR-Abteilungen sind vergleichsweise tief.

■ Ausser einigen Effizienzverbesserungen dank Informatikanwendungen, Prozessoptimierungen und Outsourcings macht das strategisch auf die Steigerung der Wertschöpfung ausgerichtete Personalmanagement sowohl im HR-Bereich als auch in der Unternehmensführung seit Jahrzehnten kaum signifikante Fortschritte.

■ Im Vergleich zum Finanzwesen, zum Marketing oder IT-Management verfügt das Personalmanagement nicht einmal in Ansätzen über breit anerkannte, standardisierte, ganzheitlich und strategisch ausgerichtete sowie unternehmensübergreifend vergleichbare Messgrössen, Modelle, Methoden und Instrumente. Eine aktionistische Orientierungslosigkeit hat vielmehr zu einer unübersichtlichen Menge von lediglich anekdotisch erprobten An- und Glaubenssätzen geführt, die regelmässig ausgewechselt werden. Das Zusammenspiel der Verantwortlichkeiten zwischen Linie und HR scheint sich ohne klärende Fortschritte im Kreise zu drehen.

■ Ausreichende Transparenz über den vergleichbaren Wert und die relative Wertschöpfung des Personals fehlt den Führungskräften, den HR-Verantwortlichen wie auch den Investoren auf allen Ebenen, wenn sie ihre Personalentscheidungen fällen. Die Wirkung (auf die „Bottom-Line") von Investitionen in Aus- und Weiterbildung oder in verbesserte Arbeitsbedingungen ist nicht in einem Detaillierungsgrad bekannt, der für konkrete Investitionsentscheidungen notwendig wäre (siehe z.B.: PWC 15th Annual Global CEO Survey, 2012).

1.2   Systematisches Human Capital Management als Alternative

Das vorliegende Buch setzt diesem Umstand eine in der Praxis erprobte und zunehmend akzeptierte Alternative entgegen, die nicht bei Konzepten und theoretischen Modellen stehen bleibt, sondern direkt umsetzbar aufzeigt, wie das Personalmanagement durch die Führungskräfte aller Stufen im Alltag auf faktenbasierte und strategisch begründete Entscheidungen abgestützt und mit anderen Management-Disziplinen integriert werden kann.

Die tragenden Elemente dieses Lösungsvorschlages, die in diesem Buch beschrieben sind, bestehen aus:

■ einem Wechsel der Sichtweise von Personal zu **Human Capital (HC)**; Mitarbeitende werden als frei agierende Anleger/Investoren ihres eigenen Human Capital verstanden, wofür sie einen Gegenwert (nicht nur monetär) erwarten, den ein Unternehmen und seine Führungskräfte zweckgerichtet mit entsprechenden Investitionen gestalten können und müssen, um für die richtigen Mitarbeitenden attraktiv und motivierend zu sein;

- definierten Messgrössen von Human Capital, die zweckorientiert hergeleitet sind, in standardisierten Management-Prozessen erhoben und zu Kennzahlen aggregiert und für Entscheidungen auf allen Stufen des **Human Capital Managements** (HCM) verwendet werden;

- Analysen und Metriken, die nicht bei der Messung der Effizienz von HR-Pozessen stehen bleiben, sondern die Wirkung von Investitionen in das Human Capital auf den betrieblichen Erfolg beleuchten;

- Transparenz, Verbindlichkeit und klaren Verantwortlichkeiten (z.B. zwischen Linie und HR, aber auch auf verschiedenen Stufen) bei der Beurteilung/Bewertung des anvertrauten Human Capital sowie bei Interventionen in das Human Capital;

- standardisierte HCM-Prozessen, deren Komplexität dauernd überprüft wird und die mit anderen Prozessen der Unternehmensführung zeitlich und strategisch gekoppelt sind.

1.3   Zunehmende Bedeutung von Human Capital

Der Begriff „Human Capital" hat in den letzten Jahren für einiges Aufsehen und für unterschiedliche Emotionen gesorgt. Teils wird damit eine grundsätzlich neue Sichtweise auf Mitarbeitende verbunden, teils wird er lediglich als weiteres HR-Schlagwort abgetan oder in seiner deutschen Übersetzung gar als „Unwort des Jahres" verschrien. Die Begriffe „Talent Management" oder „Strategische Personalentwicklung" zielen in dieselbe Richtung, sind aber positiver besetzt, wohl weil „Talent" und „Entwicklung" insbesondere in Jahren der Wirtschafts-/Bankenkrise sozialer klingen als „Capital".

Egal auf welche Seite man jedoch steht, der Begriff scheint sich eingebürgert zu haben und betont die betriebswirtschaftlichen und unternehmerischen Aspekte der Wertschöpfung der Ressource „Human Capital". Damit ist aber nicht gemeint, dass die arbeitenden Menschen auf eine monetäre Größe reduziert werden können und sollen.

Die Wortkombination von Human und Capital provoziert zumindest eine Auseinandersetzung mit dem Zusammenhang von Mitarbeitenden und wirtschaftlichem Erfolg, Rendite und ökonomischen Ertragszahlen. Verfolgt man die Geschichte des Begriffes und seiner Verwendung etwas tiefer, so fällt auf, dass genau dieser Zusammenhang im Zentrum steht und mit Methoden und Modellen erklärt wird, für die immerhin zwei Wissenschaftler Nobelpreise erhalten haben. 1979 war es Th. Schultz (vgl. Schultz, 1981), dann Anfang der 90er Jahre G.S. Becker, der den Nobelpreis für seine bildungsökonomischen Modelle entgegennehmen durfte. Becker hat als Wirtschaftsprofessor in seinem Buch „Human Capital" bahnbrechende Analysen erarbeitet, die den Zusammenhang zwischen Investitionen in Bildung/Erziehung und Beschäftigung sowie Vergütung erklären. Darüber hinaus hat er eine ökonomische Theorie vorgestellt, wie und wann die Anreize zu Investitionen in Humankapital funktionieren (vgl. Becker, 1993).

Th. O. Davenport hat Ende der 90er Jahre diesen grundlegenden Ansatz auf das betriebliche Umfeld eines Unternehmens und damit auf das Verhältnis zwischen Arbeitgeber und Arbeitnehmer übertragen (Davenport, 1999). Die Aufgaben der Führungskräfte im Management des Human Capital und der Beitrag und die Bedürfnisse der Mitarbeitenden als Träger des Human Capital erscheinen damit in einem neuen, inspirierenden und klärenden Licht.

Seither begegnet man dem Begriff Humankapital oder Human Capital in zunehmendem Mass in unterschiedlichen Publikationen und Fachbereichen. Fachbücher zur Volkswirtschaft, zum Personalmanagement oder zu Bildungsfragen (z.B. OECD-Studien zu Bildungsinvestitionen (OECD 2009)) verwenden ihn ohne Zögern. In der Management-Ausbildung (z.B. Executive MBA) wie auch in Lehrgängen und Publikationen zum „Strategic Management" hat Human Capital als Ressource eines Unternehmens inzwischen einen bedeutenden Stellenwert (z.B. Schuler & Jackson, 2008).

Einige Publikationen, insbesondere im deutschsprachigen Raum, beschäftigen sich mit Methoden zur Bewertung des Human Capital eines Unternehmens (vgl. Scholz, Stein & Bechtel, 2004, oder Wucknitz, 2009). Zudem wurden verschiedene Fachschaften ins Leben gerufen (z.B. in Deutschland der Human Capital Club (HCC) oder in den USA das Human Capital Institute (HCI). Die Bedeutung und Einzigartigkeit der Mitarbeitenden bzw. der Menschen in einer Organisation oder Volkswirtschaft als wichtiger immaterieller Vermögenswert werden dadurch bewusster wahrgenommen und diskutiert (vgl. Scholz, Stein, & Bechtel, 2003). Mit der Messung von Human Capital macht man den ersten Schritt zu einer Sichtweise, die die Belegschaft nicht nur als abzubauenden Kostenfaktor versteht oder zum Objekt wohlklingender, aber wirkungsloser Leitbilder degradiert, sondern deren Bewertung für Entscheidungen zur Optimierung der Unternehmenswertschöpfung nutzt (vgl. Scholz & Stein, 2006).

Human Capital wird zunehmend als sehr wichtiger Werttreiber für den Unternehmenserfolg wahrgenommen. Hochrangige Entscheidungsträger in deutschen Unternehmen betrachten den Faktor Mensch als bedeutende Einflussgrösse für den Unternehmenserfolg (vgl. Dürndorfer, Nink, & Wood, 2005). 60 % sehen das Human Capital als äusserst wichtig für den Erfolg ihres Unternehmens an. Weitere 32 % stufen ihn als wichtig ein. 44 % sind der Meinung, dass die Bedeutung von Human Capital noch zunehmen wird.

Die Verbreitung und Bedeutung des Begriffes spiegeln sich auch darin, dass 2011 ein „Oxford Handbook of Human Capital" publiziert wurde (Burton-Jones & Spender, 2011), in dem über 40 Autoren die Konzepte sowie die Bedeutung und Implikation für organisatorische Effektivität beleuchten.

Im Folgenden werden die Begriffe Human Capital (HC) und Human Capital Management (HCM) näher beleuchtet und umschrieben. Danach wird aufgezeigt, welche wesentlich neuen Perspektiven sowie Trends mit diesen Begriffen eng verbunden sind.

1.4   Human Capital als Unternehmenswert

Schultz (1981) definierte Human Capital wie folgt: "... all human abilities to be either innate or acquired. Every person is born with a particular set of genes, which determines his innate ability. Attributes of acquired population quality, which are valuable and can be augmented by appropriate investment, will be treated as human capital."

Für den englischen Ausdruck *Human Capital* (zu Deutsch: Humankapital) gibt es eine Reihe unterschiedlicher Übersetzungen, deren gemeinsamer Kern "der Beitrag der Belegschaft zur direkten oder indirekten Zielerreichung" (Scholz, Stein & Bechtel, 2004, S. 24) ist. Aus Sicht des Personalmanagements richtet sich der Fokus des Human Capital damit auf die mitarbeitergebundenen immateriellen Vermögenswerte und "beansprucht als ganzheitliches Konzept, alle zur Zielerreichung beitragenden Mitarbeiterfähigkeiten zu berücksichtigen" (Scholz, Stein & Bechtel, 2004). Human Capital ist ein Bestandteil der unternehmerischen Kapitalressourcen (siehe Abbildung 1.1). Es bildet zusammen mit dem finanziellen Kapital, dem physischen Kapital, dem Organisationalen, und dem Beziehungskapital den Unternehmenswert.

Abbildung 1.1   Human Capital als Bestandteil des Unternehmenswertes

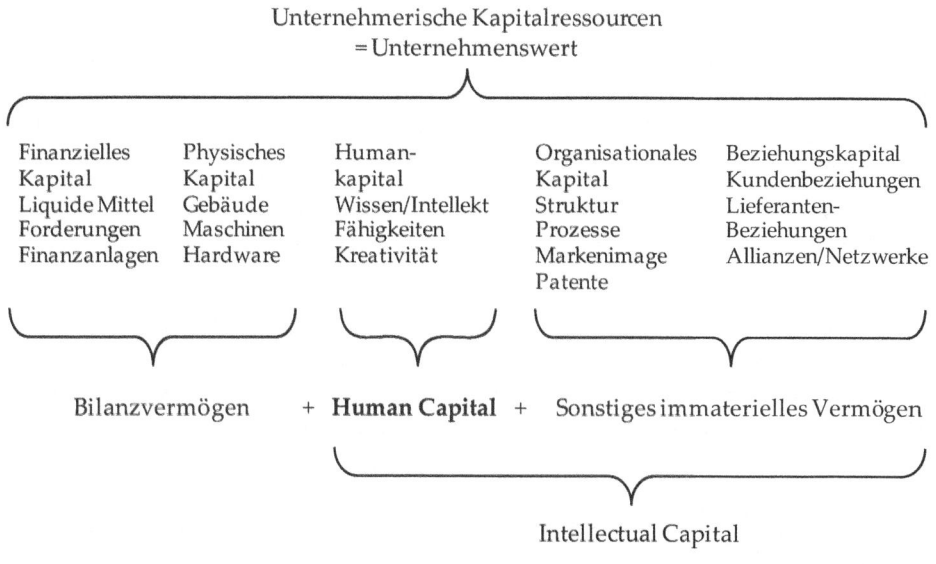

Quelle: Scholz, Stein & Bechtel. 2004

Nach Schütte (2005) beschreibt das Humankapital das Wertschöpfungspotenzial, das in den Mitarbeitenden als Personen liegt. „Das sind die Kompetenzen, Einstellungen und Verhaltensweisen der Mitarbeitenden, wie z. B. ihr Wissen, ihre Erfahrung, Motivation, Bereitschaft zur Zusammenarbeit oder auch Führungsfähigkeiten." (Schütte, 2005). Er schlägt vor, den Begriff *Humankapital* weiter zu fassen und um zusätzliche Dimensionen zu ergänzen, die außerhalb der einzelnen Mitarbeitenden selbst liegen: die Prozesse sowie die Strukturen und Systeme, die die Entfaltung des in dem Mitarbeitenden liegenden Potenzials unterstützen sollen. Als Beispiele für solche Prozesse nennt Schütte die Prozesse der Führung, Kommunikation und Zusammenarbeit oder auch das Management von Veränderungen und Innovationen. „Ebenfalls dazu genommen werden Systeme und Strukturen, soweit sie von unmittelbarer Bedeutung für die Entfaltung und Nutzung des Potenzials der Mitarbeiter sind, z. B. Personalsysteme wie Mitarbeiterentwicklung und Vergütung, die Organisationsstrukturen des Unternehmens oder die Personalfunktion selbst." (Schütte, 2005). Diese Erweiterung des Begriffs betont, dass Human Capital keine passive Grösse ist, sondern dass dessen gezielte Entfaltung und Pflege entsprechende (Führungs-)Prozesse, Strukturen und Systeme voraussetzt. Das individuelle Human Capital eines Mitarbeitenden braucht für sein Erblühen und für sein Wachstum einen optimalen Nährboden in einem Unternehmen. Das **Human Capital Management (HCM)** nimmt sich systematisch der Gestaltung und der wertschöpfenden Wirkung dieser Ressource auf unterschiedlichen Ebenen (Organisation, Team, Individuum) an, unter anderem, indem es den optimalen Nährboden für deren Entfaltung schafft.

Eine weitere Definition von *Humankapital* stammt vom Human Capital Club (HCC) Deutschland. Laut dem HCC ist Humankapital "die intellektuelle, motivationale und integrative Leistung aller Mitarbeiter". *Intellektuelle Leistung* bezeichnet dabei Expertenwissen, Kreativität und Organisation. *Motivationale Leistung* bezieht sich auf die Leistungsbereitschaft, das Arbeitsklima, die Zufriedenheit und die Gesundheit der Belegschaft. *Integrative Leistung* meint Verhaltensaspekte wie Führung, Integrität und Kooperation. (Quelle: ww.humancapitalclub.de).

Human Capital wächst durch Schulbildung, formelle Weiterbildung, Training on-the-Job und Lebenserfahrung. Mitarbeitende bringen ihr Human Capital in ein Unternehmen und erhalten/erwarten als Gegenleistung Lohn/Vergütung, intrinsische Befriedigung, Anerkennung und Entwicklungsmöglichkeiten.

Human Capital ist ein Produktionsmittel, eine Ressource, die buchhalterisch nicht dem Unternehmen gehört und auch nicht frei übertragen werden kann wie Land, Einrichtungen oder finanzielles Kapital. Human Capital kann verstanden werden als Fremdkapital, das von den Mitarbeitenden dem Unternehmen zur Verfügung gestellt wird.

1.5   Aufgaben eines Human Capital Management

Human Capital Management (HCM) stellt die Verfügbarkeit von Human Capital sicher und strebt danach die bestmögliche aktuelle und künftige Nutzung dieser Ressource im Hinblick auf die unternehmerischen erfolgsorientierten Ziele an. Einmal die passenden Mitarbeiter rekrutiert geht es erstens darum, diese richtig einzusetzen, sie zu entwickeln bzw. ihr Potenzial zu entfalten und sie an das Unternehmen zu binden. Zudem muss deren Zusammenarbeit untereinander, aber auch die Zusammenarbeit mit den Vorgesetzten gestaltet werden, sodass gegenseitiges Vertrauen und Engagement entstehen. Wie bei einer Fussballmannschaft reichen individuelle Talente nicht aus, es muss auch deren Zusammenspiel, deren taktische Ausrichtung und ein erfolgsorientierter Teamgeist entwickelt werden. Beim Zusammenspiel der Mitarbeitenden, bei ihren integrativen Leistungen können grundsätzlich zwei Formen unterschieden werden:

- einmal die übergreifenden zwischenmenschlichen Fähigkeiten und Verhaltensweisen wie Respekt, partnerschaftlicher Austausch, Kommunikation, Teamgeist usw.

- zum anderen funktional organisierte Formen der Zusammenarbeit, z.B. in Projekten (gesteuert und geordnet durch ein Projektmanagement) oder in Kundenberatungsprozessen (wo Prozesse, Rollen und Verantwortlichkeiten gegenüber Kunden spezifiziert sind).

HCM beschäftigt sich hauptsächlich mit der grundsätzlichen Fähigkeit zu integrativen Leistungen des HC, die überhaupt erst die funktional organisierten Formen der Zusammenarbeit der Mitarbeitenden ermöglichen. Die wesentlichen Aufgaben eines HCM sind:

- Evaluation, Messen und verständliches Darstellen/Zusammenfassen des vorhandenen Human Capital auf Einzel-, Team und Organisationsebene, Schaffen von Transparenz über das Human Capital für Führungskräfte und Stakeholder mittels diagnostischer und prognostischer Informationen pro relevante Segmente;

- Identifikation und Schliessung von Lücken zwischen vorhandenem Human Capital und dem zur Erreichung des angestrebten Geschäftserfolgs benötigen Human Capital;

- Einsatz des Human Capital so, dass die richtigen Mitarbeiter zum richtigen Zeitpunkt am richtigen Ort verfügbar sind;

- Entwicklung des Human Capital mit wertsteigernden Interventionen im vorhandenen Humankapital, und zwar in Form von individuellen Entwicklungsmassnahmen, aber auch in Form von Organisationsentwicklung (OE);

- Schaffen und Gestalten von Arbeitsbedingungen (z.B. Autonomie, Entfaltungsmöglichkeiten, Anreizsysteme usw.), die von den Mitarbeitenden als „Return on Investment" für ihr Human Capital positiv wahrgenommen werden, deren Motivation/Engagement steigern und sie an das Unternehmen binden;

- Bewältigen von Risiken (Vakanzen, Schwachleister, Fehlbesetzungen) und Ausschöpfen von Opportunitäten (latente Fähigkeiten, aussergewöhnliche Fähigkeiten, Attraktivität als Arbeitgeber).

Hauptakteure und Verantwortliche des Managements von Human Capital in Unternehmen sind die Führungskräfte auf allen Ebenen, unterstützt durch die Personalabteilung mit ihren Fachspezialisten.

In diesem Buch verwenden wir fortan nur die englischen Bezeichnungen Human Capital (HC) und Human Capital Management (HCM).

1.6   Neue Perspektiven mit Human Capital Management

Mit der Definition der Begriffe Human Capital (HC) und Human Capital Management (HCM) eröffnen sich neue Perspektiven für den Umgang mit dem Faktor Mensch in Unternehmen. Diese Perspektiven werden im Folgenden vertiefter erklärt und sie begründen, dass es sich bei HCM nicht nur um „alten Wein in neuen Schläuchen" handeln kann. Kombiniert mit den im nachfolgenden Abschnitt beschriebenen Trends sollte klar werden, dass es sich lohnt, nicht nur neue Schläuche zu ziehen, sondern auch den Wein anders zu behandeln.

1.6.1   Von Human Ressource Management zu Human Capital Management

HCM grenzt sich vom klassischen Human Ressource Management (HRM) dadurch ab, dass es über das betriebliche Personalmanagement hinausgeht und zum Ziel hat, den positiven Beitrag der Mitarbeitenden zur Wertschöpfung bzw. zum Unternehmenswert explizit zu steuern, zu kontrollieren und zu kommunizieren.

Die Ressource „Mitarbeitende" bzw. das Personal muss zwar auch verwaltet und administriert werden. Grundlegende Personaldaten (wie z.B. Adressen, Familienstand usw.) müssen erhoben und aktualisiert werden, Löhne müssen ausbezahlt, Anstellungsverträge formuliert und unterschrieben werden, Arbeitszeiten, Freitage und Abwesenheiten reglementiert und kontrolliert werden, neue Mitarbeitende im Markt gesucht werden und ältere Mitarbeitende müssen pensioniert werden. Dies alles verlangt nach einer reibungslosen Administration, klaren Richtlinien und eingespielten verwaltungsmässigen Prozessen. Nennen wir es Personaladministration. Daneben gilt es auch, verschiedene Risiken zu überwachen und zu vermeiden. Beispielsweise Gesundheitsrisiken am Arbeitsplatz, Verletzung arbeitsrechtlicher Vorschriften, juristisch anfechtbare Diskriminierungen von Mitarbeitergruppen usw. Personalverantwortliche sind Spezialisten, die sich in der Administration und in der risikoorientierten Überwachung des Umgangs mit den Mitarbeitenden auskennen und einen wesentlichen Beitrag zu einem störungsfreien und zuverlässigen Einsatz der Ressource Mitarbeitende beitragen. Darüber hinaus gibt es Spezialfunktionen im Personalwesen, wie beispielsweise Definition und Organisation von Weiterbildungsveranstaltungen, Betreuung von Sonderfällen usw. Alle diese Funktionen des Personalwesens bzw. des Human Resources Management (HRM) sind notwendige Voraussetzungen für ein erfolgreiches HCM. Die HRM-Funktionen können betriebswirtschaftlich z.B. bezüglich Effizienz überprüft und optimiert werden. Sie unterstützen auch die Umsetzung der Unternehmensstrategie (z.B. durch Aufbau eines internationalen Personalmanagements für ein Unternehmen, das eine Akquisition in einem anderen Land vorgenommen hat).

Das HCM selbst ist die auf HRM aufbauende gezielte, strategiegeleitete Optimierung des Leistungsvermögens der durch das Personalwesen „verwalteten" Mitarbeitenden bzw. des

Human Capital. Es ist primär in der Verantwortung der Führungskräfte, die dabei durch Prozesse und Instrumente (mitgestaltet durch Personalverantwortliche) unterstützt werden. Aufgabe von HCM-Spezialisten in der Personalabteilung ist die Gestaltung von HCM-Architekturen, -Prozessen und –Analysen, die in der Nutzung durch Führungskräfte einfach und wirkungsvoll sind und dadurch bessere Entscheidungen bei Investitionen in das ihnen unterstellte Human Capital ermöglichen.

Kriterien und Kennzahlen zur Qualität und Effizienz einer Personalorganisation bzw. des HRM im engeren Sinne haben jedoch wenig zu tun mit Messgrössen und Analysen im HCM. HRM-Kennzahlen thematisieren die durch HRM entstehenden Kosten (z.B. Kosten für eine Rekrutierung oder Anzahl Personaler pro Anzahl Mitarbeitende). Die Gesamtkosten der HRM-Funktion bewegen sich jedoch im 1%-Bereich der Gesamtkosten eines Unternehmens. Kosteneinsparungen im HRM sind entsprechend von marginaler, wenn auch nicht zu vernachlässigender Bedeutung.

HCM hingegen thematisiert die Effektivität von HCM-Massnahmen und deren Wirkung auf die Produktivität des Personals. Die Personalkosten liegen zwischen 40 und 70 % der Gesamtkosten eines Unternehmens. Eine Steigerung der Effektivität des Personaleinsatzes durch HCM hat folglich eine weit grössere Hebelwirkung auf die Profitabilität als eine Effizienzsteigerung in der HRM-Funktion (vgl. Lebrenz, 2011).

Einen wesentlichen Beitrag für eine stärkere Betonung und eine unternehmerische Positionierung des HCM lieferte die Entwicklung der Balanced Scorecard (BSC) durch Kaplan & Norton (1992). Eine BSC kann verstanden werden als Instrumente in einem Cockpit eines Flugzeuges. Zum Fliegen und Navigieren eines Flugzeuges brauchen die Piloten detaillierte und präzise Informationen über verschiedenen Aspekte des Fluges (z.B. Geschwindigkeit, Treibstoff, Richtung, Höhe, technischer Zustand des Flugzeuges usw.). Eine BSC legt u.a. fest, welche Informationen im Cockpit hauptsächlich angezeigt und kontrolliert werden müssen. Eine BSC wird meist auf Ebene Gesamtunternehmen erstellt und ergänzt die Perspektiven Finanzen, Kunden und Prozesse mit einer speziellen Sicht auf die Mitarbeitenden bzw. auf das HC und dessen Lern-/Wachstums-Potenzial. Im HCM wird festgelegt, wie welche Informationen im Cockpit auf Ebene Organisationseinheit (Team, Abteilung, Bereich) über das Human Capital angezeigt und verfolgt werden sowie mittels welcher Aktivitäten und Stellhebel die entsprechenden Werte beeinflusst werden können.

Eine klärende Gegenüberstellung von HRM und HCM stammt von Rachbauer & Welpe (2004). Diese sehen die zentralen Unterschiede zwischen HRM und HCM in der Philosophie, in den Grundprinzipien und in den Prozessen (siehe Tabelle 1.1). Ziel des HCM ist es, den Mitarbeitenden eine attraktive Investitionsmöglichkeit für ihr Human Capital zu bieten und sie dadurch zu motivieren, ihr HC möglichst gewinnbringend einzusetzen. „Durch die Betrachtung der Mitarbeiter als Humankapitalinvestoren kommt es zum Paradigmenwechsel in der Personalarbeit, und das Human Resources Management wird zum Human Capital Management" (Rachbauer & Welpe, 2004).

Mitarbeitende werden im HCM nicht mehr einfach als erworbene und käufliche Ressource verstanden, sondern als Kapital, das die Mitarbeitenden dem Unternehmen (als Fremdkapital) unter bestimmten Bedingungen und mit gezielten Erwartungen auf eine „Rendite" zur Verfügung stellen. Die Erhebung der Erwartungen der Mitarbeitenden an ihr Arbeitsumfeld und an ihren Arbeitgeber werden zu einem zentralen Thema des HCM. Die Wahrnehmung der Arbeitsbedingungen (z.B. spannende Aufgaben und gute Entwicklungschancen) aus Sicht der Mitarbeitenden und des daraus folgenden Engagements oder Commitments werden zu zentralen Messgrössen des verfügbaren Human Capital.

Die Sicht auf Mitarbeitende als Anleger bzw. Investoren ihres Human Capital, die dafür eine bestimmte Rendite (nicht nur monetär) erwarten und auf die Unternehmen als Anbieter von Renditen für Leistung und Commitment des Human Capital wurde von Th. Davenport konsequent und mit faszinierenden Beispielen beschrieben (Davenport,1999).

Tabelle 1.1   Unterschiede zwischen Human Ressource Management

		HRM	HCM
Philosophie		Mitarbeiter sind Ressourcen, Kostenorientierung steht im Vordergrund	Mitarbeiter investieren ihr Human Capital ins Unternehmen und erwarten dafür eine Rendite
Grundprinzipien		– Personalabteilung – HR-Manager = HR-Experte – HRM ist für Personal zuständig – HRM ist für Personalentwicklung zuständig – Senioritätsprinzip	– HC-Team = eingebettet in Gesamtorganisation – HC-Team = Partner des Business – Business Leaders = HC-Leaders – Recht und Pflicht zur Entwicklung des HC – Meritokratie
Prozesse	**Planning und Acquisition**	Kurzfristig entsprechend Anfragen aus dem Business	Gemeinsam mit dem Business
	Support	Laufend, administrativer Charakter, kein direkter Konnex zum Business	In enger Abstimmung mit dem Business
	Development	Personalentwicklung ist Verantwortung der Personalabteilung	Gemeinsame Verantwortung des HC-Trägers und des Business
	Retention	Ziel: Fluktuation so gering wie möglich zu halten	Halten der Besten – durch spannende Aufgaben und Entwicklungschancen

Quelle: Rachbauer & Welpe, 2004

Insgesamt scheint die Abgrenzung zwischen HCM und HRM konzeptionell zwar eindeutig, die Verwendung der entsprechenden Begriffe ist jedoch teils verwirrend. Insbesondere in der wissenschaftlichen Literatur werden diese Begriffe HCM und HRM oftmals synonym verwendet, oder es werden für HCM eigene Begriffe definiert, wie z.B. „High Performance Work Practice" (vgl. Huselid, 1995; Combs, Liu, Hall & Ketchen, 2006) oder "Strategisches Human Resource Management" (vgl. Truss & Gratton, 1994).

1.6.2   Von Talent Management zu Human Capital Management

Viele Unternehmen haben in den letzten Jahrzehnten begonnen, ihren wichtigsten Mitarbeitenden, ihren Schlüsselpositionen oder ihren „Talenten" eine besondere Beachtung zu schenken. Dies basierend auf der Erkenntnis, dass diese für die aktuelle und künftige Leistungsfähigkeit eines Unternehmens wichtig sind. Herausgekommen sind „Talent Pools", Förderkreise und andere „High Potential Programme" mitsamt ihren firmenspezifischen Selektionskriterien und Entwicklungsmassnahmen subsumiert unter dem Begriff „Talent Management" (vgl. Ritz & Thom, 2011). Im alltäglichen Gebrauch und in der Literatur (z.B. Steinweg, 2009) wird unter Talent Management vereinzelt auch das verstanden, was wir hier mit Human Capital Management bezeichnen.

Worin unterscheidet sich Human Capital von „Talent" und Management des Human Capital von „Talent Management" im engeren Sinne? Mit Talenten sind gemeinhin Schlüsselpersonen in strategischen oder kritischen Tätigkeitsbereichen gemeint (meist auf den oberen Führungsebenen), die über ein Spezialwissen verfügen oder besondere Führungsverantwortung innehaben. Diese Schlüsselpersonen machen erfahrungsgemäss zirka 10 bis 20 % der Belegschaft aus. Human Capital hingegen meint und umfasst die gesamte Belegschaft, nicht nur die Besten und Wichtigsten, sondern auch die Schwachen, nicht nur die Führungs-, sondern auch die Fachkräfte, nicht nur die obersten Ebenen, sondern auch die „einfachen" Mitarbeitenden. Stellt man sich das Human Capital als Gauss'sche Kurve vor, mit der Produktivität bzw. der Leistung als x-Achse und der Anzahl Mitarbeitende auf der y-Achse (siehe Abbildung 1.2), dann steht bei Talent Management oft nur das rechte Drittel im Fokus, während das HCM auch den Mittelbereich und insbesondere auch die schwächeren Mitarbeitenden einbezieht. Das Human Capital wird als Portfolio verstanden, wo Mitarbeitende mit klar unterdurchschnittlicher Leistung oder langjährige Leistungsträger genauso im Blickfeld sind wie die herausragenden Stars mit Potenzial zum CEO. Dies unter anderem in der Annahme, dass die gezielte Entwicklung eines leistungsschwachen Mitarbeitenden bzw. dessen Ersetzung durch einen besseren Mitarbeitenden statistisch denselben Einfluss auf die Gesamtproduktivität haben kann wie die Bindung und Kontinuität von zuverlässigen Fachkräften, die Förderung eines Mitarbeitenden zum Top-Leister oder die Einstellung eines überdurchschnittlichen Mitarbeitenden.

Abbildung 1.2   Talent Management versus Human Capital Management

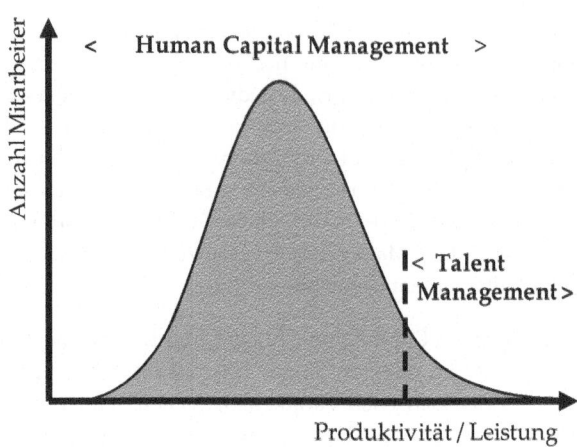

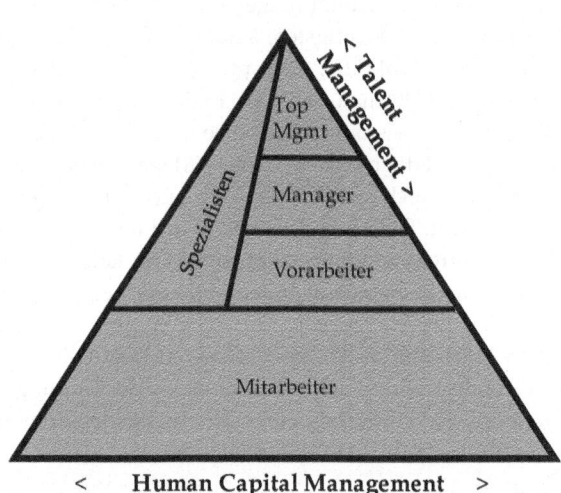

Talent Management besteht aus organisatorischen Massnahmen, um Schlüsselpersonen anzuwerben, zu identifizieren, zu managen, zu entwickeln und zu binden. Management des Human Capital beruht auf Messgrössen und Prozessen, die für alle Mitarbeitenden gelten und dadurch helfen, die gesamte Belegschaft zu optimieren.

Talent Management bezieht sich oft nur auf Massnahmen und Aktionen für die obersten Ebenen der Unternehmenshierarchie. HCM stellt Mess- und Management-Methoden sowie –Prozesse bereit, die grundsätzlich auf alle Mitarbeitenden angewendet werden können, seien es Führungskräfte, Spezialisten in Fachbereichen oder Kundenberater und Vertriebsleute auf allen Ebenen.

Talent Management fokussiert meist darauf, sogenannte Talents bzw. besonders talentierte Mitarbeitende zu identifizieren und sie dann gezielt zu entwickeln und einzusetzen. Human Capital Management beschreibt die Leistung und die Bedeutung aller Mitarbeitenden und was darauf begründet unternommen und entschieden werden kann und muss, um die Produktivität des Faktors Mensch, des Human Capital insgesamt nachhaltig zu sichern und zu steigern. HCM basiert auf einer strategisch begründeten Segmentierung der Menge aller Mitarbeitenden, Talent Management beschränkt sich meist auf eine eher elitäre Zweiteilung in High Potential und „normalen" Mitarbeitenden auf den oberen Führungsebenen.

Der englische Begriff „Talent" ist nicht ganz identisch mit dem deutschen Begriff. Unter dem deutschen Begriff wird eine talentierte Person mit seinen besonderen Fähigkeiten oder eine besondere Begabung verstanden (ein Talent sein). Im Englischen wird unter Talent auch oft nur „Fähigkeit" verstanden (Talent haben). Talent Management wird deshalb gelegentlich im Englischen ähnlich wie HCM verwendet.

Vorteile von Talent Management sind die Fokussierung auf eine kritische Teilmenge der Belegschaft und der damit verbundene geringere Aufwand für deren Management. Nachteile sind falsche Anreize und mögliche Frustration bei den Nicht-Talenten, bei den Ausgeschlossenen (Scheiwiller, 2010). Vorteile eines HCM sind die umfassende und integrierende Sichtweise auf HC und eine systematische Bewertung des gesamten HC, die zur Optimierung aller Interventionen und Investitionen in das HC genutzt wird (vgl. Guthridge, Komm & Lawson, 2008).

1.6.3 Vom Kostenblock „Personal" zum Kriterium der Unternehmensbewertung

Je nach Firma machen die **Kosten** für Gehälter und Zuwendungen an die Mitarbeitenden (die direkten Kosten des Human Capital) zwischen 30 und 70 % der Gesamtkosten aus.

Die rein betriebswirtschaftliche, buchhalterische und kurzfristige Sichtweise konzentriert sich darauf, wie dieser Kostenblock kontrolliert und reduziert werden kann. Sei es durch Limitierung der Löhne und Gehälter oder durch Optimierung der Anzahl Stellen. Angesichts der hohen Kostenbelastung durch den Faktor Human Capital ist es verwunderlich, dass hier nicht mit der gleichen Akribie wie beim Management des finanziellen Kapitals höchste Renditen und Wertsteigerungen angestrebt werden. Die andere, neue HCM-Sichtweise fokussiert auf die Qualität, auf Risiken und auf die Pflege dieses Human Capital im Hinblick auf eine möglichst hohe und nachhaltige „Rendite" bzw. Produktivität dieses Kapitals.

Der Marktwert eines Unternehmens scheint auch deshalb mehr und mehr von der Einschätzung der Qualität seines Human Capital abhängig zu sein. Der **Marktwert einer Firma** war in den 80er Jahren noch mehrheitlich durch die buchhalterisch dokumentierten physischen und finanziellen Werte, das Bilanzvermögen, bestimmt. Immer mehr aber treten diese materiellen Werte bei der Bewertung eines Unternehmens zugunsten der immateriellen (intangiblen) Werte zurück. Zu den immateriellen Werten gehörten unter anderem das Human Capital, Patente, Marke, Kundenbeziehungen.

Analysten verwenden bei der Unternehmensbewertung zu einem Drittel folgende nichtfinanziellen Kriterien, die durch HCM beeinflusst werden:

■   Glaubwürdigkeit des Managements,

■   Attraktivität für talentierte Leute,

■   Fähigkeit, talentierte Mitarbeitende zu behalten,

■   Management-Erfahrung

(vgl. Low & Siesfield, 1998).

Dies impliziert, dass HCM nicht lediglich auf eine kurzfristig profitorientierte „Bottom-Line" abzielen darf. Der Wert eines HCM ist multidimensional (Boxall & Purcell, 2011). Neben der Sicherung des kurzfristigen Erfolges gilt es mit HCM längerfristige Wirkungen zu erzielen: zum einen die soziale Legitimierung des Unternehmens durch Glaubwürdigkeit des Managements und durch eine konstruktive Gestaltung der Beziehung zwischen Management/Unternehmen und Mitarbeitenden. Zum anderen die Agilität der Organisation bzw. die Fähigkeit, Veränderungen schnell und schadlos zu bewältigen, dank ausgewogenen Human Capital Portfolios und dank eines regelmässigen und systematischen Abgleichs von Ist und Soll in relevanten Messgrössen des Human Capital.

Analysten und Investoren erhalten via **Geschäftsberichte** aufwändig erarbeitete Zahlen zur finanziellen Situation eines Unternehmens. Analoge Zahlen zu den Intangible Assets und insbesondere zum Human Capital fehlen meist, dabei wären gerade diese Informationen „Leading Performance Indicators" (vorauslaufende Indikatoren, z.B. Leadership Quality, Mitarbeiter-Engagement, Nachfolgeplanung usw.) für den Erfolg von Unternehmen (vgl. Fitz-enz, 2010). Der Mangel an solchen Informationen in systematischer Form und über Jahre verfolgbar, führt zu ungenauen oder gar fehlerhaften Marktbewertungen von Firmen. HCM versucht nicht nur solche Informationen zu liefern, sondern auch die Qualität und die Rendite des Human Capital zu steigern, um letztlich den Marktwert des Unternehmens nachhaltig zu erhöhen.

Es gibt Hinweise, dass Firmen, die den Investoren die Qualität ihres Human Capital Management verständlich und überzeugend darstellen können, d.h. im Bezug auf Human Capital transparent sind, auch am Markt höher bewertet werden bzw. für die Shareholders attraktiver sind (vgl. Watson-Wyatt, 2002, und Lev, 2001). Dabei geht es nicht darum, Human Capital in einer singulären monetären Grösse auszuweisen, sondern überzeugend aufzuzeigen, mit welchen systematischen HCM-Massnahmen die „Rendite" des HC nachhaltig beeinflusst wurde. Seit zwei Jahren laufen erste Anstrengungen in Richtung nationaler oder gar internationaler Standardisierungen des Reporting über Human Capital (siehe Bassi, Frauenheim, McMurrer & Costello 2011) und „Center for Talent Reporting (CTR)".

1.7 Trends und neue Erkenntnisse

„Eventually, in the 1980's we came to recognize that we had entered the Information Age, a system dominated not by factories and hard goods but by computers, communication systems, and information services. Gradually, this new area came to be accepted as more executives stated with conviction, 'people are our most important resource'. Some, but certainly not all, meant it. This brought us to the threshold of the new generation of human capital management. I submit that we have passed quickly through that period and are now in the Intelligence Age. This is the time when we need not only data but tools and knowledge to analyze and predict. Accounting was fine as a measurement and reporting system when markets were stable and industry practices were consistent. That is no longer the case. Today, volatility and uncertainty rule. Those who can understand what is happening and can foresee the future will undoubtedly emerge as the leaders." (Fitz-enz, 2009, Kap. 8)

Folgende Trends und Erkenntnisse in Gesellschaft und Wirtschaft begleiten und begründen den Wert und die Notwendigkeit eines systematischen HCM.

1.7.1 War for Talent

„Der Wettbewerb der Zukunft wird auf den Personalmärkten entschieden." (Sprenger, 2010)

Nach Aussagen vieler CEOs wird es zunehmend schwieriger, genug ausreichend qualifizierte Mitarbeitende zu finden, um all die Geschäftsopportunitäten wahrnehmen zu können (vgl. Rudis, 2007). Dies gilt insbesondere für den Nachschub von Führungskräften. Viel wurde über dieses Problem seit dem Erscheinen des McKinsey-Papers **„War for Talent"** geschrieben und diskutiert (vgl. Axelrod, Handfield-Jones & Welsch, 2001). Sicher ist, dass auch in wirtschaftlichen Krisenzeiten der Wettbewerb um die besten Kräfte intensiv geführt wird.

Auch nach der jüngsten Wirtschaftskrise sehen in einer weltweiten Umfrage von PWC über 50 % der CEOs eine grosse Herausforderung in der Verfügbarkeit von Personen mit den richtigen Fähigkeiten (vgl. PwC, 2010).

Angesichts **demographischer Veränderungen,** insbesondere der Überalterung in entwickelten Ländern, ist es eine enorme Herausforderung, sowohl ausreichend junge, gut ausgebildete Mitarbeitende zu rekrutieren und zu integrieren als auch Wege zu finden, die Erfahrung und das Know-how älterer Mitarbeitender in geeigneter Form zu erhalten oder weiterzugeben.

Der Faktor Mensch ist in heutigen Unternehmen mit einem hohen Anteil an Wissensarbeit zudem nicht mehr ohne Weiteres substituierbar, beispielsweise durch Automation oder Ausbau der IT. Wissen ist stark an einzelne Personen gebunden und kann nicht leicht transferiert werden. Personengebundenes Wissen (über Kunden, über Produktentwicklungen usw.) nimmt ein Mitarbeiter bei einem Arbeitgeberwechsel mit. Es gibt Verlierer und Gewinner bei einem solchen Wechsel zwischen konkurrierenden Unternehmen. Anders als andere Kapitalformen ist das Human Capital nicht nur zunehmend knapp, sondern auch „flüchtiger".

Gefragt sind Mittel und Wege, die zu einem gesicherten Zugang zum benötigten Human Capital und besseren Einbindung führen. Verfügbarkeit und Qualität von Human Capital werden zu zentralen Risiko-Faktoren für Unternehmen.

Ein systematisches HCM hilft mit, dieses Risiko einzugrenzen und sich gegen Konkurrenz zu behaupten oder sich gar einen Wettbewerbsvorteil zu verschaffen. Ein HCM, das nicht ausschliesslich den oft ruinösen Wettbewerb via Gehälter und Boni sucht, sondern Bedingungen schafft, die ein Unternehmen für Talente attraktiv macht und deren Beitrag als Return on Investment optimiert. Ziel ist weniger ein „War for Talent" sondern vielmehr ein kompetitives HCM als „War with Talent" (vgl. Becker, Huselid & Beatty, 2009).

1.7.2 Produktivität der Wissensarbeit

„Knowledge-worker productivity is the biggest of the 21st-century management challenges." *(Drucker, 1999)*

Der Anteil an Wissensarbeit wird im Vergleich zur „Handarbeit" (Manual Work) laufend grösser, insbesondere in den entwickelten Ländern. Um die Jahrtausendwende waren in den USA zirka zwei Fünftel der Beschäftigten sogenannte Wissensarbeiter. Die Gesetzmässigkeiten der Produktivität in der Handarbeit, in der Herstellung von physischen Produkten wie Autos, wurden basierend auf den Arbeiten von F. Taylor (1911) eingehend studiert und mittels „Industrial Engineering" wurde die Produktivität immer weiter verbessert. Job Enrichment, Total Quality Management oder Six Sigma sind weit entwickelte und erprobte Ansätze, die belegen, wie gut heute die Gesetzmässigkeiten der Produktivität von Handarbeit bekannt sind und beherrscht werden. Die Faktoren der Produktivität von Wissensarbeit sind hingegen erst in den Anfängen untersucht und bekannt. P. Drucker listet beispielsweise einige Faktoren auf, die für die Produktivität von Wissensarbeit entscheidend sind:

- Wissensarbeit ist entlang Aufgaben und nicht entlang Jobs aufgeteilt.
- Wissensarbeiter müssen autonom sein, sich selber managen können.
- Wissensarbeit verlangt nach kontinuierlichem Lernen und Lehren seitens der Wissensarbeiter.
- Wissensarbeiter müssen für ein Unternehmen arbeiten wollen, die Einstellung zur Arbeit und zum Unternehmen ist entscheidend.

Für die Gestaltung eines HCM ist es notwendig, diese Gesetzmässigkeiten und Besonderheiten der Produktivität von Wissensarbeit zu kennen. Die Leistung beispielsweise von Handarbeitern muss anders gesteuert und evaluiert werden als jene von Wissensarbeitern. Für Entwicklungsingenieure sind individuelle Zielvereinbarungen und Zielerreichungsgespräche passender als für Mitarbeiter in einer handwerklichen Produktionsstrasse, wo der gesamte Output und dessen Qualität den Beitrag des Einzelnen definieren. Wissensarbeiter verfügen oft über Wissen und Fähigkeiten, die sehr unternehmensspezifisch sind (z.B. Forschungsmethoden und -ergebnisse oder Kundenbeziehungen). Der Verlust dieses Wissens bzw. dessen Transfer in andere Unternehmen kann grossen Schaden anrichten. Handarbeiter verfügen hingegen meist über mehr generisches Fähigkeiten (z.B. Fahren eines LKW), das bei einem Wechsel des Unternehmens weniger ins Gewicht fällt. Das hat auch damit zu tun, dass Handarbeiter die Produktionsmittel ihrer Arbeit nicht besitzen (z.B. LKW), die Wissensarbeiter jedoch sind selbst Eigner ihrer Produktionsmittel, nämlich ihres Wissens und ihrer Denkfähigkeiten. Deshalb sind sie mobiler als Handarbeiter. Gezielte Bindungsmassnahmen und Anreize erhalten so eine neue Bedeutung in wissensintensiven Organisationen. Benötigte Fähigkeiten von Handarbeitern lassen sich klar umschreiben und überprüfen, die für erfolgreiche Wissensarbeit benötigten Kompetenzen sind weniger eindeutig umschreibbar/beurteilbar, und ihr Einfluss auf die Produktivität ist nicht immer klar belegbar. Die Rekrutierung und Selektion von Wissensarbeitern gestalten sich entsprechend schwieriger und aufwändiger. Kontinuierliche Innovation und Lernen sind in der Wissensarbeit zentrale Aspekte der Arbeit selbst, Handarbeit ist repetitiver und Innovationen kommen mehr von aussen. Die idealen Arbeitsbedingungen für innovative Wissensarbeiten sehen anders aus als die für kontinuierliches Arbeiten am Fliessband. Beispielsweise sind Mitarbeiter von Google Inc. angehalten und frei, einen Teil ihrer Arbeit für eigene innovative Ideen und Projekte einzusetzen. Aus dem Fachbereich „Strategisches Management" stammen klärende und hilfreiche Modelle und Theorien zum Zusammenhang von HCM und Wissensarbeit (beispielsweise Lepak & Snell, 2008, Swart, 2007 oder Von Krogh, 2011).

In wissensintensiven Organisationen (z.B. Finanzdienstleistungen) ist insgesamt die Hebelwirkung von Eingriffen ins Human Capital wesentlich höher als beispielsweise in Produktionsbetrieben mit vornehmlich Handarbeitern. Dies nicht nur, weil üblicherweise im Dienstleistungsbereich die Löhne höher und flexibler sind. Der Hauptgrund liegt darin, dass der relative Leistungsunterschied und damit die Spreizung der Wertschöpfung zwischen einem sehr guten und einem mässigen Wissensarbeiter in derselben Funktion vergleichsweise hoch ist. Statistisch ist diese relative Spreizung definiert als Standardabweichung der Mitarbeiterleistung in einem Segment. Diese Leistungs-Spreizung ist beispielsweise bei Fliessbandarbeitern oder LKW-Fahrern relativ gering, kann kaum vergrössert werden, und die Folgen einer Kündigung aus Sicht des Unternehmens sind ohne grosse Zusatzaufwände verkraftbar. Anders sieht es z.B. bei einem Software-Entwickler, einem Kundenberater im Finanzbereich oder einer mittleren Führungskraft in einer R&D-Abteilung aus. Deren Jobs bestehen primär aus zwischenmenschlichen Interaktionen und komplexen Entscheidungsfindungen und die Unterschiede z.B. zwischen einem sehr guten Software-Entwickler und einem eher mässigen sind riesig, gemessen beispielsweise anhand der Menge und Qualität der realisierten Software-Funktionen. Sie belaufen sich teilweise auf ein Vielfaches gegenüber der durchschnittlichen Leistung. Dasselbe gilt für Kundenberater, wo die besten 20 % oft mehr als zwei Drittel des Verkaufserfolges eines Teams erwirtschaften. Das Leistungsdifferenzial zwischen einem guten und einem schlechten Chef ist insbesondere bei Wissensarbeitern sehr gross und wird durch die Anzahl von unterstellten

Mitarbeitenden potenziert. Eine Umfrage von McKinsey ergab beispielsweise, dass leistungsstarke Manager einen um 50 % höheren Beitrag generieren als durchschnittliche Manager. Leistungsstarke Kundenberater generieren einen um 70 % höheren Umsatz als durchschnittliche (vgl. Axelrod, Handfield-Jones, & Welsch, 2001). Eine frühere Studie über Leistungsdifferenzen ergab, dass in komplexen Jobs (z.B. Ärzte, Anwälte usw.) die leistungsfähigsten ein Prozent einen 2.27-mal höheren Output produzieren als der Durchschnitt. In weniger komplexen Berufen belief sich die Spreizung auf 1.85 (vgl. Hunter, Schmidt, & Judiesch, 1990). Wissensarbeiter lassen sich oft auch schwerer ersetzen, und bei Kündigung nehmen sie wichtiges unternehmerische Know-how oder Kundenbeziehungen (intellektuelles Kapital) zwangsläufig mit. Jede Massnahme, die hilft, diese Mitarbeitenden richtig einzusetzen sowie zur Ausschöpfung ihres Leistungspotenzials zu motivieren, hat eine potenziell höhere Hebelwirkung als eine vergleichbare Massnahme bei LKW-Fahrern oder Fliessbandarbeitern. Zahlen, Begrifflichkeiten und Methoden zur Bestimmung der ökonomischen Spannbreite bzw. Spreizung zwischen leistungsstarken und leistungsschwachen Mitarbeitenden finden sich z.B. bei Becker & Huselid (1992) oder bei Boudreau & Ramstad (2003).

HCM stellt in wissensbasierten Organisationen sicher, dass eine faire und transparente Differenzierung in Top- und Schwachleister auf allen Stufen und Funktionen erfolgt und dass die Leistungsunterschiede als Grundlage für Entscheidungen über Interventionen (z.B. Training, Platzierung, Entlassung) in Richtung einer Steigerung des HC sinnvoll genutzt werden.

Unternehmen oder Unternehmensbereiche mit einem hohen Anteil an (Wissens-)Arbeitern mit hoher Leistungsspreizung werden am meisten von einem effizienten und effektiven Management des Human Capital profitieren können.

1.7.3   Loyalität und Vertrauen auf vertraglicher Basis

Peter F. Drucker soll formuliert haben: „Wir müssen uns an den Gedanken gewöhnen, dass Unternehmen weit mehr von ihren besten Mitarbeitern abhängen, als die guten Leute vom Unternehmen."

Die Loyalität bzw. das Vertrauen zu einem Arbeitgeber, der emotionale Vertrag mit ihm, hat sich grundlegend verändert, nicht nur wegen entsprechender Erfahrungen in der Finanzkrise. Beispielsweise sind junge, gut ausgebildete Wissensarbeiter insbesondere an herausfordernden und interessanten Aufgaben interessiert, sind mehr ihrem Beruf gegenüber loyal als ihrem Arbeitgeber, und Gehaltsfragen verlieren gegenüber Bedingungen für eine gute „Work-Life-Balance" an Gewicht. Die Arbeitswelt hat sich diesbezüglich grundlegend verändert. „Unternehmen und Mitarbeiter agieren heute in einer Welt ohne Stammplatzgarantie." (Scholz, Stein & Bechtel, 2003). Gute Leute.B haben die Wahl, haben Alternativen, haben ein steigendes Bewusstsein des eigenen Marktwertes. Eine historische Übersicht über die Entwicklung des Verhältnisses zwischen Arbeitgeber und Arbeitnehmer findet sich bei Meyer-Ferreira (2010).

Mitarbeitende zunehmend als Investoren statt als käufliche Ressource zu betrachten hat zur Folge, dass das Verhältnis zwischen Unternehmen und Mitarbeitenden nicht mehr als Besitztum, Bevormundung oder blinde Loyalität zu sehen ist. Vielmehr besteht das Verhältnis zwischen den beiden aus der Fähigkeit und dem Willen, sich gegenseitig Nutzen zu schaffen. Eine Führungskraft wird zum Investment-Berater und „Deal Maker", der den Mitarbeitenden erklärt, welches Investment er braucht und was er dafür als Rendite zu bieten hat bzw. was der „Deal" oder Vertrag zwischen Unternehmen und Mitarbeitenden enthält und verspricht.

Aus den Wirtschaftswissenschaften stammt eine Theorie über die Gesetzmässigkeiten eines Vertrages zwischen einem Auftraggeber und einem Beauftragten. Diese etablierte „Principal-Agent"-Theorie (Jensen & Meckling, 1976) lässt sich auf die Gestaltung der Verträge zwischen einem Unternehmen/Vorgesetzten (= Auftraggeber bzw. Principal) und einem Mitarbeitenden (= Beauftragter bzw. Agent) übertragen. Im Zentrum steht dann der Abgleich der Interessen eines Mitarbeitenden mit denen des Unternehmens. Die Principal-Agent-Theorie erläutert sogenannte Vertragsprobleme, die dann auftauchen, wenn die beiden Parteien unterschiedliche und konkurrierende Interessen haben und wichtige Informationen asymmetrisch verteilt sind. Typische Vertragsprobleme sind z.B. Wahl des falschen/ungeeigneten Beauftragten, Fehl-/Mangel-Informationen über Bedingungen und Entschädigungen durch den Auftraggeber, täuschendes oder verborgenes Verhalten während der Auftragserfüllung, schädigendes Verhalten des Beauftragten usw.. Bedeutsam sind diese Vertragsprobleme im Bereich HCM dann, wenn

■ erstens Mitarbeitende über Wissen und Fähigkeiten verfügen, die deren Führungskraft nicht unbedingt auch hat;

■ zweitens Mitarbeitende motiviert sein müssen bzw. es in ihrem Ermessen liegt, ihr Wissen und ihre Fähigkeiten auch wirklich einzubringen;

■ drittens eine Unternehmensstrategie nur mit Einsatz eben dieser Fähigkeiten und mit besonderer Anstrengung seitens der Mitarbeitenden umgesetzt werden kann.

In der Principal-Agent-Theorie werden die Mittel und Wege beschrieben, mit denen Vertragsprobleme gelöst werden können. Daraus lässt sich ableiten, was ein systematisches HCM leisten muss, um diese Vertragsprobleme in den Griff zu bekommen. Die wesentlichen Mechanismen zur Lösung dieser Probleme sind:

Vertragsmonitoring: eingehende Absprache der Ziele, geforderten Verhaltensweisen und der Kriterien der Beurteilung der Vertragserfüllung;

Anreizsysteme, die auf die gemeinsamen Interessen abzielen und den Beauftragten in die richtige Richtung lenken und motivieren.

Beide Mechanismen lassen sich nur effektiv gestalten und einsetzen, wenn die Interessen der Beauftragten bzw. Mitarbeitenden thematisiert, systematisch analysiert und auch ernst genommen werden sowie die Auftraggeber (Management) offen über ihre Absichten und Angebote informieren. Nur so können ein Vertrauensverhältnis und eine Fairness geschaffen werden, die schädigende oder teure Vetragsprobleme minimieren können.

In ähnliche Richtung argumentieren Boxall & Purcell (2008) für eine bewusste und fundierte Gestaltung der sogenannten „Employee Voice". Die Stimme der Mitarbeitenden kann von „Jnformiertwerden" bis zu „Mitbestimmung" reichen, und es gibt zahlreiche Mechanismen, um die „Employee Voice" einzubringen: Gewerkschaften, Betriebsräte, Mitarbeiterbefragungen, Vorschlagswesen, Aktienbeteiligungen, halb-autonome Arbeitsteams, Town-Halls usw.. Neben solchen Gremien und Verfahren spielt der Führungsstil („command-and-control" oder „commitment-oriented") eine wesentliche Rolle, wie sich Mitarbeiter in einem Unternehmen „gehört" fühlen. Letzteres hat erwiesenermassen einen Zusammenhang mit Arbeitszufriedenheit oder Engagement der Betroffenen. Es ist offensichtlich, dass Organisationen mit einem hohen Anteil an Wissensarbeitern besonders sensibel sein müssen im Umgang mit der „Employee Voice", denn die Produktivität von Wissensarbeitern hängt stark mit deren Identifikation mit dem Unternehmen, deren Engagement und dem Vertrauen in die Führung zusammen. Es gibt klare Hinweise, dass der ökonomische Nutzen von fortschrittlichen „Employee Voice Systems" (als Teil eines systematischen HCM) in jenen Unternehmen am grössten ist, die sich in einem Wettbewerb um hochqualifizierte Wissensarbeiter befinden.

Ein systematisches HCM schafft die Voraussetzungen, dass die „Employee Voice" differenziert bekannt ist und ernstgenommen wird. Beispielsweise wenn Vorgesetzte und Mitarbeitende in Zielvereinbarungs- und Zielerreichungsgesprächen sich offen und strukturiert über die gegenseitigen Erwartungen und benötigten Fähigkeiten unterhalten oder wenn mit Mitarbeiterbefragungen systematisch die 'Stimme' der Mitarbeitenden zum Tragen kommt. Das dadurch entstehende Vertrauensverhältnis, gekoppelt mit wirkungsvollen Anreizsystemen, schafft eine produktive Loyalität.

1.7.4   Human Capital Management zeigt Wirkung auf den Geschäftserfolg

> „... human resource practices, when combined and implemented in a superior way, are associated with a 47 percent jump in shareholder value /and) superior HR practices drive financial results more than superior financial results drive HR practices." (Pfau & Kay, 2002)

Ein Zusammenhang zwischen **Güte des HCM** und Geschäftserfolg ist inzwischen mehrfach untersucht und belegt (vgl. Bassi & McMurrer, 2007; Becker & Huselid, 1998; IBM, 2008; Axelrod, Handfield-Jones, & Welsch, 2001; Wright, Gardner, Moynihan & Allen, 2005). Für einen Überblick über die empirischen Befunde siehe Wucknitz, 2009. Bassi und McMurrer konnten beispielsweise in verschiedenen Unternehmen nachweisen, wie stark der Reifegrad des HCM (Performance-Management, Engagement-Management, Nachfolgeplanung etc.) mit Geschäftserfolg einhergeht. Das Human Capital zu entwickeln und zu pflegen ist also nicht einfach ein moralisch-humanistischer Auftrag, sondern ist unabdingbar verbunden mit der Leistung und dem Gewinn eines Unternehmens. Auch wenn die Stärke dieses Zusammenhangs variiert, die kausale Richtung nicht immer abschliessend geklärt und die inhaltliche Wirkungskette nicht in allen Facetten verstanden ist, so konnte in den letzten Jahren der grosse Nutzen und damit die Bedeutung eines professionellen HCM überzeugend belegt werden. Mehr zum Thema in Kapitel 9 „Analysen im Human Capital Management".

In den diversen Studien wurde Geschäftserfolg meist in Form von kurzfristigen bzw. jährlichen operativen Geschäftsergebnissen erhoben. Wie schon in Kapitel 1.6.3 erwähnt, ist der Unternehmenserfolg jedoch mehrdimensional und muss verschiedenen Stakeholdern Rechnung tragen. Der Zusammenhang zwischen HCM und z.B. Agilität bzw. Änderungsbereitschaft eines Organisationsbereichs oder der Einfluss auf die längerfristige soziale Legitimität eines Unternehmens wurden bisher nicht empirisch untersucht.

In Mode gekommen sind sogenannte HC-Analytics oder HC-Metrics. Das sind sophistiziert erstellte Kennzahlen über das HC (auf der Basis verfügbarer Daten) und dessen Einfluss via HCM auf den Geschäftserfolg (vgl. Davenport, Harris, & Shapiro, 2010). Um solche spannenden und sehr informativen Kennzahlen zuverlässig und wiederkehrend erstellen zu können, braucht es jedoch definierte und standardisierte Basis-Messgrössen von HC sowie entsprechende Prozesse und Instrumente zu deren Erhebung, sprich ein systematisches HCM. Becker, Huselid & Ulrich (2001) formulieren es so: „In short, there are ample economic rewards associated with superior human capital management, but there are no quick fixes. Developing such an approach requires a systematic method and commitment to the long-run development of people."

1.7.5 Human Capital Management als strategischer Wettbewerbsvorteil

"Globalization has left only one true path to profitability for firms operating in high-wage, developed nations: to base their competitive strategy on exceptional human capital management." (Bassi & McMurrer, 2007)

In einer immer schneller sich verändernden wirtschaftlichen Umwelt ändern sich auch die unternehmerischen Prozesse, Produkte und Kundenbeziehungen, die einen **strategischen Wettbewerbsvorteil** versprechen. Der Lebenszyklus von Produkten, Geschäftsmodellen und informationstechnologischen Lösungen wird immer kürzer. Märkte sind in einer globalisierten Welt mit weniger Aufwand und schneller zugänglich. Grosse finanzielle Mittel sind auf den Finanzmärkten für viele verfügbar. Viele Produkte, Dienstleistungen und Preise gleichen sich immer mehr an. Der entscheidende Wettbewerbsvorteil kann oft nur über innovative und intelligente Produkte und Dienstleistungen erzielt werden.

Eine hoch motivierte, hoch qualifizierte, flexible und optimal zusammenarbeitende Belegschaft eines Unternehmens lässt sich aber nicht von heute auf morgen aufbauen, und eine solche lässt sich auch nicht einfach durch Konkurrenten kopieren. Eine solche Belegschaft ist Voraussetzung für Fortschritt und Innovation und, um in den immer schnelleren Zyklen von Veränderungen bestehen zu können.

Im Verständnis des „Strategischen Managements" zeichnete sich seit den frühen 90er Jahren ein wichtiger Wandel ab. Früher wurde der strategische Wettbewerbsvorteil primär mit einer Sicht nach aussen, auf die Märkte, auf Kunden und auf die Gestaltung der Produkte diskutiert und gesucht (vgl. Porter, 1979). Dass man für alle strategische Ziele auch die richtigen Mitarbeitenden findet oder bestehendes Personal ohne Weiteres neu ausrichten kann, wurde als gegeben vorausgesetzt. Im Vordergrund standen also die Risiken und Chancen im (externen) Markt, weniger die Stärken und Schwächen der eigenen Ressourcen.

Mit der sogenannten **„Resource Based View" (RBV)** etablierte sich zunehmend die Sichtweise nach innen, auf potenziell strategisch relevante interne Ressourcen, wie Wissen und Technologie, Management-Prozesse, Kultur und eben fähige Mitarbeitende, also Human Capital. Gemäss der inzwischen gut belegten RBV (für einen Überblick siehe Boxall & Purcell, 2011) schaffen solche Ressourcen einen nachhaltigen strategischen Vorteil, wenn sie folgende Kriterien erfüllen: 1) Sie sind hoch produktiv; 2) sie sind beschränkt verfügbar; 3) sie sind schwer nachahmbar und 4) sie sind nicht substituierbar (Barney, 1991). In wissensbasierten Firmen sind die Kriterien zwei und vier für das HC normalerweise erfüllt. Der dritte Punkt ist wohl der entscheidende und verdient eine genauere Betrachtung. Wenn das Human Capital in einem Unternehmen im Wesentlichen aus Wissensarbeitern besteht und sozial komplex organisiert ist, dann sind die genauen Wirkungsketten seiner Produktivität vergleichsweise wenig dokumentiert und von aussen gesehen kaum einsehbar („Causal Ambiguity" (Peteraf, 1993)). Dank dieser „Causal Ambiguity" ist diese Art von produktiver und beschränkt verfügbarer Ressource schwer kopierbar und wird zu einem nachhaltigen strategischen Wettbewerbsvorteil. Des Weiteren wird argumentiert, dass firmenspezifisches Human Capital mit seinen Fähigkeiten und Einstellungen sukzessive und in unverwechselbarer Weise aufgebaut werden muss oder erst aufgrund besonderer Vorkommnisse und Herausforderungen entsteht „Path Dependency" (Leonard, 1998). Sozial komplexes Zusammenwirken von Wissen bzw. Human Capital entwickelt sich in erster Linie über kontinuierliche und persistente Management-Prozesse, die über die Zeit gezielt Wissen und mächtige Formen der Zusammenarbeit fördern, verbunden mit passenden motivationalen Anreizen (vgl. Mueller, 1996). Human Capital mit einer solchen „Geschichte" lässt sich nicht einfach kopieren. Die Frage bleibt noch, wie man die „hoch produktiven" Ressourcen gemäss Punkt eins identifiziert. Gemäss Prahald und Hamel (1990) sind es die „Core Competencies" eines Unternehmens bzw. die individuellen und kollektiven Skills und Verhaltensweisen der Mitarbeitenden. Diese „Core Competencies" schaffen spezielle Vorteile für die Kunden und unterscheiden ein Unternehmen von Wettbewerbern. Leonard (1998) betont die wissensbasierte Qualität dieser „Core Capabilities" und unterteilt sie inhaltlich wie folgt:

1. Wissen und Fähigkeiten der Mitarbeitenden,

2. technische Systeme (z.B. IT Applikationen),

3. Management-Systeme (z.B. Incentives, Performance-Management) und

4. Werte und Normen.

Im Ansatz von Leonard wird auch hervorgehoben, dass eine intelligente und sich gegenseitig verstärkende Kombination dieser „Capabilities" der ausschlaggebende Punkt ist und entsprechende Systeme schwer zu kopieren sind. Ein HCM mit Potenzial für einen nachhaltigen strategischen Vorteil muss folglich Mitarbeitende identifizieren mit eben diesen „Capabilities" und sie zudem mit systematischen Management-Prozessen in ihrer Entwicklung und Zusammenarbeit fördern. Es ist die Interaktion des individuellen HC mit einer hohen Qualität einer kollektiven Arbeits- und Entwicklungsumgebung, die den Ausschlag gibt.

Die RBV entwickelte sich nicht aus einer HR-Sicht heraus, sondern entstand unabhängig davon in einer allgemeinen Diskussion über Elemente eines nachhaltigen Wettbewerbsvorteils. Auf die Ressource HC angewandt betont sie erstens die grosse Bedeutung des Beitrags von HC für einen nachhaltigen strategischen Wettbewerbsvorteil und zeigt zweitens auf, wie ein HCM gestaltet sein muss, damit das HC einen nachhaltigen Wettbewerbsvorteil generiert. Erstens muss ein HCM gezielt die strategisch relevanten „Capabilities" oder „Comptencies" identifizieren und entsprechende Mitarbeiter identifizieren, zweitens ein intern aufeinander abgestimmtes System von Management-Prozessen schaffen, wo das (nicht kopierbare) Ganze mehr wird als die Summe der (kopierbaren) Einzelteile. Und drittens muss HCM eine schwer kopierbare soziale Komplexität bilden und unterhalten, d.h. durch kontinuierliche und integrierte Massnahmen die Entwicklung von firmenspezifischen Fähigkeiten und mächtige Formen der Zusammenarbeit mittels Werte und Normen innerhalb des Unternehmens fördern.

Eine weitere aus einem systematischen HCM entstehende unternehmensspezfische Ressource ist die sogenannte „Arbeitgebermarke" im Wettbewerb der verfügbaren und interessierten Arbeitskräfte. „Je mehr sich ein Unternehmen in seinem ‚Angebot' (an die Mitarbeiter als Humankapitalinvestoren) und dem daraus resultierenden Engagement (dieser Mitarbeiter) von anderen unterscheidet, desto grösser sind seine Möglichkeiten, nachhaltige Wettbewerbsvorteile durch Mitarbeiter zu schaffen." (Meyer-Ferreira, 2010, Seite 25).

Eine Investition ins HCM kann also nachhaltig wirken und strategische Wettbewerbsvorteile sichern.

2   Was ist konkret zu tun?

"Talent Management is not just another HR instrument. It is a business strategic priority. As such, it is critical to move beyond motherhood statements and understand the hard talent issues ahead. Start by measuring them, then act, then measure the results. And then act again. To date there has been much talk and little action." (PwC, 2010)

Viele CEOs insbesondere von Dienstleistungsunternehmen, realisieren implizit, dass ihre Mitarbeitenden, d.h. ihr Human Capital, das grösste und wichtigste Asset ihrer Firma sind. Sie fordern deshalb auch meist explizit von ihren Führungskräften, ihre Mitarbeitenden auf das Ziel des Unternehmens auszurichten und dafür zu begeistern. „Wir wollen die fähigsten Mitarbeiter am richtigen Platz, die mit Engagement die Ziele des Unternehmens verfolgen", das ist ein Management-Statement, dem heute kaum mehr jemand widersprechen wird. Dabei beziehen sie sich implizit oder explizit auf die im vorherigen Kapitel beschriebenen neuen Perspektiven, Trends und Erkenntnisse.

Diesen wachsenden Erkenntnissen und ehrlich gemeinten Äusserungen stehen leider weiterhin kaum praktische Fortschritte in einer systematischen und nachhaltigen Planung, Steuerung und Kontrolle des Human Capital gegenüber. Eine Führungskraft hat normalerweise eingehende und standardisierte Analysen, Kennwerte und Modellrechnungen für Kosten und Investitionen ausserhalb ihres Human Capital zur Verfügung, geliefert z.B. von einer Controlling- oder Finanzabteilung. Diese erlauben ihr eine professionelle Steuerung und Optimierung dieser Kosten und Investitionen. Für ihr wichtigstes und grösstes Kapital fehlen ihr analoge Informationen, und sie muss sich bei deren Optimierung einseitig auf ihre menschliche Führungsfähigkeit und auf ihren gesunden Menschenverstand verlassen.

Die Boston Consulting Group hat 2010 und 2012 in über 100 Ländern weit über 5000 Verantwortliche in Unternehmen befragt, wie sie welche Themen im Bereich HR bezüglich Wichtigkeit und aktueller Qualität beurteilen (siehe Abbildung 2.1).

Abbildung 2.1   Wichtigkeit und aktuelle Qualität von HR-Themen

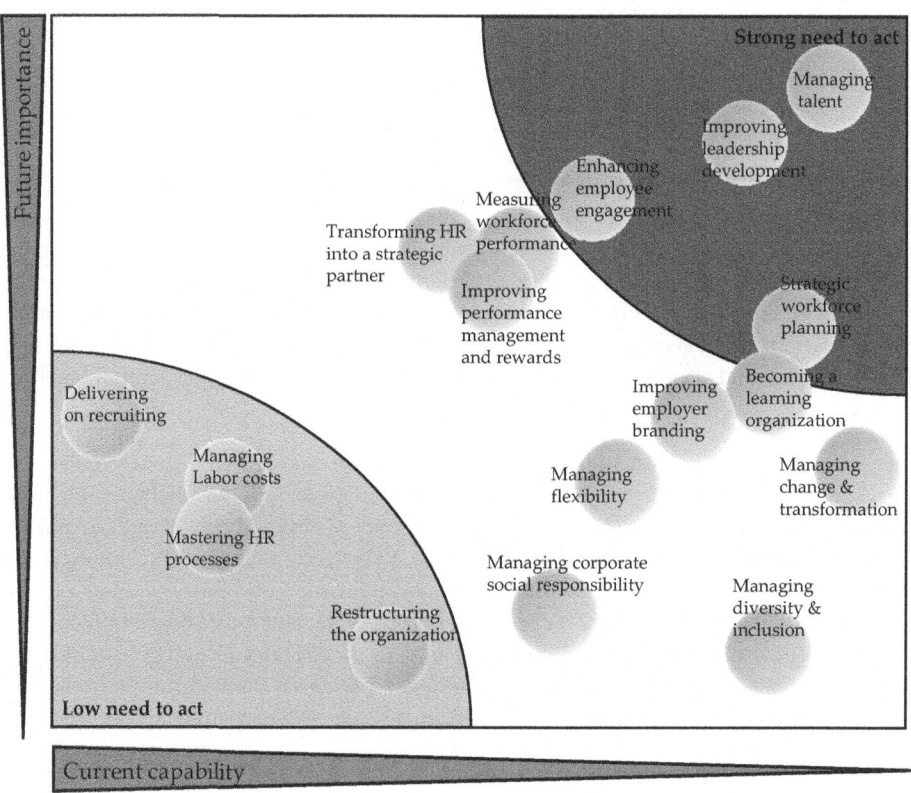

Quelle: Boston Consulting Group 2010

Talent Management, Führungskräfte-Entwicklung, Strategische Personalplanung, Engagement-Management, Messung der Personal-Leistung erscheinen dabei als Themen, die in ihrer Wichtigkeit sehr hoch eingeschätzt werden, deren aktuelle Professionalität aber sehr zu wünschen übrig lässt. In einer Wiederholung der Studie 2012 zeigten sich die Themen oben rechts unverändert.

Der Handlungsbedarf ist also mehr als nachgewiesen und bleibt unverändert. Die Frage ist offensichtlich nicht mehr, ob etwas unternommen werden soll, sondern nur noch was genau zu tun ist. Einer der Gründe für die Diskrepanz zwischen Wunsch und Realität liegt darin, dass bisher nicht klar geworden ist und sich keine anerkannte Praxis, geschweige denn ein Standard darüber etabliert hat, was denn konkret in einem Unternehmen zu tun ist, um ein integriertes und strategisch ausgerichtetes HCM für die ganze Belegschaft nachhaltig zu implementieren.

IBM (Lesser & DeMarco, 2008) hat in einer „Global Human Capital Study 2008" mittels 400 Interviews vier wichtige Themen identifiziert, die in der Agenda der Führungskräfte inkl. HR-Leiter entsprechende Aufmerksamkeit und Fokus verlangen, wenn sie für die Zukunft das Beste aus ihren Mitarbeitenden bzw. ihrem Human Capital machen wollen:

■ Develop an adaptable workforce

■ Effective leadership to guide individuals

■ An integrated talent management model that addresses the entire employee lifecycle

■ Workforce analytics that can deliver strategic insight and measure success

Spricht man mit Verantwortlichen und Experten in Unternehmen und Beratungsfirmen, so wird klar, dass sie unter HCM sehr Unterschiedliches verstehen. Die einen betonen die Führungskräfte-Entwicklung z.B. mittels Nachwuchs- oder High-Potential-Pools, andere fokussieren auf Messung und Steigerung des Engagements der Mitarbeitenden, wiederum andere legen den Schwerpunkt auf Planungsmodelle für Art und Grösse des künftig benötigten Personalbestandes. Gewisse HR-Abteilungen investieren viel in die Definition und Messung der erfolgskritischen Kompetenzen/Fähigkeiten der Mitarbeitenden. Andere konzentrieren sich auf ein sophistiziertes Mitarbeiter-Beurteilungssystem im Sinne eines Performance Measurement & Management Systems.

Es gibt noch kein breit akzeptiertes Verständnis, was alles HCM umfasst und wie eine geeignete Struktur oder Architektur von HCM aussehen müsste. Es existiert noch keine Fachdisziplin HCM, wo Begrifflichkeiten und Prioritäten geklärt sind, wo Experten sich über vergleichbare Erfahrungen austauschen und gegenseitig lernen können, wie das z.B. in der Betriebswirtschaft oder in der Finanzbuchhaltung der Fall ist. Zu oft flüchten sich Firmen in Einzelmassnahmen oder wohlklingende „strategische HR-Initiativen", die die Komplexität eines umfassenden HCM zu stark vereinfachen und alle paar Jahre wieder ausgewechselt werden. Es scheint manchmal, dass es so viele Ideen zur Auswahl, Förderung und Bindung von Mitarbeitenden gibt, wie es Personalexperten, Psychologen, Soziologen hat. Eine für alle Betroffenen und Beteiligten verständliche und nachhaltige Architektur des HCM kann so nicht entstehen. Was bleibt, ist stattdessen eine endlose und teure, aber notdürftige und verzettelte Baustelle. „Im Hinblick auf den Umgang mit Human Capital in Deutschland sind zwei Lager zu erkennen: die, die durch „Pseudoquantifizierung" den Faktor Mensch ausser Acht lassen, und die, die in zielloser Orientierungslosigkeit alles Mögliche, aber nichts wirklich Effektives tun, um das Human Capital zu fördern, zu entwickeln und zu binden, sodass ihnen entscheidende Wettbewerbsvorteile entgehen." (Dürndorfer, Nink & Wood, 2005).

In den letzten Jahren wurden verschiedene Ansätze bzw. Modelle für eine übergeordnete Sicht auf HCM vorgestellt (z.B. Becker, Huselid, & Ulrich, 2001; Boudreau & Ramstad, 2007; Meyer-Ferreira, 2010; Meifert, 2010). Diese sind konzeptionell zwar hilfreich und klärend, bleiben aber leider oft bei recht abstrakten Modellen stehen und betonen meist einseitig die Rolle und Verantwortung des HR und weniger die der Führungskräfte bzw. des Managements. Damit helfen sie mit wenigen Ausnahmen (z.B. Effron & Ort, 2010) kaum weiter in der systematischen Wahl und Implementation konkreter Instrumente und Prozesse zur gezielten Evaluation und nachhaltigen Steuerung des Human Capital durch Führungskräfte jeglicher Stufe.

Publikationen über anwendungsorientierte und in der Praxis überprüfte umfassende HCM-Systeme mit klaren Messgrössen und Standards, sowie integrierten Prozessen, sind Mangelware bzw. inexistent.

Die hier in diesem Buch vorgestellten Messgrössen und Prozesse sowie deren integrierte und strategieorientierte Verwendung orientieren sich zu einem grossen Teil an einer langjährigen praktischen Erfahrung in der Credit Suisse in den Jahren seit 2004. Die Credit Suisse ist ein globales Unternehmen mit mehreren zehntausend Mitarbeitenden. Diese üben im Wesentlichen wissensbasierte Dienstleistungstätigkeiten aus. Das HCM der Credit Suisse ist über mehrere Jahre entstanden, hat sich in mehreren Zyklen verändert und verbessert und wird in Fachkreisen durchweg als führend empfunden. Eine entsprechende Studie im deutschsprachigen Raum durch die Transformation Management AG belegt die Spitzenposition der Credit Suisse (siehe Kupiek & Graf, 2010). Darin wurden bei 40 % der Firmen aus dem DAX30, ATX und SMI der Reifegrad des Talent Management in strategischer Hinsicht, in operativen Dimensionen und bezüglich Methoden/Instrumente mittels Interviews untersucht und verglichen.

Das hier propagierte HCM ist aber überhaupt nicht exklusiv für die Credit Suisse gültig, sondern basiert auf generell begründeten Messgrössen und bekannten, in vielerlei Unternehmen verwendeten, Instrumenten (z.B. Performance-Management, Talent Reviews, Employee Surveys). Das Besondere an dem hier vorgestellten Ansatz ist die Konkretisierung, die Integration der Prozesse und Instrumente zu einem Gesamtsystem und die Einbindung in die Strategie und die Organisation eines Unternehmens.

Folgende Unterkapitel charakterisieren den in diesem Buch vorgestellten Ansatz für ein konkretes, integriertes und strategisch ausgerichtetes HCM. Diese Schwerpunkte oder Prinzipien haben teils den Aufbau des HCM der Credit Suisse gesteuert, teils haben sie sich erst im Verlaufe der Zeit herauskristallisiert.

Abbildung 2.2 gibt einen graphischen Überblick über die Schwerpunkte im Spannungsfeld zwischen Unternehmensstrategie, Unternehmenserfolg, Führung und der HR-Funktion.

Abbildung 2.2   Schwerpunkte in einem HCM

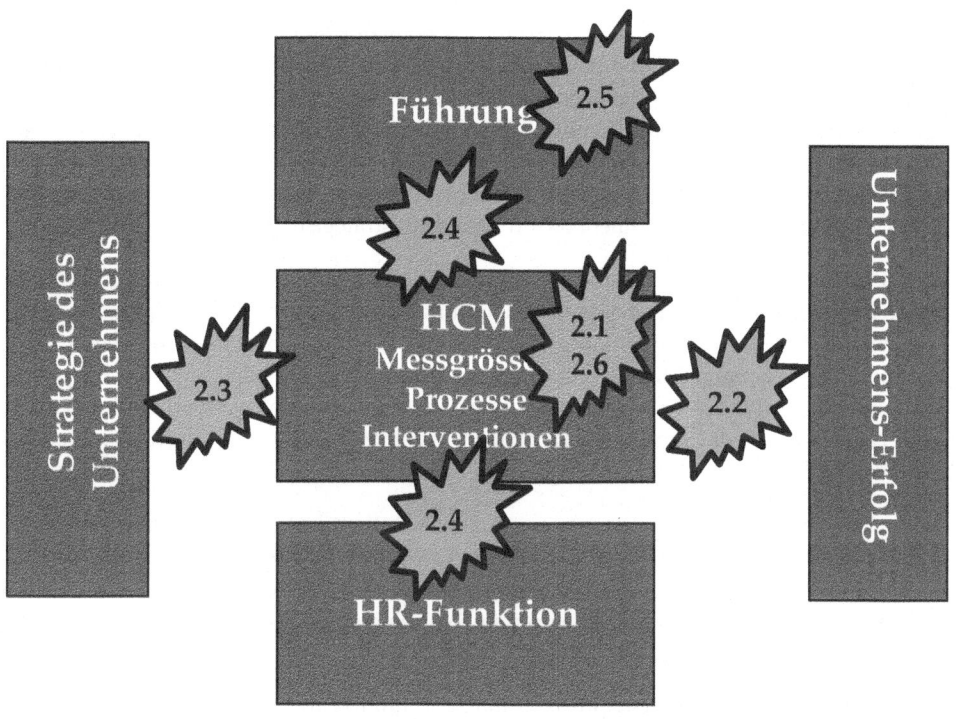

Die Nummern in den Hervorhebungen beziehen sich auf folgende Unterkapitel

2.1   Integrierter Ansatz

> *„... organizations need to discard piecemeal solutions for an integrated approach that looks at how these programs influence one another and inform business strategy." (Towers Watson, 2010)*

Es existieren unzählige Schriften und Bücher zu einzelnen isolierten Massnahmen und Aktionen im Bereich Management und Förderung des Human Capital sowie zum Messen/Evaluieren des HC (vgl. Wucknitz, 2009). Beispielsweise finden sich sehr viele Bücher mit unterschiedlichem Zielpublikum zum Thema „Leistungsbeurteilung" oder zum Assessment von Kompetenzen. Andere Publikationen beschränken sich auf Instrumente wie 360° Beurteilungen, Kompetenz-Modelle, Assessment Center, Mitarbeiterbefragungen und viele andere. Unmengen an Publikationen mit oft firmen- oder branchenspezifisch gefärbten Meinungen und Erlebnissen äussern sich zu Initiativen, wie sogenannte Talent Pools (Gruppe von identifizierten Nachwuchskräften oder High Potentials) gebildet und verwendet werden sollen. Öfter wird der Begriff HCM oder Talent Management nur auf ein oder zwei Themen, wie z.B. Nachfolgeplanung oder Trainingsmassnahmen, reduziert. Wie all diese Instrumente und Massnahmen aber zueinander stehen, wie sie sich gegenseitig beeinflussen und verstärken, welche minimal notwendig sind und wie deren Output konzertiert und strategiekonform zur Steuerung des Human Capital verwendet werden kann, bleibt, wenn überhaupt, nur ansatzweise beschrieben. In vielen Unternehmen gibt es heute eher zu viel an Messungen und Massnahmen im Bereich Human Capital, aber zu wenig aufeinander abgestimmte, auf das notwendige reduzierte, dafür aber konsequent verfolgte Datenerhebungen, Prozesse und Aktionen. Viele Führungskräfte sind heute in der Personalführung mit einem Mess- und Massnahmenhaufen konfrontiert und verunsichert, statt dass sie sich in einem Massnahmenkonzert mit einem strategischen Programm fühlen.

Dieses Buch will und kann keine wissenschaftliche abgerundete Darstellung einzelner Massnahmen und Messinstrumente liefern, dafür aber aufzeigen, welche minimalen Messgrössen und Prozesse für ein wirkungsvolles Human Capital Management notwendig sind, wie die entsprechenden Massnahmen und Instrumente im Hinblick auf eine integrierte Sicht und Steuerung des Human Capital aufeinander abgestimmt werden, um im Ganzen mehr zu erhalten als die Summe der Einzelteile. Boxall & Purcell (2011) sprechen von einem „Internal Fit".

Dieses Buch will auch nicht einen weiteren „Silver Bullet" verkaufen, mit dem kurzfristig und mit einem einzigen Aufwisch das Human Capital in den Griff zu bekommen ist. Der im Folgenden beschriebene Ansatz verlangt und beschreibt vielmehr eine längerfristige Anstrengung, die aber dank der integrierten Sicht eine effiziente und wirksame Optimierung des Human Capital gewährleistet.

Erst wenn HCM- und Geschäftsprozesse mitsamt ihren Daten integriert sind, lassen sich auch umfassende HC-Analysen erstellen und den Impact eines HCM auf den Geschäftserfolg nachweisen.

Integration in diesem Buch meint Verschiedenes:

- inhaltliche und zeitliche Abstimmung aller Messungen, Prozesse und Massnahmen im Bereich HCM, sodass das Ganze mehr wird als die Summe der Einzelteile (vgl. Kapitel 8);

- Berücksichtigung und Adressierung aller hierarchischer Stufen und aller wichtigen Mitarbeiter-Segmente;

- Integration der Messung und Steuerung des Human Capital in die bestehenden Prozesse der Geschäftssteuerung (wie z.B. Budgetierung) inkl. Strategieumsetzung (vgl. Kapitel 7);

- eindeutige Verantwortlichkeiten und sinnvolle „Governance" für die Belange des HC und des HCM in einem Unternehmen.

Die im vorangegangenen Kapitel erwähnten Theorien aus dem Strategischen Management (z.B. RBV) betonen die Wichtigkeit der Integration innerhalb des HCM-Systems für die Schaffung eines nachhaltigen strategischen Wettbewerbsvorteils.

2009 hat Aberdeen Group (Martin & Bourke, 2009) über 300 HR-Leiter und CEOs befragt, ob und mit welchem Effekt ihre HCM-Prozesse, -Systeme und -Daten integriert sind. Nur eine knappe Mehrheit hat mindestens teilweise ihre HCM-Systeme integriert und jene, die das getan haben, berichten über signifikant grössere Leistungsverbesserungen.

Bersin & Associates fanden in ihrer Umfrage 2010, dass weniger als ein Drittel der befragten Firmen ein wirklich integriertes Talent Management hat und dass Integration mit Verbesserungen z.B. bzgl. Fluktuationsrate bei Leistungsträgern oder Engagement der Mitarbeitenden generell einhergeht (Bersin & Associates, 2010).

Der Towers Watson 2008/2009 Global Strategic Rewards Report berichtet, dass Firmen mit einem integrierten Talent Management Ansatz beispielsweise 25 % weniger Probleme haben bzgl. Attraktivität für leistungsstarke Mitarbeitende und 33 % weniger Schwierigkeiten bzgl. Fluktuation von Mitarbeitenden mit kritischen Skills (Towers Watson, 2010).

2.2   Fokus auf den Geschäftserfolg

"Executives need a system for measuring their HC, its development and its effect on business outcomes ..." (Bassi & McMurrer, 2007)

Aus ethischer Sicht ist es unbestreitbar, dass Investitionen in die Leistungsfähigkeit und für das Wohlergehen der Mitarbeiter grundsätzlich positiv zu bewerten sind. Das Überleben und die Weiterentwicklung eines Unternehmens oder eines Unternehmensbereichs hängen letztlich aber vom Erfolg in Form von Gewinnzahlen ab. Betriebliche Aufwände in Form von Investitionen/De-Investitionen, organisatorischen Strukturen und Prozessen werden und müssen immer aus Sicht des Beitrages zum Gesamterfolg beurteilt werden. Dies gilt auch für entsprechende Initiativen im Bereich des Human Capital. Auch wenn der Zusammenhang zwischen HCM und Geschäftserfolg allgemein gut belegt und teils auch erklärt ist (z.B. Pfau & Kay, 2002), so ist es bisher, wenn überhaupt, dann nur ansatzweise gelungen, diesen Zusammenhang auf Ebene von Organisationseinheiten in faktenbasierte und handlungsorientierte Anleitungen und „Navigationsinstrumente" für Führungskräfte umzusetzen. Eine Führungskraft einer Organisationseinheit sollte folgende Fragen beantworten können: Wie viel habe ich bereits in die Qualität der Selektion meiner unterstellten Führungskräfte investiert? Wie stehe ich hier im Vergleich zu meinen Kollegen in vergleichbaren Organisationseinheiten? Wie gross wäre der Nutzen bzw. die Wirkung einer weiteren Investition oder De-Investition in diesem Bereich, verglichen mit anderen HCM-Aktionen? Wie hoch im Vergleich zu anderen Einheiten ist das Engagement meiner Mitarbeitenden, und welche Massnahmen versprechen eine signifikante Steigerung mit entsprechender Wirkung auf den geschäftlichen Erfolg?

Human Capital wird zu oft als „Intangible Asset" und folglich als nicht wirklich mess- und fassbar verstanden. Sicher sind Maschinen und Gebäude einfacher bewertbar und die Wirkung von z.B. Kauf-/Verkaufsentscheidungen ist besser bestimmbar. Ein Management des Human Capital, das von Grund auf so angelegt ist, dass es einerseits auf verlässlichen Messungen basiert und andererseits auch den Zusammenhang zum Geschäftserfolg aufzeigen kann, ist unseres Erachtens machbar und unabdingbar. Wohl wissend, dass dies nur ein erster Schritt ist und dass der Geschäftserfolg nicht nur an kurzfristig ausgewiesenen finanziellen Kennzahlen gemessen werden darf (siehe dazu auch Kapitel 1.6.3). Dieses Buch zeigt konkret auf, wie dies mit entsprechender Prioritätensetzung und Analysen (vgl. Kapitel 9) zufriedenstellend erreicht werden kann.

2.3   Pragmatischer Bezug zur Strategie

Wörter wie „strategisch' oder „Strategie" sind insbesondere im Bereich HR oft mit einem Schleier von Wichtigkeit, Geheimniskrämerei und Top-Management-Angelegenheit umgeben. Der Begriff „Strategie" löst vielfach eine Wahrnehmungsverzerrung im Sinne eines „Halo-Effektes" aus (siehe Anhang), konkrete Fragestellungen treten in den Hintergrund, und pragmatisches Können oder eben Nicht-Können wird überdeckt durch Grundsatzdiskussionen und abstrakt formulierte Absichtserklärungen. Bezeichnungen wie „Strategisches HRM" oder „Strategisches Talent-Management" garantieren erhöhte Aufmerksamkeit, die aber oft enttäuscht wird, weil erstens unter „Strategie" immer wieder etwas anderes verstanden wird und zweitens die Umsetzbarkeit der vorgeschlagenen Konzepte meist zu wünschen übrig lässt oder die Realität zu vereinfacht abgebildet wird. Was genau enthält eine HR- oder HC-Strategie? Wie beeinflussen sich HR- und Geschäftsstrategien gegenseitig? Wie soll eine Erfolg versprechende HC-Strategie durch wen erarbeitet und danach umgesetzt werden? Für viele dieser Fragen gibt es kaum konkrete Antworten.

Damit soll nicht suggeriert werden, dass es sich nicht lohnt oder dass es nicht realistisch ist, strategisch zu denken bzw. zwischen längerfristig wirksamen Optionen und Vorgehensweisen überlegt zu entscheiden. Im Gegenteil, denn gerade Personaler neigen vielfach dazu, sich auf isolierte Instrumente zu fokussieren und das längerfristige Gesamtziel aus den Augen zu verlieren bzw. einem vagabundierenden Aktionismus zu verfallen.

Dieses Buch beansprucht aber nicht, einen restlos klärenden Beitrag zum Thema „HC-Strategie" zu leisten, sondern versucht in pragmatischer Weise darzulegen, wie ein systematisches HCM konkret genutzt werden kann, um die Ressource HC auf die längerfristigen Ziele einer Organisation auszurichten und wie durch eine systematische Analyse des HC längerfristige Risiken und Opportunitäten für eine Organisation aufgezeigt werden können. Es soll auch aufgezeigt werden, dass ein HCM basierend auf einer durchdachten Architektur (siehe Kapitel 3) in einigen grundsätzlichen Themen der Strategieformulierung neue Antworten und Klärungen zu liefern imstande ist. Beispielsweise, wie weit ein HCM „Best Practice" sein kann.

Konkret werden insbesondere im Kapitel 7 „Strategie und HCM" folgende vier Themen eines „Strategic Fit" genauer ausgeleuchtet:

1. Was genau verstehen wir unter einer HC-Strategie? Welche Aussagen macht sie zu HCM, zu Führungstätigkeiten und zur Rolle der HR-Funktion?

2. Wie und wo unterstützt ein HCM konkret die Umsetzung strategischer HC-Entscheidungen?

3. Welchen Beitrag können systematische Analysen im HCM leisten, um strategische Entscheidungen betreffs HC oder gar Unternehmensziele zu beeinflussen und zu optimieren?

4. Welche Prozesse und Messpunkte im HCM helfen mit, die Umsetzung der strategischen Entscheidungen zu überwachen?

2.4   HCM als Führungsfunktion

> *„They (organizations) must shift Talent Management away from being an HR program toward a data-driven, line-owned core business process." (Towers Watson, 2010)*

HCM ist eine zentrale Führungsfunktion. Die Hauptverantwortung für die Implementation und Nutzung der HCM-Prozesse liegt bei den Führungskräften und nicht bei der HR-Funktion. Mehrere Studien der University of Bath über die Wirkung von HCM auf den Geschäftserfolg belegen, dass die Führungskräfte und nicht die HR-Abteilung mit ihren Spezialisten die entscheidenden Akteure sind (Purcell & Hutchinson, 2007).

Führungskräfte erwerben im Verlaufe ihrer Ausbildung normalerweise ein gutes Verständnis für wirtschaftliche und betriebliche Kennzahlen und Zusammenhänge. Dies erlaubt ihnen, sich untereinander und mit ihren Controllern über betriebswirtschaftliche Fragen und Probleme zu unterhalten. Im Bereich Human Capital ist dies kaum gegeben, weil die Begrifflichkeiten und Messgrössen kaum standardisiert sind, öfter geändert werden und die Führungsausbildung sich oft mehr an psychologischen Inhalten und Problemen orientiert denn an den in einem Unternehmen vorhandenen Prozessen und Instrumenten zur Förderung bzw. „Bewirtschaftung" des Human Capital. Oftmals legen die Spezialisten in der Personalabteilung auch wenig Gewicht auf die grundlegenden Anforderungen an Benutzerfreundlichkeit (wie „einfach, einheitlich, effizient") bei der Gestaltung von Prozessen und in der Darstellung von Ergebnissen/Evaluationen zum Human Capital. Linienverantwortliche befolgen die von der Personalabteilung verordneten Prozesse und Massnahmen, mehr weil sie müssen denn weil sie verstehen, was deren Sinn und deren Auswirkung auf ihr Human Capital ist. Aus oft übertriebenen Bedenken, dass Vorgesetzte die notwendigen Personal-Bewertungen und -Entscheidungen nicht richtig vornehmen können bzw. damit überfordert sind, bieten HR-Spezialisten Hilfsmittel und Instrumente an, die Führungskräfte eher entmündigen, als sie in ihrer Verantwortung zu stärken.

Dieses Buch geht erstens davon aus, dass nicht die Personalabteilung bzw. die HR-Spezialisten für das Human Capital verantwortlich sind, sondern die Führungskräfte auf unterschiedlichen Stufen. Zweitens, dass diese ihre Verantwortung nur wahrnehmen können, wenn sie die zugehörigen Prozesse, Massnahmen, Instrumente und Ergebnisse auch problemlos verstehen, selbstverantwortlich durchführen und in Bezug zum Geschäftserfolg setzen können. Der Benutzerfreundlichkeit im Sinne von Einfachheit, Einheitlichkeit und

Effizienz der Prozesse und Instrumente für die Führungskräfte wird deshalb besondere Beachtung geschenkt. Das Cockpit zur Beurteilung und Steuerung des Human Capital muss so gestaltet sein, dass einerseits mit so wenig Aufwand wie möglich zutreffende Beurteilungen und wirksame Entscheidungen möglich sind und andererseits die Arbeit in diesem Cockpit Spass macht, attraktiv ist. Die Führungskräfte müssen die HCM-Prozesse und –Instrumente richtig anwenden können, aber auch wollen.

Die Aufgabe der HR-Spezialisten wird in diesem Buch verstanden als Mit-Gestalter und Mit-Entwickler von benutzerfreundlichen HCM-Prozessen und –Instrumenten sowie als Unterstützer/Berater und Ausbilder der Führungskräfte bei der korrekten Anwendung dieser Prozesse zwecks Schaffung von Mehrwert für das Unternehmen. Daneben sind die Personaler auch Anbieter von HC-Interventionen wie Trainings und Coachings oder übernehmen die Durchführung von Support- und Beschaffungsfunktionen (z.B. Rekrutierung), je mit den Führungskräften als direkte Kunden und Auftraggeber. Primäre Aufgabe der HR-Funktion ist, den Führungskräften effiziente Prozesse und Instrumente für faktenbasierte HC-Entscheidungen zur Verfügung zu stellen. In dieser Rolle haben sie auch am ehesten eine Chance aus der Sackgasse der reinen Personaladministration herauszufinden (Birri & Lebrenz, 2013).

Ein professionelles Design eines benutzerorientierten und benutzerfreundlichen Systems ist nur durch einen aktiven Einbezug der Benutzer bzw. Anwender in allen Entwicklungsphasen möglich. Führungskräfte mit nachgewiesenem Erfolg im Management ihres HC müssen beobachtet und befragt werden, wie und warum sie was für ihr HC tun. Sie müssen auch die Gelegenheit erhalten, Prototypen und Entwürfe für ein HCM kritisch zu reviewen. Der in diesem Buch vorgestellte standardisierte Ansatz für ein HCM lässt in der Ausgestaltung ausreichend Spielraum für den Input und die Wünsche interessierter Führungskräfte (z.B. Inhalte des Kompetenz-Modells oder der Engagement-Treiber, Gestaltung der Portfolio-Review-Meetings, zeitliche Sequenz der drei HCM-Prozesse usw.).

Auch wenn HCM zu einem Teil aus dem Bewerten des HC besteht, so kann HCM nicht den Bilanzfachleuten und Buchhaltern überlassen werden. Die Bewertung des HC eines gesamten Unternehmens, z.B. im Rahmen von Ratings und Risikoanalysen (Basel II), bei Due Diligence in M&A oder beim Verkauf von Unternehmen spielt zwar eine zunehmend wichtigere und klarere Rolle (vgl. Wucknitz, 2009). Hier lassen wir aber diese primär unternehmensbewertenden Aspekte weg und fokussieren auf ein HCM aus Sicht der agierenden Führungskräfte auf allen Stufen und auf die Art, in der diese in verantwortlicher Weise mit Mitarbeitenden als Menschen umgehen können, bzw. wie sie das ihnen anvertraute HC systematisch analysieren, steuern und optimieren.

Dieses Buch betont ein HCM, das die Bedürfnisse und Verantwortlichkeiten der Endbenutzer, d.h. der Führungskräfte auf unterschiedlichen Ebenen, d.h. also nicht nur auf oberster Geschäftsleitungsebene, in den Vordergrund stellt und sie bei einer ihrer wichtigsten Aufgaben tatkräftig und effizient unterstützt.

2.5 Führungsinstrumente und Beziehungsgestaltung

„Companies need to understand (and managers need to be taught) what data make a difference in terms of selection, promotion, rewards and more. And they need to provide good processes and tools to managers so they can embed these data in their day-to-day management decisions."
(Towers Watson, 2010)

Führungsqualität basiert auf einer inneren persönlichen Überzeugung, dass Mitarbeitende wirklich wichtig sind, und dem Wahrnehmen von Verantwortung für deren Betreuung und Entwicklung. Erfolgreiche Führungskräfte sind Vorbilder in ihrem alltäglichen Verhalten. Führung und Entwicklung von Mitarbeitenden ist im Wesentlichen eine Frage der Gestaltung von zwischenmenschlichen Beziehungen. Es gilt Mitarbeitende zu finden, zu inspirieren, Feedback zu geben, gegenseitige Erwartungen zu klären, beispielhaft eine Richtung vorzuleben, ein Team zu bilden und gemeinsam voranzukommen. Diese gelebten Beziehungen sind Gegenstand vieler Bücher und Seminare über die „Geheimnisse* und Rezepte erfolgreichen Führungsverhaltens bzw. von Führungsqualität.

Führungsinstrumente, übergreifende HCM-Prozesse und standardisierte HC-Messinstrumente ergänzen und unterstützen diese wichtigen gelebten Führungs-Beziehungen. Ohne ein minimales Set an standardisierten Führungsinstrumenten überlässt eine Organisation das so wichtige Management ihres Human Capital den unterschiedlichen Führungsverständnissen und Führungsfähigkeiten der einzelnen Führungskräfte. Folge davon ist nicht unbedingt ein insgesamt schlechtes, aber sicherlich ein suboptimales, risikoreicheres und ineffizientes HCM. Zudem ist es ohne systematische HCM-Prozesse sehr viel schwieriger abzuschätzen, ob die verschiedenen Investitionen/De-Investitionen in das Human Capital (Führungsaufwand, Weiterbildung, Vergütungen, Entlassungen usw.) eine entsprechende und messbare Wirkung auf den Geschäftserfolg erzielen.

Instrumente und Prozesse für ein systematisches HCM sind per se noch kein Garant für eine optimale Gestaltung und Nutzung des Human Capital. Deren Einsatz und Verwendung erzielt erst den gewünschten Nutzen, wenn sie gepaart sind mit persönlicher Überzeugung, gesundem Menschenverstand, ehrlicher und zweckorientierter Anwendung der Instrumente/Prozesse, Gespür für das Machbare und der richtigen Zielsetzung. Führungskräfte, die nur auf kurzfristigen Eigennutz aus sind, die persönliche Beziehung zu ihrem unterstellten Human Capital hintanstellen oder gar bereit sind, unethisch zu handeln, können auch ein noch so gutes HCM-System missbrauchen und zum Scheitern bringen.

HCM macht aus Führungskräften nicht bessere Menschen und bessere Führungspersonen, aber es hilft mit, Führungstalent systematisch und gezielt zu nutzen, die Anstrengungen in wirkungsvolle Bahnen zu lenken und zu potenzieren sowie aufzuzeigen, wo in einem Unternehmen Führung insgesamt verbessert werden kann.

Persönliche Führungsqualität sicherzustellen, beispielsweise durch Rekrutierung von Top-Führungskräften, durch fundierte und gezielte Nachfolgeregelungen oder durch konsequente Beurteilung der Führungsleistung ist wiederum Teil und Folge eines systematischen HCM.

Dieses Buch liefert kaum Hinweise für eine Verbesserung des persönlichen Führungsverhaltens oder der Gestaltung von führungsbezogenen persönlichen Beziehungen. Es fokussiert auf die Führungsinstrumente und Management-Prozesse und deren Analyse im Hinblick auf eine Optimierung des Human Capital. Damit leistet es einen Beitrag, die fast unüberblickbare Flut an Publikationen zum persönlichen Führungsstil und Führungsverhalten mit einem standardisierten und integrierten Management-Ansatz des Human Capital zu ergänzen. Letztlich basiert der Erfolg eines HCM immer auf einer Kombination von systematischem Management und persönlichem Führungsverhalten. Als Metapher mag hier dienen: Verkehrspiloten brauchen fliegerisches Feingefühl und langjährige Erfahrung in der Einschätzung von Flugsituationen, nichtsdestotrotz beachten sie immer wieder streng standardisierte Checklisten und Messgrössen, bevor sie wichtige Entscheidungen treffen oder neue Flugphasen einleiten.

2.6   Standardisierte Messung von Human Capital

„Shifting to a measurement-driven approach is fundamental to ensuring that Talent Management makes a real difference in the organization." (Towers Watson, 2010)

Das Human Capital besteht aus Mitarbeitenden. Mitarbeitende sind Menschen, Individuen mit vielfältigen Fähigkeiten, Motivationen und Bedürfnissen. Sie verhalten sich im Arbeitsleben nicht gleichförmig, aber auch nicht zufällig. Kann dieses Human Capital überhaupt zuverlässig, systematisch und vergleichbar erfasst oder gar gemessen werden? Ist es überhaupt notwendig, dieses Human Capital standardisiert zu erheben, oder ist es nicht sinnvoller, die Anstrengungen auf deren Entwicklung zu fokussieren?

Die Eigenschaften und Leistungen von technische Geräten, wie z.B. Motoren, lassen sich zweifellos genauer und einfacher messen als die Fähigkeiten, Leistungen und Gemütslagen von Mitarbeitenden als Elemente des Human Capital in einem Unternehmen. Die Bestimmung bzw. die Bewertung von wirtschaftlichen Grössen wie der Wert eines Anlage-Portfolios oder die Gesamtleistung einer Volkswirtschaft (BIP) sind vergleichsweise anspruchsvoller und weniger präzise, aber immer noch einfacher und genauer als das Messen von Human Capital. Die wissenschaftliche und praktische Erfahrung im Messen von Human Capital in Unternehmen ist noch sehr begrenzt. Ein fachlicher Erfahrungsaustausch findet noch zu selten statt, Standardisierungsbemühungen sind praktisch inexistent. Erhebungen von Human Capital stellen oft mehr ab auf Daten/Informationen, die einfach verfügbar sind, und leider noch zu wenig auf Messgrössen, die notwendig und grundlegend sind.

Was man aber nicht messen kann, kann man auch nicht systematisch und effizient steuern. Der Zusammenhang von Human Capital und Geschäftserfolg lässt sich nicht schlüssig eruieren, wenn Unterschiede im Human Capital nicht zuverlässig erfasst werden können. Wie sollen Interventionen in das Human Capital auf die variablen Möglichkeiten und Bedürfnisse der betroffenen Mitarbeitenden zugeschnitten werden, wenn wir nicht einmal wissen, wo und wie sich diese Mitarbeitenden systematisch unterscheiden?

Ohne zuverlässige, zutreffende und standardisierte Messungen des Human Capital in seinen Einzelteilen ist keine fundierte und vergleichende Analyse und folglich keine effiziente und effektive Nutzung dieser wichtigen Ressource möglich. Der Vielfältigkeit und der Dynamik des Human Capital kann man erst gerecht werden, wenn diese verlässlich bestimmt bzw. erfasst werden können. Standardisierte Messgrössen des (individuellen) Human Capital sind Voraussetzung für begründete Entscheidungen zur Gestaltung und zum Einsatz von HCM Interventionen.

Erst wenn das Management verlässlich weiss welche Mitarbeitenden oder Mitarbeitersegmente unter welchen Bedingungen eine hohes Engagement an den Tag legen, kann es beispielsweise Incentive-Pläne entsprechend gestalten und anwenden. Erst wenn ein Vorgesetzter auf einer bestimmten Stufe vergleichbar und objektiv beurteilt hat, welche Mitarbeitenden Potenzial für eine nächsthöhere Aufgabe haben, kann er optimale Nachfolgeentscheidungen fällen. Erst wenn Spezialisten empirisch überprüft haben, welche Entwicklungs- und Fördermassnahmen welche Wirkung auf das Human Capital haben, kann das Management das Human Capital gezielt steigern. "We need data, not anecdotes." (IBM, 2005). Die persönliche bzw. die berufliche Erfahrung einzelner Experten oder Gurus reicht hier nicht aus.

In diesem Buch werden wir deshalb

- ein besonderes Gewicht auf die Auswahl und Definition der grundlegenden Messgrössen für Human Capital legen (siehe Kapitel 3.1 und 4);

- aufzeigen, unter welchen Bedingungen entsprechende Messungen möglichst objektive Ergebnisse liefern und von den Betroffenen auch verstanden und akzeptiert werden (siehe Kapitel 5 und Anhang);

- darstellen, wie die so gewonnenen Erkenntnisse für wirksame Interventionen zur Pflege und Steigerung des Human Capital genutzt werden können (siehe Kapitel 6 und 9).

3 Architektur des Human Capital Managements

Jedes Gebäude oder auch jedes System (z.B. ein IT-System), das robust gebaut ist, seinen Zweck erfüllen kann und von den Benutzern einfach verstanden und akzeptiert wird, basiert auf einem Plan oder einem Design, einer Architektur. Diese bringt Fundament, Konstruktion, Funktion und Aussehen in Einklang (in Anlehnung an den römischen Architekten Vitruvius und seine drei Elemente einer Architektur: Stabilität, Nützlichkeit und Anmut). Eine Architektur des HCM tut not, um das oft eher zufällige und wenig nachhaltige Zusammensetzen von einzelnen HR-Massnahmen und –Instrumenten mit einem ganzheitlichen Modell und einer überlegten Struktur abzulösen. Diese soll robust aufgebaut sein, die wesentlichen Elemente/Funktionen sinnvoll und effizient verbinden, ihren Zweck, nämlich die Steigerung des HC, nachweislich unterstützen und von den Betroffenen akzeptiert und schnell verstanden werden.

Eine Architektur stellt auch sicher, dass die Entwicklung eines Systems in geordneten Bahnen erfolgt und den zur Verfügung stehenden Ressourcen Rechnung trägt. Analog zu einem Bebauungsplan gibt eine Architektur eine Leitlinie für alle an der Planung und dem Betrieb des Systems Beteiligten.

Im Bereich HR oder Human Capital ist der Begriff „Architektur" nicht sehr geläufig. Becker et al. (2001) verwenden ihn für ihre „HR Strategic Architecture" und ordnen damit in erster Linie die Wertschöpfungskette der Human Resources, entlang „HR Function" (HR Professionals), „HR System" (Vorgaben/ Praktiken/Instrumente um die Qualität des HC zu optimieren) und „Employee Behaviors" (strategisch eingesetzte Kompetenzen, Motivationen und Verhalten). Der mittlere Teil, das sogenannte „HR-System", deckt sich in der Stossrichtung am ehesten mit dem hier verfolgten Ansatz einer HCM-Architektur. Kepes & Delery (2007) unterteilen in ihrer „HRM Architecture" diese HR-Systeme noch weiter in Aktivitätsbereiche (z.B. Compensation) und Konkretisierungsstufen (z.B. Policies, Practices, Processes). Lepak & Snell (2008) sprechen ebenfalls von „HR Architecture" und zeigen damit den Zusammenhang zwischen verschiedenen Arten von verfügbarem Human Capital (Grad der Unternehmensspezifität, strategische Relevanz) und HRM-Konfigurationen auf.

Die hier in diesem Buch vorgeschlagene HCM-Architektur verfolgt folgende Ziele:

1. Sie soll einen **Gesamtüberblick** über das „Gebäude" HCM geben, seine Eckwerte, Funktionen und seinen Zweck übersichtlich darstellen. Sie soll schnell klarmachen, warum welche Elemente zusammengehören und warum das Ganze mehr ist als die Summe der Einzelteile. Nutzniesser dieses Gesamtüberblicks sollen die für HCM verantwortlichen Führungskräfte sein. Sie sollen damit eine einfache Begrifflichkeit erhalten und sich in den HCM-Einzelthemen nicht verlieren.

2. Den HR-Spezialisten in einem Unternehmen soll die Architektur aufzeigen, welche Bestandteile schon gebaut sind, welche noch fehlen und wo sie warum welche Verbes-

serungen und Ergänzungen anbringen sollen. **Detailpläne** und modische Gestaltungs-
wünsche können so **besser eingeordnet** werden.

3. Dem HR-Leiter und der Gesamtleitung eines Unternehmens soll die HCM-Architektur
    aufzeigen, wie das fertige HCM dereinst aussehen wird und was dafür noch zu tun ist.
    Damit sollen die **Planungssicherheit und Zielklarheit** im Bereich HCM erhöht werden.
    Investitionen in HCM können so überzeugender begründet werden.

4. Sie soll aufzeigen, welche Bestandteile der Architektur zwingend sind bzw. zum
    Pflichtprogramm gehören (z.B. „tragende Wände"), welche warum eng standardisiert
    sind und wo in der Gestaltung und Nutzung von Bauteilen aber auch **Freiräume** sind
    bzw. wo die Kür beginnt. Dies hilft mit, die oft „politisch" heiklen Verantwortlichkeiten
    und Entscheidungsspielräume mit den entsprechenden Trade-Offs zu klären. Beispiel-
    weise in grossen, komplex organisierten Organisationen, wo zwischen konzernweiten
    Standards und lokaler, bereichsspezifischer Autonomie unterschieden werden muss.

5. Nicht jeder Raum eines Gebäudes ist für alle Nutzer gleich relevant. Die HCM-
    Architektur kann darstellen, welche Elemente/Räume der Architektur welche **Relevanz
    und Verbindlichkeit für welche Segmente des HC** haben. Beispielsweise mag ein Port-
    folio-Management nur für obere Hierarchiestufen als verbindlich erklärt werden.

Das sind natürlich hehre Ansprüche, die verschiedentlich mehr als Wegweiser denn als
sichere Häfen oder konkrete Anleitungen dienen werden.

Was alles zu HCM gehört und was damit erreicht werden soll, haben wir in den bisherigen
Kapiteln ansatzweise beschrieben. Es geht jetzt darum, die Bestandteile sinnvoll zu ordnen
und mit obigen Zielen in einer Gesamtschau darzustellen. Disziplinen wie das Bauwesen
oder die IT haben Verfahren entwickelt, wie bei der Erarbeitung einer Architektur vorzu-
gehen ist. Für unsere HCM-Welt haben wir uns auf die Architektur von IT-Systemen abgestützt. Dort konzentriert man sich im Wesentlichen auf drei Bauteile: die grundlegenden
Daten bzw. Messgrössen und ihre Struktur, die Funktionen und Prozesse zur Beschaffung
und Verarbeitung der Daten sowie der Output bzw. die Wertschöpfung/Entscheidungen
des Systems.

In diesem Sinne ist die in Abbildung 3.1 dargestellte HCM-Architektur aufgebaut.

Abbildung 3.1   HCM-Architektur

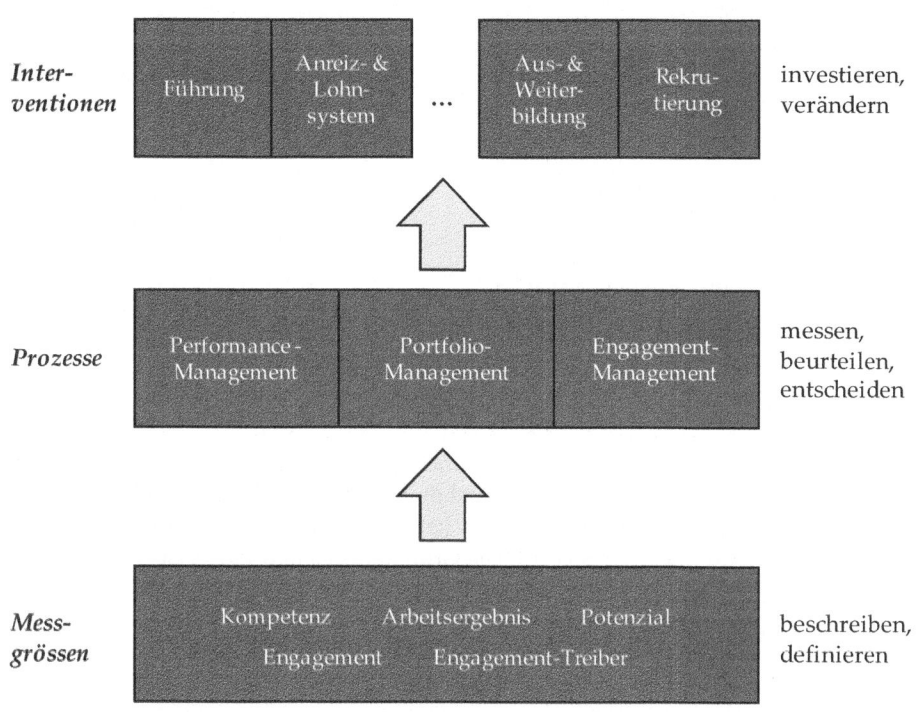

Wir unterscheiden drei wesentliche Bestandteile, die **Messgrössen, Prozesse, Interventio-nen** sowie zusätzlich einzelne Querschnittfunktionen.

Die unterste Schicht, die Messgrössen, bildet so etwas wie ein Fundament oder ein Grund-raster. Eine Änderung in der Definition und Ausgestaltung der Messgrössen hat essenzielle Folgen für die Prozesse. Diese wiederum schaffen die Grundlage für eine faktenbasierte Auswahl der zu treffenden Interventionen. Interventionen ohne den Input aus den Prozes-sen „hängen in der Luft" bzw. erfolgen bestenfalls intuitiv, meist aber suboptimal oder gar zufällig.

Der Rest dieses Kapitels beschreibt und begründet grob die in Abbildung 3.1 dargestellte Struktur und ihren Aufbau. In den weiteren Kapiteln sind dann die einzelnen Elemente im Detail beschrieben, und das Zusammenspiel wird erläutert.

HCM ist eingebettet in ein grösseres System, in ein Unternehmen mit seiner Strategie und seiner Wertschöpfung bzw. seiner Erfolgsmessung. Diese Einbindung ist bei der Gestaltung und insbesondere beim Zusammenspiel der HCM-Elemente immer wieder ein Thema, insbesondere aber im Kapitel 7 „Strategie und HCM". Im Kapitel 8 „Integriertes HCM" wird dann vertieft aufgezeigt, wie die Elemente der HCM-Architektur aufeinander abgestimmt sind und verbunden werden müssen, um ein Ganzes zu bilden und mehr als die Summe der Einzelteile zu generieren. Die Funktion und Wirkung eines Gebäudes oder eines Systems wie ein HCM sollen auch dauernd „überwacht" bzw. evaluiert werden. Im Kapitel 9 „HCM-Analysen" wird ersichtlich werden, wie die HCM-Architektur mithilft, die HCM-Evaluationen verständlich zu strukturieren, und wie der Einfluss des HCM auf den Geschäftserfolg eruiert werden kann.

3.1   Messgrössen

"If you can't measure it, you can't manage it."

"You can't measure what you can't describe."

(Norton, 2001)

Es mag etwas künstlich anmuten, dass zuerst die Messgrössen für sich alleine und so schwerpunktmässig thematisiert werden und erst dann auf die Prozesse eingegangen wird, mit denen diese Messgrössen im unternehmerischen Alltag erhoben und nutzbringend verbunden werden. Die Messgrössen bilden jedoch die Basis für ein zweckgerichtetes, strategiegeleitetes und integriertes HCM. Die Grundmauern und Pfeiler des HCM müssen sorgfältig konzipiert werden. Eine begründete Auswahl von Messgrössen, präzise Definitionen und Standardisierungen tun not, denn die Praxis zeigt, dass im Bereich Human Capital zu oft vorschnell Prozesse und Instrumente implementiert werden, ohne dass vorher geklärt worden ist, was hiermit wozu gemessen und erreicht werden soll. Es kann nicht die Lösung sein, auf Daten abzustellen, die einfach erhältlich, aber wenig relevant sind. Ein einmal durchdachtes und festgelegtes „Datenmodell" erleichtert später die Integration der Prozesse und macht das HCM insgesamt effizienter und verständlicher für die Benutzer.

Messen ist im Bereich Human Capital nicht ganz einfach, und vielleicht ist dies einer der Gründe, warum das HCM nur kleine Fortschritte macht. Aus diesem Grunde und als methodische Basis für die folgenden Kapitel dieses Buches ist im Anhang „Messen des Human Capital" diese Thematik eingehender behandelt. Leser, die mit dem systematischen Messen und objektiven Erheben von HCM-relevanten Grössen wenig Erfahrung haben, wird zunächst die Lektüre des besagten Anhangs empfohlen.

Management bedeutet Analysieren, Planen, Steuern, Entscheiden und Überwachen. Die gewählten Messgrössen des Human Capital müssen diese Management-Aufgaben und damit die Optimierung des Einsatzes des Human Capital zielführend unterstützen und erleichtern. Beispielsweise braucht es eine Messgrösse über die vorhandenen und eingesetzten Fähigkeiten und Fertigkeiten der Mitarbeitenden in einem Verantwortungsbereich eines Vorgesetzten, um entscheiden zu können, welche Entwicklungs- und Trainingsmassnahmen im Hinblick auf neue Herausforderungen nötig sind.

In Anlehnung an die Analogie des Flugzeug-Cockpits besteht die Herausforderung darin, festzulegen, welche grundlegenden Informationen bzw. Instrumente für die Piloten einsehbar sein müssen, um das Flugzeug zum definierten Zielort führen zu können.

Kein Pilot schafft es, ein Flugzeug effizient und sicher zu steuern, wenn die Instrumente im Cockpit nicht aufeinander abgestimmt sind, zu viele Instrumente zu überwachen sind oder, die Instrumente immer wieder verändert (ein- und ausgebaut) werden. Ein modernes „integriertes" Cockpit verlangt also nach einem nachhaltigen Modell der wichtigsten Flug- und Flugzeugdaten, bevor man an die Auswahl, Gestaltung und Platzierung der Instrumente geht. Genauso verlangt ein integriertes HCM zuerst eine konzeptionelle Klärung des Datenmodells, eine Festlegung und Standardisierung der wichtigsten Messgrössen von Human Capital, erst dann sind entsprechende Mess- und Anzeigeinstrumente gestalterisch festzulegen.

"A common framework (or taxonomy) for describing a phenomenon is a first step in building a science. A shared framework permits the sharing of knowledge, the development of measures and benchmarks. It provides a common language for professionals. Today such a framework does not exist to describe human capital." (Norton, 2001).

Die Frage ist also, auf welchen grundlegenden Messgrössen ein systematisches HCM aufgebaut werden kann.

Ulrich (1998) oder Boxall & Purcell (2008) haben hilfreiche, wenn auch recht allgemeine Modelle vorgeschlagen, die den Weg zu einem grundlegenden Set von HC-Messgrössen weisen. Einmal die Gleichung „Competence x Commitment = Performance" (Ulrich) wo „Competence" definiert ist als Wissen, Fähigkeiten und Verhalten eines Mitarbeitenden, „Commitment" als Motivation und Bindung, sowie „Performance" als zielführender Beitrag eines Mitarbeitenden. Boxall & Purcell propagieren eine leicht andere grundlegende und allgemeingültige Formel P = f(A,M, O). P steht für Beitrag/Leistung, A für Wissen und Fähigkeiten („Abilities), M für Motivation bzw. Leistungsbereitschaft und Engagement, O für „Opportunity to perform in the specific context", Deutsch: leistungsfördernde Arbeitsorganisation und -bedingungen. Beide Modelle identifizieren Faktoren, die die Leistungsfähigkeit der Mitarbeitenden beeinflussen und daher prädestiniert sind als relevante Messgrössen für HC. Davenport (1999) definiert Human Capital als Summe von „Ability" (Wissen und berufliche Fähigkeiten), „Behavior" (beobachtbares (soziales) Verhaltensweisen bei der Arbeit) und „Effort" (bewusster Einsatz mentaler und physischer Ressourcen).

Das im Folgenden vorgeschlagene minimale Set an HC-Messgrössen ist von obigen Modellen theoretisch beeinflusst, wurde durch die praktische HCM-Arbeit in einem Unternehmen stipuliert und lässt sich aus vier Perspektiven herleiten und begründen:

1. **Definition von HC**: In der Definition von Human Capital (siehe Kapitel 1.4) findet sich ein gewisser Konsens, dass Human Capital auf der Stufe eines Mitarbeitenden aus seinen Fähigkeiten, Fertigkeiten, seinem Wissen, seinen Verhaltensweisen und der grundsätzlichen/persönlichen Leistungsbereitschaft/Motivation zusammengesetzt ist. Die „**Kompetenzen**" eines Mitarbeitenden sind also die erste HCM-Messgrösse.

2. **Wertschöpfung des HC:** Im Rahmen eines HCM reicht die Messung von Kompetenzen nicht aus. Es interessiert zusätzlich, welchen Wertschöpfungsbeitrag bzw. welches Ergebnis oder welchen Output diese Kompetenzen eines Mitarbeitenden in einem organisatorischen Umfeld erbringen. Das **Arbeitsergebnis** ist also eine weitere Messgrösse.

3. **HCM als Management des Vertrages oder „Deals" zwischen Mitarbeitenden und Unternehmen:** Human Capital Management kann sinnvollerweise verstanden werden als Management des Vertrages zwischen Mitarbeitenden als Träger und Investoren von Human Capital und dem Unternehmen, das dieses Human Capital für seine Zwecke nutzt und dafür dem Mitarbeitenden eine „Rendite" in Form von Arbeitsbedingungen und monetärer Vergütung garantiert. Der Mitarbeitende investiert sein Human Capital, und das Unternehmen profitiert davon in Form der erzielten Arbeitsergebnisse. Das Unternehmen „entschädigt" die Mitarbeitenden durch Investitionen in die Arbeitsbedingungen (finanzielle Belohnung, intrinsische Befriedigung, Entwicklungsmöglichkeiten, Anerkennung) und erhält dafür als Gegenleistung das Engagement oder Commitment der Mitarbeitenden. In Anlehnung an die bei Davenport (Davenport, 1999) eingehend beschriebene Metapher des „Deals" zwischen Mitarbeitenden und Unternehmen lassen sich die dabei relevanten Elemente wie in Abbildung 3.2 darstellen. Die Messgrössen Arbeitsbedingungen bzw. **„Engagement-Treiber"** und **„Engagement"** bilden die unteren zwei Elemente dieses „Deals" ab. Die Engagement-Treiber sind ein Ausdruck der „Employee Voice" wie in Kapitel 1.7.3 beschrieben wird.

4. **HCM als Management von Mitarbeiter-Veränderungen:** Mitarbeitende als Träger und Investoren von Human Capital wollen und werden sich entwickeln/verändern. Mitarbeitende sind auch jederzeit frei, das Unternehmen zu verlassen bzw. ihr Human Capital zurückzuziehen und dadurch Kapitallücken zu öffnen. Die Herausforderungen an die Mitarbeitenden bzw. das benötigte Human Capital verändern sich ebenfalls, in Abhängigkeit vom Markt bzw. der Unternehmensstrategie. Ein Unternehmen muss folglich in seiner Beurteilung des vorhandenen Human Capitals auch die Zukunft im Auge behalten und abschätzen, wie weit das verfügbare Human Capital geeignet und willens ist, diese Zukunft (z.B. veränderte Marktverhältnisse, neue Wettbewerber) erfolgreich zu bewältigen , und welche Mitarbeitenden künftig wo eingesetzt werden können (z.B. um entstandene Kapitallücken zu schliessen). Es braucht also zusätzlich eine Beurteilung des **Potenzials** der Mitarbeitenden für neue, andere bzw. höhere Aufgaben. Talent-Management, in welcher Form auch immer (siehe z.B. Ritz & Thom, 2010 oder Ennaux & Heinrich, 2011), handelt auch von High-Potenzials, von Nachwuchskandidaten, von Potenzialträgern. Um diese zu identifizieren, braucht es eine Messgrösse, nämlich „Potenzial".

Abbildung 3.2   „Deal" zwischen Mitarbeitenden und Unternehmen

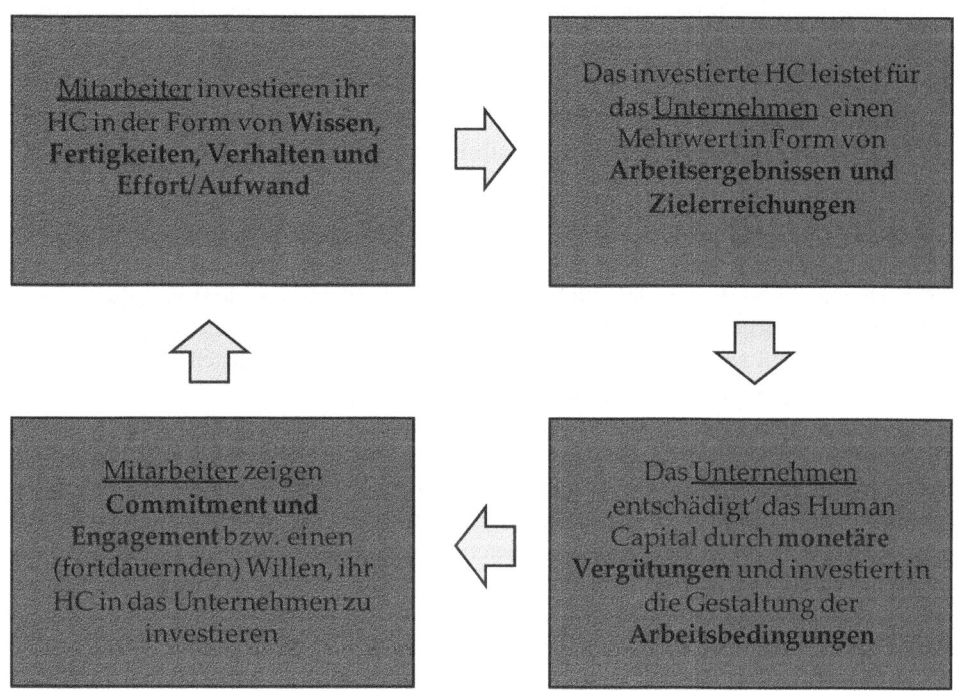

Zusammenfassend braucht es folglich für ein Management des Human Capital bzw. des Vertrages zwischen Mitarbeitenden und Unternehmen die folgende grundlegenden Messgrössen:

- **Kompetenzen**: Wissen, Fertigkeiten, Verhaltensweisen und Effort/Aufwand der einzelnen Mitarbeitenden, beobachtbar eingesetzt in einer bestimmten Position in einem Unternehmen (z.B. Teamverhalten, Produktewissen, Beratungskompetenz, Leistungswille usw.). Das ist das Human Capital im engeren Sinne, das ein Mitarbeiter einbringt bzw. investiert.

- **Arbeitsergebnis**: Das Arbeitsergebnis eines Mitarbeiters, geleistet unter Einsatz seiner Kompetenzen und gemessen als Zielerreichungsgrad vorgegebener unternehmerischer Ergebnis-Ziele (z.B. Verkaufsleistung, Anzahl akquirierter Kunden usw.).

- **Engagement-Treiber**: Arbeitsbedingungen (z.B. Anerkennung, Entwicklungsmöglichkeiten, Zweck und Identität der Firma, Arbeitsweise, Gehalt und Incentivierungen usw.) als Treiber, welche die Mitarbeitenden dazu motivieren bzw. demotivieren, im Unternehmen zu bleiben und ihr Human Capital bestmöglich einzusetzen.

■ **Engagement:** Gelebte Überzeugung und Absicht eines Mitarbeitenden bezüglich seiner Leistungsbereitschaft und kognitiver/emotionaler Identifikation, sowie Bindung an das Unternehmen, beeinflusst durch verschiedene Engagement-Treiber. Absicht und Wille eines Mitarbeiters, sein Human Capital weiterhin bestmöglich in den Dienst des Unternehmens zu stellen.

■ **Potenzial:** Wahrscheinlichkeit, dass ein Mitarbeiter in naher Zukunft mehr oder andere Verantwortung/Leistung erfolgreich ausüben kann, unter Verwendung entwickelbarer oder bisher noch nicht gezeigter Kompetenzen.

In Kapitel 4 „Messgrössen des Human Capital" werden diese fünf Grössen im Detail definiert und begründet. Dabei wird ersichtlich werden, dass sie klar und benutzergerecht definierbar sind und dass sie inhaltlich so viel wie nötig abdecken. Sie sind einheitlich auf allen Stufen, Bereichen und in allen Unternehmen anwendbar. Ihre Erfassung ist effizient durchführbar, weil sie u.a. auf bestehende Führungsinstrumente abstellen (z.B. Management by Objectives (MbO). Sie sind ergiebig, weil sie erfolgsrelevante Differenzierungen erfassen und darauf aufbauend wichtige Management-Entscheidungen und –Massnahmen ergriffen werden können (Nachfolge-Entscheidungen, Gehaltsentscheidungen, Investitionen in Weiterbildung und Entwicklung, Gestaltung der Arbeitsbedingungen usw.). Sie berücksichtigen sowohl die Perspektive des Unternehmens wie auch die der Mitarbeitenden. Sie bilden den aktuellen Zustand ab, liefern aber auch Informationen, die für Veränderungsentscheidungen (z.B. Nachfolge-Regelungen) wichtig sind. Deren inhaltliche Ausgestaltung ist (z.B. bezüglich fachlicher Ergebnisziele oder bei der Formulierung der Anforderungen an Verhalten und Motivationen der Mitarbeitenden) strategiegeleitet.

Die Definition einer Messgrösse umfasst zwei Aspekte: erstens die formelle Definition, z.B. „Kompetenz" als Fähigkeit, Verhalten und persönliche Leistungsbereitschaft/Motivation. Zweitens die spezifische inhaltliche Ausgestaltung pro Organisation, pro Kontext, in dem diese Messgrösse gemessen und verwendet werden soll. Nicht in jedem Unternehmen und an jeder Position sind dieselben Kompetenzen erfolgversprechend, aber in jedem Unternehmen spielen Kompetenzen an sich eine entscheidende Rolle. Dies ist vergleichbar mit der Grösse „Geldbetrag" und seiner Währung. Der Wert eines Gutes wird mit einem Geldbetrag (Messgrösse) gemessen. Je nach Land hat dieser Geldbetrag aber eine andere Währung als spezifische Ausgestaltung und relativer Wert dieser Messgrösse.

Selbstverständlich gibt es weitere interessante Messgrössen pro Mitarbeiter, wie z.B. „Geographische Mobilität", die für gewisse Entscheidungen über das Human Capital wichtig sind. Aber dies sind nicht Messgrössen, die für alle Mitarbeitenden und alle Positionen benötigt und erhoben werden müssen und für die folglich keine flächendeckenden Prozesse zu etablieren sind. Die fünf oben erwähnten Messgrössen bilden die notwendige und minimale Basis für alle HCM-Entscheidungen. Je nach Mitarbeiter-Segment, Analyse-Bedarf und/oder Situation können weitere Messgrössen erhoben und zu obigen Messgrössen in Bezug gesetzt werden. Beispielsweise ist „Risk of Leaving" insbesondere bei Mitarbeitenden mit hohem Potenzial relevant. Andererseits mag eine Analyse des Zusammenhangs zwischen „Risk of Leaving" und Engagement-Driver aufzeigen, wie dieses Risiko begrenzt werden kann.

3.2   Prozesse

Die zentralen Prozesse des HCM legen fest, wie die oben aufgeführten Messgrössen zuverlässig und objektiv erhoben werden, wie die Ergebnisse auf unterschiedlichen Stufen
zweckgerichtet analysiert werden und für welche Entscheidungen und Massnahmen das so
erarbeiteten Wissen über das HC verwendet werden kann und soll.

Die jährliche Erstellung einer Bilanz und einer Erfolgsrechnung eines Unternehmens oder
von Unternehmensbereichen basiert auf klar geregelten Prozessen, die sicherstellen, dass
die notwendigen Daten durch Verantwortliche standardisiert, zeitgerecht und vollständig
erhoben, sowie konsolidiert und korrekt interpretiert werden. Genauso braucht es für eine
Übersicht über den Zustand des HC und für die daraus abzuleitenden Entscheidungen klar
definierte Prozesse zur Erhebung der Daten, zur vergleichenden Analyse und zur stufengerechten Entscheidungsfindung innerhalb eines HCM.

Zwei der aufgeführten HCM-Prozesse sind gut bekannt und grundsätzlich weit verbreitet,
nämlich „Performance-Management" und „Engagement-Management".

Viele Firmen verlangen von ihren Führungskräften, dass sie jährlich ihren direktunterstellten Mitarbeitenden mehr oder weniger strukturierte Ziele setzen und zum Jahresende die
Zielerreichung besprechen und bewerten. Dabei werden die Messgrössen Kompetenzen
und Arbeitsergebnis beurteilt. **Performance-Management** als Teil des HCM macht grundsätzlich nichts anderes, ist aber klarer positioniert und integriert, d.h., es wird für die Führungskräfte verständlicher und attraktiver, warum sie Performance-Management machen
müssen.

Immer mehr Firmen führen Mitarbeiterbefragungen zur Arbeitszufriedenheit oder zum
Engagement durch und verwenden diese Daten in sehr unterschiedlicher Art und Weise.
Engagement-Management im HCM legt einerseits begründet fest, was in solchen Mitar-
beiterbefragungen erhoben werden soll (nämlich Engagement und Engagement-Treiber),
und andererseits regelt es klar die Verwendung der Ergebnisse auf allen Stufen und in den
Aktionen und Interventionen.

Das **Portfolio-Management** ist weniger verbreitet. Teile daraus wie die Darstellung der
Mitarbeitenden eines Bereichs in einer Leistungs-Potenzial-Matrix sind häufiger. Unter
dem Begriff Talent-Review hat dieser Prozess in der amerikanischen Literatur in den letzten Jahren vermehrt Beachtung gefunden (Effron & Ort, 2010). Verschiedene Firmen führen
diese Art von Reviews in der einen oder anderen Form durch (z.B. ABB, Schweizerische
Bundesbahn SBB, Bank of America, PepsiCo, General Electric, McKinsey, Shell etc.). Einen
Niederschlag und eine Reflexion hat diese Praxis – wenn sie über eine Identifikation von
High Potentials bzw. Talenten hinausgeht – in der aktuellen HCM-Literatur aber bisher
kaum gefunden. In einem systematischen HCM spielt das Portfolio-Management und darin
die Beurteilung des Potenzials eine zentrale Rolle. Welche Aspekte des Portfolios dabei wie
detailliert analysiert und ausgewertet werden sollen, kann sich von Organisation und von
Stufe zu Stufe unterscheiden.

Im Kapitel 5 „Prozesse im HCM" sind

- **Performance-Management,**
- **Portfolio-Management und**
- **Engagement-Management**

strukturiert beschrieben und erläutert.

Im Bereich HR gibt es unzählige Prozesse. Die hier getroffene Auswahl stellt auf die oben definierten Messgrössen bzw. auf die Erhebung, Kombination und Nutzung dieser Grössen ab und beschränkt sich auf jene Prozesse, die flächendeckend für alle Mitarbeitenden, d.h. für das gesamte HC nötig und sinnvoll sind sowie regelmässig (z.B. jährlich) geordnet durchgeführt werden. Es sind keine HR-internen Prozesse, sondern sie sind eng verwoben mit den für eine erfolgreiche Führung eines Organisationsbereichs oder eines Unternehmens notwendigen Prozessen (z.B. Business Plan, Budgetierung, Controlling usw.), und die für Entscheidungen geforderten Verantwortlichen sind die Führungskräfte.

3.3   Interventionen

> *„HCM hat immer zwei Aktionsphasen! Zuerst erfolgt eine Messung im Sinne einer HC-Bewertung, und zwar einzelner Mitarbeiter, Abteilungen und Teams bis hin zum HC des Gesamtunternehmens … Danach kommt die HC-Optimierung im Sinne einer HC-Steigerung. Ein sinnvolles HCM muss beide Phasen iterativ immer wieder durchlaufen."* (Scholz, Stein & Bechtel, 2003)

Die Resultate und Ergebnisse der HCM-Prozesse liefern die notwendigen Informationen und Entscheidungsgrundlagen für konkrete Interventionen zur gezielten Beeinflussung und Optimierung des Human Capital. Beispiele für solche Interventionen sind Vergütungs- und Anreizsysteme, Beförderungen und Nachfolgeentscheidungen, Entlassungen, Aus- und Weiterbildungen, Coachings, organisatorische Massnahmen, kulturstiftende Anlässe und Kampagnen, gezielte Nachwuchsprogramme, 360°-Feedback oder Development Center, Informationskampagnen, strategische Rekrutierungen usw. Die wohl wirkungsvollste Intervention ist das Führungsverhalten der Vorgesetzten (Richtung vorgeben, Respekt, Feedback, Entscheidungen fällen und Verantwortung übernehmen, Inspiration).

HCM-Prozesse sind für sich genommen auch bereits Interventionen, denn jede Messung in einem sozialen System bewirkt zwangsläufig eine Veränderung dieses Systems (siehe Anhang). Beispielsweise hat das Zielvereinbarungsgespräch im Performance-Management-Prozess auch den Zweck, die Motivation des Mitarbeiters für seine Leistung zu erhöhen oder ihn für den Verbleib im Unternehmen zu überzeugen (Engagement). Das Entwicklungsgespräch mit den einzelnen Mitarbeitenden nach den Portfolio-Review-Meetings verändert die Erwartungshaltungen der Mitarbeitenden und erhöht im Idealfall auch deren Engagement. In einem systematischen HCM sind diese Gespräche bei allen Mitarbeitenden angesagt. Der Vorgesetzte muss und kann sich nicht für oder gegen solche Gespräche entscheiden.

Wenn wir im Folgenden Interventionen beschreiben, dann meinen wir damit jedoch nur die **durch die Vorgesetzten frei wählbaren Interventionen („Discretionary Interventions")**, für die sie auch die Verantwortung übernehmen müssen.

Die Interventionen sind Investitionen in das Human Capital in Form von Management-/Führungsaktivitäten (z.B. Coaching-Gespräch) und/oder direkten Kosten (z.B. externe Weiterbildung).

Die Interventionen können selbst prozessartig organisiert sein (wie z.B. jährliche Anpassung des Gehalts und der Inzentivierungen) oder aus isolierten Einzelaktionen bestehen (z.B. gezielte individuelle Entwicklungsmassnahmen). Die Entscheidungsgrundlagen für solche Aktionen können in Form individueller Profile von Mitarbeitenden vorliegen, aus aggregierten HC-Statistiken abgeleitet werden oder durch weiterführende Analysen erarbeitet sein (siehe Kapitel 9). Die Entscheidungen bzw. Aktionen und Interventionen können auf Stufe Mitarbeitende, Organisationseinheit oder aus Sicht Gesamtunternehmen definiert und eingeleitet werden.

Die verfügbare Auswahl und die konkrete Ausgestaltung der Interventionen (z.B. Vergütungspraktiken) sind zum Teil unternehmens- und kulturspezifisch.

Im Kapitel 6 „Human Capital Interventionen" ist eine nicht abschliessende Reihe solcher Interventionen aufgeführt und pro Intervention ist der Zusammenhang mit den HCM-Prozessen erläutert. Wichtig im Sinne eines effektiven HCM ist zu formulieren und zu verstehen, wie man von Analysen und Erkenntnissen aus den HCM-Prozessen zu den wirkungsvollsten Interventionen zur Steigerung des HC gelangt, wie diese optimal zu gestalten sind und wie die Wirkung dieser Aktionen/Investitionen wieder durch HCM-Analysen überprüft und kontrolliert werden kann. Analog einer Analyse des Portfolios des finanziellen Kapitals, die vor dem Hintergrund strategischer Ziele zu neuen Investitionsentscheidungen führt, kann ein HCM gewährleisten, dass die richtigen Investitionsentscheidungen gefällt werden und entsprechende Instrumente zur Verfügung stehen sowie genutzt und überwacht werden. Die einzelnen Interventionen sind zwar Teil des HCM, werden hier in diesem Buch jedoch inhaltlich nicht detailliert beschrieben und begründet, weil es hierzu bereits eine Vielzahl entsprechender Publikationen gibt (z.B. Bröckermann & Müller-Vorbrüggen, 2006).)

Querschnittfunktionen:

Nebst den obigen drei Grundelementen eines HCM braucht es drei Querschnittfunktionen, die sicherstellen, dass das HCM in einem Unternehmen nachhaltig bleibt und seine volle Wirkung erzielt. Es sind dies:

Planung/Detaildesign: kurz- mittel- und langfristige Planung und Gestaltung des HCM. Beispielsweise Anpassungen des Kompetenz-Modells an eine neue unternehmerische Ausrichtung oder ein Plan zur Ausweitung des Portfolio-Prozesses auf tiefere hierarchische Ebenen.

Controlling: Laufende Analyse der Verbreitung und der Qualität der HCM-Prozesse und HC-Interventionen sowie deren Wirkung auf den Geschäftserfolg. Beispielsweise Zusammenhang zwischen Einführungsgrad (Prozentzahl von Mitarbeitenden mit einem besprochenen Potenzialrating) von Portfolio-Management und geschäftliche Zielerreichung von vergleichbaren Organisationseinheiten (z.B. Regionen). Siehe dazu Kapitel 9 „Analysen im H".

Marketing: Information und Berichterstattung über HCM für interne und externe Zielgruppen zur Erreichung von Akzeptanz bei den Betroffenen und zur Schaffung einer Unternehmensattraktivität bei potenziellen Mitarbeitenden und Investoren, beispielsweise Broschüre für externe Bewerber über Art und Umfang des HCM.

Elemente dieser Querschnittfunktionen werden in der Beschreibung der einzelnen Prozesse sowie in den Kapiteln über Analysen im HCM und im Kapitel über die Einführung eines HCM weiter ausgeführt.

4   Messgrössen des Human Capital

In Folgenden werden die bereits erwähnten (siehe Kapitel 3.1) grundlegenden Messgrössen des Human Capital einzeln vertieft, beschrieben und definiert. Dabei legen wir den Hauptfokus darauf, WAS mit dieser Messgrösse gemessen werden soll, danach wird aufgezeigt, WOZU diese Messgrösse verwendet wird, und erst zum Schluss stellen wir uns die Frage, WIE und bei WEM diese Messgrösse erhoben werden kann. Diese Sequenz ist nicht unwichtig, denn nur allzu oft springt man vorschnell zu irgendwelchen populären Messinstrumenten oder diskutiert die Auswahl eines Messinstrumentes, bevor einem klar geworden ist, WAS und WOZU etwas gemessen werden soll. Diese Reihenfolge verhindert auch, dass man sich vorschnell auf Messgrössen beschränkt, die aus irgendeinem Grunde schon erhoben werden oder zu denen sehr einfach Daten erhältlich sind.

4.1   Kompetenzen

4.1.1   Was ist mit Kompetenzen gemeint?

Die Definition von HC im einleitenden Kapitel sowie die Auswahl der Messgrössen in Kapitel 3 legen nahe, dass wir Informationen darüber haben müssen, ob ein Mitarbeiter Wissen und individuelle Fertigkeiten besitzt sowie Verhaltensweisen und Motivationen/Bestrebungen zeigt, die notwendig und hinreichend sind, die ihm gesteckten Ziele (kurz- wie längerfristig) des Unternehmens zu erreichen. Wir benötigen dazu zunächst eine grundlegende Definition von Wissen/Fertigkeiten, Verhaltensweisen und Motivationen, danach eine Methode, wie diese unternehmensspezifisch inhaltlich bestimmt und in einem Rahmen oder Modell geordnet dargestellt und klassifiziert werden können.

Fertigkeiten sind eingeübte fachliche Fähigkeiten, die zur Ausübung einer Funktion in einem Unternehmen notwendig und erfolgsrelevant sind. Sie beinhalten auch Wissen, das für die Funktion relevant bzw. bei der erfolgreichen Ausübung einer Funktion notwendig ist. Beispiele für Fertigkeiten sind Verfassen eines Briefes, Abwickeln eines Hypothekarkredites, einem Kunden die Eigenschaften von Produkten erklären können, Planung eines Projektes, Erstellen eines Programmcodes in der IT, Fremdsprache beherrschen im Kontakt mit ausländischem Kunden.

Verhaltensweisen sind die Art und Weise, wie sich ein Mitarbeiter in einer unternehmerisch relevanten sozialen Situation orientiert und zweckgerichtet Einfluss nimmt. Beispiele für Verhaltensweisen sind „Sich in Teams integrieren", „Klärende Fragen stellen", „Eigene Anliegen artikulieren", „Verhandeln", „Mitarbeitende überzeugen" usw.

Motivationen sind beobachtbare Haltungen, Antriebe, Bestrebungen und persönliche Werte wie Einsatzbereitschaft, Lernwille, ethisches Handeln, Verantwortungsbewusstsein usw.

Verhaltensweisen und Fertigkeiten unterscheiden sich also in erster Linie bezüglich des Kontextes, d.h. fachlich-funktional für Fertigkeiten, sozial-zwischenmenschlich bei Verhaltensweisen.

Motivationen sind von Engagement zu unterscheiden. Motivationen beschreiben grundsätzlich erfolgsfördernde individuelle Einstellungen, Haltungen und Antriebe/Bestrebungen, wohingegen unter Engagement das grundlegende Commitment eines Mitarbeiters für die geforderte Leistung und für sein Unternehmen zu verstehen ist (siehe Kapitel 4.4).

In den letzten Jahren hat sich ausgehend von Arbeiten von McClelland der Begriff der **Kompetenzen** bzw. „Competencies" für Fertigkeiten, Verhaltensweisen und Motivationen durchgesetzt.

Kompetenzen sind Gruppierungen bzw. Cluster von Verhalten, Fertigkeiten und Motivationen, die leistungsstarke von leistungsschwachen Mitarbeitenden in einer Aufgabe signifikant unterscheiden und die eine zuverlässige Zuordnung/Klassifizierung von festgestelltem Verhalten, Fertigkeiten und Motivationen ermöglichen.

Von Mitarbeitenden werden mehrere Kompetenzen gefordert. Folglich benötigen wir eine strukturierte Sammlung oder Zusammenstellung der relevanten Kompetenzen, sogenannte **Kompetenz-Modelle**. Abbildung 4.1 zeigt schematisch und beispielhaft ein solches Kompetenz-Modell mit seinen Ebenen. Kompetenz-Modelle stellen die zur Diskussion stehenden Kompetenzen geordnet und übersichtlich dar. Sie helfen mit, Kompetenzen gegenseitig trennscharf abzugrenzen und vertikal in verschiedene Ebenen (Kompetenzen, Kurzbezeichnung, Key-Words, Verhaltensanker) zu strukturieren.

Tabelle 4.1   Auszug aus einem Kompetenz-Modell

Stufen	Beispiel
Kompetenz-Titel	**Zusammenarbeit**
Kurzbeschrieb	Bereichsübergreifend und in Teams zusammenarbeiten; Konflikte lösen; Diversität respektieren; erfolgreich verhandeln, um gemeinsame Ziele zu erreichen
Verhaltens-indikatoren	– Andere unterstützen, einbeziehen und zweckmässige Informationen proaktiv weitergeben – Eigene Interessen zugunsten des gemeinsamen Zieles zurückstellen – Zwischenmenschliche Konflikte erkennen und zu deren Lösung beitragen – Sicher und geschickt mit unterschiedlichen Personen und Gruppen umgehen; Diversität respektieren und nutzen – Eigene Meinung vertreten und doch offen für andere Sichtweisen bleiben – Geschickt verhandeln, andere überzeugen und gemeinsame Vereinbarungen erreichen

Kompetenz-Titel	**Mitarbeiterführung**
Kurzbeschrieb	Eine Richtung vorgeben, Vorbild sein; Feedback geben; Menschen mobilisieren; Human Capital entwickeln und steuern
Verhaltens-indikatoren	– Führungsverantwortung übernehmen und dafür einstehen – Konkrete Ziele vereinbaren und Richtung aufzeigen – Konstruktives Feedback geben und bei unangemessenem Verhalten eingreifen – Ein Arbeitsumfeld schaffen, das Mitarbeitende motiviert, ihr Bestes zu geben – Teams aufbauen, die effektiv zusammenarbeiten – Talente entwickeln und fördern
Kompetenz-Titel	**Fachliche Fähigkeiten**
Kurzbeschrieb	Fachliche Fähigkeiten wirkungsvoll einsetzen; sich notwendiges Wissen aneignen und weitergeben; Fachkompetenz in Abstimmung mit Geschäftsstrategie ausbauen
Verhaltens-indikatoren	– Fachliche Fähigkeiten für herausragende Ergebnisse nutzen – Funktionsbezogene Produkte und Prozesse kennen und verstehen – Best Practice und hervorragenden Service anstreben – Sich fachlich und bezüglich Trends ständig auf dem Laufenden halten – Den fachlichen Austausch mit KollegInnen pflegen
Kompetenz-Titel	**Leistungsorientierung**
Kurzbeschrieb	Sich laufend verbessern wollen; aus Feedback und Erfahrung lernen; sich für herausragende Leistungen begeistern; Beharrlichkeit zeigen
Verhaltens-indikatoren	– Neugierig sein und Lernerfahrungen ergreifen – Kontinuierlichen Fortschritt suchen – Initiative und Ausdauer zeigen – Feedback einholen und reflektieren – Rückschläge erfolgreich überwinden
Kompetenz-Titel	...
Kurzbeschrieb	...
Verhaltens-indikatoren	...

Kompetenz-Modelle sind inhaltlich gesehen unternehmensspezifisch, generisch oder bereichsspezifisch. Unternehmensspezifische Kompetenz-Modelle beschreiben und ordnen die für ein bestimmtes Unternehmen strategisch und operativ erfolgsrelevanten Kompetenzen. Viele Unternehmen haben für sich in der einen oder anderen Form ein Kompetenz-Modell entwickelt. Generische Kompetenz-Modelle beanspruchen, auf einem bestimmten Abstraktionsniveau alle relevanten beruflichen Kompetenzen abzubilden und zu ordnen (z.B. „The SHL Universal Competency Framework" (SHL) oder das Kompetenz-Modell von Kienbaum (vgl. Enaux & Heinrich, 2011). Generische Kompetenzen werden oft gegliedert nach

- Persönlichkeitskompetenzen (z.B. Resultatorientierung, Ausdauer),

- Methodische Kompetenzen (z.B. Planen und Organisieren),

- Sozialkompetenzen (z.B. Teamwork, Konfliktfähigkeit),

- Führungskompetenzen (z.B. Change-Management, Mitarbeiterentwicklung) und

- fachliche Kompetenzen (z.B. Kundenorientierung, Fachwissen).

Spezifische Kompetenz-Modelle beschreiben und klassifizieren die beispielsweise speziell für Führungsaufgaben relevanten Kompetenzen (z.B. Lominger: Leadership Core Competency Library, vgl. Lominger) oder nur soziale und emotionale Kompetenzen (z.B. Hay Group: Emotional and Social Competency Inventory, vgl. Hay Group).

Im Folgenden konzentrieren wir uns auf unternehmensspezifische Kompetenz-Modelle und zeigen auf, wie und wozu man zu einem solchen gelangt. Generische Kompetenz-Modelle können dabei als Referenz benutzt werden, um zu verhindern, dass bestimmte Kompetenzen vergessen gehen, oder um die identifizierten Kompetenzen übersichtlich zu kategorisieren und verständlich zu beschreiben.

Kompetenz-Modelle unterscheiden sich nicht nur inhaltlich, sondern auch in der Struktur und im Detaillierungsgrad, d.h. in der Tiefe oder Granularität der inhaltlichen Konkretisierung. Detaillierung bezogen auf die Ausformulierung einer einzelnen Kompetenz, aber auch bezogen auf die Differenzierung einer Kompetenz bezüglich Job-Familie und Professionalitätsstufe einer Funktion. Hier gibt es riesige Unterschiede, von mehrstufigen hoch detaillierten Modellen, die jede denkbare Kompetenz in einem eng definierten Job ausführlich beschreiben, bis zu Modellen, die lediglich die drei bis fünf zentralen und für alle Jobs gültigen Kompetenzen grob festhalten. Je nach Verwendungszweck macht eine höhere oder niedrigere Granularität mehr Sinn. Eine hohe Granularität ist eben immer mit höherem Lern- und Unterhaltsaufwand verbunden.

Folgende Unterscheidungen von Kompetenzen helfen, die grundsätzlich sehr breite Palette von Kompetenzen für die Auswahl und Anwendung in einem Unternehmen zu verstehen und praktikabler zu machen:

Mitarbeitende haben Kompetenzen, die für die aktuelle Funktion nicht relevant sind. Musikalische Fertigkeiten oder Latein-Kenntnisse sind beispielsweise in einem Job als Buchhalter kaum von Bedeutung. Dies sind **latente Kompetenzen**. Kompetenzen sind organisatorisch erst wertvoll, wenn sie in einer geforderten Aufgabe angewendet werden können. Die Wertschöpfung von Kompetenzen beginnt erst mit der Übereinstimmung mit unternehmerischen Zielen. Es gibt latente Kompetenzen, die in einer künftigen Position in einem Unternehmen bedeutsam werden können, die das Potenzial zur Wertschöpfung haben. Diese Kompetenzen spielen bei der Definition und Bewertung von Potenzial (siehe Kapitel 4.3) eine Rolle. Latentes Wissen und spezifische Fähigkeiten können in einem fortgeschrittenen Knowledge-Management (Übersicht und Nutzung von vorhandenem/verfügbaren Wissen, von Fähigkeiten und Erfahrungen) dokumentiert und für eine flexible Suche bereitgestellt werden. Wenn ein Unternehmen beispielsweise in einem neuen Sprachgebiet eine Zweigstelle eröffnen will, listet es die Mitarbeitenden auf, die diese Sprache bereits beherrschen, aber bisher im Unternehmen kaum anwenden konnten.

Eine Differenzierung, die für wirtschaftliche Überlegungen zum Arbeitsmarkt und zur Bildungspolitik wichtig ist, macht der Nobelpreisträger G. Becker. Er unterscheidet zwischen **generellen Kompetenzen und firmenspezifischen Kompetenzen** (Skills). Generelle Kompetenzen wie Lesen und Schreiben sind in allen Firmen relevant, wohingegen die Fähigkeit für die Fertigung eines bestimmten Bauteiles oder Produktes firmenspezifisch ist. Dazwischen gibt es auch übertragbare Kompetenzen, die zwar in Firmen bzw. im Berufsleben erlernt werden, aber in bestimmtem Ausmass von Unternehmen zu Unternehmen transferiert werden können (vgl. Becker, 1993). Diese Unterscheidung ist relevant für Überlegungen, wie viel ein Unternehmen in die Entwicklung bzw. in den Erwerb bestimmter Kompetenzen zu investieren bereit ist bzw. welche Kompetenzen schon bei der Einstellung vorhanden sein müssen.

Kernkompetenzen, Unternehmenskultur und Stellenanforderungen: Diese drei Begriffe tauchen im Zusammenhang mit Kompetenzen immer wieder auf. Die Fokussierung auf strategische Kernkompetenzen („Core Competencies") kann einem Unternehmen zu einem Wettbewerbsvorteil verhelfen (vgl. Hamel & Prahalad, 1990). Mit „Core Competencies" sind jedoch nicht persönliche Fähigkeiten und Verhaltensweisen eines Individuums gemeint, sondern Fähigkeiten einer Organisation, bestimmte Produkte herzustellen (z.B. Luxusautos) oder Dienstleistungen zu erbringen. Unternehmensspezifische Kompeten-Modelle konkretisieren diese Kernkompetenzen auf der Ebene von individuellen Verhaltensweisen und Fertigkeiten. Eine bestimmte Unternehmenskultur im Sinn von gelebten Werten und „The way we do things here" kann ein wirkungsvolles Mittel sein, die Zusammenarbeit in einem Unternehmen reibungsloser und wirkungsvoller zu gestalten und die richtigen Mitarbeitenden anzulocken. Kompetenz-Modelle reflektieren insbesondere auf der Ebene der Motivationen und umfeldbezogenen Verhaltensweisen die wesentlichen Bestandteile einer Unternehmenskultur. Klar definierte Stellenanforderungen für standardisierte Jobs und Job-Kategorien helfen mit, die Erwartungen an Stelleninhaber zu kommunizieren und die Zusammenarbeit aufbau-/ablauforganisatorisch zu spezifizieren. Kompetenz-Modelle sind in der Lage, Stellenanforderungen einfacher und standardisierter zu erstellen, weil sie die pro Stelle zur Diskussion stehenden Kompetenzen strukturiert darstellen.

4.1.2   Herleitung eines Kompetenz-Modells

Wie können unternehmensspezifische Kompetenzen hergeleitet, konkretisiert und in Kompetenz-Modellen strukturiert dargestellt werden?

Wir gehen im Folgenden nicht auf die einzelnen technischen und methodischen Schritte zur Erstellung eines Kompetenz-Modells ein, sondern zeigen lediglich auf, welche grundlegenden methodischen Vorgehensweisen unterschieden und gegeneinander abgewogen werden sollten. Zu den Methoden und den Vorgehensweisen gibt es hilfreiche Publikationen (vgl. Spencer & Spencer, 1973; Lucia & Lepsinger, 1999, oder Enaux & Heinrich, 2011).

Unternehmensziele konkretisieren sich in Strategien, Geschäftszielen und Wertvorstellungen. Ein Beispiel für eine Formulierung von Unternehmenszielen sind „**Balanced Scorecards**". Eine mögliche Methode zum Herunterbrechen von Scorecards bis hinunter zu konkreten Anforderungen an Fertigkeiten und Verhaltensweisen sind die „Strategy Maps" von Kaplan und Norton. Sie dienen dazu, eine Organisation auf die Unternehmensziele zu fokussieren und alle Beteiligten darauf auszurichten. Eine mehr auf der Analyse der vorhandenen und erfolgreichen Charakteristika einer Organisation basierende Methode haben Ulrich & Smallwood (2004) vorgestellt.

In der traditionellen Arbeitspsychologie (z.B. Marcus, 2011) gibt es verschiedene Ansätze zur sogenannten **Anforderungsanalyse**, wobei dort in erster Linie eine konkrete, gegebene Aufgabe oder ein Job als Gegenstand der Analyse betrachtet wird und die für die Ausübung notwendigen Fertigkeiten und Verhaltensweisen ermittelt werden. Zweck ist dabei weniger die Formulierung von strategiegeleiteten Anforderungen als vielmehr die Beschreibung von Belastungen, Fertigkeiten, Arbeitsmitteln, die für Arbeits-/Gesundheitsschutz, Arbeitsstrukturierung und Entgeltdifferenzierung verwendet werden können. Traditionelle Arbeitsanforderungsanalysen sind in manuellen und technischen Berufen besser erprobt als in primär wissensbasierten und sozialen Berufen.

Eine simple, aber wirkungsvolle Methode besteht darin, Untergruppen von in einem Job **erfolgreichen und nicht erfolgreichen Mitarbeitenden** zu bilden und danach die beiden Gruppen bezüglich differenzierender Fertigkeiten und Verhaltensweisen zu analysieren. Daraus lassen sich für Job-Familien oder einzelne Jobs die geforderten und Erfolg versprechenden Fertigkeiten und Verhaltensweisen spezifizieren.

Ein anderer Ansatz besteht darin, sogenannte **erfolgskritische Situationen** zu bezeichnen und festzuhalten, bzw. zu beobachten, welche Kompetenzen in diesen Situationen gefordert sind (Critical Incidents Technique (CIT) von Flanagan, 1954).

Insbesondere für Kompetenzen in Management-Jobs lässt sich auch aus den gängigen und akzeptierten **Führungstheorien** oder aus einem Führungsstil, der in einem konkreten Unternehmen, z.B. seitens CEO, vorgegeben wird, einiges ableiten.

Ein interessanter Ansatz sind die sogenannten „**Derailer**". Das sind Kompetenzen im negativen Sinne, die erwiesenermassen über kurz oder lang in einer Karriere zu Misserfolg und zum Scheitern führen (vgl. McCall & Lombardo, 1983). Weitere verwandte Kompetenz-Themen sind „Organizational Citizenship Behavior" (OCB) oder „Contraproductive Work Behavior" (CWB).

Besonders spannend und vielversprechend sind Kompetenz-Konstrukte, die für wissensbasierte, flexible Tätigkeiten entwickelt wurden. Themen hier sind Kreativität, Unsicherheitstoleranz, interkulturelle Kompetenz usw., die sich im Wesentlichen auf **adaptives und proaktives Verhalten** zurückführen lassen (siehe Griffin, Neal & Parker, 2007).

In der Praxis macht bei der Herleitung eines Kompetenz-Modells eine Kombination von top-down und bottom-up am meisten Sinn.

Aus der Unternehmensstrategie (z.B. ausformuliert in „Core Competencies") und aus der Vision mit den damit verbundenen Wertvorstellungen werden **top-down** die grundlegend geforderten Fertigkeiten, Verhaltensweisen und Motivationen (die Kompetenzen) abgeleitet. Dazu braucht es den Einbezug und die Unterstützung des obersten Managements. Wertvoll ist dabei ein Vergleich mit der Konkurrenz. Denn eine Differenzierung gegenüber den Mitbewerbern und deren Katalog von Fertigkeiten und Anforderungen machen die inhaltliche Ausformulierung einfacher und präziser, als wenn von Grund auf neu formuliert werden muss. Generische Kompetenz-Modelle können ebenfalls als Basis hinzugezogen werden, um festzuhalten, welche Kompetenzen daraus speziell für das Unternehmen relevant sind.

Bottom-up können für eine Gruppe von Jobs oder für einen Unternehmensbereich die erfolgskritischen Fertigkeiten und Verhaltensweisen mittels Critical Incidents oder Anforderungsanalysen ermittelt werden. Bottom-up-Ansätze laufen Gefahr, dass sie die heutige Situation abbilden und nicht das, was ein Unternehmen in der Zukunft mit der (neu) definierten Strategie erfolgreich machen soll. Deshalb müssen bottom-up erarbeitete Kompetenzen immer mit top-down erstellten Kompetenz-Modellen abgeglichen werden. Ein Kompetenz-Modell für ein HCM sollte im Wesentlichen weniger stellen- oder funktionsbezogen, als vielmehr unternehmensweit und damit strategisch ausgerichtet sein.

Sinnvollerweise beeinflussen der Zweck (WOZU) und die verfügbaren/beabsichtigten Messmethoden (WIE) und nicht ein absoluter Anspruch auf umfassende Genauigkeit die geeignete Struktur und Granularität eines Kompetenz-Modells. Ein Kompetenz-Modell, das für ein Unternehmen inhaltlich umfassend und grösstmöglich granular ist, erfüllt nicht automatisch seinen Zweck (das WOZU) und kann nicht ohne entsprechenden Aufwand angewendet werden (WIE).

Strategien, Jobs und unternehmerisches Umfeld verändern sich mit der Zeit, wenn auch nicht täglich, so doch nach einigen Jahren oder plötzlich aufgrund neuer unternehmerischer Ausgangslagen. Dies bedeutet, dass ein einmal eingeführtes Kompetenz-Modell mit ausformulierten Fertigkeiten, Verhaltensweisen und Motivationen jeweils angepasst oder gar neu erstellt werden muss. Es braucht also eine **Kompetenz-Modell-Maintenance**, die - neben der Kommunikation und Schulung des Kompetenz-Modells – diese Unterhaltsarbeiten am Kompetenz-Modell sicherstellt.

Das Erstellen und Unterhalten eines Kompetenz-Modells ist eine aufwändige Sache und lohnt sich nur, wenn allen klar ist, wozu es verwendet werden soll, und es dann auch sinnvoll und aktiv genutzt wird.

4.1.3   Wozu ein Kompetenz-Modell nutzen?

Der wesentliche Nutzen eines Kompetenz-Modells liegt darin, dass Nichtpsychologen und Nicht-HR-Spezialisten, und das ist die grosse Mehrheit in einem Unternehmen, eine **Begrifflichkeit** in die Hand bekommen, mit der sie zentrale Aspekte des Human Capital effizient, prägnant und objektiv beschreiben, klassifizieren und beurteilen können. Eine

Führungskraft, beispielsweise in einer technischen Umgebung, hat nicht a priori die Eloquenz und Differenziertheit in der Beschreibung und Klassifizierung von zwischenmenschlichem Verhalten. Zudem ist Sprache in diesem Bereich tendenziell mehrdeutig, und man verfällt schnell in vereinfachende Typologien.

Auch für die wirkungsvolle **Kommunikation** der von den Mitarbeitenden geforderten strategiegerichteten Verhaltensweisen ist eine solcherlei verfügbare Begrifflichkeit unabdingbar. Ein sorgfältig ausgearbeitetes Kompetenz-Modell ist ein standardisierendes, qualitätssteigerndes und effizientes Hilfsmittel für alle, die gefordertes Verhalten und Fertigkeiten vorgeben und beurteilen müssen. Dadurch wird es zu einem unabdingbaren Hilfsmittel zur Konkretisierung und Förderung einer Leistungskultur.

In diesem Sinne ist ein Kompetenz-Modell wie eine „Sprache", in der sich eine zusammengehörige Gruppe in einem Unternehmen verständlich, präzise und schnell über für die Gruppe relevante Aspekte unterhalten kann.

Eine weitere Anwendungsmöglichkeit – insbesondere der technischen oder fachlichen Kompetenzen – liegt darin, die geforderten Fertigkeiten in hoch strukturierten Jobs im Einzelnen festzulegen bzw. zu überprüfen, welche Mitarbeitenden die so verlangten Kompetenzen erfüllen und wo die zu schliessenden Lücken sind. Beispielsweise gibt es Kompetenz-Modelle, die sehr detailliert festlegen, welche Jobs/Funktionen auf welcher Professionalitätsstufe in der IT welche Kompetenzen (insbesondere im Sinne von Fertigkeiten und Wissen) erfordern. Mit dieser Basis für differenzierte Laufbahn- und Karrieremodelle lassen sich Mitarbeitende zu Job-Kategorien zuordnen, **Kompetenz-Profile (Ist/Soll)** erarbeiten und daraus lässt sich der Ausbildungsbedarf ableiten. Die Erarbeitung und der Einsatz solcherlei verfeinerter Kompetenz-Modelle – oft bezeichnet als Skills-Management – sind jedoch aufwändig und deren Anwendung und deren Pflege werden sehr komplex. Sie lohnen sich nur für Job-Bereiche, die fachlich hoch strukturiert und wenn möglich überbetrieblich standardisiert sind, und wo die einzelnen Sub-Kompetenzen auch eindeutig definiert werden können (z.B. Programmieren in Java).

Aber auch bezüglich „weicherer" Fertigkeiten, Verhaltensweisen und insbesondere Motivationen dienen Kompetenz-Modelle dazu, bei einem Mitarbeiter oder einer Organisationseinheit geordnet herauszufinden und verständlich zu machen, wo Gaps vorhanden sind und welche Kompetenzen oder Sub-Kompetenzen zu verbessern, zu entwickeln und zu trainieren sind. Systematische und möglichst objektive Erhebungen von Kompetenz-Werten über ganze Organisationseinheiten oder Unternehmensbereiche hinweg können Aufschluss über Kompetenz-Lücken geben, die mit entsprechenden Massnahmen (breit angelegte Trainings oder gezielte Rekrutierungen usw.) geschlossen werden können.

Konkret werden Kompetenzen genutzt:

- In der statischen Ausformulierung von Anforderungen und Aufgaben in einem Job oder einer Job-Familie (in Stellenbeschreibung, Job-Profile). Auch wenn Stellenbeschreibungen nicht mehr überall en vogue sind und insbesondere bei gewissen Wissensarbeiten auch wenig Sinn machen, so gibt es immer noch eine grosse Menge von Stellen, bei denen es sich lohnt, die damit verbundenen Aufgaben und Anforderungen präzise zu formulieren. Auch in Projekt-Organisationen macht es oft Sinn, die Kompetenz-Anforderungen an die verschiedenen Akteure vorab zu spezifizieren. Bestehende Kompetenz-Modelle helfen in der gezielten Auswahl und in der prägnanten Beschreibung dieser Anforderungen.

- In der konkreten Formulierung und Kommunikation von Kompetenz-Zielen pro Mitarbeitenden (siehe Kapitel 4.1) und in der Beurteilung von deren Erreichung. Dabei können Kompetenzen im Sinne von individuellen Anforderungen formuliert werden, deren Erfüllung das Erreichen von quantifizierbaren Leistungszielen (z.B. Verkaufsumsatz) erleichtert und verbessert (Facilitating Kompetenzen), oder auch als für eine ganze Job-Familie geltende standardisierte Anforderungen bzgl. Verhalten und Motivationen (Criterion Kompetenzen nach Byham, 2004). Ein Kompetenz-Modell gibt den Rahmen für solche Zielformulierungen vor und hilft durch seine verhaltensorientierte bzw. nachvollziehbare Sprache bei der Beurteilung der Anforderungserfüllung.

- In der Kommunikation und Beurteilung von geforderten Fertigkeiten und Verhaltensweisen bei der Rekrutierung von neuen Mitarbeitenden (vgl. Kapitel 6.2.2). Standardisierte Instrumente in Rekrutierungsprozessen wie Fragebögen oder Interviews sind entlang der Kompetenzen im unternehmensweiten Kompetenz-Modell aufzubauen. Pro zu besetzender Position kann dann entschieden werden, welche Kompetenzen daraus besonders relevant und zu beurteilen sind. Den Kandidaten wird zudem via Kompetenz-Modell ein klares Bild vermittelt, worauf die Firma Wert legt.

- In der Potenzial-Beurteilung (siehe Kapitel 4.3) und folglich bei hierarchischen Nachfolge-Entscheidungen und Beförderungen. Dabei ist wichtig festzuhalten, welche Kompetenzen in der neuen Funktion verlangt werden, und welche Kompetenzen generell eine Karriere begünstigen (Advancement Kompetenzen nach Byham, 2004).

- In der Ermittlung und Ausformulierung von individuellen oder bereichsspezifischen Entwicklungszielen und Massnahmen (Development Kompetenzen). Ein Kompetenz-Modell ist für Mitarbeitende wie auch für Vorgesetzte ein Hilfsmittel, die eigenen Erwartungen und Wünsche an ihre Entwicklung konkret und klar zu formulieren. Dabei wird auch immer wieder versucht, zwischen Kompetenzen zu unterscheiden, die entwickelbar sind, und solchen, die nur schwer zu verändern sind. Eine andere Klassifizierung geht auf die Unterscheidung hinaus, mit welchen Methoden (z.B. off-the-Job Seminar vs. on-the-Job Coaching) eine Kompetenz am effektivsten verändert werden kann.

- In der Kategorisierung und inhaltlichen Spezifikation von verfügbaren Trainingsangeboten. Beispielsweise nimmt ein Angebot für ein Verhandlungstraining auf die Kompetenz „Interne und externe Kunden als Partner behandeln" Bezug und darin konkret auf „Partnerorientiert verhandeln". Dies hilft nicht nur in der Strukturierung der Angebote, sondern erleichtert den interessierten Mitarbeitenden die Orientierung, wo und womit sie welche Kompetenz verbessern können

- In der Kommunikation der Unternehmensstrategie und der angestrebten Organisationskultur durch übergeordnete Formulierung der Erwartungen an die Mitarbeitenden durch nachvollziehbare Konkretisierungen von Kernkompetenzen, Verhaltensweisen und Werten („Kultur-Kompetenzen"). Es ist von grösster Bedeutung, dass in der internen Kommunikation für das Gleiche nur eine Sprache verwendet wird. Wenn Dokumente und Ansprachen auf Kompetenzen, Unternehmenswerte und -kultur oder auch das Firmen-Branding Bezug nehmen, sollten die gleichen Begrifflichkeiten verwendet werden. Andernfalls werden die Mitarbeitenden und Führungskräfte nur verwirrt und erleben diese grundsätzlich wichtigen Kommunikationsanstrengungen als unverständliche „heisse Luft".

Diese Auflistung zeigt, dass ein Kompetenz-Modell mit seinen Kompetenzen in sehr vielen HR-Aktivitäten und Prozessen rund um das HCM sinnvoll verwendet werden kann. Es macht deshalb auch Sinn, in einem Unternehmen übersichtlich darzustellen, wo das Kompetenz-Modell überall als Vorgabe oder Leitlinie anzuwenden ist (siehe Abbildung 4.1). Erst wenn ein Kompetenz-Modell als unternehmensspezifische Begrifflichkeit und Sprache in möglichst vielen Bereichen konkret genutzt wird, macht sich auch der Aufwand für die Erstellung und den Unterhalt eines solchen Modells bezahlt. Die Nutzungsbreite macht aber auch deutlich, wie anspruchsvoll es ein kann, ein Kompetenz-Modell zu formulieren, das in allen Nutzenbereichen angewendet werden kann. Als knappes und überzeugendes Kulturprogramm und gleichzeitig als detaillierte Anforderungsliste für Schlüsselfunktionen.

Abbildung 4.1   Herleitung und Anwendungsbereiche eines Kompetenz-Modelles

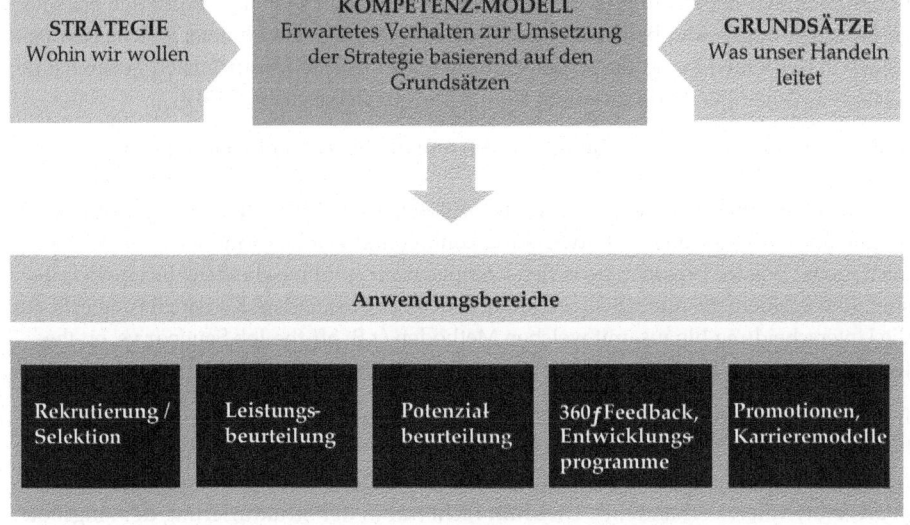

4.1.4   Wie können Kompetenzen gemessen werden?

Nach der konzeptionellen und detaillierten Ausgestaltung eines strategisch ausgerichteten unternehmensweiten Kompetenz-Modells stellt sich die Frage, wie und mit welchen Instrumenten die so festgelegten Kompetenzen bei Mitarbeitenden beurteilt und gemessen werden können. Folgende Instrumente und Methoden stehen grundsätzlich zur Auswahl:

■ Beobachten und Beschreiben (in der Regel durch den Vorgesetzten) von individuell gezeigten Kompetenzen anhand von Arbeitsproben bzw. im beruflichen Alltag. Danach Beurteilen, wie weit die beobachteten Kompetenzen mit den für diesen Job geforderten übereinstimmen.

■ 360°-Beurteilungen durch Kollegen, Vorgesetzte und Direktunterstellte mittels anonymer Fragebögen mit verhaltensorientierten Items, die nach Häufigkeit oder Effektivität („wirkungslos" bis „sehr wirkungsvoll") des entsprechenden Verhaltens beantwortet werden.

■ Interview: Standardisierte Interviewfragen, z.B. im Rahmen einer Rekrutierung, pro Kompetenz mit Einstufungshilfen für erhaltene Antworten. Die Einstufungshilfen bestehen aus konkreten Beispielen für das gesuchte Verhalten.

■ Tests (z.B. für Fertigkeiten) und Fragebögen (z.B. für Motivationen), Selbsteinschätzungen, Persönlichkeitsfragebögen. Solche Instrumente sind teils spezifisch für generische Kompetenz-Modelle verfügbar, oder deren Ergebnisse müssen/können auf ein proprietäres Kompetenz-Modell transferiert bzw. abgebildet werden.

■ Assessment Center und Einzel-Assessment. Darin werden verschiedene der obigen Methoden mitverwendet und optimal kombiniert. Als Resultat ergibt sich eine detaillierte Verhaltensbeschreibung pro Kompetenz und beispielsweise ein Stärken-Schwächen-Rating pro Kompetenz. Assessment Center sind eine treffsichere und differenzierende Methode zur Beurteilung von Kompetenzen. Die Methoden für die Erstellung und die Durchführung eines Assessment Centers basieren auf breiten wissenschaftlichen Studien (vgl. Obermann, 2009) und globaler praktischer Erfahrung (vgl. Povah & Thornton, 2011).

Messskalen:

In obigen Instrumenten und Methoden kommen verschiedene Einstufungs-Skalen zur Anwendung:

■ BARS: Behaviorally Anchored Rating Scale. Für eine bestimmte Kompetenz wird eine Skala gebildet, bei der jede Ausprägung mit einem konkreten Verhalten hinterlegt und erklärt ist. Wird beispielsweise in strukturierten Interviews für die Einstufung der erhaltenen Antworten verwendet. Die Anzahl der Skalenstufen ist wählbar, teils werden auch nur die beiden Extreme mit Verhaltensbeispielen hinterlegt.Diese Skalenart wird oft angewendet, wenn Vorgesetzte ihre Mitarbeitenden einzeln pro Kompetenz beurteilen müssen (z.B. im Rahmen einer Leistungsbeurteilung). Pro Hierarchiestufe und

Kompetenz wird so ein Standard verhaltensorientiert beschrieben und vorgegeben, den einzelne Mitarbeitende erfüllen, übertreffen oder unterschreiten.

■ Häufigkeit des gezeigten Verhaltens, einer Fertigkeit oder einer Bestrebung in einer definierten Situation oder in einem Zeitraum, z.B. auf einer Skala „immer – oft – selten – nie". Diese Art von Skala wird oft in 360°-Fragebögen verwendet.

■ Professionalitätsstufen einer Fertigkeit oder eines Verhaltens, z.B. auf einer Skala „Lernender -> Routine -> Experte -> Instruktor". Hilfreich ist diese Skala vor allem in einem Skills-Management.

■ Stärken-Schwächen: Auflisten von Stärken und Schwächen pro Individuum in einer Kompetenz und daraus Ableitung eines Rating (z.B. A bis D bzw. „Sehr gut – Gut – Entwicklungsbedarf – grosser Entwicklungsbedarf"). In Berichten aus einem Assessment Center wird diese Skalenform oft verwendet.

■ Erreichungsgrad von individuell gesetzten Kompetenz-Zielen (z.B. Verhaltens-Ziele, Erreichen einer Fertigkeitsstufe), gemessen auf einer mehrstufigen Skala von z.B. „weit übertroffen – übertroffen – erreicht – teilweise erreicht – bei Weitem nicht erreicht". Eine zweckmässige Skala, z.B. für die Formulierung und Beurteilung von Entwicklungszielen.

Die letzten zwei Skalenarten sind für den Beurteiler bzw. den Ziele-Formulierer anspruchsvoll und eher aufwändig, inhaltlich dafür spezifischer und individueller.

Kompetenz-Modelle sind in sich selbst eine Art Messinstrument, indem sie wesentlich dazu beitragen, die oft komplexen Anforderungen an eine erfolgreiche Ausübung eines Jobs verständlich und effizient zu umschreiben, zu strukturieren und zu kommunizieren. Menschliche Beurteiler erhalten damit ein Raster, das es ihnen erlaubt, systematischer und differenzierter alle relevanten Aspekte einzuschätzen, verfügbare Informationen zu klassifizieren und nicht vorschnell in simplifizierende Urteile wie „gut-schlecht", „geeignet-ungeeignet" zu verfallen.

4.1.5   Bei wem sollen Kompetenzen gemessen werden?

Ein Kompetenz-Modell ist das Kernelement eines strategisch ausgerichteten HCM. Deshalb ist es für die Einstufung und Messung des HC bei allen Mitarbeitenden relevant. Die Prozesse „Performance-Management" und „Portfolio-Management" kommen nicht ohne eingehende Kompetenz-Beurteilungen pro Mitarbeitendem aus. Jedoch sind nicht alle Kompetenzen für alle Funktionen und Stellen gleich relevant. Es kann Sinn machen, diesbezüglich sogenannte Job-Familien zu unterscheiden, wo die Unterschiede der Stellenanforderungen innerhalb der Job-Familie geringer sind als die Unterschiede zu Stellen ausserhalb der Familie. Eine klassische Zuordnung von Job-Familien ist:

■ Stelle mit Führungsfunktion;

■ Stelle ohne Führungsfunktion.

Die Beurteilung von Führungs-Kompetenzen macht z.B. nur Sinn für Stellen mit Führungs-funktion. Kompetenzen lassen sich entlang Job-Familien auch mittels Kann- und Muss-Kompetenzen unterscheiden. Jede Aufteilung in Job-Familien und/oder in stellenbezogene Muss-/Kann-Kompetenzen verkompliziert die Struktur und die Anwendung eines Kompe-tenz-Modells und sollte nur in besonderen Fällen in Betracht gezogen werden. Für einzelne spezielle Konzernbereiche (z.B. IT) kann es Sinn machen, gewisse technische Kompetenzen detailliert auszuformulieren oder das Kompetenz-Modell diesbezüglich gezielt zu erwei-tern.

Je nach Art einer Kompetenz, je nach Zweck und Zielpopulation machen unterschiedliche Messmethoden und Skalen mehr oder weniger Sinn. Bei der ersten Beurteilung einer gefor-derten Kompetenz bei der Rekrutierung eines neuen Mitarbeitenden ist ein strukturiertes Interview wohl die Methode der Wahl. Bei der Festlegung der Ausgangslage und der prio-ritären Handlungsfelder vor einem Coaching einer Führungskraft macht eine Stärken-/Schwächen-Analyse ihrer Kompetenzen mittels eines 360°-Feedbacks am meisten Sinn. Welche Messmethode, bei welcher Kompetenz, zu welchem Zweck und auf welcher Funk-tionsstufe Sinn macht, kann recht komplex werden. Eine entsprechende Matrix, die Über-sicht schafft und vorgibt, welche Instrumente wann und bei wem zu verwenden sind, er-weist sich als sehr hilfreich. Zudem fördert die Erstellung einer solchen Matrix bzw. einer „Talent/Competency Assessment Strategy" eine fachlich vertiefte Auseinandersetzung mit dem Messen von Kompetenzen und führt zu einem optimierten Verhältnis von Auf-wand/Kosten und notwendiger Genauigkeit. Eine solche Matrix legt idealerweise auch fest, wer unter welchen Voraussetzungen eine Kompetenz mit welchem Instrument beurteilen kann bzw. darf. Eine Studie von Aberdeen zeigt, dass Firmen, die eine „Talent Assessment Strategy" entwickelt und umgesetzt haben, in der klar ersichtlich und geregelt ist, wie und wo welche Kompetenzen gemessen werden, deutlich bessere Geschäftsergebnisse erarbei-ten als Firmen ohne eine solche Assessment Strategy (vgl. Lombardi & Saba, 2010).

4.2   Arbeitsergebnis

4.2.1   Was ist mit Arbeitsergebnis gemeint?

Mitarbeitende in einer bestimmten Funktion und Stufe (z.B. Kundenberater) unterscheiden sich nicht nur bezüglich Wissen/Fertigkeiten, Verhaltensweisen und Motivationen (Kompe-tenzen), sondern auch bezüglich der in der Vergangenheit erzielten qualitativen und quan-titativen Ergebnisse (z.B. Anzahl verkaufter Produkte oder eingehaltene Termine und Kos-tenvorgaben in einem Projekt). Das Arbeitsergebnis ist die Folge einer zielgerichteten An-strengung unter Einsatz der Kompetenzen während einer vergangenen Zeiteinheit. Kompe-tenzen beschreiben und messen, was ein Mitarbeiter in seine Arbeit einbringt und wie er seine Arbeit ausführt. Die Arbeitsergebnisse sind das, was das Unternehmen durch die Nutzung des vom Mitarbeiter investierten Human Capital erhält. Es ist aber nicht so, dass Kompetenzen alleine und direkt das Arbeitsergebnis bestimmen. Kompetenzen sind not-wendige, aber nicht hinreichende Grundlagen für Arbeitsergebnisse. Arbeitsergebnisse sind der „Output" von Kompetenzen, aber nicht nur von Kompetenzen. Es gibt noch ande-re Einflussfaktoren, wie äussere hindernde oder fördernde Rahmenbedingungen (z.B. Marktsituation, Motivation durch Vorgesetzten, Entscheidungsfreiheit, Weisungen/Regle-mente, Ressourcen) oder die aktuelle Übereinstimmung zwischen Kompetenzprofil eines Mitarbeitenden und seiner Ergebnisziele. Kompetenzen sind relativ statische, fortdauernde Voraussetzungen eines Mitarbeitenden, Arbeitsergebnisse beschreiben die Leistung in einem vergangenen, begrenzten Zeitraum.

Vergleicht man Mitarbeitende in unterschiedlichen Stufen oder Funktionen (z.B. einen Manager und einen Verkäufer, einen Kundenberater und einen IT-Spezialisten), dann taucht schnell die Frage auf, welcher der beiden denn welchen Teil bzw. den grösseren Teil zum Gesamtergebnis eines Unternehmens (z.B. Gewinn vor Steuern) beiträgt. Die Beant-wortung dieser Frage ist sehr komplex, weil die individuellen Arbeitsergebnisse an sich ein Resultat mehrerer Einflussgrössen sind (individuelle Kompetenzen, von anderen zur Ver-fügung gestellte Hilfsmittel oder Vor-Arbeiten, Team-Effekte), und je nach Position kleinere oder grössere Hebelwirkung auf andere Mitarbeiter-Ergebnisse (insbesondere in Führungs-funktionen) haben. Im Folgenden streben wir deshalb nicht die Messung und Bewertung des absoluten Arbeitsergebnisses eines Mitarbeiters an, sondern „nur" das Arbeitsergebnis bezogen auf eine Gruppe von vergleichbaren Mitarbeitenden, z.B. in einem Team, in einer Situation oder in einer Job-Familie.

Arbeitsergebnisse werden nach Möglichkeit in **quantifizierbarer** Form beschrieben, bei-spielsweise Verkaufsumsatz oder Anzahl verkaufter Produkte bei einem Verkäufer, Erhö-hung in % des verwalteten Vermögens bei einem Kundenberater einer Bank oder zumin-dest in klar messbaren **Ergebnissen** wie Einhaltung von Terminen in Projekten, Erreichen von Teilschritten in der Produktentwicklung usw. Um diese Ergebnisse und Beiträge zu bewerten, braucht es pro Mitarbeiter einen Massstab, eine Vorgabe, ein **Ziel** mitsamt einem Messkriterium für dessen Erreichung.

> Das <u>Arbeitsergebnis</u> eines Mitarbeiters entspricht dem Erreichungsgrad der mit ihm vereinbarten unternehmerischen (Ergebnis-)Ziele in einem bestimmten, vergangenen Zeitraum.

Zentrales Element der Messgrösse „Arbeitsergebnis" ist das diesbezüglich formulierte und vorgegebene Ziel. Aus diesem Grunde beschäftigen wir uns im Folgenden eingehender mit der Festlegung und Formulierung der (Ergebnis-)Ziele.

Herleitung von Ergebniszielen: Woher stammen diese unternehmerischen Ergebnisziele oder Vorgaben? Sie sind logischerweise aus den übergeordneten Unternehmenszielen ab-zuleiten, herunterzubrechen auf Ziele pro Unternehmensbereich (z.B. Vertrieb, Entwick-lung usw.), Organisationsebene, Team und Einzelperson. Dieses Herunterbrechen top-down und das Angleichen individueller Leistungen an die Ziele des Unternehmens, das Alignment, sind zentrale Führungsaufgaben und Herzstück des „Management by Objecti-ves". Jedes gut geführte Unternehmen hat eine Form der Geschäftsplanung, in der Leis-tungsindikatoren einer Scorecard erarbeitet, festgelegt, abgeglichen, zugeteilt und kommu-niziert werden (vgl. De Waal, 2007). Der Output dieses Planungsprozesses sind die Ziele und Vorgaben in Form von zu erreichenden Ergebnissen pro Mitarbeiter. Damit sei nicht gesagt, dass dieser Planungsprozess trivial ist und dass Gesamtziele lediglich arithmetisch auf Mitarbeitende aufzuteilen sind. Vielmehr müssen übergeordnete Ziele inhaltlich konkretisiert und unter Berücksichtigung der Rahmenbedingungen (z.B. Marktsituation) auf Regionen oder funktionale Einheiten verteilt werden. Pro Organisationseinheit muss zudem festgelegt werden, welche Ziele von welchen Gruppen bzw. Mitarbeitenden am ehesten erreicht werden können.

Die **konkrete Festlegung und Ausgestaltung** individueller Ergebnisziele beeinflusst deren Motivationscharakter. Aus einschlägiger Forschung ist bekannt, dass Ziele dann leistungsfördernd sind, wenn sie

- hochgesteckte Ziele sind, die nur schwer erreichbar, aber auch nicht gänzlich unrealistisch sind;

- Bedürfnisse, Interessen und Kompetenzen der agierenden Person (Mitarbeiter) mitberücksichtigen, d.h. beispielsweise persönlichen Stolz, einen weiteren Schritt in der persönlichen Entwicklung, eine erwünschte materielle Entschädigung oder die Anwendung/Weiterentwicklung einer bestimmten/bevorzugten Kompetenz. Daraus wird sofort klar, dass viele Ziele im Idealfall nicht nur vorgegeben werden können, sondern in einem Gespräch zwischen Mitarbeitendem und Vorgesetztem vereinbart werden sollten;

- in der Gesamtheit wenige Ziele (3 bis 5) umfassen. Zu viele unterschiedliche Ziele verwirren und führen zu unproduktivem Abwägen, wo welcher Aufwand investiert werden soll.

Da die Leistung eines Mitarbeiters nicht absolut, sondern nur relativ zu einer Gruppe oder einer Job-Familie gemessen werden kann, ist es auch wichtig, dass die Zielsetzungen in ihrem Ausmass und in ihrer Menge innerhalb der Vergleichsgruppe ausgewogen sind. Andernfalls muss bei der Bewertung der Zielerreichung über Massen die Anzahl und Schwierigkeit der Ziele mit in Betracht gezogen werden.

Ausformulierung von Ergebniszielen: Je nach Fachbereich sind die Formulierung von Ergebniszielen und die Bewertung der Zielerreichungen pro Mitarbeitenden einfacher oder etwas schwieriger. In Zahlen oder Beträgen ausdrückbare quantitative Ziele sind inhaltlich schneller und einfacher zu spezifizieren als Ergebnisziele, wo die Umschreibung des zu erreichenden Ergebnisses oder Zustandes qualitativer Natur ist, z.B. das Erreichen eines Projektzieles oder die Aufrechterhaltung vorgegebener Qualitätsstandards.

In der formellen Ausgestaltung bzw. Formulierung der Ziele ist das bekannte Akronym SMART hilfreich. SMART steht hier für **S**pezifisch, **M**essbar, **A**ktionsorientiert, **R**ealistisch und **T**erminiert und umschreibt im Detail, was bei der Formulierung von wirkungsvollen Ergebniszielen zu bedenken ist und wie eine entsprechende Formulierung strukturiert werden sollte.

Spezifisch: Oft ist es verlockend, sich nicht allzu sehr festzulegen. Schließlich erspart man sich damit unter Umständen lästige Reflexionsprozesse darüber, warum ein Ziel nicht erreicht werden konnte. Man kann sich dann mit Scheinerfolgen selbst beruhigen – irgendwas davon wird schon werden. Ein Ziel aber ist kein vager Wunsch: Ein Ziel soll konkret, eindeutig und präzise – also möglichst ohne Interpretationsspielraum – formuliert werden. Beispielsweise: „Erhöhen des Umsatzes bei Stammkunden um 10 %" oder „Konzept für Projekt XY vom Steuerungsausschuss verabschiedet".

Messbar: Es muss abschließend überprüfbar sein, ob das Ziel erreicht wurde. Oft ist ein Ziel längerfristig angelegt. Dann ist es notwendig, Meilensteine einzuplanen, das große Ziel in verdauliche Teilziele zu zerlegen. Damit werden Mitarbeitende „bei der Stange" gehalten, und Abweichungen vom Plan können rechtzeitig festgestellt und korrigiert werden.

Nur wenn Ziele spezifisch formuliert sind, können messbare Parameter definiert werden. Wie kann man sonst feststellen, dass das Ziel erreicht wurde oder ob man ihm zumindest über die Meilensteine einen deutlichen Schritt näher gekommen ist?

Handelt es sich um quantitative Ziele, fällt das oft leichter. Bei qualitativen Zielen wird es schwieriger. Auf jeden Fall macht es Sinn, dass bei jedem Ziel separat festgehalten wird, wer die Zielerreichung wie messen bzw. beurteilen wird. Dies gilt insbesondere für Ziele, die schwer quantifizierbar sind.

Aktionsorientiert: Was ist zu tun, damit das Ziel erreicht werden kann? Dabei ist es einerseits wichtig, eine positive Formulierung zu wählen. Statt zu beschreiben, was man nicht tun oder vermeiden sollte, ist es hilfreicher anzumerken, welche aktiven Schritte, Massnahmen und Aktionen der Zielerreichung förderlich sind. Andererseits ist die Grundidee eines „Managements by Ojectives" zu beachten, dass nämlich mittels Vorgabe des Zieles mehr Eigenständigkeit und Handlungsspielraum gewährt werden kann als mit einer Vorgabe jedes einzelnen Schrittes zur Erreichung des gewünschten Ergebnisses.

Realistisch: Man kann und sollte durchaus hohe Ziele stecken, ja sogar Ziele, die uns stark fordern – allerdings nicht überfordern. Sie müssen also erreichbar sein, sonst ist der Frust vorprogrammiert und das berühmte „Alles Planen ist sowieso für die Katz, es kommt eh immer anders" ist die Folge. Ein Ziel ist auch nur dann realistisch, wenn es mit den verfügbaren Ressourcen realisiert werden kann.

Terminierbar: Zu Zielen gehören klare Zeitangaben hinsichtlich Dauer und Zwischenterminen. Bis wann ist welches Teilziel zu erreichen?

Meist sind einem Mitarbeiter mehrere Ziele vorgegeben. Dann kann es auch Sinn machen, diese Ziele nach Prioritäten zu ordnen. Ansonsten weiss ein Mitarbeiter mit mehreren Zielen nicht, worauf er sich in erster Linie konzentrieren muss, und/oder er beschäftigt sich mit Aufgaben, die eigentlich gar nicht zu seinen Zielen gehören. Man muss hier aber aufpassen, nicht allzu viel Scheingenauigkeit einzubauen. Eine Auflistung der Ziele in der Reihenfolge der Priorität ist meist ein ausreichender Hinweis darauf, welches Ziel wie wichtig ist.

Für eine stringente und motivierende Formulierung und Bewertung eines Ergebniszieles braucht es folgende Elemente bzw. Felder:

- Beschreibung des Zieles mitsamt förderlichen/zwingenden Aktionen
- Messkriterium für die Zielerreichung
- Termin bzw. Terminplan für die Zielerreichung
- Priorität des Zieles im Vergleich zu anderen Zielen
- Beschreibung der Zielerreichung in Worten und Zahlen
- Bewertung der Zielerreichung auf einer standardisierten Skala

4.2.2 Wozu die Messgrösse „Arbeitsergebnis" verwenden?

Die Festlegung und Beurteilung der Arbeitsergebnisse von Mitarbeitenden können und müssen in folgende HCM-Prozesse und Entscheidungen einfliessen:

- Ausrichtung der Mitarbeitenden auf die strategisch relevanten Tätigkeiten und Ziele. Sicherstellen, dass jeder Mitarbeitende weiss, welche Ergebnisse von ihm bis wann erwartet werden. Dadurch können sein Einsatz und seine Anstrengungen zielgerichtet kanalisiert werden. Was gemessen wird, wird auch eher befolgt und erledigt.

- Faire Belohnung bzw. Vergütung (Gehalt, Boni): Mitarbeitende erwarten ihrerseits je nach Ertrag ihres zur Verfügung gestellten HC eine Belohnung, eine Kompensation ihrer Investition. Diese Belohnung muss fair und motivierend sein. Dies ist nur möglich, wenn sie auch auf eine möglichst gerechte Beurteilung und Einschätzung des Ertrages, der Arbeitsergebnisse abstellt. Ergebnisstarke Mitarbeitende erwarten eine grössere Belohnung als ergebnisschwache Mitarbeitende.

- Beförderungs- und Nachfolgeentscheidungen: Ergebnisstarke Mitarbeitende, die regelmässig die gesteckten Ziele übertreffen, erfüllen eine wesentliche Voraussetzung für eine Beförderung auf eine nächsthöhere Professionalitätsstufe. Deshalb macht es Sinn, bei Beförderungs- und Nachfolgeentscheidungen auch auf die bisher in der aktuellen Funktion erzielten Arbeitsergebnisse abzustellen. Wie wir im Kapitel Potenzial noch sehen werden, spielen selbstverständlich noch andere Messgrössen wie Kompetenzen und Potenzial eine Rolle bei Nachfolge- und Beförderungsentscheidungen.

- Umgang mit „Schwachleistern": Mit einer seriösen Formulierung der Ergebnisziele und der Messung der tatsächlich erreichten Arbeitsergebnisse lassen sich insbesondere auch ergebnisschwache Mitarbeitende identifizieren. Klare, messbare und begründete Ziele erleichtern dabei die Analyse, wo und warum die Ziele nicht erreicht wurden. Aus dieser Analyse lassen sich entsprechende Massnahmen (Ausbildung, Umplatzierung, allenfalls Entlassung) bestimmen, vereinbaren und planen.

- Vergleich zwischen Mitarbeitenden in einem Team: Dort, wo mehrere Mitarbeitende in etwa die gleichen Ergebnisziele haben, kann eine vergleichende Analyse der Arbeitsergebnisse helfen, die Erfolgsfaktoren (z.B. spezielle Vorgehensweisen oder Fertigkeiten) für hohe Arbeitsergebnisse zu identifizieren. Solche Erfolgsfaktoren können danach verstärkt bzw. auch bei anderen Mitarbeitenden gefördert werden.In Organisationsbereichen, wo die Ergebnis-Ziele vergleichbar oder gar identisch sind (z.B. Verkaufsziele über mehrere Regionen hinweg), lassen sich die durchschnittlichen Team-Arbeitsergebnisse vergleichen. Solche Vergleiche führen zu Überlegungen, welche die Bedingungen für hohe Leistungen sind (z.B. systematische Feedbacks durch Vorgesetzte, spezifische Kompetenzen, verstärkte Koordination in Teams usw.). Diese Vergleiche stärken den leistungsfördernden Wettbewerb und machen ihn transparenter. Zudem liefern sie Input für die Planung und Ausgestaltung von Entwicklungsmassnahmen, individuell und auf Stufe Team.

- In gewissen Berufszweigen lassen sich die individuellen Arbeitsergebnisse über verschiedene Unternehmen/Organisationen hinweg in etwa vergleichen. Dazu müssen aber die Ergebnisziele und die zu erwartenden Arbeitsergebnisse standardisiert sein. Nehmen wir das Beispiel der „Function Points" in der Software-Entwicklung oder die Anzahl geschossener Tore (pro Spielzeit) bei Fussballern oder die Schulleistungen, gemessen mit den bekannten PISA-Studien. Solche Studien erlauben ein wertvolles Benchmarking, das die Basis für eingehende Analysen darüber bildet, wie und wo die Ergebnisse verbessert werden können. Zudem spornt ein solches Benchmarking an.

4.2.3   Wie kann das Arbeitsergebnis gemessen bzw. beurteilt werden?

Das Arbeitsergebnis ist zumindest vordergründig die am einfachsten zu messende Human Capital Grösse, weil sie sich meistens an einer reellen operativen Grösse orientiert, wie z.B. Verkaufszahlen und Ähnliches. Aber bei vielen Aufgaben gibt es keine solchen absoluten Grössen (z.B. was ist das Arbeitsergebnis eines Coachs oder eines Instruktors?), und selbst bei gut quantifizierbaren Positionen bleiben Zusatzaufgaben/Aufträge (z.B. Weiterbildung der Kollegen), die nicht in so absoluten Zahlen gemessen werden können. Zudem setzt sich das Gesamt-Arbeitsergebnis aus mehreren Zielen bzw. Zielerreichungen zusammen, von denen nicht jede gleich gut quantifizierbar ist.

Es ist die Aufgabe des Vorgesetzten, das Ausmass des gesamten Arbeitsergebnisses eines Mitarbeiters in einem bestimmten Zeitraum zu beurteilen. Dazu stellt er einerseits auf möglichst „harte" Zahlen ab (z.B. aus dem Controlling). Andererseits ist seine persönliche Einschätzung, sein „Judgement" gefragt

- bei der Bewertung qualitativer Ergebnisse,

- bei der Berücksichtigung besonderer Rahmenbedingungen und

- bei der Zusammenfassung der verschiedenen Ergebnisse zu einer ausgewogenen Bewertung des Gesamtergebnisses eines Mitarbeiters.

Eine Einschätzung und **persönliche Beurteilung durch den Vorgesetzten,** jener Person also, mit der der Mitarbeiter seine Ziele/Anforderungen vereinbart hat, kommt folglich immer ins Spiel. Alle mechanistischen Bewertungen sind künstlich und nur scheinbar objektiv. Selbst wenn sowohl die anvisierten Zielgrössen wie auch das pro Mitarbeitenden erreichte Ergebnis eindeutig und genau quantifizierbar ist (z.B. Verkaufszahlen), bleibt immer noch ein Rest zur Beurteilung übrig, nämlich die Einschätzung der Bedingungen, unter denen eine Person diese Ziele erreicht hat. Das können persönliche Bedingungen sein (z.B. Krankheit), aber auch signifikante Marktveränderungen, die eigentlich eine Zielanpassung nötig gemacht hätten.

Je nach Art der Messskala (z.B. Prozent Zahl) für die Zielerreichung pro Einzelziel kann theoretisch unter Einbezug von Gewichtungen und Prioritäten das gesamte Arbeitsergebnis eines Mitarbeiters „errechnet" werden. Dies ist jedoch sehr selten vernünftig begründbar, und auch dann kann ein Vorgesetzter via Prioritäten eventuell das Schlussergebnis „manipulieren".

Darüber hinaus ist die Vereinbarung der individuellen Ziele immer etwas subjektiv. Einem bereits leistungsfähigen Mitarbeiter setzt man auch aus motivationalen Gründen die Latte etwas höher als einem eher schwachen Mitarbeiter. Deshalb muss auch die Zielerreichung in Abhängigkeit von der Zielsetzung beurteilt werden, um letztlich die Arbeitsergebnisse zwischen Mitarbeitenden vergleichen zu können. Beispielsweise erhält ein eher schwacher Mitarbeiter in einem Team vergleichsweise tiefer gesetzte Ziele. Wenn er diese übertrifft, wird er deswegen aber noch nicht die „Höchstnote" erhalten. Eine abschliessende Beurteilung der Zielerreichung ist praktisch nur mithilfe einer persönlichen Einschätzung durch den Vorgesetzten machbar.

Über die **Skala,** mit der das gesamte Arbeitsergebnis eines Mitarbeitenden beurteilt werden soll, wurde und wird viel diskutiert. Die Wahl hängt stark vom Verwendungszweck ab und davon, wie vergleichbar die Ergebnisse über mehrere Organisations-Einheiten hinweg sein sollen.

Es gibt folgende in der Praxis verwendete Skalen für die Einstufung des Arbeitsergebnisses:

■ Rein verbale Beschreibung des Ergebnisses. Keine Einstufung auf einer Skala. Dies erlaubt kaum Differenzierungen, z.B. für Lohn und Gehalt, ist aufwändig und muss eingehend mit dem Mitarbeiter besprochen und erklärt werden.

■ Aufsteigende numerische Skala, z.B. von 50 bis 150 %, mathematisch aufrechenbar aus Zahlen der einzelnen Zielerreichungen. Wenn schon, nur in hoch quantifizierbaren Leistungsbereichen zu machen, und dann müssen auch die Gewichtungen/Prioritäten pro Ziel einigermassen berücksichtigt sein. Ist recht starr und täuscht eine Genauigkeit vor, die meist wenig mit der Wirklichkeit zu tun hat.

■ 3 bis 5 stufige Skala. Für die Bezeichnungen der Skalenstufen finden sich viele verschiedene Vorschläge. Jede hat seine Vor- und Nachteile: Zahlenwerte (z.B. 1 bis 5): Die 1 bedeutet je nach System der in einem Lande verwendeten Schulnoten etwas Positives oder etwas sehr Negatives.Buchstaben (z.B. A bis C): Ein B oder gar ein C ist in amerikanisch geprägten Kulturen bereits sehr negativ assoziiert.

■ In der Branche bekannte Klassifizierung (z.B. AAA, AA, A, B, C aus der Finanzindustrie): Wichtig dabei ist, dass der Skalenwert, der am häufigsten vorkommen wird (hier z.B. das A auch grundsätzlich positiv besetzt ist. Eine andere sinnvolle Lösung besteht darin, jedem Skalenwert noch einen Kurztext beizugeben, z.B. AAA = gehört zu den Besten. Übertrifft die Erwartungen regelmässig / AA = Beitrag ist überdurchschnittlich. Übertrifft in wichtigen Bereichen die Erwartungen / A = gehört zu den Leistungsträgern. Erfüllt die Erwartungen durchgängig usw.

■ Forced Ranking: Mitarbeitende einer Gruppe, einer Organisations-Einheit werden in eine Reihenfolge gestellt. Vom Besten bis zum Schlechtesten, vom Ersten bis zum Letzten, wie in einem sportlichen Rennen. Dies fördert und erzwingt eine Differenzierung, aber oft auf Kosten von Entscheidungen, die nur sehr schwer zu rechtfertigen und schwer motivierend kommunizierbar sind. Zudem ist in einer Rangskala die Differenzierung oft irreführend, weil der absolute Abstand z.B. zwischen Rang 1 und 5 nicht der gleiche ist wie zwischen 15 und 20 von z.B. total 40.

Einstufungen auf einer Skala sollten immer zusätzlich mit einem beurteilenden und begründenden Text, verfasst durch den Beurteiler, versehen sein, weil so für die Mitarbeitenden nachvollziehbar wird, wie diese Einstufung inhaltlich zustande gekommen ist und wie sie ihr Ergebnis künftig erhöhen können.

4.2.4 Bei wem soll das Arbeitsergebnis erhoben/beurteilt werden?

Grundsätzlich gibt es keine Gründe, einzelne Gruppen von Mitarbeitenden oder Stufen von Mitarbeitenden von dieser Messung auszuschliessen. Die Frage ist eher, ob die gleiche Art von Messung und die gleiche Skalierung der Messgrösse für alle Mitarbeitenden verwendet werden können und müssen. Die Antwort im Rahmen eines integrierten HCM ist ein eindeutiges JA. Eine klar an individuell hergeleiteten und formulierten Zielen (SMART) und Vorgaben ausgerichtete Beurteilung des Arbeitsergebnisses ist für alle Mitarbeiter-Arten und –Stufen in gleicher Weise und auf der gleichen Skala möglich. Dies vereinfacht die Einführung eines systematischen und transparenten HCM wesentlich und erlaubt die Durchführung standardisierter HCM-Prozesse mitsamt der Verwendung ihres Outputs für Interventionsentscheidungen in das HC.

4.3 Potenzial

4.3.1 Was verstehen wir unter Potenzial?

Eine Beurteilung eines Mitarbeiters mittels Einschätzung seines Arbeitsergebnisses und der eingesetzten relevanten Kompetenzen ermöglicht für sich alleine keine verlässlichen Aussagen über seine Erfolgschancen in neuen, künftigen Aufgaben und Tätigkeiten. Eine Leistungsbeurteilung (siehe Kapitel 5.1) ist vergangenheitsorientiert. Mitarbeitende sind aber keine statischen Wesen. Sie entwickeln sich oder wollen und können neue, andere und eventuell anspruchsvollere Aufgaben als bisher übernehmen. Sie scheiden auch aus dem Unternehmen aus, freiwillig, infolge Altersgrenzen, Krankheiten oder Freisetzungen. Eine Führungskraft muss sich also über potenzielle Änderungen dauernd Gedanken machen, z.B. ob ein Mitarbeiter in seiner aktuellen Position richtig eingesetzt ist, ob er unter- oder überfordert ist, ob es eine bessere Besetzung dieser Position gibt, ob dieser Mitarbeiter anderswo nutzbringender eingesetzt werden könnte. Mit anderen Worten, er muss sich ein Bild vom Potenzial jedes Mitarbeiters für andere oder mehr Aufgaben machen und dabei die Zukunft, die anstehenden Veränderungen und Anforderungen im Auge behalten. Eine Potenzialaussage beinhaltet eine Prognose zukünftiger Leistung.

Die Beurteilung von Potenzial ist im Vergleich zur Messung von Kompetenz und Arbeitsergebnis ungleich schwieriger. Dies hat damit zu tun, dass die Definition von Potenzial oft nebulös ist, dass es um eine Prognose für eine meist volatile Zukunft geht und Potenzial im Alltag nicht einfach beobachtet werden kann.

Bekannt ist diese Schwierigkeit aus dem sogenannten Peter-Prinzip, wonach Mitarbeitende in einer Unternehmenshierarchie bis zur Stufe ihrer Unfähigkeit aufsteigen. Praktisch bewahrheitet sich das Peter-Prinzip immer wieder dadurch, dass bei Nachfolge- und Beförderungsentscheidungen auf die vergangenheitsorientierte Leistung abgestellt wird und die Prognose der Zukunft dieser Mitarbeitenden lediglich auf einer linearen Extrapolation der aktuellen und vergangenen Leistung basiert. Diese Extrapolation funktioniert oft nicht, weil Mitarbeitende in ihren Fähigkeiten und/oder in ihren Motivationen zur Übernahme von mehr oder anderen Aufgaben auch Grenzen haben.

Üblicherweise wird Potenzial im Zusammenhang mit Führungskarrieren verstanden und definiert. In vielen Unternehmen gibt es neben den Führungslaufbahnen auch Karrieren im funktionalen Bereich, sogenannte Fach-Laufbahnen. Eine Definition von Potenzial muss also sowohl für Management- und Führungskarrieren wie auch für Fach-Karrieren verwendet werden können.

Werden Nachfolger in wichtigen Positionen benötigt oder Besetzungen von neuen Schlüsselpositionen diskutiert, so wird oft vorschnell auf die externe Rekrutierung solcher Personen fokussiert, statt auf die Nutzung und Entwicklung interner Nachwuchskräfte. Das liegt zum Teil daran, dass bei den vorhandenen Mitarbeitenden das Potenzial nicht systematisch erhoben wurde und zum richtigen Zeitpunkt Übersichten über mögliche interne Kandidaten für Nachfolgeentscheidungen nicht zur Verfügung stehen.

Potenzial hat mit dem **Fluss** von Mitarbeitenden zu tun, horizontal und vertikal, sowie von aussen nach innen und umgekehrt. Dieser Fluss ist eine unausweichliche Tatsache, kann und muss aber kanalisiert, gesteuert und optimiert werden. Ein vorausblickendes Management dieses Flusses, verbunden mit einer Einschätzung des Potenzials der einzelnen Mitarbeitenden, reduziert das Risiko von Leistungs-Vakuum infolge Vakanzen oder unzureichender Auswahl und Vorbereitung der Nachfolger. Dazu reicht die Information über Arbeitsergebnis und Kompetenzen nicht aus. Wir brauchen pro Mitarbeiter auch eine Information über seine Wirkungsmöglichkeiten in Zukunft, über sein aktuelles **Potenzial,** in

Zukunft mehr oder andere Tätigkeiten und Verantwortungen zu übernehmen. Im Gegensatz zur Kompetenz- und Ergebnisbeurteilung mit einem vergangenheitsorientierten Soll-/Ist-Vergleich geht es bei der Einschätzung des Potenzials um eine Zukunftsprognose mit dem Zweck, die Zukunft (des Unternehmens) besser zu bewältigen. Selbstverständlich ist in Leistungsbeurteilungen auch die Zukunft in der nächsten Beurteilungsperiode ein Thema, und es werden (Entwicklungs-) Ziele für die neue künftige Periode abgleitet. Dabei wird aber immer davon ausgegangen, dass sich die Position nicht grundsätzlich verändert.

Man kann Potenzial auch aus Sicht der Mitarbeitenden sehen. Umfangreiche Studien haben beispielsweise gezeigt, dass sich Mitarbeitende erstens regelmässig (ungefähr alle 4 bis 5 Jahre) beruflich verändern wollen und dass zweitens die Passung der vorhandenen mit den im Job geforderten Kompetenzen einen engen Zusammenhang hat mit der Arbeitszufriedenheit (Rose, 1994). Überqualifizierte bzw. nicht ausreichend geforderte Mitarbeitende sind weniger zufrieden als solche, bei denen die vorhandenen/erlernten Kompetenzen genau zur Aufgabe passen. Eine wiederkehrende Diskussion über Potenzial bzw. beruflichen Veränderungsbedarf tut also auch aus Sicht der Mitarbeitenden not.

Bei der Rekrutierung und Auswahl junger, gut ausgebildeter Nachwuchskräfte ab beispielsweise Elite-Universitäten kann begrenzt und wenig zuverlässig auf gelebte Kompetenzen und erarbeitete Ergebnisse in der Vergangenheit abgestellt werden, sondern es braucht primär eine Einschätzung des Potenzials für künftige Ergebnisse im Unternehmen.

Mit Zukunft ist bei vorhandenen Mitarbeitenden nicht nur die Zukunft in einer neuen Funktion gemeint, sondern auch die anstehende inhaltliche Veränderung der aktuellen Position und Aufgabe. Eine solche Veränderung in der aktuellen Aufgabe und Position kann durch neue strategische Ziele eines Unternehmens mitbestimmt sein. Insofern kann die Einschätzung von Potenzial auch eine Aussage darüber sein, ob ein Mitarbeiter in seiner Position die neuen strategischen Anforderungen erfolgreich wird bewältigen können.

Potenzial meint einerseits, ob und wie sich ein Mitarbeiter in seinen Kompetenzen und Arbeitsergebnissen noch entwickeln kann, z.B. durch Training und Ausbildung, und/oder, wie weit latente Fertigkeiten und Verhaltensweisen schon vorhanden sind, die aktuell nicht zum Tragen kommen und erst in einer anderen Aufgabe relevant werden.

Bei der Potenzialdefinition ist zwischen sequenziellem und absolutem Potenzial zu unterscheiden.

Das **sequenzielle Potenzial** bezieht sich auf die nächsthöhere bzw. nächstmögliche Position, also auf das Potenzial, entweder horizontal oder vertikal voranzukommen. Das absolute Potenzial bezieht sich auf die höchstmögliche Position, die ein Mitarbeiter erreichen kann.

Sequenzielles Potenzial ist kein konstanter Zustand, keine Eigenschaft, sondern ist durch die aktuelle Position bzw. die in einem betrieblichen Umfeld anvisierte Position mitbestimmt. Ein vor kurzem aufgestiegener Mitarbeiter wird in der Regel in der neuen Position nicht mehr das gleich hohe Potenzial für die erneut nächsthöhere Position haben. Eine

Führungskraft mit hohem Potenzial in einem Wachstumsmarkt wird in einem Umfeld, wo Kostenreduktion und strategische Neuausrichtung gefordert sind, ein anderes Potenzial haben. Verändert sich die private Situation eines Mitarbeiters (z.B. wegen zusätzlicher privater Engagements), kann sich dadurch auch sein Potenzial in seinem Job verändern, z.B. infolge geringerer Motivation und Belastbarkeit/Ressourcen für die nächsthöhere Aufgabe. Wenn ein Mitarbeiter Fertigkeiten hat, die er bisher nicht oder kaum nutzen konnte (z.B. eine Fremdsprache), die aber aufgrund einer strategischen Neuausrichtung des Unternehmens bedeutsam werden, so steigt sein (sequenzielles) Potenzial.

Absolutes Potenzial: Über persönliche Grenzen und Entwicklungsmöglichkeiten, über unveränderbare „vererbte" Konstitutionen und Fähigkeiten wird ausgiebig spekuliert, diskutiert und geforscht (z.B. in der Intelligenz-Forschung oder mit Analysen der Karrieren eineiiger Zwillinge usw.). Das Thema fasziniert, und jeder davon Betroffene bildet sich sein eigenes Urteil, wie weit und unter welchen Umständen sich ein Mitarbeiter entwickeln kann oder wie stark ihm sein absolutes Potenzial schon in seine Wiege gelegt wurde. Beim absoluten Potenzial wird der Zeitraum offen gelassen, oder es wird eine Aussage versucht, wie viele Jahre notwendig sein werden, um die höchstmögliche Position zu erreichen. Annahmen zum absoluten Potenzial können dabei helfen zu entscheiden, wie schnell ein solcher Mitarbeiter vorangebracht werden soll („Fast Track" oder normaler sequenzieller Werdegang). Es wäre natürlich für die Planung und für Entscheidungen über Entwicklungsinvestitionen sehr hilfreich, wenn das absolute Potenzial eines Mitarbeiters ein für alle Mal zuverlässig eingeschätzt werden könnte. Aus diesem Blickwinkel ist es auch verständlich, dass Bezeichnungen wie Young Talents, High Potentials, Talents, Potenzialanalyse usw. die Umschläge von zahlreichen Publikationen über Talent Management zieren. Andererseits ist festzustellen, dass es bisher kaum fundierte und breit akzeptierte Kriterien für die Einschätzung von absolutem Potenzial gibt (vgl. Silzer & Church, 2009; Sparrow et al., 2011, Chapt. 4). Oft sind auch die längerfristigen, sich verändernden Anforderungen im Voraus nur ansatzweise bekannt. Wie soll dann bestimmt werden, ob ein heutiger Mitarbeiter oder Bewerber unter diesen unklaren Bedingungen erfolgreich sein wird? Ein Ausweg besteht darin, dass man sich lediglich auf die aktuell vorhandene allgemeine Flexibilität und die Veränderungs-/Innovationskraft von Mitarbeitenden oder Bewerbern beschränkt. Dieser Weg ist jedoch für eine Potenzialbeurteilung suboptimal, weil er die Anforderungen an mögliche Zielfunktionen nicht miteinbezieht.

Eine zuverlässige Beurteilung des sequenziellen Potenzials eines Mitarbeiters hingegen ist annäherungsweise und pragmatisch machbar. Zu überlegen und zu entscheiden, ob ein bestimmter Mitarbeiter das Zeug für eine definierte nächste Position hat, ist einfacher, als ein für alle Mal festzulegen, ob ein Mitarbeiter ein allgemeiner „High Potential" ist.

Als für ein HCM praktikabler Ansatz hat sich das „Current Estimated Potential CEP" (z.B. bei Shell Petroleum) erwiesen. Es bezeichnet das geschätzte, aktuelle Potenzial für die erfolgreiche Übernahme einer nächsten Aufgabe in einem bestimmten Zeitraum.

Im Folgenden wird unter (sequenziellem) **Potenzial** also verstanden:

> **Potenzial** ist die aktuell geschätzte Wahrscheinlichkeit, in einem definierten künfti-
> gen Zeitrahmen in einer nächsthöheren oder erweiterten Funktion erfolgreich die An-
> forderungen (Arbeitsergebnisse, Kompetenzen) zu erfüllen.

Die (sequenzielle) Potenzial-Aussage bezieht sich also immer auf eine bestimmte Funktion und
auf einen künftigen limitierten Zeitraum. In der Praxis hat sich eine Potenzial-Aussage für
sequenzielles Potenzial für einen Zeitraum von ein bis zwei Jahren als sinnvoll erwiesen. Potenzial ist so nicht einfach ein absolutes Merkmal oder eine Eigenschaft einer Person, sondern
bezieht immer eine anvisierte Funktion und einen Zeitraum ein. Damit schliesst es in der Praxis ein absolutes Potenzial nicht aus. Wenn beispielsweise ein Mitarbeiter aus seiner Sicht
und/oder jener seiner Vorgesetzten der absolute Star ist, unbegrenztes Potenzial hat und in ihm
das künftige Geschäftsleitungsmitglied „schlummert", dann hat er zwangsläufig auch (sequenzielles) Potenzial für die nächsthöhere Position und dort wiederum Potenzial, in Kürze
die übernächste Karrierestufe zu erreichen. Er wird also mit der Sicht und der Aussage über
sein sequenzielles Potenzial nicht „unentdeckt" bleiben und ebenfalls schnell vorankommen.

Woraus ist Potenzial zusammengesetzt, was macht Potenzial aus, welches sind die Potenzial-
treiber, welche konkreten und beobachtbaren Kriterien sind für eine Beurteilung und Einstufung von Potenzial bei einem Mitarbeiter relevant? Verschiedene Analysen und Meinungen zu
den **Bestimmungsgrössen von (sequenziellem) Potenzial** (vgl. Corporate Leadership Council,
2005; Araoz, 2005; Silzer & Church, 2009; Ready, Conger, & Hill, 2010; Wright-Phillips, 2010;
Martin & Schmidt, 2010) kommen nicht zu einem eindeutigen Schluss. Destilliert man aber den
kleinsten gemeinsamen Nenner, so zeigen sich im Wesentlichen folgende relevanten Kriterien:

- Intelligenz, konzeptionelle Fähigkeiten, generelle Lernfähigkeit;

- Karriere-Motivation, Leistungswille in Richtung der Unternehmensziele;

- (latente) für die andere/neue Aufgabe erfolgskritische Kompetenzen (fach-
  lich/funktional wie vor allem auch zwischenmenschlich).

Die ersten zwei Kriterien sind unmittelbar einleuchtend, nachvollziehbar und zu einem
grossen Teil von der aktuellen und künftigen Position unabhängig. Jedermann weiss aus
eigener Erfahrung, dass ein Einarbeiten in neue Aufgaben und Verantwortungen wesentlich dadurch beeinflusst wird, wie schnell und wie viel man in der Aufgabe dazulernt, und
wie motiviert man ist, Erfolg in dieser Aufgabe zu haben.

Das dritte Kriterium bedarf eine pro anvisierte Position oder Stufe spezifische Herleitung
der dort künftig geforderten Kompetenzen. Aktuelle Inhaber einer entsprechenden anvisierten Position können zusammen mit ihren Vorgesetzten relativ zuverlässig beschreiben,
was denn die besonderen (neuen) Kompetenz-Anforderungen sind, die in dieser Position
und in diesem Unternehmen zu erfüllen sind. Entsprechend sollen diese Personen in die
Definition der geforderten Kompetenzen und/oder in die Potenzialbeurteilung von Nachfolgekandidaten einbezogen werden. Diese künftig geforderten Kompetenzen können bei
einem infrage kommenden Mitarbeiter schon vorliegen, bzw. er konnte diese bisher noch
nicht voll ausschöpfen (latente Kompetenz), oder diese sind noch mit geeigneten Massnahmen zu entwickeln bzw. auszubauen.

Die hier vorgeschlagene Definition von sequenziellem Potenzial mitsamt den Kriterien hat den Vorteil, dass sie auf allen Stufen und in allen Karriere-Pfaden (Management, Spezialisten, Vertrieb) eines Unternehmens mit der gleichen Skala und den formal gleichen Kriterien angewendet werden kann. Dies erleichtert die Schulung und die Kommunikation zum Thema Potenzial. Die inhaltliche Präzisierung der einzelnen Bestimmungsgrössen ist jedoch von der Zielfunktion abhängig, für die das Potenzial eines Mitarbeiters eingeschätzt werden soll. Beispielsweise wird für eine hohe und komplexe Fachfunktion eine höhere Intelligenz erwartet als für eine einfache ausführende Tätigkeit. Andererseits ist für eine Teamleiterfunktion die (latente) Führungskompetenz anders zusammengesetzt als für eine strategisch ausgerichtete Bereichsleitung.

Potenzial-Skala:

Grundsätzlich ist Potenzial dichotom, d.h., ein Mitarbeiter hat oder hat kein Potenzial für eine gewisse neue Funktion in einem bestimmten künftigen Zeitraum. Allenfalls liesse sich noch eine Dreierskala „viel – mässig – kein" Potenzial rechtfertigen. In der praktischen Verwendung der Potenzialeinschätzung (für Nachfolgeplanung, Platzierungs-Entscheidungen, Umgang mit Schwachleistern) macht eine Skala mehr Sinn, die auch die aktuelle Stelle und eine Differenzierung der künftigen Aufgabe einschliesst.

Vorschlag für eine in der Praxis bewährte Potenzial-Skala:

Tabelle 4.2   Potenzial-Skala

Skala	Beschreibung
1	Mitarbeiter ist in seiner Aufgabe oder Position überfordert bzw. unterqualifiziert und hat kein Potenzial, diese weiterhin erfolgreich auszufüllen.
2	Mitarbeiter ist in der aktuellen Position ausreichend gefordert bzw. passend qualifiziert und wird diese auch künftig erfolgreich bewältigen können.
3	Mitarbeiter kann in der aktuellen Position nicht alle seine Kompetenzen anwenden bzw. hat Potenzial für eine andere, erweiterte, anspruchsvollere Aufgabe auf derselben (hierarchischen oder funktionalen) Stufe (horizontales Potenzial).
4	Mitarbeiter ist in der aktuellen Position überqualifiziert bzw. hat Potenzial für eine Aufgabe auf nächsthöherer meist anspruchsvollerer Stufe (vertikales Potenzial).

Quelle: Credit Suisse, 2006

4.3.2   Wozu die Messgrösse „Potenzial" verwenden?

Wie oben schon angedeutet, unterstützt die Kenntnis über das Potenzial folgende zentralen Entscheidungen und Investitionen im Bereich Human Capital:

1. Nachfolgeplanung und Nachfolgeentscheidungen,
2. Karriere- und Entwicklungsplanung,
3. Entscheidungen über Investitionen zur Bindung von Mitarbeitenden (Retention),
4. Personaleinsatz-Entscheidungen,
5. Rekrutierung insbesondere von jungen Nachwuchskräften,
6. Personalplanung,
7. organisatorische Bereitschaft für strategische Veränderungen.

Nachfolgeplanung: Kontinuität und Konstanz im Management und in Schlüsselpositionen einer Organisation sind für den Geschäftserfolg entscheidend, zumindest solange sich Umfeld und Strategie nicht grundsätzlich verändern. Diese Kontinuität gilt es im Rahmen des HCM vorausschauend sicherzustellen und das Risiko von unnötigen Volatilitäten (z.B. Lücken infolge Kündigungen oder Pensionierungen) zu reduzieren. Pro relevante Position ist aufzuzeigen, wer aus dem näheren Umfeld oder von unten in kurzer Zeit nachrücken könnte. Hierfür dient die Potenzialeinschätzung der umliegenden oder nächst tiefer eingestuften Mitarbeitenden. Sie bilden quasi das Reservoir, aus dem solche potenziellen Nachfolger bestimmt werden können. Pro möglichen Nachfolger wird dann allenfalls noch die „Readiness" geschätzt, um insbesondere in Notsituationen einzugrenzen, welcher der Nachfolge-Kandidaten diese Position sofort übernehmen könnte. Viele Firmen bilden und pflegen im Rahmen ihres Talent Management in erster Linie Pools von sogenannten „High Potentials", die erst mittelfristig (3 bis 6 Jahre) in höhere Positionen nachrücken können und sollen. Dafür braucht es aber erstens eine (schwierige) Einschätzung des mittelfristigen Potenzials und aufwändige Programme, um die Auserwählten weiterzuentwickeln und zu umwerben. In der heutigen Zeit der schnellen Veränderungen und grossen Unsicherheiten, wo schon mittelfristige Vorhersagen mehr oder weniger falsch sind, laufen solche mehrjährigen Nachwuchsförderprogramme Gefahr, entweder obsolet zu werden oder die Teilnehmer auf Anforderungen vorzubereiten, die zuletzt nicht mehr gültig sind bzw. sich grundlegend verändert haben. Beides ist erstens ineffizient und generiert zweitens grosse Enttäuschungen bei den Teilnehmern dieser Programme (vgl. Cappelli, 2008).

Schätzt man nur das sequenzielle Potenzial (Zeitraum 1 bis 2 Jahre) ein, so liegt der Fokus des Umgangs mit den Potenzialträgern weniger auf längerfristigen Förderprogrammen als auf einem laufenden Abgleich zwischen (unerwarteten oder sich abzeichnenden) Vakanzen/Verschiebungen in bestimmten Funktionen und dem aktuellen Angebot an Mitarbeitenden mit (horizontalem oder vertikalem) sequenziellem Potenzial für diese Funktionen. Erfolgskriterium für diese Art von Nachfolgeplanung ist weniger die Grösse eines Nachwuchspools, sondern der Prozentsatz der Mitarbeitenden mit sequenziellem Potenzial, die auch innerhalb der 1 bis 2 Jahre die Chance erhalten, ihr Potenzial in einer neuen Funktion zu beweisen. An die Stelle langjähriger Weiterbildungs- und Vorbereitungsprogramme treten gezielte kurzfristige Trainingseinheiten und individuelle Begleitungen (z.B. Coaching, Mentoring) bei der Übernahme neuer Funktionen.

Karriere- und Entwicklungsplanung: Ausgehend von der Annahme, dass sich jeder Mitarbeiter weiterentwickeln will und kann und dass lebenslanges Lernen notwendig und sinnvoll ist, gilt es bei jedem Mitarbeiter zu entscheiden, welche Entwicklungsmassnahmen im Moment in welche Richtung sinnvoll und Erfolg versprechend sind. Ein Mitarbeiter beispielsweise, der in seiner aktuellen Position bleiben und sich darin noch verbessern will, braucht andere Unterstützung und Massnahmen als beispielsweise ein Mitarbeiter, dem hohes Potenzial für eine nächsthöhere Position zugestanden wird. Die Potenzialbestimmung beeinflusst also in entscheidendem Masse die Investitionen in die Weiterentwicklung (on- und off-the-Job) von Mitarbeitenden. Ausserdem ist praktisch jeder Mitarbeiter interessiert zu wissen und zu besprechen, welche Karrieremöglichkeiten für ihn bestehen und welche man ihm zutraut. Eine standardisierte und klare Potenzialeinschätzung erhöht in Entwicklungsgesprächen wesentlich die Transparenz zwischen Vorgesetztem und Mitarbeiter und verhindert Fehleinschätzungen und Enttäuschungen beiderseits.

Retention/Bindung: Mitarbeitende, die auf dem Sprung in nächsthöhere Aufgaben sind, und solche, die in ihrem Job falsch eingesetzt bzw. überfordert sind, erhalten meist mehr Management-Aufmerksamkeit als solche, die motiviert und hervorragend ihre Position ausfüllen und ausfüllen werden, d.h. im Moment kein Potenzial für verantwortungsvollere Aufgaben haben. Es ist wichtig zu wissen, wer in der aktuellen Position erfolgreich verbleiben wird und zur Nachhaltigkeit der Organisation auch so einen gewichtigen Beitrag leistet. Diese Mitarbeitenden müssen und können mit anderen Mitteln an das Unternehmen gebunden werden als solche, die auf dem Sprung in eine andere Funktion sind. Die Potenzialeinschätzung liefert also eine wichtige Information darüber, beim wem wie viel und welche Retentions-Massnahmen zu treffen sind. Auch bei den Mitarbeitenden mit Potenzial für die nächsthöhere Aufgabe, ist es wichtig, mit entsprechenden Massnahmen sicherzustellen, dass sie im Unternehmen bleiben und so erst die Möglichkeit haben, ihr Potenzial zu beweisen bzw. dem Unternehmen zur Verfügung zu stellen. Dies ist oft ebenso wichtig, wie deren persönliche Entwicklung zu fördern.

Personaleinsatz (Deployment): Ziel des HCM ist es, den richtigen Mitarbeitenden, zum richtigen Zeitpunkt in der richtigen Position zu haben. Wie der Trainer einer Fussballmannschaft muss sich eine Führungskraft dauernd überlegen, ob alle seine Positionen optimal besetzt sind oder ob Rochaden oder gar Auswechslungen notwendig sind. Hierfür sind neben Leistungsbeurteilungen auch zuverlässige und sorgfältige Potenzialeinschätzungen sehr hilfreich. Überforderte Mitarbeitende – auch wenn deren Ergebnisse bisher noch einigermassen zufriedenstellend waren – sind besonders zu betreuen, allenfalls auszuwechseln oder vorübergehend zu versetzen, zu relegieren. Mitarbeitende aus dem eigenen Verantwortungsbereich (Mannschaft) oder aus anderen Organisationsbereichen mit Potenzial für andere, erweiterte Aufgaben auf derselben Stufe können als Ersatz nachgezogen werden. Eine sequenzielle Potenzialeinschätzung für höhere Aufgaben macht deutlich, welche Mitarbeitenden im definierten Zeitraum ihre aktuelle Position zugunsten einer neuen anspruchsvolleren Aufgabe aufgeben sollten bzw. ersetzt werden müssen.

Rekrutierung: Bei der Rekrutierung von Mitarbeitenden für eine vakante Position steht die Eignung für diese Zielposition im Vordergrund, also ein Abgleich der bisher erbrachten Leistungen mit der in der vakanten Position geforderten Leistung. Wenn Bewerber infrage kommen, für die die offene Position relatives Neuland oder einen Aufstieg bedeutet, dann ist entsprechend das (sequenzielle) Potenzial einzuschätzen.

Bei der Rekrutierung von Mitarbeitenden, direkt von Hochschule oder aus anderen Bildungswegen, ist es zusätzlich sinnvoll, in geeigneter Form das absolute Potenzial dieser Talente einzuschätzen und dann jene zu umwerben und zu verpflichten, die ein möglichst hohes absolutes Potenzial versprechen oder zumindest ein Potenzial für die zwei bis drei Stufen über der Einstiegs-Ebene. Das absolute Potenzial kann auch Hinweise darauf liefern, welches „Einführungsprogramm" und welche Positionen/Stufen solche „High Potentials" durchlaufen sollen. Zudem hilft eine initiale Einschätzung des absoluten Potenzials mit, später den Erfolg von oft sehr aufwändigen „High-Potential-Programmen" zu überprüfen.

Personal-Planung: Eine flächendeckende Beurteilung von Potenzial zusammen mit einer Identifikation der Positionen mit kurz- oder mittelfristigem Nachfolgebedarf (z.B. infolge Pensionierung) kann aufzeigen, ob ein Unternehmen oder eine Organisationseinheit den Bedarf an Nachwuchskräften aus eigenen Reihen decken kann oder auf den externen Personalmarkt ausweichen muss.

Organisatorische Veränderungsbereitschaft: Wenn grössere strategische Veränderungen anstehen oder sich der Markt, in dem ein Unternehmensbereich tätig ist, grundlegend verändert, gilt es abzuschätzen, welche Mitarbeitenden das Potenzial haben, auch im neuen Umfeld, in einer veränderten bzw. neuen Funktion erfolgreich zu sein.

4.3.3 Wie kann Potenzial eingeschätzt werden?

Die Einschätzung von (sequenziellem) Potenzial ist aus verschiedenen Gründen schwieriger und aufwändiger als z.B. die Beurteilung von Arbeitsergebnis oder von Kompetenzen. Deshalb scheuen sich Vorgesetzte häufig, Potenzialeinschätzungen einzelner Mitarbeitender zu machen und vor allem auch zu kommunizieren. Andere wiederum nehmen Zuflucht zu oft sagenumwobenen Instrumenten und Methoden – bis hin zur Graphologie -, um das Potenzial abzuschätzen. Auf dem Markt der Human Capital Instrumente gibt es eine Unzahl von Vorschlägen zur vermeintlich treffsicheren Potenzialeinschätzung, und es fällt dem Laien schwer, hier die Spreu vom Weizen zu trennen.

Im Gegensatz zur Beurteilung von Kompetenzen und Arbeitsergebnissen liegen für die Potenzialeinschätzung weniger eindeutig überprüfbare und für sich sprechende Fakten vor. Ein Blick in die Zukunft ist immer weniger klar und unsicherer als ein Blick in die Vergangenheit. Im Nachhinein ist man immer gescheiter. Die Zubilligung von Potenzial an Mitarbeitende aus dem eigenen Verantwortungsbereich ist zudem von der persönlichen Beziehung beeinflusst, die ein Vorgesetzter zu einem Mitarbeitenden hat. Dies viel mehr als bei der Ergebnis-Beurteilung, geht es doch beispielsweise darum, ob ein solcher Mitarbeiter die Position des Beurteilenden einnehmen könnte. Eine Art Vater-Sohn-Beziehung oder das

Prinzip der deutschen Eiche „Unter meinem Schatten wächst kein neuer Spross" spielt hier mit. Zudem hat Potenzial eine wesentlich höhere Wertigkeit für einen Mitarbeiter als eine Ergebnis-Beurteilung, denn es betrifft seine Zukunft, und – auch wenn es streng genommen nicht zutrifft-, Potenzial wird von den Betroffenen oft als konstante und unbeeinflussbare Eigenschaft interpretiert. Entsprechend leiten sogenannte Potenzialträger daraus nicht immer realistische Erwartungen ab.

Potenzial setzt sich wie erwähnt aus drei unterschiedlichen Komponenten oder Bestimmungsgrössen zusammen (Intelligenz/Lernfähigkeit, Motivation, latente/entwickelbare Kompetenzen), deren Beurteilungen für eine abschliessende Potenzialeinschätzung integriert werden müssen. Potenzial zu beurteilen ist für einen Vorgesetzten deshalb anspruchsvoll, weil er für sein Urteil alle drei Komponenten abwägen und richtig kombinieren muss. Hier besteht die Gefahr, dass ein Faktor überbewertet wird (z.B. Lernfähigkeit) oder einer unterschätzt wird. Man hofft beispielsweise, dass die Karrieremotivation dann schon noch kommt, wenn der Mitarbeiter einmal in der neuen Funktion steckt, oder dass eine „Derailer"-Kompetenz durch Entwicklungsmassnahmen noch korrigiert werden kann.

Folgende Vorkehrungen können helfen, Potenzialeinschätzungen treffsicherer zu machen. Diese Vorkehrungen sind im Prozess „Portfolio-Management" (siehe Kapitel 5.2) weitgehend umgesetzt:

- Sich auf die präzise Definition von „Potenzial" besinnen und versuchen, die (drei) Einflussgrössen so genau und so unabhängig voneinander wie möglich zu erfassen, dies als Gegensatz zu vereinfachenden Schlussfolgerungen aufgrund irgendwelcher irgendwie erfasster Einflussgrössen, die auf einer schwammigen und uneinheitlichen Definition von Potenzial beruhen.

- Keine Potenzialeinschätzung ohne Zweitmeinung durch Kollegen oder neutrale Beurteiler. Eine Potenzialeinschätzung kann aber auch nicht vollständig delegiert werden, denn sie ist zu bedeutsam und beeinflusst zu stark verschiedene Management-Entscheidungen, für die der Vorgesetzte direkt verantwortlich bleiben muss.

- Potenzial immer nur mit dem Blickwinkel auf den definierten Zeitraum (1 bis 2 Jahre) einschätzen und danach rückwirkend überprüfen, wie treffsicher die Einschätzung war und wie die Einschätzung künftig, z.B. durch präzisere Kriterien, verbessert werden kann oder angepasst werden muss.

- Sich bewusst sein und klar kommunizieren, dass es bei Potenzial um eine momentane Einschätzung und nicht um eine unabänderliche Tatsache geht. Das Potenzial eines Mitarbeitenden kann sich über die Zeit verändern.

- Wenn immer möglich und sinnvoll, die Potenzialeinschätzung mit dem entsprechenden Mitarbeiter besprechen und je nach Reaktion und Input anpassen. Ein Mitarbeiter, der könnte, aber nicht will oder infolge einer speziellen Lebenssituation nicht „darf", hat kein Potenzial.

- Keine Potenzialeinschätzung ohne Aktionsplan. Die Bestimmung des Potenzials muss einen Zweck haben, das Ergebnis muss in Massnahmen umgesetzt werden, und diese

Massnahmen müssen wiederum evaluiert werden, allenfalls mit dem Ergebnis, dass die Potenzialeinschätzung angepasst wird. Sehr frustrierend und der Bindung von Mitarbeitenden gar nicht förderlich ist eine Potenzialeinschätzung von „besitzt hohes Potenzial für die nächsthöhere Position" ohne dass im definierten Zeitraum dieser Mitarbeiter die Chance bekommt, sein Potenzial zu beweisen.

Messinstrumente:

Am einfachsten für eine Potenzialeinschätzung wäre natürlich, wenn ein Mitarbeiter probeweise in der zur Diskussion stehenden nächsthöheren oder erweiterten Funktion eingesetzt werden könnte und dann beobachtet werden könnte, wie er diese ausfüllt. Dies entspräche in einem Fussball-Verein einem Probetraining oder einem, versuchsweisen Einsatz gar in einem Spiel der in der nächsthöheren Liga spielenden Mannschaft. Nur ist Risiko und Aufwand für solche „Auswechslungen" in einem Unternehmen viel grösser als im Fussball. Sogenannte „Arbeitsproben" lassen sich jedoch auch im aktuellen Alltag eines Mitarbeitenden erzeugen oder zumindest simulieren, beispielsweise durch Einsatz in Sonderprojekten, in Stellvertretungen oder Task-Forces.

Ausgehend von den Einflussgrössen

- Intelligenz, konzeptionelle Fähigkeiten, generelle Lernfähigkeit;

- Motivation, Leistungswille;

- (latente) für neue Aufgabe erfolgskritische Kompetenzen

lässt sich herleiten, welche Instrumente und Methoden am vielversprechendsten und sinnvollsten für die Beurteilung von Potenzial sind.

- **Intelligenz, konzeptionelle Fähigkeiten und generelle Lernfähigkeit** lassen sich im Alltag eines Mitarbeitenden, also im aktuellen Job beobachten. Es gibt auch einzelne Kompetenzen, die dies besonders thematisieren (Neugier, Lernwille, Flexibilität, Problemlösungsvermögen usw.). Diese können beispielsweise im Kompetenz-Modell ausformuliert sein. Aber auch spezielle Checklisten können helfen, diese Einflussgrössen im gegenwärtigen Job oder in eigens gestellten Sonderaufgaben (z.B. Task-Forces, Stellvertretungen usw.) differenziert zu beobachten. Mögliche Einträge aus einer Checkliste: „lernt und begreift schnell und kann neue Erfahrungen und Gelerntes wirkungsvoll umsetzen" und „kann neuartige, komplexe Problemstellungen präzise analysieren und zielführende Lösungen finden". Intelligenz lässt sich auch durch entsprechende Tests (Leistungs- oder Intelligenztests) ergänzend ermitteln. Hierfür gibt es berufsbezogene, in kurzer Zeit durchführbare und einfach auszuwertende Tests. Dabei ist wichtig, dass eine vergleichende Messlatte angewendet wird. Mitarbeitende mit Potenzial sollten eine deutlich höhere Intelligenzleistung zeigen als der Schnitt der Mitarbeitenden auf gleichem Ausgangs-Level bzw. Job. Umfangreiche psychologische Studien in verschiedenen Kulturkreisen haben eindrücklich bestätigt, dass auch einfache Tests den Lernerfolg in künftigen Aufgaben und Ausbildungen mit guter Genauigkeit voraussagen können. Im Durchschnitt ist eine intelligente Person immer und überall erfolgreicher als eine weniger intelligente Person (vgl. Schmidt & Hunter, 2004; Salgado, Anderson, Moscoso, Bertua, & De Fruyt, 2003).

- **Motivation/Leistungswille:** Auch hier ist die Beobachtung im Alltag und in oder für Sonderaufgaben eine gute Grundlage. Gespräche mit dem Mitarbeiter können helfen, die Motivation, den Antrieb, die persönlichen Pläne und den Ehrgeiz abzuschätzen. Es gibt auch entsprechende Fragebögen, die die Karrieremotivation von Mitarbeitenden differenzierter erfassen (z.B. „Views" von cut-e, Hamburg). Informationen über bisherige ausser- oder nebenberufliche Engagements (z.B. Sport) sind ebenfalls aufschlussreich. Wichtig ist herausfinden, warum jemand motiviert ist, Karriere zu machen. Handelt es sich um unreflektierte Selbstüberschätzung oder um übertriebene Geltungssucht? Hat der Betroffene eine realistische Vorstellung von dem, was auf ihn in Zukunft zukommt? Kennt und unterstützt er die Unternehmensstrategie? Welche Faktoren vermindern seine Motivation? Können diese beeinflusst werden und wie?

- **(Latente) für neue Aufgabe erfolgskritische Kompetenzen:** Oft erfordert eine neue Aufgabe mit mehr Verantwortung auf derselben oder auf einer höheren Stufe zusätzliche oder anspruchsvollere Kompetenzen im Sinne von Fertigkeiten, Wissen und Verhalten. Beispielsweise wird von einem Mitarbeiter erwartet, dass er sich ins Team integrieren und zuhören kann und Beiträge anderer respektiert und nutzt. Von einem Teamleiter wird zusätzlich erwartet, dass er das Team gezielt und geschickt beeinflussen kann und auf unterschiedliche Mitglieder eingeht. Wenn ein Mitarbeiter noch Entwicklungsbedarf in Kompetenzen hat, die für die Erfüllung seiner Funktion nötig sind, dann lässt sich meist mit Sicherheit annehmen, dass er auch einer noch anspruchsvolleren Position nicht genügt.

Wie lässt sich am besten und präzisesten beobachten und beurteilen, ob ein Mitarbeiter, der seine aktuelle Funktion sehr gut erfüllt, den höheren und/oder veränderten Anforderungen in einem nächsten Job gerecht wird oder die dazu notwendigen Kompetenzen mit vertretbarem Aufwand und schnell erwerben wird? Es ist zwischen Ausschluss von Potenzial (Negativ-Selektion) und Begründung für Potenzial (Positiv-Selektion) zu unterscheiden. Erstere ist oft wesentlich einfacher. Allenfalls hat ein Mitarbeiter erfolgskritische Kompetenzen schon in anderen, z.B. nicht beruflichen Tätigkeiten erlernt und gezeigt, beispielsweise in einem Verein oder beim Sport. Mittels Interviewfragen oder Fragebögen (z.B. LEI Leadership Experiences Inventory von PDI) zu entsprechenden Erfahrungen kann man solche Kompetenz-Levels beurteilen. Am besten jedoch ist es, wenn man „Arbeitsproben" in der zur Diskussion stehenden Funktion generiert und dann beurteilt. Dies ist möglich durch z.B. Stellvertretungen, Leiten von Task-Forces usw. Das verlangte Verhalten kann dort beobachtet und durch den Vorgesetzten und eventuell durch beteiligte Peers (z.B. via 360°) beurteilt werden. Ein durchaus hilfreicher Ansatz bildet das Konzept der „Derailer". Dies sind Kompetenz-Ausprägungen (z.B. übertriebener Ehrgeiz), von denen man aufgrund von Studien weiss, dass sie früher oder später zum Scheitern oder Bruch einer Karriere führen können. Diese „Derailer" lassen sich durch Interviews oder Fragebögen (z.B. im LEI) erfassen.Positiv formuliert hängt der Erfolg in einer neuen/anderen Funktion auch davon ab, wie gut jemand die neuen/geänderten Anforderungen antizipieren und mit seinen Fähigkeiten abstimmen kann. Sogenannte „Dynamic Sensors" (Ready, Conger & Hill, 2010) helfen ihm, persönliche Risiken abzuschätzen, das Timing richtig zu wählen und die Erfolg versprechenden Opportunitäten zu nutzen.

Wie bei den anderen zwei Messgrössen (Kompetenz und Arbeitsergebnisse) obliegt es letztlich dem Vorgesetzten, die drei Bestimmungsgrössen für Potenzial pro Mitarbeiter abzuschätzen und zu einer Potenzialaussage zu kombinieren. Ein hilfreiches Instrument für eine vorläufige Potenzialeinschätzung sind sogenannte Potenzial-Checklisten (vgl. Enaux & Heinrich, 2011). Darin sind die Bestimmungsgrössen in Frage-Form aus der Sicht des Vorgesetzten operationalisiert, und dieser kann dank dieser Grössen abschätzen, wo er noch zusätzliche Informationen via Kollegen oder spezialisierte Instrumente (z.B. Tests) braucht.

Das Instrument der Wahl für Potenzialbeurteilungen bzw. für die Simulation von entsprechenden Arbeitsproben und die genaue Beobachtung und Beurteilung des dort gezeigten Verhaltens sind jedoch **Assessment Center (AC)**, in Form von Gruppenassessments oder Einzel-Assessments. Bedingung hierfür ist jedoch, dass das Assessment wirklich die anvisierte Funktion simuliert (durch entsprechende Rollenspiele und Fallstudien) und dass die Beobachtungen präzise und professionell bezüglich der verlangten Kompetenzen erfolgen. ACs und Einzelassessment sind aufwändige Verfahren zur Potenzialbeurteilung. Ihre Validität ist jedoch gut begründet, und mit einem geschickt gestalteten Assessment, ergänzt mit Tests und Fragebögen, lassen sich auch die ersten zwei Einflussfaktoren von Potenzial (Intellektuelle Flexibilität, Motivation) ausreichend beurteilen (vgl. Obermann, 2009; Povah & Thornton, 2011).

Mittels verhaltensorientierter Interviews lässt sich das Kriterium „für neue Aufgaben erfolgskritische Kompetenzen" weniger gut beurteilen. Denn solange der Interviewte in der anvisierten Funktion oder Position keine Erfahrung hat, kann er schwerlich beantworten und begründen, wie er sich darin verhalten würde. Selbst wenn ihm die neue geforderte Kompetenz verhaltensnah geschildert wird, so kann er sein hypothetisches Verhalten nicht mit praktischen Beispielen begründen.

Der im Kapitel 5.2 beschriebene Prozess hat als ein zentrales Ziel, eine möglichst effiziente und effektive Potenzialeinschätzung im obigen Sinne zu garantieren. Er bietet Grundlagen, Bedingungen und Kontrollen dafür, dass die Potenzialbeurteilung nicht eine unsystematische, isolierte, Kristallkugel-Session hinter verschlossenen Türen bleibt und dass die geeigneten Beurteilungsinstrumente sinnvoll eingesetzt werden, ohne dass der Vorgesetzte seine Potenzialeinschätzungen an Fachstellen delegieren muss oder kann.

Obige Ausführungen gelten in erster Linie für die Einschätzung von sequenziellem Potenzial. Das absolute Potenzial von Mitarbeitenden oder Bewerbern abzuschätzen ist schwieriger und unsicherer. Intellektuelle Flexibilität und Lernfähigkeit spielen hier eine noch grössere Rolle, neben grundlegenden zwischenmenschlichen Kompetenzen wie „Verhalten in Teams", „Überzeugen und Verhandeln" usw. Zudem ist es dabei noch wichtiger, die Fähigkeit abzuschätzen, wie sich jemand in Zukunft auf sich verändernde und bisher unbekannte Rahmenbedingungen (Unternehmensstrategie und –kultur, wirtschaftliches und privates Umfeld) einstellen wird.

4.3.4   Bei wem soll Potenzial beurteilt werden?

Grundsätzlich kann Potenzial in der oben beschriebenen Definition bei allen Mitarbeitenden auf allen Stufen beurteilt und festgelegt werden. Voraussetzung ist, dass die pro Zielfunktionen zutreffenden inhaltlichen Kriterien bekannt sind und genau bestimmt werden.

Eine Einschränkung auf ausgewählte Mitarbeitende kann aber unter folgenden Gesichts-
punkten sinnvoll sein:

Aufwand: Die zuverlässige und wiederholte Einschätzung von Potenzial ist aufwändig. Sie
verlangt nach eingehenden Beobachtungen, Analysen und Massnahmen (z.B. Kreieren von
Sonderaufgaben, Kalibrierungs-Panels, Potenzialgespräche), die eine Organisation zeitlich
überlasten können. Es kann also Sinn machen, Potenzial nur bei Mitarbeitenden ab einer
gewissen Stufe oder nur bei strategisch sehr bedeutsamen Gruppen („Pivotal Groups") zu
bestimmen.

Verwendungszweck: Wenn lediglich eine Nachfolgeplanung in der Führungshierarchie
oder für identifizierte Schlüsselfunktionen im Vordergrund steht, dann ist eine Identifikation der Mitarbeitenden mit Potenzial für die nächsthöhere Führungsebene (Nachwuchsliste)
oder im Umfeld der Schlüsselfunktionen ausreichend. Wenn mit der Potenzialeinschätzung
aber auch andere Karriere-Pfade gemanagt werden sollen, die Optimierung des Einsatzes
der Mitarbeitenden insgesamt vorangetrieben werden oder dem Bedürfnis der Mitarbeitenden nach Informationen zu ihren Karrieremöglichkeiten Genüge getan werden soll,
dann macht eine flächendeckende Potenzial-Einschätzung Sinn. Nachfolge- und Einsatz-
planung werden oft in engen „Silos" von Organisationseinheiten betrieben. Wenn dann
zusätzlich die Situation und die Zukunft dieser Organisationseinheiten relativ stabil sind,
dann ist der Nutzen von breit und differenziert angelegten Potenzialbeurteilungen begrenzter, als wenn ein Unternehmen darauf aus ist, die Mitarbeitenden mit Potenzial auch
quer zu verschieben bzw. zu fördern, oder wenn die Anforderungen an die Führungskräfte
und Spezialisten sich in naher Zukunft mengenmässig und inhaltlich stark verändern oder
das Unternehmen generell wissen will, ob es ausreichend Nachfolger in den eigenen Reihen hat oder ob diese von extern rekrutiert werden müssen. In letzteren Fällen ist eine
Potenzialeinschätzung bei allen Mitarbeitenden gerechtfertigt, sonst reicht oft schon eine
Identifikation der wenigen Mitarbeitenden mit hohem Potenzial.

4.4   Engagement und Engagement-Treiber

Bei den ersten drei Messgrössen, nämlich Kompetenzen, Arbeitsergebnis und Potenzial,
steht die Sicht des Unternehmens und seiner Führungskräfte im Vordergrund. Die Mitarbeitenden werden zwar bei deren Beurteilung gezielt hinzugezogen, und ihre Sicht wird
z.B. in Gesprächen zur Ergebnis-Beurteilung mitberücksichtigt, die Entscheidung für die
Beurteilungen und Einstufungen liegt jedoch bei den Führungskräften als Vertreter des
Unternehmens. Letztere formulieren ihre Erwartungen und beurteilen dann, wie weit die
Mitarbeitenden mit ihrem Human Capital diesen Erwartungen entsprechen bzw. welche

Wertschöpfung sie generieren. Bei den nächsten und letzten zwei Messgrössen steht nun die Sicht der Mitarbeitenden im Vordergrund, insbesondere ihre Beurteilung der Arbeitsbedingungen, welche wiederum darauf einwirken, wie gut sie ihr Human Capital einbringen und entfalten wollen und können. Ein Unternehmen kann zwar ausweisen, welchen Betrag es z.B. für Vergütungen und andere Personalleistungen aufgewendet hat. Die Wirkung dieses Betrags pro Mitarbeiter kann jedoch nur aus der subjektiven Wahrnehmung des Mitarbeiters erschlossen werden.

Die meisten Vorgesetzten sind auch Mitarbeitende, d.h., sie können und müssen je nach Situation die eine oder andere Perspektive einnehmen.

4.4.1   Was ist mit Engagement bzw. Engagement-Treiber gemeint?

Das Verhältnis zwischen Unternehmen und Mitarbeitenden ist ein Vertrag, anders gesagt: ein Tauschgeschäft. Die Mitarbeitenden stellen ihre Fähigkeiten und ihren Einsatz zur Verfügung und erzielen damit gewisse Arbeitsergebnisse. Das Unternehmen entschädigt die Mitarbeitenden mit monetärer Vergütung, Befriedigung menschlicher Grundinteressen (wie z.B. soziale Zugehörigkeit, Entwicklungschancen und Anerkennung) und einer gewissen Beschäftigungssicherheit. Anders als bei anderen Kapitalformen eines Unternehmens gehört das Human Capital nicht wirklich dem Unternehmen. Es ist nur vertraglich ausgeliehen. Die Mitarbeitenden haben die Freiheit, den Vertrag mit dem Unternehmen zu kündigen oder ihre Fähigkeiten und ihren Einsatz beliebig „zurückzuhalten". Mitarbeitende in Wissens-Jobs können nicht gezwungen werden (z.B. durch minutiös geplante Arbeitsabläufe), ihre Arbeit optimal im Sinne des Unternehmens zu verrichten. Sie tun dies nur, wenn sie eine positive Einstellung zur Aufgabe und zum Unternehmen entwickeln können. Ein Unternehmen muss sich also Gedanken machen, unter welchen Bedingungen seine Mitarbeitenden ihr Human Capital am besten entfalten können, es weiterhin zur Verfügung stellen wollen und das Unternehmen als Arbeitgeber empfehlen. Ein Unternehmen muss sich aber auch überlegen, bei welchen Mitarbeiter-Segmenten es strategisch und wirtschaftlich besonders Sinn macht, ihr Human Capital nachhaltig an sich zu binden. Die Produktivität des Human Capital hängt direkt davon ab, wie überlegt der Vertrag zwischen den jeweiligen Partnern gestaltet ist und gelebt wird. „Psychological Contracting", Vertrauen, Erwartungshaltungen, Fairness, Frustrationen, Vertragsbruch sind hier die Themen, die in der strategischen Management-Literatur immer mehr Beachtung finden (z.B. Boxall & Purcell, 2011, Chapt. 7).

Die Beziehung eines Unternehmens zu seinen Mitarbeitenden ist mit der Beziehung zu einem weiteren wichtigen Asset vergleichbar, seinen Kunden. Die Kunden gehören nicht dem Unternehmen. Das Unternehmen bewertet die Kunden (z.B. nach Umsatz, Potenzial usw.), und es will wissen, wie die Kunden das Unternehmen erleben bzw. wie zufrieden sie mit den Dienstleistungen und Produkten des Unternehmens sind. Das Unternehmen versucht, die richtigen Kunden an sich zu binden. Dafür werden die Kundenzufriedenheit und die Kundenbindung systematisch erfasst und analysiert, und daraus werden dann Massnahmen abgeleitet.

Die Güte eines Vertrags oder einer Beziehung zwischen zwei Partnern lässt sich nur beurteilen, wenn die Erwartungen und Wahrnehmungen beider Partner ausreichend bekannt sind. Die Erwartungen des Unternehmens an das durch Mitarbeitende investierte Human Capital wird durch die bisher definierten Messgrössen Kompetenzen, Arbeitsergebnis und Potenzial ausreichend abgedeckt. Was noch fehlt, ist die Erhebung der Erwartungen und Wahrnehmungen der Mitarbeitenden bezüglich des Arbeitgebers und seines Angebotes an Arbeitsbedingungen und Vergütung.

Kompetenzen, Ergebnis und Potenzial der Mitarbeitenden (aus Sicht des Unternehmens) bedingen und beeinflussen die „Entgeltung" des Vertragspartners „Mitarbeitende" durch das Unternehmen. Arbeits- und Vertragsbedingungen (aus Sicht der Mitarbeitenden) beeinflussen die „Wertschätzung" des Vertrages seitens der Mitarbeitenden und folglich ihr interessewahrendes Verhalten und ihr nachhaltiges Engagements zur Erzielung guter Geschäftsergebnisse.

Wir wollen also erstens wissen, wie die Mitarbeitenden das Unternehmen und seine Exponenten (Führungskräfte, Management) als Vertragspartner beurteilen und wie das ihr Verhalten gegenüber dem Unternehmen beeinflusst im Sinne von:

- Absicht und Wille den Vertrag weiterhin zu erfüllen: Komponente „Stay" bzw. klarer Wunsch, trotz anderer Möglichkeiten oder Angebote, ein Teil der Organisation zu sein und zu bleiben;

- Bereitschaft, die eigenen Fähigkeiten mit optimalem Einsatz einzubringen: Komponente „Strive" bzw. Bereitschaft, einen besonderen Beitrag zum Unternehmenserfolg zu leisten;

- über die Qualität und Verlässlichkeit des Vertragspartners geäusserte Überzeugung : Komponente „Say" bzw. dass bei Arbeitskollegen und potenziellen Mitarbeitenden positiv über das Unternehmen gesprochen wird.

Zweitens wollen wir wissen, welche der folgenden Arbeits- und Vertragsbedingungen seitens des Unternehmens von den Mitarbeitenden wie wahrgenommen und beurteilt werden:

- Erhalt offener und zeitnaher Informationen über Zustand, Absichten und der Strategie/Vision des Unternehmens;

- emotionale und kognitive Attraktivität der Strategie, der Werte und der Kultur des Unternehmens;

- Gehalt und Incentivierungspraktiken;

- Respekt, Fairness, Anerkennung und konstruktives Feedback durch Vorgesetzte;

- persönliche Entwicklungsmöglichkeiten;

- Vereinbarkeit Beruf und Privates (Work-Life Balance);

- soziale Geborgenheit und Teamwork;

- Qualität der Arbeitsmittel und des Arbeitsplatzes;

- Gestaltungsfreiraum;

- Einbezug in Entscheidungsfindungen usw.

Erstere grundsätzliche Einschätzung der Vertragssituation seitens deer Mitarbeitenden bzw. ihrer Wirkung auf das Verhalten wird auch **Mitarbeiter-Engagement** genannt. Die Wahrnehmung und die Zufriedenheit bezüglich der verschiedenen Vertrags- und Arbeitsbedingungen beeinflussen das Engagement direkt und werden deshalb auch Engagement-Bedingungen („Engagement Conditions") oder **Engagement-Treiber** genannt. Es handelt sich hier also strenggenommen um zwei Messgrössen des Human Capital, die sehr eng und kausal miteinander verbunden sind (siehe Abbildung 4.2) und deshalb hier in einem Kapitel abgehandelt werden.

> **Engagement ist** die gelebte Überzeugung (aus Sicht der Mitarbeitenden) von Sinn und Zweck des Vertrages mit dem Unternehmen.
>
> **Engagement-Treiber** sind von den Mitarbeitenden wahrgenommene und gewertete Vertrags- und Arbeitsbedingungen, die das Engagement direkt beeinflussen.

Abbildung 4.2   Die Wirkung der Engagement-Treiber auf das Engagement

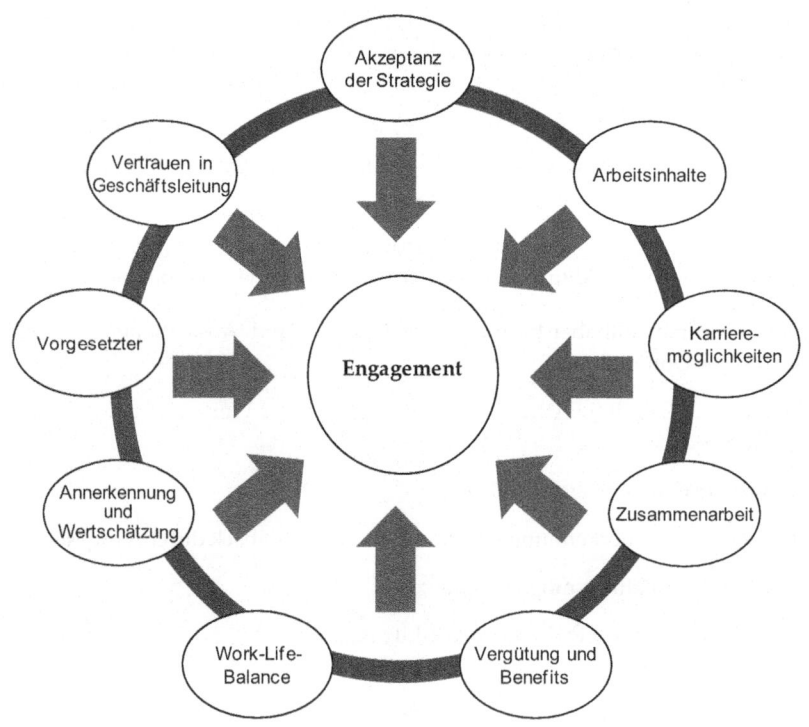

4.4.1.1 Engagement

Die Bedeutung der Messgrösse „Engagement" ist nicht neu, sondern ist in der einen oder anderen Bezeichnung wie Arbeitszufriedenheit, Arbeitsmotivation, Commitment schon oft analysiert worden. Das Konstrukt „Engagement" ist in der arbeitspsychologischen Literatur nicht eindeutig definiert und wird unterschiedlich gemessen und verwendet. Eine hilfreiche und klärende Übersicht über die Komplexität und Vielfältigkeit des Konstrukts „Engagement" geben Macey & Schneider (2008). Das Konzept von Engagement, wie wir es hier verwenden, hebt sich von früheren Ansätzen zur Messung der Arbeitszufriedenheit ab. Es erhält in wissensbasierten und personalintensiven Unternehmen eine neue, grössere Bedeutung:

■ Engagement betont die eine Seite einer Vertragserfüllung und nicht nur die individuelle Zufriedenheit mit einer Arbeitssituation oder der Umwelt insgesamt.

■ Engagement und Engagement-Treiber liefern dem Unternehmen Informationen darüber, ob und wie seine Strategie und seine Werte verstanden, bewertet und umgesetzt werden. Engagement misst also nicht eine unternehmensneutrale Perspektive, sondern einen entscheidenden Wettbewerbsfaktor. Im Vergleich zu psychologisch hergeleiteten Konzepten der Arbeitszufriedenheit, die oft aus einer eher unternehmerfeindlichen und beschützenden Perspektive („Wohlfühlatmosphäre") entstanden sind, betont der Engagement-Ansatz die positive Bindung zum Arbeitgeber. Der Wille, sich „zu investieren" und seinen Beitrag zum Erfolg eines Unternehmens zu leisten, emotionale Aussagen und grundsätzliche Wertschätzung des Arbeitgebers stehen im Vordergrund. Dieses Konzept ist für Unternehmen wie für Mitarbeitende attraktiv. Fitz-enz (2009) vergleicht „zufriedene" und „engagierte" Mitarbeitende wie folgt:

Zufriedene Mitarbeitende	Engagierte Mitarbeitende
Freundlich	Leidenschaftlich
Genügsam	Energiegeladen
Befriedigt	Involviert
Gesättigt	Verpflichtet
Sicher	Vertrauensvoll
Gesund	Ausdauernd
Bleibt im Job	Übertrifft Erwartungen
„Feel good"	„Be good"

■ Engagement und Engagement-Treiber werden üblicherweise über die gesamte Belegschaft eines Unternehmens erhoben, also auch bei den Führungskräften, und zwar auf allen Stufen. Es geht also nicht nur darum, die „Angestellten" zu befragen, wie sie mit dem Management und den Vorgesetzten zufrieden sind, sondern es interessiert insbesondere auch das Engagement der verschiedenen Führungsstufen. Studien haben gezeigt, dass besonders erfolgreiche Unternehmen nicht nur ein hohes durchschnittliches Engagement ihrer Angestellten aufweisen, sondern dass insbesondere deren obere Führungsstufen besonders stark engagiert sind (vgl. Hewitt, 2004).

- Der gelebte Vertrag zwischen Unternehmen und Mitarbeitenden ist vielseitig. Unterschiedliche Mitarbeiter-Segmente haben unterschiedliche Erwartungen und Bedürfnisse, das Unternehmen ist vielfältig repräsentiert durch direkte Vorgesetzte, Top-Management und andere Stakeholder. Entsprechend reicht es nicht, ein durchschnittliches Engagement zu erheben, sondern spannend und handlungsrelevant wird es erst, wenn das Engagement für verschiedene Vertragspartner aufgeschlüsselt werden kann.

- Die wissenschaftlichen Arbeiten zum Thema Arbeitszufriedenheit haben viele detaillierte Erkenntnisse zu diesem Konstrukt und zu dessen Messung hervorgebracht. Sie haben auch die Probleme und die Grenzen dieses Ansatzes aufgezeigt. Studien zum Engagement gibt es in den letzten Jahren weniger von akademischer Seite als vielmehr von Beratungsunternehmen wie Gallup, Towers-Perrin bzw. Towers-Watson oder Hewitt. Diese Studien sind inhaltlich anwendungsorientiert und im Stil verkaufsorientiert. Ihnen fehlen in der Argumentation teils die methodischen Feinheiten und die letzte Stringenz. Im Vergleich zu akademischen Forschungsberichten betonen sie den Wert der Messgrösse „Engagement" im unternehmerischen Alltag.

- Im Gegensatz zur Thematik „Arbeitszufriedenheit", wo die Bedürfnisse der Mitarbeitenden das Hauptziel waren und sind, steht beim Thema „Engagement" die Produktivität der Mitarbeitenden im Vordergrund. Ziel des Engagement-Managements ist es, die individuellen, persönlichen Bedürfnisse so mit den unternehmerischen Zielen in Einklang zu bieten, dass hohe Produktivität aus hoher Zufriedenheit resultiert. Die Engagement-Treiber sind durch das Unternehmen, durch seine Führung, sein Kommunikationsverhalten, seine Prozesse, sein HCM und seine Investitionen direkt beeinflussbar. Die Zusammenhänge zwischen Engagement und Produktivität haben verschiedenste Studien in den letzten Jahren eindrücklich bestätigt, was zur wachsenden Bedeutung und zu einer starken Zunahme der praktischen Anwendung dieses Konzeptes geführt hat. Der positive Zusammenhang zwischen Engagement und z.B. Zunahme der Verkaufszahlen, tieferen Betriebskosten, Kundenzufriedenheit und niedrigerer Fluktuation ist nachgewiesen. Beispielsweise in einer Studie von Information Systems Research (ISR), die 2006 das Engagement bei über 600'000 Mitarbeitenden weltweit befragte und dieses in Zusammenhang zu drei finanziellen Leistungsgrössen (Umsatz, Netto-Gewinn und Gewinn pro Aktie) ihrer Firmen im vorausgehenden Jahr setzte (ISR, 2006). 199 vergleichbare wissenschaftliche Untersuchungen in 152 Unternehmen in 26 Ländern wurden in einer Meta-Analyse zusammengefasst, die klar aufzeigt, welch enger und konsistenter Zusammenhang zwischen Engagement und Fluktuation, Kundenzufriedenheit, Kundenbindung sowie Produktivität und Profitabilität besteht (Harter, Schmidt, Killham & Agrawal, 2009). Die Leistungs- und Erfolgsorientierung der Mitarbeitenden scheint zudem mehr durch deren emotionale Bindung an das Unternehmen als durch deren allgemeine Zufriedenheit beeinflusst zu sein. Auch bei der wissenschaftlich noch nicht abschliessend geklärten Frage der Wirkungsrichtung (Geschäfterfolg beeinflusst kausal das Engagement oder umgekehrt) zeigen jüngere Studien einen klaren Trend: „Engagement steigert kausal den Geschäftserfolg, Geschäftserfolg erhöht das Engagement nur kurzfristig." (vgl. Winkler, König & Kleinmann, 2012).

- Engagierte Mitarbeitende, insbesondere in wissensbasierten Funktionen, lassen sich nicht von heute auf morgen und durch einfache Verbesserungen der Arbeitsbedingungen (z.B. Gehalt oder Arbeitszeit) „erzeugen". Engagement ist eine mittel- bis längerfristige Investition in die Optimierung des Vertrages zwischen Mitarbeitenden und Unternehmensleitung. Vertrauen aufzubauen braucht Zeit. Eine solche Investition kann von der Konkurrenz nicht einfach kopiert werden und generiert so einen strategisch relevanten Wettbewerbsvorteil. Studien haben gezeigt, dass es in vielen Unternehmen noch Raum für eine Verbesserung des Engagements gibt. Eine Studie von Towers Perrin (The 2003 Towers Perrin Talent Report: Understanding what drives employee Engagement) bei über 30'000 Mitarbeitenden in verschiedenen Unternehmen hat beispielsweise gezeigt, dass nur 17 % hoch engagiert sind. Es besteht also Handlungsbedarf, aber auch ein Verbesserungs-Potenzial.

- Im Rahmen des „War for Talent" ist die Attraktivität eines Unternehmens und seines Vertragsangebotes für Mitarbeitende ein bedeutsamer Faktor dafür geworden, wie gut ein Unternehmen die geeigneten Mitarbeitenden auf dem Markt findet und sie dann auch binden kann. Somit ist eine eingehende Analyse der Arbeits- und Vertragssituation aus Sicht der Mitarbeitenden für die Formulierung und für die gezielte Verwendung einer „Employer Value Proposition" bzw. einer „Arbeitgebermarke" unabdingbar. Die "Employer Value Proposition" kann je nach Mitarbeiter-Segment (Alter, Generation, Funktion usw.) etwas anders aussehen. Eine breite Erhebung der Engagement-Treiber kann diese Unterschiede in den relevanten Segmenten aufzeigen und mithelfen, das Personal-Marketing zielgruppengerecht zu gestalten. In personalintensiven Unternehmen sind engagierte Mitarbeitende zudem „Botschafter der Marke" (Brand Ambassadors) und helfen so mit, das Unternehmen und seine Produkte optimal im Markt zu positionieren.

Eine präzise oder gar standardisierte Operationalisierung von „Engagement" gibt es heute noch nicht. Statt eines Standards oder gar einer Norm finden sich je nach Anbieter entsprechender Befragungsinstrumente unterschiedliche Definitionen.

Folgende Autoren aus der Arbeitspsychologie haben bedeutenden Einfluss auf das Verständnis von Engagement:

- Kahn: Engagement als physische, kognitive und emotionale Bindung der arbeitenden Person (Mitarbeitende) zum Unternehmen (Kahn, 1990).

- Csikszentmihalyi: „Flow" als holistische Erfahrung, als Zustand der totalen Einbindung (Involvement) eines Mitarbeiters in seine Arbeit, wo der Unterschied zwischen sich selbst und der Umgebung klein wird, wo wenig bewusste Kontrolle und Überwindung nötig ist (Csikszentmihalyi, 1990).

■ Lawler & Hall: Engagement als „Job-Involvement" definiert, als Grad, in welchem die
Arbeit und die Stelle für die arbeitende Person und ihre Identität zentral sind (Lawler &
Hall, 1970).

Jeder Anbieter von Engagement-Umfragen vertraut auf seine spezifische Formulierung der
relevanten Kriterien für Engagement. Siehe dazu beispielsweise die 12 Fragen von Gallup
(vgl. Harter, Schmidt, Killham, & Agrawal, 2009) oder die 20 E3-Fragen von DDI (vgl.
Wellins, Bernthal, & Phelps, 2006). Die Unterschiede sind jedoch nicht gravierend und
substanziell. Deshalb lohnt es sich, sich mehr auf die Anwendung zu konzentrieren als sich
mit definitorischen Feinheiten aufzuhalten.

Die methodisch und anwendungsbezogen sehr wichtige Trennung zwischen Engagement
und Engagement-Treiber wird nicht überall klar gezogen, oft findet man in den Fragen zu
Engagement eine Vermischung von Engagement-Treiber und Engagement. Gallup z.B.
verfolgt den Weg, dass „Engagement" als Mittelwert aller 12 Fragen statistisch ermittelt
wird. Auch unterscheiden sich die Ansätze im Ausmass und in der Präzision, wie verhaltensorientiert die relevanten Fragen formuliert sind.

Der oben beschriebene Ansatz von „Stay, Strive und Say" (siehe Abschnitt 4.4.1) wurde von
Kahn (1990) entwickelt, begründet und erprobt. Hewitt als Provider von Engagement-
Surveys verwendet diesen Ansatz weltweit und verfügt deshalb auch über entsprechende
Erfahrung über den Zusammenhang zwischen Engagement, Engagement-Treiber und
Produktivität. Dieser Ansatz hat den Vorteil, dass die drei Komponenten auch isoliert be-
trachtet und ausgewertet werden können. Beispielsweise interessiert in Branding-spezi-
fischen Auswertungen von Engagement-Treibern primär die Engagement-Komponente
„Say", wohingegen in Analysen von Kündigungsrisiken die Komponente „Stay" von pri-
märem Interesse ist.

Andere renommierte Anbieter von Engagement-Surveys verfolgen teils etwas andere Konzepte und Definitionen von Engagement (z.B. Hay Group). In der Absicht und in den
Grundzügen unterscheiden sie sich aber nicht grundsätzlich.

Ganz pragmatisch kann man sich die drei Komponenten „Stay, Strive und Say" mit ihren
konkreten Fragen an die Mitarbeitenden vergegenwärtigen und gelangt dann schnell zum
Schluss, dass es für ein HCM unabdingbar ist, die Antworten der Mitarbeitenden auf diese
Fragen detailliert zu kennen. Detailliert meint nicht pro Mitarbeiter, denn dies ist aus Anonymitätsgründen kaum verlässlich machbar, aber als Index oder Level (statistisches Mittel)
definierter Gruppen und Stufen eines Unternehmens. Das so definierte Engagement nicht
zu kennen, macht jede Anstrengung in Richtung einer Optimierung dieses so entscheidenden Engagements zum „Blindflug" oder zur potenziell fehlgeleiteten Investition.

4.4.1.2   Engagement-Treiber

Die Engagement-Treiber zeigen auf, warum und unter welchen Voraussetzungen Engagement bei Mitarbeitenden entsteht und wie es folglich verändert/verbessert werden kann.
Engagement an sich kann man nicht direkt erzeugen, Engagement ist das Resultat von

optimal gestalteten Führungs-, HR- und Kommunikations-Massnahmen sowie der Wahrnehmung von Arbeitsbedingungen. Engagement-Treiber beschreiben den vom Unternehmen oder einer Führungskraft angebotenen „Return on Investment (of Human Capital)" für Mitarbeitende. Der „Wert" eines solchen konkreten „Return on Investment" ist stark subjektiv geprägt. Die Wahrnehmung der Mitarbeitenden (als Empfänger des „Return on Investment") legt den Wert von Engagement-Treibern fest. Die **Engagement-Treiber** sind in Art und Anzahl wissenschaftlich nicht abschliessend belegt. Es gibt einige Treiber, die fundamental und arbeitspsychologisch ausreichend begründet sind. Andere sind klar unternehmens-, arbeits- und kulturspezifisch. In den letzten Jahren haben viele Studien versucht die wichtigsten Engagement-Treiber zu identifizieren (vgl. Gibbons, 2006). Folgende Liste gibt eine Übersicht über die am häufigsten identifizierten Engagement-Treiber:

■ Vertrauen in die Geschäftsleitung: Die Mitarbeitenden sind der Meinung, dass die Geschäftsleitung fähig ist und die Anliegen der Mitarbeitenden adäquat berücksichtigt.

■ Verständnis und Akzeptanz der Geschäftsziele und Strategie: Die Mitarbeitenden verstehen die Geschäftsstrategie und ihre Ziele, können deren wichtigste Elemente nennen und erklären und stehen persönlich dahinter.

■ Firmenstolz: Die Mitarbeitenden sind fähig und bereit, die Organisation, die Produkte und die Services des Unternehmens, z.B. in Gesprächen mit Freunden, zu erklären.

■ Arbeitsinhalt: Die Mitarbeitenden haben bei der Ausführung ihrer Arbeit ausreichend Autonomie und verfügen über die notwendigen Ressourcen und Instrumente. Die Tätigkeiten sind spannend, abwechslungsreich und inspirierend.

■ Karrieremöglichkeiten: Das Unternehmen bietet den Mitarbeitenden Möglichkeiten, ihr Potenzial zu realisieren. Karrierewünsche werden ernst genommen und fair entschieden. Das Unternehmen setzt auf und investiert in die interne Nachfolge.

■ Teamqualität und Zusammenarbeit: Die Mitarbeitenden stellen fest, dass sowohl in Teams als auch übergreifend menschlich wie auch zielgerichtet zusammengearbeitet wird und die nötigen Informationen ausgetauscht werden. Beispiel für eine entsprechende Frage: „Meine Kollegen und ich arbeiten resultatorientiert zusammen."

■ Entwicklungsmöglichkeiten: Unternehmen bietet den Mitarbeitenden intern oder extern Möglichkeiten, ihre Kompetenzen und besonders ihre fachlichen Kenntnisse und Fähigkeiten weiterzuentwickeln.

■ Verhältnis zum Vorgesetzten: Der Vorgesetzte begegnet seinen Mitarbeitenden respektvoll, ist ein Vorbild für die unternehmerischen Werte und gibt formelles und informelles konstruktives Feedback. Beispiel für eine entsprechende Frage: „Mein Vorgesetzter respektiert mich und unterstützt mich in meinen Zielen."

■ Anerkennung und Wertschätzung: Die Beiträge und die Leistung der Mitarbeitenden werden durch Vorgesetzte und involvierte Stellen fair und ausreichend anerkannt und geschätzt.

- Work-Life-Balance: Die Arbeitszeiten und der verlangte Effort lassen ausreichend Raum für private und persönliche Interessen und Verpflichtungen. Das Unternehmen unterstützt aktiv die Förderung der physischen und mentalen Gesundheit der Mitarbeitenden.

- Gehalt und Benefits: Die Arbeit wird fair und durch entsprechende Gehälter und materielle Benefits angemessen entschädigt.

Manche Survey-Anbieter unterteilen ihre Engagement-Treiber nicht nur inhaltlich nach Themen, sondern z.B. auch bezüglich ihrer Wirkung (z.B. Engagement-Treiber, die als Barriere wirken, wenn sie ungenügend ausgeprägt sind versus Treiber, deren Ausmass direkt das Engagement fördern).

Erfolg bzw. Misserfolg beeinflusst die Motivation. Nicht nur die Engagement-Treiber beeinflussen das Engagement der Mitarbeitenden, sondern auch der aktuelle Erfolg bzw. Misserfolg des Unternehmens. Diese leicht nachvollziehbare Wirkung und die damit verbundene Thematik der Kausalität im Zusammenhang zwischen Engagement und Geschäftserfolg wird im Kapitel 9.6 näher beleuchtet.

4.4.2   Wozu die Messgrössen „Engagement" und „Engagement-Treiber" verwenden?

Solange man die produktivitätsrelevanten Arbeitsbedingungen für Mitarbeitende nicht präzise kennt, kann man diese auch nicht effektiv beeinflussen und verbessern. Gelegentliche Gespräche mit einzelnen Mitarbeitenden oder isolierte Befragungen einzelner Gruppen (z.B. in Management-Trainings) oder offizielle Vertreter der „Employee Voice" (siehe Boxall & Purcell, 2011) wie Gewerkschaften oder Betriebsräte können zwar hilfreiche Hinweise liefern, aber sie ermöglichen kaum eine systematische und quantitative Analyse und Beurteilung. Flächendeckende Engagement-Befragungen und Analysen pro Organisationseinheiten inkl. differenzierte Betrachtungen, welche Engagement-Treiber das Engagement bei welchen Mitarbeitergruppen wie stark beeinflussen, liefern zukunftsgerichtete Informationen darüber, wie und wo Interventionen in das Human Capital oder eine Veränderung der Arbeitsbedingungen das Engagement einer Zielgruppe erhöhen könnten. Für ein praktisches Beispiel siehe die Erfahrungen, die die Royal Bank of Scotland (RBS) mit ihrem Engagement-Management gemacht hat und die in einer Harvard Business Case Study dokumentiert sind (Groysberg & Sherman, 2008).

Eine durchdachte und systematische Erhebung von Engagement und Engagement-Treiber kann konkret zu folgenden Zwecken verwendet werden:

- Beurteilung des Engagements insgesamt und in einzelnen Mitarbeiter-Segmenten zwecks **Optimierung der Vertrags- und Arbeitsbedingungen**. Segmente können sein: Organisationseinheiten, Fach-Bereiche, besonders relevante Gruppen (erfolgskritische Positionen), demographische Unter-Gruppen (z.B. Frauen vs. Männer, Altersgruppen). Solche Erhebungen und Analysen können einmalig erfolgen oder besser in regelmässigen Abständen (z.B. jährlich), was dann auch die Überprüfung der Wirkung von Massnahmen zur Steigerung des Engagements zulässt. Die Optimierung der Vertrags- und Arbeitsbedingungen kann aus der Analyse der Engagement-Treiber pro Segment abgeleitet und auf der Ebene einzelner Stufen und Gruppen (bottom-up) oder mittels unternehmensweiten Initiativen und Veränderungen (top-down) angegangen werden.

■ Das Ausmass des Engagements der Mitarbeitenden ist eine für Aktionäre, Investoren und Analysten wichtige Information zur **Unternehmensbewertung**. Die Publikation eines Engagement-Indexes (mit Vergleich zum Vorjahr und allenfalls zur Konkurrenz) in jährlichen Geschäftsberichten ist ein nicht unbedeutender Verwendungszweck einer Engagement-Erhebung. Etwas fortgeschrittener könnte auch eine Angabe sein, wie sich das Engagement der Mitarbeitenden insgesamt verteilt. Ähnlich der Portfolio-Theorie und anderer Leistungserhebungen hat sich auch beim Engagement gezeigt, dass besonders erfolgreiche Firmen eine schiefere Verteilung des Engagements haben (grösserer Prozentsatz an besonders hoch motivierten Mitarbeitenden) als weniger erfolgreiche Unternehmen (vgl. Hewitt, 2004).

■ Das Verhalten der Vorgesetzten auf allen Stufen beeinflusst das Engagement der Mitarbeitenden sehr stark. Der Engagement-Index zusammen mit den auf den direkten Vorgesetzten zeigenden Engagement-Treibern ist eine wesentliche Kenngrösse zur Beurteilung des einzelnen Vorgesetzten. Insofern ist eine Erhebung des Engagements und der Engagement-Treiber eine moderne Form der **Vorgesetzten-Beurteilung** durch Mitarbeitende. Der Engagement-Index kann als sinnvolle Kenngrösse für die Leistungsbeurteilung und Zielvereinbarung bei einem Vorgesetzten verwendet werden. Die Wirkung von Personalentscheidungen (z.B. in Form des Auswechselns einer Führungskraft) kann mittels Engagement-Erhebungen verfolgt und beurteilt werden.

■ Überprüfung des **Effektes von Prozessen und Interventionen** im HCM. Beispielsweise ist die Wahrnehmung der Karrieremöglichkeiten durch Mitarbeitende durch Prozesse zur Nachfolgeplanung und Potenzialbeurteilung beeinflusst. Entsprechende Engagement-Treiber-Fragen können die Wirkung von HCM-Prozessen einschätzen helfen.

■ Mit dem Wissen, welche Engagement-Treiber den höchsten Einfluss auf das Engagement der Mitarbeitenden eines Unternehmens haben, kann ein Unternehmen besser identifizieren, welches die entscheidenden Elemente seiner **Value Proposition** an bestehende und vor allem potenzielle, neue Mitarbeitende sind. Diese Value-Proposition ist Teil der Marke eines Unternehmens. Eine präzise Formulierung der Employer Value Proposition (EVP) pro relevantem Segment oder pro relevanter Zielgruppe erhöht nicht nur die Attraktivität eines Unternehmens, sondern hilft auch entscheidend mit, die Erfolg versprechenden Bewerber zu identifizieren, zu selektionieren und dann zu behalten. Dies gilt ganz allgemein, aber insbesondere bei Anstellungen in einzelnen Unternehmensbereichen, weil so den Bewerbern ein genaueres Bild der dortigen Arbeitsbedingungen vermittelt werden kann und die Interessen und Erwartungen der Bewerber besser mit dem Angebot und den Möglichkeiten eines Jobs und seines organisationalen Umfeldes abgeglichen werden können. Studien zeigen, dass ein „Realistic Job Preview" (RJP) sich positiv auf die spätere Leistung und auf die Verweildauer im Unternehmen auswirkt (Phillips, 1998). Die Analyse des Engagements der neu eingestellten Mitarbeitenden lässt dann wiederum eine Überprüfung der Selektion, der Platzierung und der Einarbeitungsmassnahmen zu. Die Towers Watson WorkUSA Studie 2008/2009 hat herausgefunden, dass Mitarbeitende bis zu 20-mal wahrscheinlicher hoch engagiert sind und zu 50 % wahrscheinlicher Leistungsträger werden, falls sie das Gefühl haben, dass die Organisation konsistent einen attraktiven und auf sie zugeschnittenen „Vertrag" kommuniziert (Towers Watson, 2010).

■ Durch eine gezielte Analyse des zuletzt gemessenen Engagements und der Engagement-Treiber bei Personen, die das Unternehmen freiwillig verlassen haben (**Exit-Analysen**), erhält man einen weiteren vertieften Einblick in Vertragsbedingungen, die zu Kündigungen seitens der Mitarbeitenden führen können. Entsprechend können dann die Investitionen zur Bindung der richtigen Mitarbeitenden optimiert werden.

■ Klassische Motivationstheorien und Konzepte, wie beispielsweise jenes von Herzberg (Herberg, Mausner & Snyderman, 1959) liefern eine Kategorisierung von Themen, die beispielsweise in der Führungsausbildung angesprochen und bearbeitet werden. Eine sorgfältige Definition der Engagement-Treiber kann eine konkretere und unternehmensspezifischere **Begrifflichkeit** liefern, die von auszubildenden Führungskräften aufgrund ihres Kontaktes mit der Engagement-Erhebung und -Auswertung einfacher wiedererkannt/erlernt und akzeptiert wird. Dies reduziert den Ausbildungsaufwand und erleichtert die Überprüfung der Trainingswirkung im Alltag der Führungskraft. Der Abgleich der wesentlichen Engagement-Treiber mit dem Angebot an Ausbildungs- und Trainings-Möglichkeiten trägt dazu bei, sicherzustellen, dass für alle Engagement-Treiber auch spezifische Ausbildungsmassnahmen bekannt sind (vgl. Wellins, Bernthal & Phelps. 2006).

4.4.3   Wie wird Engagement gemessen?

Die Methode der Wahl für die Messung von Engagement und Engagement-Treibern ist eine Befragung der Mitarbeitenden. Dies mag zunächst recht einfach erscheinen, ist in der praktischen Durchführung jedoch ein komplexer Prozess (siehe Kapitel 5.3).

Engagement lässt sich nicht zuverlässig mit nur einer Frage erheben. Hewitt beispielsweise verwendet pro Subkomponente (Say, Stay, Strive) je zwei Fragen. Zwecks Einfachheit der Engagement-Treiber-Analysen, der Vergleichbarkeit zwischen Organisationseinheiten, zwischen Unternehmen und zwischen verschiedenen Zeitpunkten, sowie der Kommunikation der Ergebnisse ist das Konzept eines standardisierten **Engagement-Indexes** von grossem Nutzen. Der Engagement-Index fasst die Fragen zu Engagement zusammen und weist das Engagement eines einzelnen Mitarbeitenden oder einer Gruppe von Mitarbeitenden auf einem Wert zwischen 1 und 100 % aus.

Die **Engagement-Treiber** werden üblicherweise ebenfalls durch eine begrenzte Anzahl Fragen erhoben, üblicherweise minimal zwei bis drei Fragen pro Treiber. Auch daraus lässt sich pro Treiber ein statistischer Wert der positiven Wahrnehmung der entsprechenden Arbeits- und Vertragsbedingungen zwischen 1 und 100 errechnen.

Der Zusammenhang bzw. „**Impact**" von Engagement-Treibern auf Engagement-Index wird mit statistischen Verfahren (linearen Regressionsanalysen) ermittelt. Dies insgesamt für ein Unternehmen und für Teilbereiche bzw. Stufen. Aus Gründen der statistischen Genauigkeit und Aussagekraft sind hierfür circa 50 Antwortende notwendig (abhängig von Anzahl Treiber). Die Art und Weise, wie dieser Zusammenhang in Reports angezeigt bzw. kommuniziert wird, variiert von Provider zu Provider. Meist sind es quantitative Angaben über die Einflussstärke eines Engagement-Treibers.

Engagement-Befragungen werden mit Vorteil **anonym** durchgeführt. Das heisst, dass die Engagement-Werte via Mitarbeiter-Nummern zwar den einzelnen Mitarbeitenden zugeordnet werden können, diese Zuordnung aber nur dem durchführenden Provider oder Spezialisten zugänglich ist, dem Unternehmen, den Vorgesetzten und den Kollegen aber nicht. Die Anonymität der Befragung fördert eine objektive und genaue Bestimmung des Engagements und der Engagement-Treiber. Es gibt aber auch Firmen, wie z.B. Google, die es den Mitarbeitern überlassen, ob sie die Engagement-Fragen anonym beantworten wollen oder nicht. Über 90 % der Google-Mitarbeiter füllen den Engagement-Survey freiwillig nicht anonym aus!

Verschiedene Beratungsfirmen und HR-Dienstleister bieten entsprechende Fragebögen, IT-Tools und Auswertungsunterstützung an (Gallup, DDI, Hewitt, Towers Watson, Hay-Group, Kienbaum, CLC, ISR usw.). Es gibt auch lokale, kleinere Anbieter, wie z.B. „icommit", „empiricon" oder „GfK" (unter diesen Namen im Internet zu finden). Der Vorteil der Durchführung durch einen externen Anbieter liegt neben der Professionalität auch darin, dass so die Anonymität gegenüber dem Management und den Mitarbeitenden garantiert werden kann und dass die konkreten Engagement-Werte eines Unternehmens mit jenen ähnlicher Unternehmen (die mit diesem Anbieter gearbeitet haben) verglichen werden können (Benchmark). Mehr dazu in Kapitel 9 und im Anhang.

Die Wahl des geeigneten Anbieters bzw. Fragebogens ist nicht ganz einfach. Folgende Kriterien beeinflussen die Qualität der Messung:

- Gestaltung und Standardisierung der einzelnen Fragen,

- Verfügbarkeit (Datenmenge, Branchen) von Engagement-Benchmarks,

- Verständlichkeit und Einfachheit in der Gestaltung und Lesbarkeit der Umfrageergebnisse.

Bei der formalen und inhaltlichen Gestaltung der Fragen zu Engagement und insbesondere zu Engagement-Treibern sind folgende Kriterien zu berücksichtigen:

1. Strategische Ausrichtung: Abhängig von der Situation und der Strategie eines Unternehmens interessieren ganz bestimmte Engagement-Treiber mehr als andere. Wenn es z.B. erklärte strategische Absicht eines Unternehmens ist, die bereichsübergreifende Zusammenarbeit zu verstärken, sollte der aktuelle Zustand dieser Zusammenarbeit auch konkret erfragt bzw. als Engagement-Treiber analysiert werden. Auch konkrete auf die Motivation der Mitarbeitenden ausgerichtete Initiativen insgesamt oder in Teilbereichen

eines Unternehmens (z.B. kulturelle Veränderungsprogramme) lassen sich mittels Engagement-Treiber-Fragen verfolgen und bewerten. Die meisten Engagement-Treiber sind jedoch allgemeingültig, und die verschiedenen Anbieter von Engagement-Befragungen haben ihre bewährte Klassifikation von erwiesenen Engagement-Treibern mitsamt entsprechenden Fragen.

2. Handlungsorientierung: Fragen machen nur Sinn, wenn auf die Antworten auch reagiert werden kann. Wenn man eine Tür aufstösst, muss man auch bereit und fähig sein, durch sie durchzugehen. Fragen zu Engagement-Treibern, die nicht vom Unternehmen und seinen Vertretern aktiv beeinflusst werden können, machen wenig Sinn. Ein Beispiel: „Wie stark erschwert die allgemeine Wirtschaftslage Ihre Arbeit?"

3. Beantwortbarkeit: Die Fragen müssen von den Befragten auch inhaltlich beantwortet werden können, bzw. sie müssen Erfahrungen und Beobachtungen aus ihrem Arbeitsalltag zur Beantwortung hinzuziehen können. Falls Fragen zu bestimmten Systemen oder Themen nur einen Teil der Befragten betreffen, sollten sie auch nur jenen gestellt werden.

4. Standardisierung: Standardisierte Fragen, die auch schon in vielen anderen Unternehmen für die gleichen Engagement-Treiber oder für den Engagement-Index verwendet wurden, sind zu bevorzugen, weil sie bezüglich Verständlichkeit und Präzision überprüft sind und einen Vergleich einer konkreten Ausprägung bei einem anderen Unternehmen zulassen (Benchmarking) sowie mehr Gewähr für eine zeitliche Konstanz des Inhalts eines Fragebogens bieten (weniger „Second Guesses" bei der Konstruktion des Fragebogens).

5. Verhaltensorientierung: Fragen, die lediglich Meinungen, Bewertungen und Einstellungen erfragen und nicht auf konkretes Verhalten abzielen, können von den Befragten sehr unterschiedlich verstanden werden, und deren Beantwortung liefert kaum Hinweise darauf, welche konkreten Auswirkungen diese Meinungen haben und was wie geändert werden kann und muss. Ein Beispiel: „Ich arbeite resultatorientiert mit Kollegen aus anderen Bereichen zusammen" statt „Die Zusammenarbeit zwischen Bereichen ist gut".

6. Beantwortungsaufwand: Fragebögen, auch wenn sie nur einmal pro Jahr ausgefüllt werden müssen, sind möglichst kurz zu halten. Das heisst, dass ein optimales Verhältnis zwischen Anzahl Fragen und abzudeckenden Themen gefunden werden muss. Lieber mal ein Thema bzw. einen möglichen Engagement-Treiber weglassen, damit der Fragebogen nicht unattraktiv lang oder unpräzise wird. Fragebögen mit 60 und mehr Fragen und mit einer totalen Bearbeitungszeit von mehr als 20 Minuten sind am oberen Limit.

7. Aussagen statt Fragen verwenden. Zustimmung oder Ablehnung auszudrücken, ist in Bezug auf Aussagen einfacher als in Bezug auf Fragen. Besser also „Ich arbeite resultatorientiert mit meinen Kollegen zusammen" als „Arbeiten Sie mit Ihren Kollegen zusammen?"

8. Zustimmung oder Ablehnung ist auf einer sechsstufigen Skala von „starke Zustimmung" bis „starke Ablehnung" einzustufen.

Antwort-Skala: Ob die Zustimmung zu einer Frage bzw. Aussage mit ja/nein oder einer drei- fünf- oder sechsstufigen Skala beantwortet werden soll, darüber gibt es in der empirischen Sozialforschung eine ausführliche Debatte. Grundsätzlich geht es darum, ein Optimum an Differenziertheit zu erreichen und gleichzeitig zu verhindern, dass sich die Antwortenden nicht wirklich entscheiden müssen (mittlere Ausprägungen weglassen!). Meistens einigt man sich auf eine sechsstufige Antwortskala mit „stimme voll und ganz zu, stimme zu, stimme eher zu, stimme eher nicht zu, usw.".

4.4.4   Bei wem soll und kann das Engagement gemessen werden?

Grundsätzlich sollen und können alle Mitarbeitenden mit demselben Fragebogen befragt werden. Je nach Unternehmen ist zu entscheiden, ob auch Drittfirmen-Mitarbeiter, temporäre Mitarbeitende usw. befragt werden sollen.

Neben dem Engagement-Index für das ganze Unternehmen interessieren die Werte pro Organisationsbereich, Hierarchie-Stufe oder Spezialsegmente. Um solche vertiefenden Auswertungen einfach und flexibel vornehmen zu können, ist es wichtig, dass jeder Mitarbeiter durch eine einmalige ID identifiziert ist (z.B. Personalnummer). Diese Identifikation soll nur der auswertenden Stelle (meist externe Firma) bekannt sein. Statistische, aggregierte Werte sollen aus Gründen der Anonymität nur ab acht bis zehn Mitarbeitenden pro Segment kommuniziert werden. Diese ID erlaubt es einem Unternehmen auch im Nachhinein, gewisse Sub-Gruppen oder Segmente bezüglich Engagement gezielt auszuwerten (via Umfrage-Provider). Dies kann für die Erstellung von HC-Analysen sehr wichtig und wertvoll sein (siehe Kapitel 9).

Je mehr Mitarbeitende befragt werden, desto aufwändiger sind die Befragung und insbesondere die Auswertung sowie der Aufwand, die Ergebnisse in sichtbare Aktionen umzusetzen. Die Ergebnisse sind aber auch zuverlässiger und erlauben mehr interne Vergleiche (Benchmarks).

Eine Alternative besteht in sogenannten Pulse-Befragungen, wo nur ein kleiner zufällig ausgewählter Teil der Mitarbeitenden befragt wird. Hier ist der Aufwand geringer, aber es lassen sich nur beschränkt zuverlässige Auswertungen pro Stufe oder Teilbereiche erstellen. Aus Anonymitätsgründen sind Auswertungen auf Ebene Teams kaum mehr vertretbar, und eingehendere Analysen, z.B. über die Wirkung von Engagement-Treibern, lassen sich erst ab grösseren Geschäftseinheiten statistisch robust errechnen. Pulse-Surveys dienen also eher einer zeitlich engen und flexiblen Überprüfung, ob sich der Engagement-Index wesentlich verändert hat oder nicht. Pulse-Surveys sind eine mögliche Ergänzung zu Voll-Befragungen.

5   Prozesse im Human Capital Management

Analog zur Spezifikation einer IT-Anwendung braucht es für ein systematisches und integriertes HCM zusätzlich zur klaren Definition der Daten bzw. Messgrössen eine umschriebene Anzahl von Prozessen oder Funktionen, in denen diese Daten erhoben, verbunden, kommuniziert und analysiert werden. Ein Prozess umschreibt, Wer Was Wann Wie und Womit macht.

Die zentralen Prozesse in einem HCM sind

1. Performance-Management,

2. Portfolio-Management,

3. Engagement-Management.

Mit diesen Prozessen werden die Daten zum Human Capital systematisch erfasst, kombiniert, analysiert und die Ergebnisse für Entscheidungen zur Optimierung des Human Capital (Interventionen) bereitgestellt. Diese zentralen Prozesse werden im Folgenden näher und einer konsequenten Prozess-Management-Struktur folgend beschrieben. Prozesse können systematisch gegliedert und beschrieben werden. Siehe beispielsweise die Systematik von Peter Keen in seinem Buch „The Process Edge" (Keen, 1997). Dies gilt analog auch für HCM-Prozesse.

Die hier verwendete Struktur zur Beschreibung der Kernprozesse des HCM umfasst folgende Themen:

■ Grobbeschreibung und Zweck,

■ Positionierung im Unternehmen,

■ Input,

■ Prozess-Schritte,

■ Akteure mit Entscheidungsbefugnissen,

■ Überwachung bezüglich Effizienz, Service/Output und Qualität,

■ Output,

■ Periodizität,

■ Kommunikation und Schulung,

■ IT-Unterstützung/Datenmanagement.

5.1   Performance-Management

> *„It is very difficult to effectively manage human capital without a system that measures performance and performance capability ... An effective performance management system should be a key building block of every organization's human capital management." (Lawler, 2003)*

Die Leistung (Performance) oder der Beitrag eines Mitarbeiters in einem bestimmten Zeitraum ist von seinen Kompetenzen und den von ihm erzielten Arbeitsergebnissen geprägt. Um diese Leistung eines Mitarbeiters zu messen, braucht es einen standardisierten und zuverlässigen Prozess. Gegenstand dieses Prozesses sind die beiden Messgrössen „Kompetenzen" und „Arbeitsergebnisse". Kompetenzen und erzielte Ergebnisse sind bei den Mitarbeitenden nicht ganz unabhängig, aber es besteht auch kein klarer, konstanter und allgemeingültiger Zusammenhang. Siehe dazu die Ausführungen in Kapitel 4.2.1. Ein Mitarbeiter, der hoch ausgeprägte und passende Kompetenzen besitzt, muss nicht zwingend auch sehr hohe Arbeitsergebnisse erreichen. Vorübergehend können bestimmte Rahmenbedingungen die Umsetzung und Nutzung der Kompetenzen behindern. Ein Mitarbeiter mit hohen Arbeitsergebnissen muss nicht zwingend in allen Kompetenzen sehr gut sein. Er kann seine Arbeitsergebnisse kurzfristig und einseitig auf Basis seiner Fachkenntnisse erreicht und dabei wegen gleichzeitig geringer Sozialkompetenz das Team, in dem er arbeitet, irritiert haben. Es macht deshalb Sinn, die beiden Messgrössen zuerst einzeln zu beurteilen und danach zu einem Gesamtscore zu kombinieren. Damit kann verhindert werden, dass Mitarbeitende die Ergebnisziele auf Kosten von insgesamt relevanten Kompetenzen wie Zusammenarbeit, Ethik oder längerfristiger Qualitätsstandards überbewerten und dadurch z.B. den Ruf des Unternehmens schädigen oder indirekt die Zielerreichung anderer Mitarbeitender behindern. Eine Fokussierung allein auf die Beurteilung der Kompetenzen würde nicht erfassen, wie weit geforderte Fertigkeiten, Verhaltensweisen und Motivationen auch effizient und ergebnisorientiert zum Tragen kommen bzw. eingesetzt werden.

5.1.1   Grobbeschreibung und Zweck

> Der <u>Performance-Management-Prozess</u> übersetzt die Geschäftsziele in Vorgaben und Ziele für die einzelnen Mitarbeitenden und stellt sicher, dass die Messgrössen „Kompetenz" und „Arbeitsergebnis" zuverlässig, objektiv und differenziert beurteilt/gemessen werden. Er liefert zudem eine <u>Gesamtbeurteilung der Leistung</u> pro Mitarbeitenden, indem die Beurteilungen von Kompetenzen und Arbeitsergebnissen zu einem einzigen Wert zusammengefasst werden, der für weiterführende Entscheidungen (Entwicklung, Gehalt usw.) verwendet wird.

Zum Thema „Performance-Management" gibt es eine breite Liste an Publikationen, Anbietern, Forschungsergebnissen, praktische Ratschlägen, Beratern, IT-Tools usw. In diesem Buch soll und kann diese Fülle an Erkenntnissen und Realisierungsvarianten nicht erschöpfend dargestellt und beurteilt werden. Einschlägige Werke geben einen Überblick über strategische Aspekte des Performance-Managements (vgl. De Waal, 2007), über arbeitspsychologische Aspekte (vgl. Marcus, 2011), über die „Best-Practic" in Unternehmen (z.B. Biron, Farndale & Paauwe, 2011) oder liefern praktische Anleitungen zur Implementation (vgl. Grote, 1996).

Eine Mehrzahl von Unternehmen hat bereits einen Prozess zur Vorgabe von Arbeitsergebnissen und Kompetenzen gemäss Strategie- und Geschäftsplan sowie zu deren Beurteilung, meist unter dem Begriff Performance-Management, Leistungsbeurteilung oder Performance Evaluation.

In der Fachwelt hat sich praktisch durchgesetzt, dass die Leistung eines Mitarbeiters durch ein WAS und ein WIE der Leistung vorzugeben und zu beurteilen sind (vgl. Grote, 1996). Beim WAS geht es um das **Arbeitsergebnis**, also um konkrete Resultate bzw. Zielerreichungen, oft quantitativer Art, z.B. Anzahl verkaufter Produkte oder Einhaltung von Terminen in einem Projekt (siehe Kapitel 4.2). Beim WIE hingegen geht es um die Art und Weise, wie die Ergebnisse erreicht oder eben nicht erreicht wurden. Hat sich ein Mitarbeiter bei der Erarbeitung der Resultate teamorientiert verhalten (wie vom Unternehmen gefordert), seine Verkaufserfahrungen an seine Kollegen weitergegeben (wie vom Vorgesetzten erwartet), seine vorhandenen Fertigkeiten optimal umgesetzt oder sich die erforderlichen Kompetenzen angeeignet – oder eben nicht? Die Anforderungen an das WIE werden mittels **Kompetenzen** (siehe Kapitel 4.1) eingegrenzt und beurteilt.

Diese Zusammenfassung unter dem Begriff **Leistung bzw. Performance** erfolgt meist auf der gleichen Skala wie die beiden Teile von Leistung (Kompetenzen und Arbeitsergebnisse). Übliche Skalen sind A bis E, 1 bis 5, AAA bis C usw. Diese Zusammenfassung ist bei ausgeglichenen Ratings von Kompetenzen und Resultaten einfach und problemlos, bei Divergenzen zwischen den beiden Ratings obliegt es dem Vorgesetzten, eine persönliche Bewertung und eine Entscheidung zugunsten der einen oder anderen Komponente zu treffen. Es ist auch denkbar, dass die Ratings von Arbeitsergebnissen und Kompetenzen nicht zu einer Gesamtbeurteilung der Leistung zusammengefasst oder rein mathematisch addiert werden. Für die Weiterverwendung von Leistungsbeurteilungen, z.B. in Kompensations- bzw. Gehaltsfragen oder bei Beförderungen, ist es jedoch einfacher, wenn eine Gesamtbeurteilung vorliegt.

Für ein Human Capital Management, das einen kompetitiven Vorteil durch Mitarbeitende erzielen will, ist ein systematisches Performance-Management ein Muss. Neuere Studien zeigen, dass eine systematische Leistungsbeurteilung (Performance-Management) einen Eckpfeiler eines modernen HCM darstellt, mit entsprechend positiver Wirkung auf den Unternehmenserfolg (vgl. Schuler & Marcus, 2004; Dorgan, Dowdy & Rippin, 2006; Bassi & McMurrer, 2007). Auch in weniger unternehmerischen Bereichen wie Schulen und Bildungsinstitutionen zeigt sich, dass eine Leistungsbeurteilung und -honorierung z.B. der Lehrpersonen einen positiven Einfluss auf die messbare Qualität dieser Institutionen (vgl. OECD, 2009) hat.

Die Diskussion um Performance-Management wird im Alltag von Vorgesetzten und Mitarbeitenden oft recht hitzig geführt. Dies rührt teils daher, dass Performance-Management als Führungsaufgabe sehr anspruchsvoll und oft auch unangenehm ist und leider zu schnell auf Diskussionen über Formular-Details und Beispiele für Fehlbeurteilungen reduziert wird. Eine Umfrage von McKinsey ergab beispielsweise, dass rund 90 % der Mitarbeitenden auf allen Stufen ein klares Feedback ihres Vorgesetzten zu ihrer Leistung als elementar für ihre Entwicklung erachten. Andererseits sagen nur 40 %, dass sie ein solches Feedback effektiv erhalten haben (Axelrod, Handfield-Jones & Welsch, 2001).

Trotz der Bedeutung des Performance-Managements scheint es also nicht ganz einfach zu sein, dieses wirkungsvoll zu planen, einzuführen und vor allem nachhaltig zu praktizieren. Es gibt nicht wenige Unternehmen, die wegen dieser Schwierigkeiten glauben, auf ein systematisches Performance-Management verzichten zu können. Die Suche nach einer konfliktfreien, perfekten Lösung ist hierbei oft eine „Ausrede", um gar nichts zu tun.

Ein Konflikt entzündet sich speziell um das Thema, wie eine möglichst differenzierende und über Bereiche hinweg vergleichbare Beurteilung erreicht werden kann. Bei jeder Beurteilungs-Skala taucht in der konkreten Anwendung das Problem der Streuung, der **Verteilung der Einstufungen** auf. Beurteiler tendieren erstens dazu, möglichst hohe bzw. gute Beurteilungen abzugeben (das erleichtert primär die Zielerreichungsgespräche), und zweitens neigen sie dazu, möglichst alle Mitarbeitenden gleich zu beurteilen (so müssen keine Unterschiede begründet werden). Die Mittel gegen einseitige und wenig streuende Verteilungen liegen weniger bei der Wahl der Skala, sondern eher bei der Schulung der Beurteiler, in der erklärt wird, warum eine Streuung Sinn macht. Zudem lohnt sich eine sogenannte Kalibrierung mittels Abgleich mit im Unternehmen festgestellten oder verlangten Verteilungen. Ein Unternehmen kann grundsätzlich eine Verteilung (z.B. 50 % A, 20 % AA, 10 % AAA, 15 % B, 5 % C) vorgeben, an der sich ein Vorgesetzter und auch die Mitarbeitenden orientieren können, oder es kann diese Verteilung sogar ab einer bestimmten Aggregationsstufe erzwingen. Wichtig ist, dass die Verteilungen offengelegt werden, dann pro Organisationseinheit kontrolliert, diskutiert und allenfalls korrigiert bzw. kalibriert werden (vgl. Grote, 2005, oder Bersin, 2011).

Andere Konfliktherde sind Beurteilungsverzerrungen aufgrund unvollständiger Faktenlage, Konfliktscheue oder zu wenig klar formulierter Erwartungen. Leistungsbeurteilungen können auch bewusst oder unbewusst für „beziehungspolitische" Zwecke missbraucht werden. Mehr dazu im Anhang.

Um ein Performance-Management richtig zu machen, muss nicht zuerst das Beurteilungsformular entworfen werden, sondern es muss mit allen Beteiligten geklärt werden, wozu das Performance-Management dienen soll, wozu seine Ergebnisse verwendet werden sollen, was mit ihm erreicht werden soll. Wie bei vielen Messungen im Bereich des Human Capital, wird auch hier oft zu wenig über das WOZU nachgedacht, und den Beteiligten ist jeweils nicht klar, wozu und warum eine Leistungsbeurteilung durchgeführt wird. Die in diesem Buch vorgeschlagene HCM-Architektur (vgl. Kapitel 3) macht es allen Beteiligten leichter, die Einbettung/Integration des Performance-Managements zu erläutern und zu verstehen.

Wozu dient ein Performance-Management?

Es dient primär der Kommunikation zwischen dem Vorgesetztem und seinem Mitarbeiter bezüglich der:

1. Ausrichtung des individuellen Beitrages auf unternehmerische Ziele: Sicherstellen, dass alle am gleichen und richtigen Strick ziehen und verstehen warum;

2. Differenzierung der Leistung: Aufzeigen des Leistungsspektrums über mehrere Mitarbeiter einer Organisationseinheit hinweg, zwecks Differenzierung von sinnvollen HC-Interventionen (z.B. Beförderung) und fairen Vergütungen seitens Unternehmen;

3. Motivation und Anleitung zur Erhaltung oder zum Ausbau bzw. zur Weiterentwicklung der Leistungsfähigkeit und Leistungsbereitschaft.

Die oben erwähnten „Zwecke" sind untrennbar miteinander verbunden. Ein Performance-Management, das nur auf Differenzierung (z.B. via Forced Ranking) ausgeht oder nur auf Motivation der Mitarbeitenden (z.B. via unverbindlicher, egalitärer Feedbacks) greift zu kurz. Die drei Zwecke zeigen auch auf, wie anspruchsvoll und vielseitig ein gutes Performance-Management aus Sicht der Führungskräfte ist, dass es primär aus Gesprächen zwischen Vorgesetzten und Mitarbeitenden besteht, wie gut entsprechende Gespräche und Beurteilungen darüber vorbereitet sein müssen und welche Führungsfähigkeiten von Leistungsbeurteilern verlangt werden.

5.1.2   Positionierung im Unternehmen

Performance-Management ist kein HCM-spezifisches Instrument, sondern stammt aus der Unternehmensplanung und aus dem Controlling. Es ist integral mit der Planung des Geschäftsjahres eines Unternehmens verbunden. Diese Planung kann in Form von Balanced Scorecards oder anderen Instrumenten und Prozessen erfolgen, beginnt auf der obersten Unternehmensstufe und wird dann stufenweise auf die einzelnen Unternehmensbereiche und Abteilungen heruntergebrochen. In der letzten Stufe erfolgt die Formulierung von Ergebniszielen und Kompetenz-Anforderungen an einzelne Mitarbeitende. Dieser Planungsprozess hat üblicherweise seine fixen Termine (z.B. Start und Ende des Geschäftsjahres) und braucht seine Zeit zur Erarbeitung, Abstimmung und Genehmigung. Das Performance-Management eines Unternehmens muss sich an diesem Unternehmensplanungsprozess ausrichten und sich darin integrieren. Dies bedeutet beispielsweise, dass die Beurteilung der Zielerreichung von einzelnen Mitarbeitenden erst erfolgen kann, wenn die operativen Ergebnisse pro Unternehmensjahr erarbeitet und publiziert sind. Die neuen individuellen Ziele sind erst formulierbar und fixierbar, nachdem die Planung des Unternehmensjahres abgeschlossen ist. Wenn diese zeitliche Kongruenz nicht eingehalten wird, kann es gravierende Komplikationen geben. Beispielsweise müssen dann individuelle Ziele nachträglich revidiert werden, oder die Leistungsbeurteilung deckt nicht die wirklich relevanten Messgrössen einzelner Mitarbeitenden ab, und es entstehen Parallel- und Schatten-Beurteilungen, beispielsweise um sicherzustellen, dass die Lohnrevision aufgrund der tatsächlich in einem Zeitraum erbrachten Beiträge erfolgt. Es kann bei einer Asynchronizität auch vorkommen, dass Mitarbeitende beispielsweise ihre Anstrengungen zeitlich auf den Zeitpunkt der Leistungsbeurteilung fokussieren und nicht auf das buchhalterische Jahr, was dann zu schädlichen „Leistungspausen" führt, oder dass Leistungen künstlich vor- oder nachgebucht werden. Um übergreifende Kalibrierungen der Einschätzungen zu erreichen und um keine Vor-/Nachteile einzelner Unternehmensbereiche bei der Lohnrevision zu erlauben, ist auch eine zeitliche Gleichschaltung im Gesamtunternehmen ratsam. In der Praxis ist jedoch diese Synchronizität nicht ohne erhebliche Anstrengungen und Disziplin erreichbar. Der Vorteil einer hohen Synchronizität liegt darin, dass damit Performance-Management richtigerweise von den Beteiligten als zentraler unternehmerischer Prozess erlebt und verstanden wird und nicht als isolierte und wenig relevante HR-Aktivität. Insbesondere verstehen dadurch auch die Mitarbeitenden besser, in welchem Zusammenhang ihre Leistung steht, und wozu deren Beurteilung gut ist, bzw. wie diese sinnvoll verwendet wird.

5.1.3   Standardisierung

Es ist denkbar und argumentierbar, dass die Definition und Messung individueller Leistung je nach Aufgabe und Stufe in einem Unternehmen anders erfolgen sollten. Kann die Leistung einer Führungskraft mit Verantwortung eines gesamten Unternehmensbereichs mit gleichen Methoden und Skalen beurteilt werden wie jene eines Sachbearbeiters auf unterster Stufe? Die Antwort ist ein differenziertes JA.

P. Drucker hat mit seinem MbO (Management by Objectives) einen Ansatz beschrieben, wie Leistung (sowohl im WIE wie im WAS) mit dem Erreichen von vorgegebenen/vereinbarten Zielen und Vorgaben definiert und gemessen werden kann. Auch wenn die formulierten Ziele (in Art, Komplexität und Anspruchsniveau) für verschiedene Funktionen und Stufen unterschiedlich sein können (jedoch pro Funktion/Mitarbeiter-Segment in ihrem Anspruchsniveau vergleichbar), generiert dieser Ansatz letztlich eine Beurteilung, die einheitlich und mit anderen Mitarbeitenden der gleichen Funktion vergleichbar bzw. standardisiert ist. Selbstverständlich ist die absolute Leistung im Sinne des Beitrages zum Geschäftserfolg damit nicht gemessen, denn eine überdurchschnittliche Leistung auf Geschäftsleistungsebene oder in einer strategisch entscheidenden Funktion ist im Beitrag zum Geschäftsergebnis nicht gleich wie eine überdurchschnittliche Leistung auf unterster Sachbearbeiterstufe. Eine wie hier vorgeschlagene „relative" Leistungsbeurteilung genügt vollauf, um in standardisierter Form einen Output zu erzeugen, der für wesentliche Entscheidungen im Bereich HCM unternehmensweit verwendet werden kann.

Standardisierung und Vereinheitlichung sind auch Voraussetzungen für eine Kalibrierung über Bereiche (auf gleicher Stufe) hinweg und machen den ganzen Prozess effizienter, weil beispielsweise bei einem Wechsel von Stufe zu Stufe oder Bereich zu Bereich nicht jedes Mal ein neuer Prozess und eine neue Methode erlernt und verstanden werden müssen. Sie verhindert auch nicht zweckdienliche Diskussionen um formular-technische Unterschiede. Eine Standardisierung fördert auch eine Konstanz über Zeit und Art der Leistungsbeurteilung. Einige Unternehmen und insbesondere deren HR-Bereiche führen fast jährlich eine

Diskussion über die Art und Weise der Leistungsbeurteilung sowie über die verwendeten Formulare und Skalen und modifizieren folglich mit erheblichem Aufwand regelmässig ihr Performance-Management. Dies ist nicht nur ineffizient, sondern verschafft dem Performance-Management ein wenig förderliches Image. Die so verbrauchten Kräfte können wirkungsvoller in die Überwachung und Steigerung der Qualität einer einmal standardisierten Lösung investiert werden.

5.1.4 Input, Output und Prozessschritte

5.1.4.1 Input

- Businessplan mit Vorgabe der Ziele pro Bereich,

- Kompetenz-Modell, eventuell mit Priorisierungen pro Job-Familie oder Mitarbeiter-Segment.

5.1.4.2 Prozessschritte

- Ableitung/Formulierung der konkreten Ziele pro Verantwortungsbereich einer Führungskraft;

- Herunterbrechen der Ziele auf individuelle Ergebnisziele pro Mitarbeitenden mit nachvollziehbarem Bezug auf die übergeordneten Ziele (siehe dazu die Erläuterungen in Kapitel 4.2);

- Spezifikation der konkreten Kompetenz-Anforderungen, via Kompetenz-Ziele oder Angabe des geforderten Kompetenz-Niveaus;

- Zielvereinbarungsgespräch zwischen Vorgesetztem und Mitarbeitendem;

- Beobachten und Protokollieren des Verlaufs der Zielerreichungen. Einholen von Zweitmeinungen und Beobachtungen;

- Zwischengespräche zwecks Feedback und allenfalls Präzisierung und Ergänzung von Zielen und Vorgaben;

- wenn nötig und sinnvoll Einholen von abschliessenden Zweitmeinungen (z.B. Dotted-Line Manager) zu Arbeitsergebnisse und oder Kompetenzen;

- allenfalls Selbstbeurteilung durch Mitarbeitende;

- Beurteilung der Erreichung der Ergebnisziele;

- Beurteilung, wie weit die Kompetenz-Anforderungen erfüllt wurden;

- Leistungsbeurteilung (Zusammenfassung von Arbeitsergebnissen und Kompetenzen) in Form eines Ratings und beschreibenden Text;

- Kalibrierung der Ratings über Organisationsbereiche hinweg;

- eventuell formelle Bestätigung der Ratings durch den Vorgesetzten des Vorgesetzten;

- Zielerreichungsgespräch zwischen Vorgesetztem und Mitarbeitendem;

- Finalisierung, Fixierung und Speicherung/Historisierung der Beurteilung.

5.1.4.3   Output

- Beurteilungen (Rating auf einer standardisierten Skala, erklärender/begründender Text) zu Kompetenzen (Wie), Ergebnisse (Was) und Leistung insgesamt, als Zusammenfassung von Kompetenzen und Ergebnissen;

- Gespräche zwischen Vorgesetztem und Mitarbeitendem mit konstruktivem Feedback und darüber, ob und wie in der nächsten Periode die Leistung gesteigert werden kann;

- konkrete Entwicklungsziele für die nächste Beurteilungsperiode oder Update eines formellen persönlichen Entwicklungsplanes.

5.1.5   Akteure und Entscheidungsbefugnisse

Das Performance-Management ist die Kern-Führungsaufgabe auf allen Hierarchiestufen, ohne welche ein HCM nicht machbar ist. Der Hauptakteur ist die verantwortliche Führungskraft. Gerade weil Performance-Management eine Kern-Führungsaufgabe ist, muss die Ownership für das Performance-Management bei der Geschäftsleitung liegen. HR und Subject Matter Experts sind nicht die Owner, sondern helfen bei der Gestaltung, beim Monitoring und bei der Weiterentwicklung.

5.1.5.1   Mitarbeitende

Mitarbeitende können in die Zielvereinbarung und in die Beurteilung der Zielerreichung bzw. Leistung einbezogen werden. Zielformulierungen quantitativer Ziele, die eindeutig aus übergeordneten Zielen auf Mitarbeitende verteilt werden können, benötigen keine Mitsprache seitens der Mitarbeitenden. Bei Zielen, die eher qualitativ sind und bei denen insbesondere der Weg und die Mittel der Zielerreichung nicht offensichtlich sind oder nicht ganz klar ist, welcher Mitarbeitende welches Ziel erhält oder welche Rolle er in einem übergeordneten Ziel spielen kann/soll, macht eine gemeinsame Besprechung und Zielformulierung mehr Sinn, bedeutet aber auch mehr Aufwand. Wie stark die Ziele durch die Mitarbeitenden selbst (also bottom-up) mitbestimmt werden können, ist eine Frage der Kultur, der Ziele und der Planung eines Unternehmens. Ein Beispiel dafür ist Google, wo Mitarbeitende, damit eine möglichst hohe Arbeitszufriedenheit, aber auch eine hohe Innovationskraft erreicht werden kann, während 20 % ihrer Zeit eigenen Interessen/Projekten nachgehen dürfen.

Inwieweit und in welcher Form eine Selbstbeurteilung durch Mitarbeitende verlangt werden soll, ist abhängig von Organisationsform und Unternehmenskultur. Sicher muss die Leistungsbeurteilung den Mitarbeitenden in einem Gespräch eröffnet und erklärt werden. Dieses Gespräch kann an Substanz gewinnen, wenn die beiden Partner vorab ihre Beurteilung offengelegt haben. Wie weit dann aber die Selbstbeurteilung in die definitive Schlussbeurteilung einfliesst, kann z.B. je nach Art der Ziele variieren. Grundsätzlich ist die Leistungsbeurteilung jedoch eine Entscheidung des Vorgesetzten, der als Vertreter des Unternehmens das vom Mitarbeiter zur Verfügung gestellte HC bewertet.

5.1.5.2 Vorgesetzter

HCM ist ein zentraler Teil der Führungsaufgabe. Management heisst auch Verantwortung zu übernehmen und direkt Einfluss zu nehmen. Ein Ab-Delegieren von Leistungsbeurteilung an Spezialisten, Team-Mitglieder oder an bürokratische Formulare ist deshalb nicht der Weg zu einem wirkungsvollen Human Capital Management. Psychometrische Untersuchungen zur Qualität von Leistungsbeurteilungen zeigen zudem klar, dass die Urteile des Vorgesetzten vergleichsweise die treffsichersten sind (Marcus, 2011). Der Vorgesetzte hat mit einem „reifen" Performance-Management ein mächtiges Mittel zur Hand, das HC seines Bereichs direkt zu steuern und zu optimieren. Dabei muss er sich jedoch zweierlei bewusst sein:

1. Eine Leistungsbeurteilung ist zu einem substanziellen Teil immer **subjektiv**. Der Vorgesetzte legt (in Absprache mit seinem Mitarbeiter) die Ziele fest und formuliert Kriterien zu deren Messung, und er beurteilt in Würdigung aller Umstände auch nicht quantifizierbare Aspekte der Zielerreichung und damit die Gesamtleistung eines Mitarbeitenden. Dies ist und bleibt eine Beurteilung, ein „Judgement", und keine unabhängige, neutrale und objektive Messung. Versuche, diese Subjektivität zu eliminieren, gibt es viele. Beispiele sind aufwändige und komplexe Beurteilungsskalen, komplizierte, zwingende „Verrechnungen" von Einzelleistungen zu einer Gesamtleistung oder Einbezug einer Vielfalt von zusätzlichen Beurteilern (Peers, zusätzliche Führungskräfte oder Projektleiter), deren Input ohne abschliessende Beurteilung des Linienvorgesetzten stehen bleibt. Objektivität ist anzustreben, aber gleichzeitig braucht es Mut und ein Eingeständnis der Subjektivität, die gerade in Beurteilungsgesprächen mit unterstellten Mitarbeitenden zu mehr Qualität und zu einer besseren Beziehung zwischen Vorgesetztem und Mitarbeiter führt. Mitarbeitende wollen ein persönliches (formales und informelles) Feedback seitens ihres Vorgesetzten. Dieses Feedback ist einer der grössten Hebel zur Leistungssteigerung und zum Engagement (siehe Corporate Leadership Council, 2006). Ein Performance-Management, das so tut, als ob es dieses persönliche Feedback durch technokratische Berechnungen oder durch demokratische „Abstimmungen" ersetzen könne, zielt am Wesentlichen vorbei.

2. Performance-Management ist nicht nur Zielvorgabe und Beurteilung der Leistung, sondern in erster Linie ein Mittel zur Strukturierung und Nutzung eines **Gesprächs** zwischen Vorgesetztem und Mitarbeiter. Performance-Management ohne direkte Gespräche zwischen Mitarbeiter und Beurteiler ist nicht nur suboptimal, sondern gar kontraproduktiv. Die Zielvereinbarungs- und Beurteilungsgespräche sind ein integraler und zentraler Teil eines Performance-Managements. Die untenstehenden Arten von Gesprächen sollten zwingend durchgeführt und analysiert werden. Ohne sie bleibt der entsprechende Prozess unvollständig.

Das Zielvereinbarungsgespräch: Es reicht nicht, individuelle Ziele aus übergeordneten Geschäftsplanungen herunterzubrechen, schriftlich auszuformulieren und dann in ein Formular einzutragen. Ein Zielvereinbarungsgespräch dient wesentlich auch dem Erklären und Verständlich machen, warum welche Ziele zu erreichen sind und wie diese Ziele in das Gesamtbild der Aufgaben und Strategien des Unternehmensbereichs und des Unternehmens insgesamt hineinpassen. Der Vorgesetzte muss und kann seine Mitarbeitenden dabei auch für die gesetzten Ziele motivieren, indem er einen direkten und handlungsorientierten Bezug zwischen den Zielen und Fähigkeiten des Mitarbeiters herstellt. Wer als Vorgesetzter Ziele setzt, die hochgesteckt sind und an die Grenzen des Machbaren gehen, muss dies in einem Gespräch kommentieren, um so das in den Mitarbeiter gesetzte Vertrauen, dass er dieses Ziel erreichen kann, in Motivation umzumünzen. Auch Ziele, die sich ein Mitarbeiter selbst ergänzend oder präzisierend setzen will, müssen Gegenstand dieses Gespräches sein. Zudem beansprucht ein nicht unwesentlicher Teil dieses Gesprächs die Klärung der Frage, welche Ziele, Aktivitäten und Ergebnisse bzw. Verhaltensweisen NICHT verlangt bzw. gewünscht sind.

Das **Beurteilungsgespräch** am Ende einer Leistungsperiode muss allen Beteiligten deutlich machen, wozu überhaupt eine Leistungsbeurteilung gemacht wird. Ein Beurteilungsgespräch ist eine der schwierigsten, aber auch wirkungsvollsten Aufgaben der Personalführung. Die Führungskräfte müssen darin unterstützt werden, solche Gespräche erfolgreich durchzuführen. Dies kann z.B. dadurch erfolgen, dass Anleitungen zur Strukturierung solcher Gespräche erarbeitet werden und nochmals klar gemacht wird, was mit einer Beurteilung erreicht werden soll, nämlich eine Differenzierung von Leistung zwecks gezielter Förderung und Entlohnung, eine Ausrichtung auf die unternehmerischen Ziele und ein Aufzeigen von Mitteln und Wegen zu noch mehr Leistung.

Eine der schwierigsten Führungsaufgaben ist es, kritisches Feedback zu geben ohne zu verletzen oder zu demotivieren. Ebenso wie die Leistungsunterschiede inter- und intraindividuell offen anzusprechen.

Ein Ansatz zur Vereinfachung und Verbesserung der Beurteilungsgespräche liegt darin, die verschiedenen Zwecke und Phasen des Gesprächs (Beurteilung, Begründung, Weiterverwendung der Beurteilung, Ausblick mit Entwicklungsperspektiven, Überleitung in die neue Zielvereinbarung) systematisch zu trennen. Es mag gar hilfreich sein, zwei Gespräche durchzuführen, das erste rein zur Besprechung der Beurteilung und zu deren Begründung. Das zweite, ein paar Tage später, zwecks Ausblick auf Diskussion von Entwicklungsmassnahmen. Es ist davon abzuraten, im Rahmen dieser Gespräche zugleich auch eine Potenzialbeurteilung durchzuführen und zu kommunizieren. Letztere sollte definitiv in einem weiteren Gespräch bzw. Prozess erfolgen (siehe folgendes Kapitel 5.2).

Messung/Beurteilung der Leistung ohne Ergebnisverwendung greift für ein wirkungsvolles HCM viel zu kurz. Auch bei der Messung/Beurteilung von Leistung kommt es also auf die Kommunikation und die Verwendung der Beurteilungs-Ergebnisse an. Wenn diese nicht geklärt, bilateral besprochen und klar kommuniziert sind, bleibt ein Performance-Management bestenfalls als isoliertes Instrument mit eingeschränkter Wirkung stehen.

5.1.5.3   Drittpersonen

Manchmal können gewisse Beiträge und einzelne Kompetenzen eines Mitarbeiters nicht ausreichend vom direkten Vorgesetzten selbst beobachtet und beurteilt werden. In Matrix-Organisationen muss auch die Meinung einer zweiten (oder gar dritten) Führungskraft einfliessen können. In projektorientierten Bereichen muss der Vorgesetzte die Beurteilungen der Leiter jener Projekte einholen, in denen seine Mitarbeitenden als Teil ihrer Ziele mitgeholfen haben. Bei räumlicher Trennung zwischen Vorgesetztem und Mitarbeiter (z.B. ist der Vorgesetzte in New York und der Mitarbeiter in London) macht es unter Umständen Sinn, zu bestimmten Kompetenzen die unmittelbaren Bezugspersonen im Umfeld des Mitarbeiters gezielt zu befragen. Dies geschieht am besten durch persönliche (Telefon-) Gespräche, kann aber auch durch entsprechende Funktionen von Drittparteien-Feedback in einer Performance-Management-Applikation unterstützt werden. Die abschliessende Beurteilung der Leistung obliegt jedoch immer dem direkten Vorgesetzten.

Der Vorgesetzte des beurteilenden Vorgesetzten kann auch als Drittperson gesehen werden. Er überwacht und analysiert, wie gut seine Direktunterstellten die Ziele für deren Mitarbeitende formuliert haben und wie professionell die Leistung beurteilt wurde. Dazu sollte er jederzeit einfach auf die entsprechenden Performance-Management-Dokumente pro Mitarbeiter auf der zweiten Stufe unter ihm Zugriff haben, oder jede Leistungsbeurteilung ist durch ihn formell freizugeben, bevor sie mit dem Mitarbeiter besprochen wird.

5.1.5.4   Geschäftsleitung (GL)

Die GL entscheidet über substanzielle Gestaltungselemente des Prozesses und über relevante Änderungen. Die GL lässt sich jedes Jahr einen Bericht zum Verbreitungsgrad des Performance-Managements und zur Qualität der Durchführung erstellen und entscheidet in der Folge über notwendige Korrekturmassnahmen. Es ist hilfreich, wenn die GL den jährlichen Prozess-Zyklus mit einer Kommunikationsmassnahme (z.B. Mail an alle Mitarbeitenden) initiiert und betont. Selbstverständlich sollte die GL auch mit dem guten Beispiel vorangehen und die gleiche Leistungsbeurteilung konsequent für sich selbst nutzen.

5.1.5.5   HR und Subject Matter Experts

HR und seine Spezialisten sind für Design, Realisierung, Unterhalt, Schulung und Weiterentwicklung des Performance-Management-Systems verantwortlich, mit Input und Anforderungen der GL und der Führungskräfte. Subject Matter Experts überwachen die Aktivitäten des Prozesses und werten die von den Beteiligten gemachten Erfahrungen aus, setzen diese in Änderungsanträge um und verfassen entsprechende Berichte mit Kennzahlen an die GL und Bereichsleitungen. Aufgabe von HR-Business-Partnern kann es auch sein, die Mediation bei spezifischen Konflikten zwischen Vorgesetztem und Mitarbeiter (z.B. total konträre Fremd- und Selbstbeurteilungen) zu übernehmen oder zu organisieren.

5.1.6   Überwachung / Kennzahlen

Folgende Aspekte des Performance-Managements sollten pro Periode überprüft, gemessen und an die Verantwortlichen zwecks Einleitung von Verbesserungsmassnahmen kommuniziert werden.

- Verbreitungsgrad der Zielvereinbarungen: Anzahl von (durch Vorgesetzte und Mitarbeitende) quittierten Abschlüssen der Zielvereinbarung.

- Verbreitungsgrad der Leistungsbeurteilungen: Anzahl Mitarbeitende pro Bereich mit einer vollständigen Leistungsbeurteilung. Vor kurzem eingetretene Mitarbeitende, für die noch keine Leistungsbeurteilung möglich ist, sind in dieser Rate auszuschliessen.

- Verteilung der drei Haupt-Ratings (Kompetenz, Arbeitsergebnis, Leistung) pro Organisationsbereich und insgesamt zwecks Abgleich mit einer Vorgabe. Zweck: optimale Differenzierung in allen Bereichen.

- Qualität der Zielformulierungen und der Beurteilungstexte zur Zielerreichung. Mittels Stichproben können pro Organisationsbereich Mängel identifiziert und im Rahmen der Schulung über Performance-Management zurückgemeldet werden.

- Statistischer Zusammenhang zwischen Kompetenzen-, Arbeitsergebnisse- und Gesamt-Ratings. Hieraus kann der Einfluss der Kompetenz- bzw. Resultats-Beurteilungen auf das Gesamt-Rating bestimmt und überprüft werden.

- Systematische Analyse von Diskriminierungseffekten. Haben Frauen generell tiefere oder höhere Leistungs-Ratings als Männer? Unterscheiden sich Mitarbeitergruppen nach Rasse oder anderen, nicht leistungsrelevanten Kriterien? Erst wenn diesbezüglich Fairness hergestellt ist, kann auch eine Differenzierung nach Beitrag und Verhalten gefordert und gefördert werden.

- Vergleich der Mitarbeiter-Selbstbeurteilung und der Fremdbeurteilung durch Vorgesetzten zwecks Monitoring von auffälligen Differenzen.

- Wahrnehmung der Mitarbeitenden zur Qualität des Leistungsbeurteilungssystems, zu den Gesprächen und zum Prozess insgesamt. Diese Wahrnehmung kann sinnvoll im Rahmen von Mitarbeiterbefragungen (siehe Kapitel 5.3) erhoben werden.

- Effizienz des Prozesses: Befragung verschiedener Benutzergruppen darüber, wo wie viel Zeit benötigt wird und wo Effizienz-Verbesserungen gewünscht werden.

Es ist Aufgabe der Prozessverantwortlichen, diese Kennzahlen zeitgerecht zur Verfügung zu stellen. HR-Verantwortliche besprechen dann diese Werte mit dem Management und leiten Korrekturmassnahmen ein.

5.1.7   Periodizität

Wie die Planung des Geschäftsjahres meist auf ein Kalenderjahr ausgelegt ist, wird auch jährlich ein Performance-Management-Prozess durchgezogen. Oben ist bereits beschrieben, wie er in die Geschäftsplanungsprozesse und buchhalterischen Geschäftsabschlüsse eingepasst sein sollte. Die Anzahl und die Verbindlichkeit von Zwischengesprächen, z.B. nach einem halben Jahr, sind optional. Diese können in erster Linie sicherstellen, dass während der Leistungsperiode ein konstanter Beurteilungs- und Feedback-Prozess zwischen Vorgesetztem und Mitarbeitenden abläuft. Im Rahmen eines integrierten HCM ist es unabdingbar, dass die wesentlichen Prozessschritte (z.B. Finalisierung, Kalibrierung, Kommunikation der Ratings) an fixe und unumstössliche Termine gebunden werden und deren Einhaltung auch systemseitig „erzwungen" wird. Andernfalls fehlen die Outputs als Input für andere HR-Prozesse, wie z.B. Kompensation.

5.1.8   Kommunikation und Schulung

Zielvereinbarungsgespräche und vor allem Zielerreichungsgespräche sind sehr anspruchsvolle Führungsaufgaben. Performance-Management ist deshalb ein zentraler Bestandteil jeder Führungsschulung in einem Unternehmen. Auch die Mitarbeitenden sollten über verschiedene Aspekte genau informiert sein, wie z.B. Kompetenz-Modell, Prozess, vorgegebene und angewandte Rating-Verteilung, Verwendung der Ratings in anderen Prozessen und Entscheidungen.

Folgende Trainings-, Schulungs-und Informationsinhalte müssen abgedeckt werden:

- Zeitplan mitsamt Prozessschritten und Einbettung des Performance-Managements in HR- und Business-Prozesse /(Gesamtsicht);

- Bedienung der IT-Applikation;

- Rating-Skala und deren angestrebte Verteilung;

- Kompetenzen, deren Bedeutung insgesamt und pro Job-Familie;

- Formulieren von Zielen (SMART) und Erklären des Alignments mit Geschäftsplan und Strategie;

- Zweck und Vorgehen für eine Kalibrierung der Beurteilungen;

- Vorbereitung und Durchführung von Zielvereinbarungsgesprächen;

- Vorbereitung und Durchführung von Beurteilungsgesprächen mit Betonung auf Balance zwischen Förderung des Engagements der Mitarbeitenden und klarem offenem Feedback zur Zielerreichung;

- Aufzeigen von typischen Beurteilungsfehlern (siehe Anhang).

5.1.9   IT-Unterstützung und Datenmanagement

Ein effizientes Performance-Management ohne IT-Unterstützung, d.h. nur mithilfe von Papier- oder Excel-Formularen, ist heute kaum mehr denkbar. Die IT-Unterstützung kann unterschiedlich weit gehen. Wichtig ist, dass diese Unterstützung den administrativen Teil erleichtert, dem Vorgesetzten jederzeit klar kommuniziert, wie weit er in dieser Aktivität vorangekommen ist bzw. was genau er wann bei welchem Mitarbeiter zu tun hat, und es den Prozessverantwortlichen erlaubt, jederzeit den Prozess mittels Kennzahlen verlässlich und detailliert zu verfolgen. Der Hauptaufwand im Performance-Management darf nicht im administrativen Teil liegen, sondern in der Gestaltung, Vorbereitung und Durchführung der Leistungsgespräche zwischen Mitarbeiter und Vorgesetztem.

Vorgesetzte und Mitarbeitende sollten während der gesamten Dauer des Prozesses bzw. Jahres Zugriff auf die Inhalte haben (zwecks Einsicht in die vereinbarten Ziele), und um Zwischenergebnisse, Beobachtungen und Bemerkungen journalartig festhalten zu können, ohne diese Notizen schon gegenseitig austauschen zu müssen.

Der Hauptaufwand liegt beim Vorgesetzten. Die Funktionalität und Benutzerfreundlichkeit sollten deshalb in erster Linie aus Sicht des Vorgesetzten gestaltet sein.

Sorgfältig zu planen ist, wer auf welche Dokumente/Inhalte welcher Mitarbeitenden Zugriff haben darf. Beispielsweise sollten Vorgesetzte Zugriff auf alle abgeschlossenen Dokumente/Beurteilungen aller Mitarbeitenden aller Stufen in ihrem Verantwortungsbereich haben. HR-Stellen hingegen sollten einen viel eingeschränkteren Zugriff haben.

Die Historisierung der Formulare und Beurteilungen verlangt einige eingehende Überlegungen und Entscheidungen. Wer hat nach Jahren noch Zugriff? Wie werden bei Reorganisationen oder bei Wechsel des Vorgesetzten die Zugriffe auf „alte" Beurteilungen geregelt?

Multirater-Beurteilungen (360° oder 180°) geniessen im Rahmen von Leistungsbeurteilungen hohe Beliebtheit. Oft in erster Linie, weil sie für die Beurteilung von Kompetenzen hilfreich sind, aber auch, weil damit der Vorgesetzte seine Verantwortung für die Beurteilung delegieren kann. Der Aufwand für die Vorbereitung einer breit angelegten Multirater-Beurteilung und für die unzähligen Teilbeurteilungen kann sehr gross werden und in den kritischen Perioden (vor Abschluss der Zielerreichungsgespräche) die angefragten Peers über Gebühr beanspruchen. Ob, welche und wie viele Peers angefragt werden dürfen, sollte technisch durch den direkten Vorgesetzten beeinflusst werden können.

Workflow-Management: Es ist für einen Vorgesetzten nicht leicht, jederzeit die Übersicht zu haben, wie weit er mit dem Prozess bei welchem seiner Mitarbeitenden vorangekommen ist. Ein System, das dem Vorgesetzten jederzeit eine Übersicht darüber liefert, wo er pro Mitarbeiter und Prozessschritt steht und was als nächstes bis wann zu erledigen ist, reduziert die administrative Komplexität gewaltig. Diese Übersicht kann auch noch durch automatisch versandte E-Mails zwecks Anvisierung anstehender Prozessschritte ergänzt werden. Auf dem Markt gibt es eine Vielzahl von computergestützten Performance-Management-Applikationen (für eine Übersicht vgl. Bersin, 2008), die in unterschiedlichem

Masse auf die Bedürfnisse eines Unternehmens angepasst werden können. Integrierte HR-Systeme wie SAP oder Peoplesoft haben Module, die obige Prozessschritte abdecken.

5.2   Portfolio-Management

5.2.1   Grobbeschreibung und Zweck

Eine Beurteilung und Besprechung der individuellen Leistung im Rahmen des im vorangehenden Kapitel beschriebenen Performance-Management-Prozesses liefert noch keine systematische Antwort auf die Grundfrage des Human Capital Einsatzes: Haben wir die richtigen Mitarbeitenden in der richtigen Mischung heute und morgen am richtigen Ort zwecks Bewältigung der anstehenden Aufgaben und der sich verändernden Einflüsse aus dem Markt und dem Umfeld? Haben wir genügend Nachwuchskräfte, um Lücken zu schliessen, wenn solche sich in wichtigen Funktionen abzeichnen? Hierzu braucht es einen Prozess, der einerseits eine verlässliche Potenzialaussage für Mitarbeitende macht und andererseits systematisch das vorhandenen HC-Portfolio analysiert, obige Fragen beantworten kann und Entscheidungen für notwendige Massnahmen herbeiführt.

> Das __Portfolio-Management__ bildet die Grundlage für eine systematische und zielgerichtete Beurteilung, Entwicklung und Pflege des Human Capitals eines Organisationsbereichs auf der Basis von Leistung und Potenzial. Mit Blick auf die Unternehmensstrategie generiert er zukunftsgerichtet und unternehmensweit Entscheidungen für Interventionen in Richtung einer kontinuierlichen Optimierung des HC.

Der Portfolio-Management-Prozess bearbeitet und ordnet also folgende zentralen HCM-Themen:

- Review des HC eines Organisationsbereichs durch das dafür verantwortliche Management-Team. Dadurch werden Informationen über Mitarbeitende und über Investitionen gegenseitig ausgetauscht, hinterfragt, kalibriert und inhaltlich präzisiert.

- Strategische Planung der Belegschaft: Welches sind die künftig relevanten, strategiekritischen Kompetenzen? Haben wir genügend Mitarbeitende mit den strategiekritischen Kompetenzen und Positionen? Ist die Belegschaft so diversifiziert, dass die Risiken bei möglichen strategischen Szenarien limitiert sind? Haben wir die Nachwuchskräfte, um künftig offene Positionen zu besetzen? Wie korrigieren wir am besten mögliche Lücken (Make or Buy)? Wie setzen wir die insgesamt verfügbaren Mittel zur Weiterentwicklung der Mitarbeitenden ein? Welche Entwicklungsmassnahmen sind bei welchen Mitarbeitern sinnvoll? Gibt es leistungsschwache Mitarbeitende, bei denen besondere Druck- oder Fördermassnahmen notwendig sind oder die ausgewechselt werden müssen (De-Investition)?

- Effektivitätssteigerung der Organisation: Sind die Arbeitsprozesse und die Form der Zusammenarbeit so gestaltet, dass sie die Arbeit optimal unterstützen (z.B. Knowledge-

Management) und den Bedürfnissen der Mitarbeitenden (Engagement-Treiber) entgegenkommen? Sind die einzelnen Mitarbeitenden für Aufgaben eingesetzt, in denen sie am meisten bewirken können? Ist die Organisationsform optimiert? Braucht es organisationsweite Entwicklungs- oder Veränderungsinitiativen?

Eine seriöse und vertiefte Beantwortung dieser Fragen verlangt

1. eine systematische **Offenlegung und Diskussion des Human Capital** für ein ganzes Team und über mehrere Organisationseinheiten hinweg.

2. eine **Portfolio-Sicht** auf die Mitarbeitenden entlang mehrerer relevanter Merkmale. Das Performance-Management liefert Daten und Massnahmen bezüglich der Leistung einzelner Mitarbeiter, analog zu der bisherigen Performance eines einzelnen Anlage-Titels (Aktie, Obligation usw.) in einem Depot. Es liefert aber keinen Blick in die Zukunft, z.B. bezüglich Potenzial oder Risiken und Chancen der einzelnen Titel bzw. Mitarbeiter und des gesamten Portfolios einer Organisationseinheit. Der Prozess des Portfolio-Managements im HCM versucht genau diese vielen Führungskräften vertraute Portfolio-Sicht auf das Human Capital zu übertragen.

3. eine eingehende **Abstimmung** des vorhandenen HC-Portfolios **mit den konkreten strategischen Anforderungen** an den Organisationsbereich inklusive Ableitung von individuellen und kollektiven Interventionen zur Optimierung des HC.

Das Messen bzw. das Beurteilen von Humankapital-Grössen ist auf individueller Ebene stark von der Beziehung zwischen dem Vorgesetzten (Beurteiler) und dem Mitarbeiter (Beurteilter) beeinflusst. Gerade bei der **Beurteilung des Potenzials** spielt dieser Beziehungsaspekt eine relativ grosse Rolle, zumal klare quantitative und direkt beobachtbare Kriterien fehlen, die eigene Position des Vorgesetzten zumindest „inhaltlich" zur Diskussion steht und Potenzial zwangsläufig eine persönliche Note erhält. Auch Entscheidungen über Beförderungen und Benennungen für formelle Entwicklungsmassnahmen wie Nachwuchsprogramme, Seminare oder Trainee-Einsätze im Ausland sind von dieser Beziehung beeinflusst, denn sie sind unter anderem ein Mittel zur Pflege und zum Ausbau eben dieser Beziehung. Solche Beurteilungen und Entscheidungen werden deshalb mit Vorteil von Kollegen und Vorgesetzten hinterfragt und überprüft, die den Mitarbeiter direkt oder indirekt kennen und von entsprechenden Entscheidungen potenziell betroffen sind. Das geschieht am besten und effizientesten offen im Rahmen eines Meetings und in Würdigung der gesamten Human Capital Situation eines Organisationsbereichs.

Zentrales Element des Portfolio-Managements ist deshalb das **Portfolio-Review-Meeting**, in dem das Management-Team eines Organisationsbereichs (d.h. ein Vorgesetzter zusammen mit seinen direktunterstellten Führungskräften) das in seinem Verantwortungsbereich stehende HC, basierend auf einer Portfolio-Darstellung entlang Leistung und Potenzial bespricht. Solche Review-Meetings werden inzwischen unter Bezeichnungen wie ‚Mid-Year Career-Discussion", People-Review-Session, Talent Reviews, Potenzialkonferenzen oder „Management-Development-Konferenz" in verschiedenen Firmen durchgeführt, teils nur auf oberster Ebene, teils eingeschränkt auf die Besprechung der High Potentials oder der Top-Talente auf der Führungsachse (vgl. Effron & Ort, 2010). Es gibt auch bereits Publikationen, die sich nur mit der Gestaltung und der Durchführung solcher HC Review-Sessions befassen (vgl. Sims, 2009). Portfolio-Review-Meetings sind auf allen Hierarchie-Stufen möglich. Auf der untersten Stufe behandelt ein solches Review-Meeting das HC der Mitarbeitenden ohne Führungsfunktion über mehrere Teams hinweg. In einem solchen Meeting sind die Teamleiter und ihr Vorgesetzter die Akteure. Auf oberster Stufe bespricht der CEO (Stufe N) mit seinem Management-Team (die Geschäftsleitungsmitglieder bzw. Stufe N-1) das HC der Vorgesetzten oder Manager auf Stufe N-2. Der konkrete Inhalt, die Entscheidungsbefugnisse und die Schwerpunkte unterscheiden sich von Stufe zu Stufe. Der Zweck, der Nutzen und die zu beantwortenden Fragen bleiben grundsätzlich dieselben.

Der Portfolio-Management-Prozess lässt sich auch aus einer Risiko-Management-Perspektive umschreiben. Er hilft folgende drei Risiko-Arten des HC zu bewältigen:

■ Vakanzen-Risiko: Kann die Organisation eine unerwünschte Vakanz (Kündigung usw.) in geeigneter Frist selbst füllen, ohne dass die Kontinuität der Organisation gefährdet ist oder zu hohe Kosten (Beschaffung, Einarbeitung usw.) entstehen?

■ Bereitschafts-Risiko: Ist die Organisation insgesamt bereit, künftige bekannte Abgänge rechtzeitig mit den richtigen (internen) Mitarbeitenden zu besetzen? Welche Entwicklungsschritte und Massnahmen sind notwendig, um diese Bereitschaft sicherzustellen?

■ Portfolio-Risiko: Wie gross ist die Kluft zwischen heute verfügbaren Mitarbeitenden mit ihren Kompetenzen und den sich abzeichnenden oder strategisch schon formulierten künftigen Anforderungen? Haben wir das richtige Portfolio an Mitarbeitenden? Verstecken sich im aktuellen Portfolio bisher unbemerkte Risiken? Welches sind die für die Wertschöpfungskette erfolgskritischen Positionen oder Funktionen? Wie gut sind diese Positionen besetzt?

Ein nicht unwichtiger Nebeneffekt des Portfolio-Managements ist eine verbesserte **Gesprächskultur** in Sachen Human Capital und dessen Management. Basierend auf den standardisierten Messgrössen wie Beitrag, Kompetenzen und Potenzial lernen die Führungskräfte ihre Mitarbeitenden systematischer zu beschreiben, sie im Management-Team „zu verkaufen" und Investitionsentscheidungen (z.B. deren Nominierung als Nachfolger einer höheren Position oder auch Trainingsmassnahmen) differenziert zu begründen. Der Austausch entsprechender Informationen mit Management-Kollegen hilft den einzelnen Managern, ihre Sicht auf ihre Mitarbeitenden zu hinterfragen und untereinander Erfahrungen über HCM auszutauschen. Zudem wird der interne Markt von z.B. Nachwuchskräften und von leistungsstarken Mitarbeitenden transparenter und auch „liquider". Dies kommt den Mitarbeitenden im Hinblick auf ihre Entwicklungsmöglichkeiten zugute. Aber auch das Unternehmen profitiert, weil es mit diesem effizienten Markt innerhalb der Firma die Produktivität seines Human Capital insgesamt erhöhen kann. Wie weit der Informationsaustausch über Mitarbeitende jeweils gehen soll, hängt von der Kultur, dem vorherrschenden Bereichsdenken, den rechtlichen Vorschriften (Datenschutz) und der Struktur (z.B. interner Wettbewerb) des Unternehmens ab.

5.2.2   Positionierung im Unternehmen

Im Bereich Finanzen, Projekte oder Infrastruktur ist es üblich und hat sich bewährt, dass die verantwortlichen Stellen, die Führungskräfte zusammen mit den jeweiligen Spezialisten, mindestens jährlich zusammensitzen und systematisch das Erreichte, die Herausforderungen (vor dem Hintergrund der Strategie) und die notwendigen Massnahmen und Pläne (Budgets) für die nächste Periode besprechen und stufengerecht entscheiden. Diese Meetings erfordern eine planmässige Vor- und Aufbereitung der notwendigen Informationen, eine offene Diskussion unter Verantwortlichen über die Stärken/Schwächen und Chancen/Risiken sowie eine realistische Planung von Massnahmen. Führungskräfte sind sich also gewohnt, ihre Produktionsfaktoren regelmässig einer systematischen Analyse zu unterwerfen und zusammen mit Kollegen und Vorgesetzten Erfolg versprechende Schritte zu planen und zu koordinieren. Voraussetzung dafür sind genaue und zuverlässige Bewertungen und standardisierte Analysen sowie vereinbarte klare Entscheidungsbefugnisse nach Themen und Stufen. Der Vorteil solcher Meetings liegt auch darin, dass ähnliche Diskussionen und Entscheidungen gebündelt und so deren Qualität und die Effizienz erhöht werden.

Der Portfolio-Management-Prozess liefert eine Methode für analoge Besprechungen, Analysen und Entscheidungen zum Produktionsfaktor Human Capital. Führungskräfte beklagen sich immer wieder, dass sie im Verlaufe des Jahres zu unterschiedlichen Zeitpunkten irgendwelche Personalentscheidungen fällen müssen (Beförderungen, Gehaltsentscheidungen, Ausbildungen, Nachfolgepläne, Coachings usw.), die Entscheidungsgrundlagen dazu aber jedes Mal wieder erarbeitet werden müssen und jedes Mal ist eine mühsame Abstimmung/Koordination zwischen Organisationseinheiten notwendig. Der Portfolio-Management-Prozess und insbesondere die Portfolio-Review-Meetings tragen dazu bei, dass Personalentscheidungen koordinierter und effizienter gefällt werden können.

Es versteht sich daher von selbst, dass dieser Prozess auf analoge Geschäftsprozesse wie Budgetierung, Geschäftsplanung oder Investitionsplanung abgestimmt sein muss.

5.2.3   Kaskadierung

Tabelle 5.1 zeigt die Grundidee und die wesentlichen Teilschritte eines Portfolio-Management-Prozesses auf einer bestimmten Hierarchiestufe:

Tabelle 5.1   Der Portfolio-Management Prozess

Potenzialbeurteilung und Benennung der unterstellten Mitarbeitenden durch den Vorgesetzten	Diskussion/Review des HC unter Vorgesetzten im Portfolio-Review-Meeting	Massnahmen festlegen und stufengerecht Entscheidungen fällen (im entsprechenden Portfolio-Review-Meeting)	Kommunikation der Ergebnisse und Überwachung der Massnahmenumsetzung
■ Leistungsbeurteilung aus dem Performance-Management-Prozess ■ Potenzialbeurteilung bzw. Potenzialvermutung ■ Benennungen von Mitarbeitenden für Interventionen	■ Kalibrierung der Beurteilungen ■ Analyse der Portfolios (entlang Leistung und Potenzial) ■ Überprüfung des strategischen Fit ■ Ableitung von Massnahmen	■ Auf Ebene Organisation: Personalbestandsplanung, strategische Rekrutierungen, Organisationsentwicklung, Nachfolgeplanung, Risiko-Management usw. ■ Auf Ebene Individuen: besondere Entwicklungsmassnahmen, Trainings, Beförderung, Vergütung usw.	■ Kommunikation der Entscheidungen und Beurteilungen an die Mitarbeitenden ■ Initiierung und Überwachung der Umsetzung der beschlossenen Massnahmen

Das Human Capital Portfolio pro Review-Meeting wird als Leistung/Potenzial-Grid dargestellt (siehe Abbildung 5.1). Andere Formen, die weitere oder andere Kriterien berücksichtigen, sind möglich und sinnvoll, je nach Situation und Fragestellung. Beispielsweise können die Mitarbeitenden zusätzlich mit ihrer Kompetenz-Beurteilung oder ihrem Abgangsrisiko „markiert" werden.

Abbildung 5.1   HC Portfolio-Grid

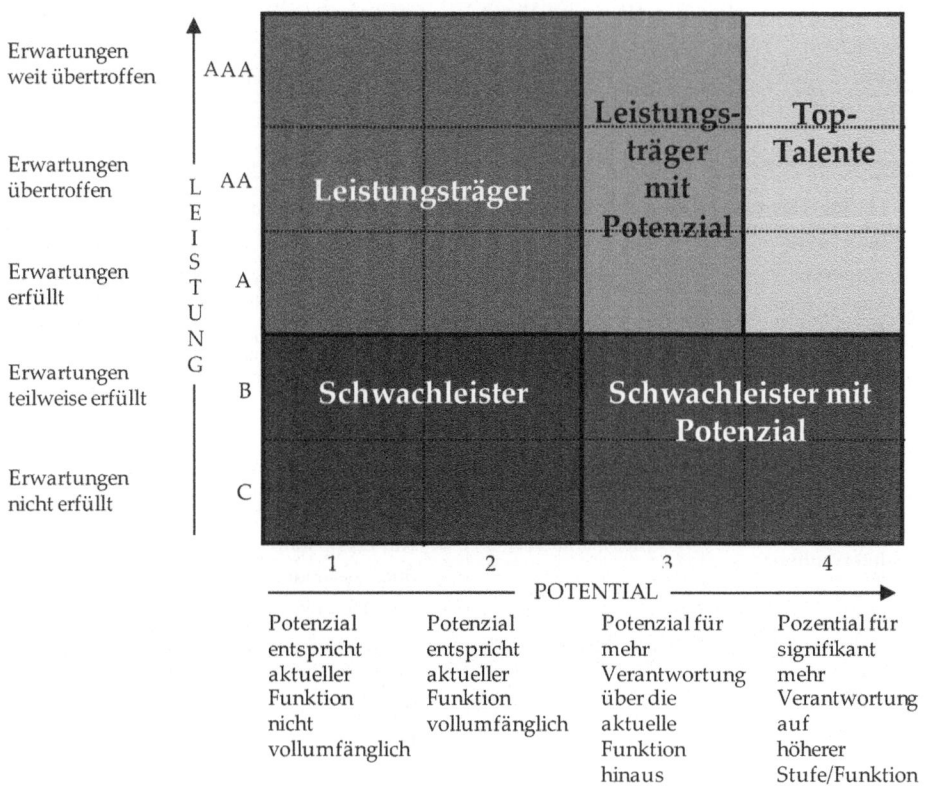

Der Portfolio-Management-Prozess insgesamt besteht eigentlich aus einer organisierten Serie von aufeinander aufbauenden (nach oben kaskadierenden) Portfolio-Reviews. Nehmen wir das Beispiel (siehe Abbildung 5.2) eines Organisationsbereichs mit drei Hierarchiestufen.

Abbildung 5.2   Kaskadierende Portfolio-Reviews

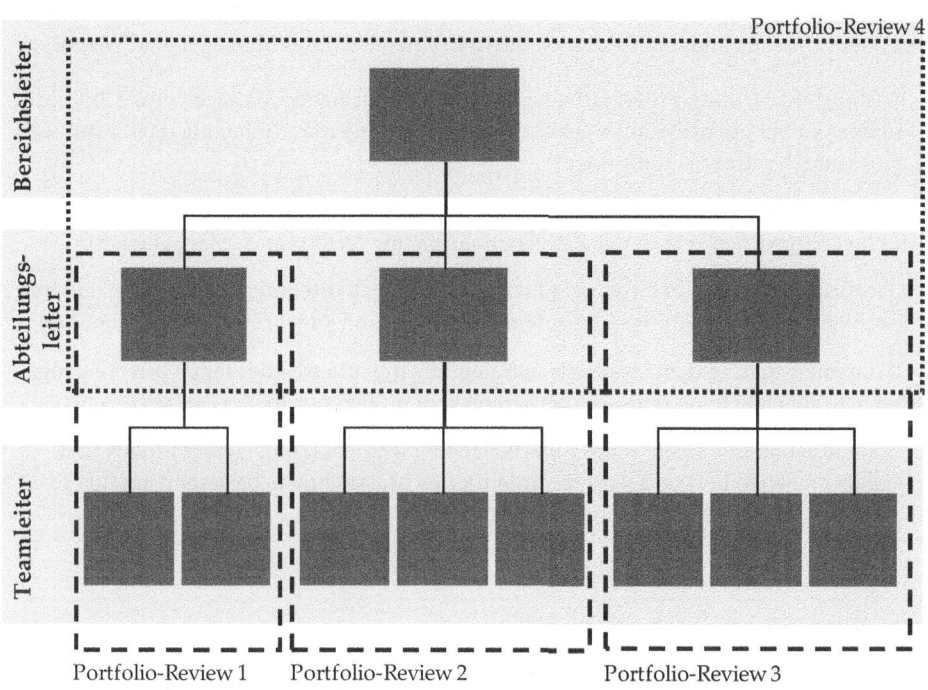

Beispielsweise gibt es auf dem untersten Level acht Teamleiter, die je ein Team von fünf bis 12 Mitarbeitenden führen. Ein Level höher gibt es drei Abteilungsleiter, die je zwei bis drei Teamleiter führen. Dies führt zunächst zu drei Portfolio-Reviews, die parallel ablaufen können und wo ca. 20 bis 30 Mitarbeitende von einem Management-Team von zwei bis drei Teamleitern und dem Abteilungsleiter besprochen werden. Auf der nächsten Stufe folgt darauf aufbauend ein Portfolio-Review, wo der Bereichsleiter mit seinen Abteilungsleitern im Portfolio-Review-Meeting 4 das Portfolio der acht Teamleiter bespricht. Das Beispiel kann auf eine x-beliebige Anzahl Hierarchie-Stufen extrapoliert werden, je nach Grösse und Struktur des Unternehmens. Die Portfolio-Reviews kaskadieren sinnvollerweise von unten nach oben, starten jedoch auf einer bestimmten Stufe. Idealerweise ganz unten, aber, wie noch zu beschreiben ist, kann aus Gründen des Aufwandes oder der Bedeutsamkeit des HCM auch auf mittlerer Stufe begonnen werden, oder es kann ein solcher Prozess nur auf oberster Stufe durchgeführt werden.

5.2.4   Input, Output und Prozessschritte

5.2.4.1   Input

Folgender Input aus anderen Prozessen fliesst in einen Portfolio-Management-Prozess ein:

■ Leistungsbeurteilung pro Mitarbeiter (aus dem Performance-Management). Unter Mitarbeiter kann hier auch ein Vorgesetzter verstanden werden, abhängig davon, auf welcher Stufe der Prozess stattfindet;

■ individuelle Entwicklungsziele (wie bereits zwischen Mitarbeiter und seinem Vorgesetzten besprochen, z.B. in der Zielvereinbarung im Performance-Management);

■ Übersicht über die in der Vorperiode beschlossenen Beurteilungen (v.a. Potenzial) und Interventionsentscheidungen (aus dem Portfolio-Management Prozess des Vorjahrs);

■ Zusammenstellung der besonderen (strategischen) Herausforderungen pro Führungsbereich, abgeleitet von der Geschäftsstrategie und übergeordneten Zielsetzungen;

■ Rekapitulation der Analyse des Mitarbeiter-Engagements (Engagement-Index und Engagement-Treiber) und der hierfür initiierten Massnahmen, basierend auf den Ergebnissen des letzten Engagement-Surveys.

5.2.4.2   Prozessschritte

Folgende Prozessschritte sind jährlich zu durchlaufen:

1. **Vorbereitung des Portfolio-Review-Meetings durch den Vorgesetzten unter Mithilfe des HR-Verantwortlichen**:

   – Beurteilung des Potenzials jedes Mitarbeiters im Portfolio durch den direkten Vorgesetzten. Zu den Mitteln und Instrumenten der Potenzialbeurteilung siehe Kapitel 4.3.3;
   – Benennungen für Trainings, Beförderungen und z.B. Nachwuchs-Programme pro Mitarbeiter;
   – Zusammenstellung und Aufbereitung der obigen Inputs (beispielsweise Performance-Potenzial-Grids) und anderer relevanter HC-Informationen über einen Führungsbereich hinweg inkl. Darstellung in übersichtlicher Form;
   – erste Analysen des Portfolios entlang anderer wichtiger Kriterien wie Engagement, Abgangsrisiko, Dienstalter usw. insgesamt und pro Teilbereich mit erfolgskritischen Positionen.

2. **Portfolio-Review-Meeting**:

   – Besprechung des HC-Portfolios unter Führungskräften auf der gleichen Führungsebene eines Bereichs. Diese Leader-to-Leader Diskussionen werden vom Leiter dieses Management-Teams und vom HR-Verantwortlichen moderiert. Solche Meetings dauern Stunden oder werden als tägige Workshops abgewickelt, je nach Grösse des Bereichs, der anstehenden Themen und der Gesprächskultur in einem Management-

Team. Neben den unten aufgeführten Haupt-Tagesordnungspunkten sind zusätzliche Punkte und Schwerpunktthemen situativ festzulegen. Nicht jedes Unternehmen und nicht jeder Bereich steht vor denselben HC-Herausforderungen. Beispielsweise mag in einer Organisationseinheit die Qualität und Bindung von Mitarbeitenden in speziellen erfolgskritischen Positionen ein zusätzliches Thema sein. Anderswo mag eine anstehende Reorganisation oder ein Merger im Vordergrund stehen.

Die Haupt-Tagesordnungspunkte der Review-Meetings sind:

- **Rückblick** auf das letzte Portfolio-Review-Meeting. Welche Massnahmen wurden mit welchem Erfolg umgesetzt? Welche Beurteilungen (v.a. Potenzial) haben sich bestätigt, welche nicht und warum?
- Diskussion und **Kalibrierung** der Potenzial-Beurteilungen und Benennungen im gesamten Bereich sowie Darstellung der Mitarbeitenden auf einem Leistungs-Potenzial-Grid. Allenfalls Entscheidungen mit Vorbehalt und Anordnung von neutralen Potenzialbeurteilungen bzw. –Validierungen mittels eines Assessment Center (AC). Diese Diskussion fördert die Objektivität und Fairness der Potenzialbeurteilungen, hat einen hohen Lerneffekt für die Vorgesetzten, die so das Potenzial ihrer Mitarbeitenden besser fördern und beurteilen.
- Besprechung der **Nachfolgekandidaten** für jede wichtige Position auf Basis der Leistungs- und Potenzialbeurteilungen. Mitarbeitende oben rechts im Leistungs-Potenzial-Grid sind die nahe liegenden Kandidaten für wichtige nächsthöhere Positionen. Überprüfen, wie gut die wichtigen Positionen „gedeckt" sind, d.h. welche Mitarbeiter aus den eigenen Reihen (im Review-Meeting besprochene Mitarbeitende) bzw. von benachbarten Organisationseinheiten für eine solche Position infrage kommen oder von aussen (Konkurrenz) rekrutiert werden müssen. Ziel dieser Besprechung ist nicht einfach eine Liste von Nachfolgekandidaten, sondern vielmehr ein Abgleich von absehbaren Vakanzen/Veränderungen (insbesondere in Schlüsselpositionen) und Mitarbeitenden mit hoher Leistung und hohem (horizontalem oder vertikalem) Potenzial, mit dem Ziel, diesen Mitarbeitenden auch innerhalb von 1 bis 2 Jahren eine Chance zu eröffnen, ihr Potenzial in einer neuen Funktion zu „beweisen". Bei Über- oder Unterdeckung mit Nachfolgekandidaten ist eine Koordination mit verwandten Organisationsbereichen angesagt und/oder es sind gezielte Rekrutierungsmassnahmen nötig. Dieser Tagesordnungspunkt hat in Review-Meetings auf oberer Hierarchiestufe in der Praxis einen oft grösseren Stellenwert als in Review-Meetings auf unterster Stufe (Teams von Mitarbeitenden), wo mehr die Entwicklung der Mitarbeitenden und die Zusammensetzung des Portfolios im Fokus sind.
- Im Performance-Management wurden **leistungsschwache Mitarbeitende** identifiziert. Im Portfolio-Review-Meeting wird dazu die Frage gestellt, ob diese Leistungsschwächen individueller oder systematischer Natur sind. Der Fokus liegt hier mehr auf dem Team/Portfolio und den erfolgversprechenden Massnahmen zur Vermeidung von Schwachleistern insgesamt.

- Überprüfung des generellen **strategischen Fit** zwischen vorhandenem Portfolio und den strategischen Anforderungen. Gezielte Interventionen (Beschaffung, Training, Entwicklung, Reorganisation) zwecks Optimierung dieses Fits werden davon abgeleitet. Organisationsspezifische Massnahmen wie z.b. Reorganisationen, Trainings oder Ergänzung eines Teams mit neuen Schlüsselkompetenzen zwecks Bewältigung von anstehenden Veränderungen werden diskutiert und beschlossen.
- Diskussion besonderer und aufwändiger **individueller Massnahmen** (z.B. kostspielige externe Weiterbildungen wie MBAs). Entwicklungsmassnahmen wie aber auch Massnahmen zur Bindung wichtiger Mitarbeiter. Je nach Position im Potenzial-Leistungs-Portfolio sind unterschiedliche Massnahmen angezeigt. Beispielsweise sind fachliche Weiterbildungen primär als Massnahme zur Bindung von leistungsstarken Mitarbeitenden ohne Potenzial für andere Funktionen sinnvoll.
- **Überprüfen** der beabsichtigen **Massnahmen** (Trainings etc.) auf Ausgewogenheit, Budget-Konformität und erwarteten Return on Investment.
- **Entscheiden**: Das Führungsteam entscheidet gemeinsam über die besprochenen Massnahmen (Investitionen, Nominierungen, Pläne). Dabei sind zwei Arten zu unterscheiden:

  - Bestätigung von in vorgelagerten Portfolio-Reviews weiter unten in der Hierarchie gefällten Entscheidungen (z.B. Nachfolgepläne oder Nominierungen zu begrenzt verfügbaren Ausbildungsplätzen).
  - Entscheidungen für Nominierungen, Pläne, Massahmen auf individueller wie auf organisatorischer Ebene für die direktunterstellten Mitarbeitenden. Ein Teil dieser Entscheidungen ist abschliessend, andere müssen noch vom nächsthöheren HC-Portfolio-Management-Prozess bestätigt werden.

  Die Entscheidungen werden in den Dokumentationen pro Mitarbeiter (z.B. im persönlichen Entwicklungsplan) nachgeführt (unmittelbar oder nach Bestätigung durch höhere Instanz), zwecks Besprechung und Überwachung der Umsetzung der getroffenen Entscheidungen.

3. **Gespräch zwischen Vorgesetztem und Mitarbeiter** zur Kommunikation und Erklärung der getroffenen Beurteilungen und Entscheidungen sowie beabsichtigter (Entwicklungs-) Massnahmen.

4. **Überwachung,** ob getroffene Entscheidungen (z.B. Beförderung, Entwicklungsmassnahme wie Coaching, Low-Performer-Massnahmen usw.) auch in der geplanten Zeit umgesetzt wurden, und mit welchem Effekt. Dies zwischenzeitlich in sogenannten „Boxenstopps" oder erst im Portfolio-Review-Meeting des nächsten Jahres.

5.2.4.3   Output

Einige der unten aufgelisteten Ergebnisse eines Portfolio-Reviews fliessen direkt in HCM-Interventionen ein (z.B. Ausbildung, Rekrutierung, Beförderungen), andere sind wiederum Input für Portfolio-Reviews auf der nächst höheren Organisationsstufe (z.B. werden Nachfolgepläne und ein Teil der Benennungen für externe Ausbildungen auf der nächsthöheren Stufe erst bestätigt).

Ergebnisse eines Portfolio-Review-Prozesses:

- Kalibrierte Potenzialbeurteilung pro Mitarbeiter (z.B. für die Kommunikation an den Mitarbeiter).

- Bestätigtes Leistung-Potenzial-Grid mit Kennzahlen wie Talent-Quotient, Low-Performer-Anteil usw. (z.B. als Übersicht für das Portfolio-Review-Meeting auf der nachsthöheren Stufe).

- Nachfolgeplan für Schlüsselpositionen pro Bereich. Solche Pläne können in unterschiedlichster Form erstellt werden. Entweder als namentliche Zuordnung von Nachfolgekandidaten zu Schlüsselpositionen oder lediglich als Liste von Nachfolgekandidaten für eine umschriebene Gruppe von Positionen, aus der im Fall einer Vakanz die geeigneten Kandidaten ausgesucht werden können.

- Entscheidungen über Entwicklungsmassnahmen pro Mitarbeiter.

- Entscheidungen über Human Capital Interventionen auf Organisationsstufe (wie z.B. Reorganisation, Change-Prozesse, Risiko-Management, Ausbildungsinitiativen sowie strategische Rekrutierung zur Entwicklung/Veränderung der gesamten Organisation.

- Erfahrungswerte bezüglich Qualität, Effizienz und Effektivität von in der Vorperiode beschlossenen Massnahmen und Benennungen zwecks Optimierung der HC-Interventionen.

5.2.5 Akteure und Entscheidungsbefugnisse

Der Portfolio-Management-Prozess setzt eine klare Zuordnung der Entscheidungsbefugnisse im Management des Human Capital voraus. Wenn diese Entscheidungsbefugnisse nicht geklärt sind, laufen die oben beschriebenen Reviews ins Leere, weil deren Ergebnisse nachträglich verändert oder nicht umgesetzt werden. Die Zuordnung der Entscheidungsrechte ist anspruchsvoll, weil sie stufengerecht eingerichtet werden müssen. Beispielsweise kann ein Nachfolgeplan für eine bestimmte Position erstellt werden, damit dieser aber im Fall einer Vakanz auch umgesetzt wird, muss er durch die obere Stelle (die die konkreten Besetzungsentscheidungen dann fällen muss) bestätigt werden. Andernfalls ist der Nachfolgeplan nur Makulatur. Eine Benennung eines Mitarbeiters für eine aufwändige externe Weiterbildung (z.B. MBA) muss auf höherer Stufe bestätigt oder zurückgewiesen werden, je nach Ausschöpfung von Budgets und Quoten. Die Entscheidungsbefugnisse sind also eng mit anderen Management-Befugnissen, wie z.B. Budget-Hoheit, verknüpft.

Im Gegensatz zum Performance-Management muss nicht auf allen Stufen der gleiche Portfolio-Management-Prozess mit denselben Themen durchgezogen werden. Es obliegt dem Management eines Organisationsbereichs festzulegen, ab welcher hierarchischen Stufe das Potenzial der Mitarbeitenden beurteilt werden soll und welche Themen in welcher Tiefe in den Portfolio-Review-Meetings besprochen und entschieden werden sollen. Diese Entscheidung hängt vom Aufwand ab, den ein Bereich hierfür treiben will, und von der Management-Qualität in Sachen HCM beziehungsweise der Bereitschaft zu Transparenz der involvierten Führungskräfte. Der Portfolio-Management-Prozess ist anspruchsvoll, und es ist nicht unsinnig, ihn stufenweise (inhaltlich, hierarchisch oder bezüglich wichtiger Mitarbeitergruppen) einzuführen. Beispielsweise kann ein Bereich damit starten, dass nur die oberste Ebene mit Portfolio-Reviews „beglückt" wird. Für jene Bereiche, die Portfolio-Reviews nicht durchführen, muss dennoch irgendwie geregelt werden, wer welche HC-Massnahmen (Entwicklung, Training, Beförderungen) wie koordiniert entscheidet.

5.2.5.1 Leiter von Management-Teams (auf Stufe N-x)

Der Leiter eines Management-Teams hat die Aufgabe, den Portfolio-Management-Prozess für seinen Verantwortungsbereich zu initiieren und Vorgaben zu Umfang und Tiefe des Prozesses zu machen. Danach obliegt es ihm, das Portfolio-Review-Meeting zusammen mit einem HR-Vertreter zu moderieren. Bei der Diskussion der strategischen Ausrichtung des Human Capital kommt ihm eine besondere Rolle zu. Er kann nochmals seine Sicht der Strategie auf seinem Level betonen und erklären. Zudem kann er sich ein Bild machen, wie gut sein gesamtes Human Capital mit der Strategie abgestimmt ist. Bei strittigen HC-Fragen (Beurteilungen, Benennungen, Investitionen) muss er Entscheidungen herbeiführen. Kriterien für Entscheidungen, die noch weiter oben bestätigt werden müssen, muss er erklären und entsprechende Entscheidungen später vertreten können. Er sollte auch sicherstellen, dass Entscheidungen, die von seinen Direktunterstellten umgesetzt werden müssen, auch in deren Zielvereinbarung einfliessen oder anderswie kontrolliert werden. Sehr wichtig ist, dass der Leiter von Management-Teams die Nachfolgepläne auch später bei einer aktuellen Vakanz hinzieht und Neubesetzungen auf der Basis der Beurteilungen im Review-Meeting bzw. in den Nachfolgeplänen vornimmt. Ohne diese Konsequenz auf allen Stufen lohnt sich der Aufwand für Review-Meetings nicht und die Qualität der Entscheidungen wird schnell abnehmen. Der Portfolio-Management-Prozess, und insbesondere das Portfolio-Review-Meeting, ist für den Leiter eines Management-Teams eine hervorragende Gelegenheit, seine ihm direktunterstellten Vorgesetzten bei zentralen HCM-Themen zu beobachten und sie diesbezüglich zu beurteilen, aber auch zu beraten.

5.2.5.2 Vorgesetzte (auf Stufe N-x-1)

Ein wichtiger Akteur im Portfolio-Management-Prozess ist der Vorgesetzte eines Teams von Mitarbeitenden (die selbst wiederum Vorgesetzte sein können), die Gegenstand des eigentlichen Reviews sind. Er bereitet in Zusammenarbeit mit dem HR-Verantwortlichen die Informationen und Analysen über das Human Capital seines eigenen Bereichs auf und präsentiert sie im Review-Meeting seinen Management-Kollegen und seinem Vorgesetzten. Dabei fällt ihm die wichtige Rolle zu, das Potenzial pro Mitarbeiter zu beurteilen. Diese Bewertung seines Human Capital ergänzt er mit Vorschlägen, wie er es verändern, absichern und steigern will. Je differenzierter und begründeter er diese Bewertung vornimmt und daraus Massnahmen ableitet, desto grösser ist seine Chance, bei seinen Kollegen mit seinen Vorschlägen durchzudringen. Letztlich ist jeder Vorgesetzte für die Potenzialfestlegung seiner Mitarbeitenden verantwortlich. Fehleinschätzungen werden aber vermutlich schon im darauffolgenden Jahr sichtbar, und der Vorgesetzte muss und kann dann dafür verantwortlich gemacht werden. Darüber hinaus ist sein Input gefragt, wenn seine Kollegen ihr Human Capital vorstellen und ihre Massnahmen vorschlagen. Von ihm wird dann nicht nur Input verlangt, sondern auch Initiativen und Vorschläge erwartet, wie das Human Capital des gesamten Bereiches optimiert werden kann. Dabei gilt es einerseits vom Human Capital seiner Kollegen zu profitieren (z.B. Verschieben von Mitarbeitenden, Kandidaten für seine eigenen Vakanzen aus anderen Bereichen), aber auch sein Human Capital den Kollegen zur Verfügung zu stellen. Nach dem Portfolio-Review-Meeting führt der Vorgesetzte mit seinen Mitarbeitenden Gespräche. Gegenstand eines solchen Gesprächs ist die Potenzialbeurteilung sowie Benennungen und Massnahmen für den betreffenden Mitarbeiter. Diese Gespräche sind noch anspruchsvoller als Zielerreichungsgespräche. Das Management der Erwartungen und Ansprüche der einzelnen Mitarbeitenden gehört wohl zu den schwierigsten Führungsaufgaben. Angesichts dieser Herausforderungen ist es teils auch verständlich, dass gewisse Vorgesetzte ganz auf die Kommunikation des Potenzial-Ratings verzichten. Ein solches Gespräch ist jedoch eine hervorragende und sehr einflussreiche Chance, das Engagement der Mitarbeitenden zu erhöhen, da sehr wichtige Treiber des Engagements Gegenstand dieses Gesprächs sind (Karrieremöglichkeit, Strategie, Feedback, Weiterbildungsmöglichkeiten). Neben Einzelgesprächen mit Mitarbeitenden ist es oft förderlich, die gesamte Belegschaft über die wesentlichen Erkenntnisse aus dem Portfolio-Management-Prozess, z.B. in einer Town-Hall-Veranstaltung, zu informieren (z.B. über organisatorische Massnahmen oder besondere Initiativen).

5.2.5.3   Mitarbeitende

Den Mitarbeitenden werden die Entscheidungen mitgeteilt. Sie können sich auch vorab beim Vorgesetzten melden und ihre Wünsche und Ansprüche betreffs Massnahmen zur Potenzialbeurteilung, zu Veränderungen und Trainingsmassnahmen anbringen. Den Mitarbeitenden liefert der Portfolio-Management-Prozess mehr Transparenz und Fairness über die Entscheidungskriterien für Karriereschritte und für die persönliche Weiterentwicklung (z.B. in Form der Ergänzung und Präzisierung des individuellen Entwicklungsplanes).

5.2.5.4   HR-Verantwortliche

Genau wie beim Performance-Management ist der HR-Verantwortliche nicht der Owner des Portfolio-Management-Prozesses, sondern Begleiter und Moderator. Er kann dem Linienvorgesetzten bei der Vorbereitung und Durchführung des Review-Meetings viel administrative Arbeit abnehmen. Auch bei der Beurteilung des Potenzials der einzelnen Mitarbeitenden und den Benennungen, z.B. als Nachfolger für bestimmte Positionen, kann er den Linienvorgesetzten beraten. Eine besondere Rolle kommt dem HR-Verantwortlichen bei der Moderation des Portfolio-Review-Meetings zu. Dies ist eine Aufgabe, die viel Fingerspitzengefühl und Einfühlungsvermögen in die Situation der Vorgesetzten verlangt. Einen klärenden Beitrag kann der HR-Verantwortliche in der Auflistung und Erläuterung der verfügbaren Entwicklungsmassnahmen (z.B. Trainingsangebot, Assessments, 360°) und ihrer Wirkung leisten. Ein Portfolio-Management-Prozess liefert einen Einblick in das Human Capital, der für den HR-Verantwortlichen in seiner Zusammenarbeit mit dem Linienvorgesetzten auch ausserhalb des Prozesses sehr hilfreich ist. Es handelt sich sowohl um formelle Informationen, z.B. Nachfolgepläne, die im Falle einer unvorhergesehenen Vakanz als Entscheidungsgrundlage dienen, als auch um informelle Einsichten, beispielsweise über die Qualität der Beziehung von einem Vorgesetzten zu einem bestimmten Mitarbeiter.

5.2.5.5   Subject Matter Experts

Der Portfolio-Management-Prozess ist ein strukturell und ablauforganisatorisch anspruchsvoller Prozess. Die dazu notwendigen Erläuterungen, Templates und Tagesordnungspunkte müssen von Spezialisten präzise aufbereitet und zur Verfügung gestellt werden. In einem Portfolio-Management-Prozess werden viele Daten bearbeitet (Leistung, Potenzial, Benennungen, Entwicklungsmassnahmen, Engagement usw.). Die Subject Matter Experts müssen die Qualität dieser Daten und deren Plausibilität sicherstellen. Dazu dienen verschiedenste Auswertungen auf unterschiedlichen Hierarchiestufen. Auswertungen, die die Experten entweder selbst vornehmen oder bei denen sie die zuständigen HR-Verantwortlichen tatkräftig unterstützen. Siehe dazu Anregungen und Beispiele im Kapitel 9. Diese Aufgabe ist in ihrem Aufwand stark abhängig vom Ausmass der IT-Unterstützung.

5.2.6   Überwachung

Mittels folgender Informationen kann der Portfolio-Management-Prozess überwacht, analysiert und in seiner Qualität verbessert werden:

Vollständigkeit der Daten und Entscheidungen: Wie viele Mitarbeitende eines Bereichs haben auf welcher Stufe eine besprochene und bestätigte Potenzialbeurteilung? Welcher Bereich hat für welche Postionen Nachfolgepläne? Sind die Entscheidungen des Review-Meetings in den Daten pro Mitarbeiter nachgetragen? Mit wie vielen und welchen Mitarbeitenden wurde ein Gespräch geführt, in dem die sie betreffenden Entscheidungen aus dem Review-Meeting kommuniziert und erklärt wurden?

Plausibilitäten und Benchmarks: Wie verteilen sich die Entwicklungsmassnahmen auf die Quadranten des Portfolio-Grids? Machen die getroffenen Entscheidungen bezüglich Entwicklungsmassnahmen vor dem Hintergrund der Leistungs- und Potenzialbeurteilung Sinn? Es ist beispielsweise nicht plausibel, dass Mitarbeitende ohne Potenzial in Nachwuchsprogramme für die nächsthöhere Funktion aufgenommen werden. Für gewisse Kennwerte wie Anzahl Mitarbeitende mit hohem Potenzial und hoher Leistung (High Potentials, Talente) können unternehmensweit Durchschnitte errechnet und damit die Talentquoten der einzelnen Bereiche verglichen und eingestuft werden. Auch die „Readiness" im Sinne der Anzahl Nachfolgekandidaten pro relevanter Position ist ein wichtiges Mass und kann unternehmensweit verglichen werden.

Diskriminierung: Sind die Potenzialbeurteilungen bezüglich Geschlechts- und Altersgruppen fair verteilt? Wie verteilen sich die Investitionen für Trainings oder anderer Massnahmen?

Vergleich mit Vorjahr: Wurden die im letzten Jahr entschiedenen Massnahmen umgesetzt? Wie viele Mitarbeitende mit Potenzial für andere und höhere Funktionen haben inzwischen effektiv eine solche Funktion übernommen?

Reaktion der Mitarbeitenden: Erfahrungsgemäss schätzen es die Mitarbeitenden sehr, dass ihre Karrierechancen und sie betreffende Entwicklungsmassnahmen systematisch und fair im Management-Team diskutiert werden. Sie sind dadurch weniger der „Willkür" ihres direkten Vorgesetzten ausgesetzt und erhalten ein besseres Verständnis für ihre aktuelle berufliche Situation. Diese wichtige Wahrnehmung der Mitarbeitenden lässt sich mit dem Engagement-Survey (siehe Kapitel 5.3) systematisch erfragen und präzisieren. Je nach Differenziertheit der Fragestellung können auch separate Befragungen pro Bereich durchgeführt werden.

5.2.7 Periodizität

Analog zum Performance-Management-Prozess ist eine jährliche Durchführung des Portfolio-Management-Prozesses angesagt, und zwar jeweils nach Abschluss der Leistungsbeurteilung und parallel oder nach den Zielvereinbarungsgesprächen. Damit für die Umsetzung der Massnahmen im Rahmen des Budget-Jahres genügend Zeit bleibt, sollte eine Durchführung so früh wie möglich im Geschäftsjahr erfolgen. Je nach hierarchischer Tiefe der Organisation und nach dem Ausmass, in dem der Prozess angewendet wird, braucht es eine zeitliche Sequenz von zwei bis vier Iterationen. Dies beansprucht bei optimaler Planung schnell mal zwei bis drei Monate.

5.2.8 Kommunikation und Schulung

Die Kommunikation an die Mitarbeitenden und an die Vorgesetzten, wann und wie der Prozess abläuft und was sie davon erwarten können erfolgt in entsprechenden Publikationen, z.B. im Intranet. Im Rahmen der obligatorischen Führungsausbildung sollten folgende Themen zwingend ausführlich behandelt werden:

- formelle Ausbildung der Vorgesetzten über Zweck, Tagesordnungspunkte und Ablauf des Portfolio-Management-Prozesses;

- Information über Angebot und Inhalt der Entwicklungsmassnahmen mitsamt deren Voraussetzungen und Wirkungen. Spezielle Workshops für Führungskräfte zum Thema Potenzialbeurteilung und zur optimalen Nutzung eines Portfolio-Review-Meetings. Dies am besten anhand konkreter Fallbeispiele aus dem eigenen Bereich oder mittels fingierter Sonderfälle in einem Portfolio.

5.2.9 IT-Unterstützung und Datenmanagement

Da viele Daten pro Mitarbeiter aufbereitet werden müssen und zudem dynamisch Konsolidierungen/Aggregierungen und graphische Auswertungen nötig sind, kann eine komfortable IT-Applikation den administrativen Aufwand sehr stark reduzieren und Raum für die qualitativen Aktivitäten schaffen. Hauptnutzen einer IT-Applikation für Portfolio-Management:

■ Sammeln, Strukturieren und Aufbereiten von Mitarbeiter-Daten für ein Portfolio-Review-Meeting, insbesondere die flexible, einfache und intuitiv verständliche Aufbereitung der Daten zu Grafiken (Leistungs-Potenzial-Grid, Nachfolgepläne) und übersichtlichen Listen;

■ Workflow-artiges Steuern der mit dem Review-Meeting verbundenen Prozess-Schritte wie Vorbereitung, Diskussion, Entscheidungen usw.;

■ Verfügbar machen der wichtigsten Daten auf Gesamt-Unternehmensebene. Dabei ist sicherzustellen, dass die Messwerte und Begrifflichkeiten konsistent sind. Zugriffsrechte müssen in Abhängigkeit von der Talent-Kultur und den Datenschutzbestimmungen eines Unternehmens flexibel vergeben werden können und einsehbar sein. Beispielsweise ist festzulegen, wie breit die Liste der Mitarbeitenden mit hohem Potenzial und hoher Leistung publiziert werden darf.

5.2.10   Erfolgsfaktoren für ein Portfolio-Management

Das Portfolio-Management ist der wohl komplexeste Prozess im HCM. Einige seiner Elemente können und müssen an die spezifischen Gegebenheiten und Herausforderungen einer Organisationseinheit angepasst werden. Publikationen und Erfahrungsberichte zu Portfolio-Management sind noch rar. Die folgenden Erfolgsfaktoren mögen helfen, bei aller Komplexität und Variation den zentralen Anliegen des Portfolio-Management, immer gerecht zu werden.

1. **Offenheit und Gesprächskultur** in den Portfolio-Review-Meetings: Die Gesprächskultur muss langsam aufgebaut werden und wird durch klar definierte und standardisierte Messgrössen von HC unterstützt. Sie wirkt auf das Führungsverhalten der einzelnen Manager zurück. Es geht nicht darum, aus dem Review-Meeting etwas Starres, Formales zu machen, sondern darum, eine gute Mischung zwischen Struktur und freiem Gespräch zu finden.

2. **Output-Orientierung**: Nur wenn die Beurteilungen und Benennungen auch in späteren konkreten Personalentscheidungen hinzugezogen und umgesetzt werden, wenn Entwicklungsmassnahmen auch in Angriff genommen und überwacht werden, lohnt sich der Aufwand.

3. **Strategie-Alignment**: Das Portfolio-Review-Meeting ist eine hervorragende Gelegenheit, nicht nur den aktuellen Stand und die Vergangenheit darzustellen und zu analysieren, sondern sich Gedanken darüber zu machen, welche Anforderungen in Zukunft auf den analysierten Bereich zukommen und wie mit entsprechenden Human Capital Massnahmen und Investitionen diesen Anforderungen entsprochen werden kann.

4. **IT-Unterstützung**: Ein Portfolio-Management-Prozess ohne IT-Unterstützung ist nicht praktikabel. Auf dem Markt gibt es Standardpakete, die sich unterschiedlich gut an die organisationsspezifischen Bedürfnisse und Standards anpassen lassen. Ein Beispiel für eine solche Applikation siehe in *http://www.clcpro-highpotential.com/*

5. **Segmentierung**: Voraussetzung für eine systematische Anwendung des Prozesses ist eine Segmentierung der Mitarbeitenden hinsichtlich ihrer Verantwortung aus funktionaler und hierarchischer Sicht. Diese Segmentierung muss auf zuverlässige Art die strategisch relevantesten Mitarbeitergruppen (Führungsebenen wie auch Spezialisten) identifizieren können. Warum ist eine Segmentierung notwendig?

   – Die Potenzialeinschätzung orientiert sich an organisatorischen und funktionalen Stufen (z.B. hohes Potenzial = Potenzial für signifikant mehr Verantwortung auf höherer Stufe/Funktion).
   – Darstellung mehrerer Personen im Human Capital Grid bringt nur dann eine sinnvolle Übersicht, wenn Mitarbeitende mit vergleichbarem Verantwortungsspektrum (d.h. aus dem gleichen Segment) dargestellt sind.
   – Massnahmen unterscheiden sich abhängig von Stufe oder Segment.

6. Regelung der **Kommunikation** der Erkenntnisse aus den Portfolio-Review-Meetings: Falls beispielsweise Nachfolgepläne und Listen mit „Talents" über Bereichsgrenzen hinweg offen ausgetauscht werden, sollte geregelt sein, welche Informationen unter welchen Bedingungen wem zur Verfügung stehen. Siehe auch Kapitel 8.2.5.

5.3 Engagement-Management

5.3.1 Grobbeschreibung und Zweck

Engagement und Engagement-Treiber sind ein relativ einfaches Konzept und auch deren Messung durch eine schriftliche Befragung erscheint simpel. In der praktischen Durchführung und in der Analyse der Ergebnisse mit Ableitung von Massnahmen zur Steigerung des Engagements wird Engagement-Management aber zu einem anspruchsvollen Kernprozess des HCM. Eine Engagement-Befragung ist ein starkes Signal des Managements an die Mitarbeitenden, dass ihre Meinung gehört und als wichtig erachtet wird. Folglich ist es für das Engagement der Mitarbeitenden sogar kontraproduktiv, eine Mitarbeiterbefragung durchzuführen, ohne genau zu planen, was man wissen will, und wie dann die Ergebnisse in korrigierende Aktionen umgesetzt werden sollen. Was nützt es, auf der Waage zu stehen, um sein Gewicht zu messen, ohne anschliessend auch Massnahmen gegen Übergewicht einzuleiten?

Im Engagement-Management kann man sehr erfolgreich sein, aber auch viele Fehler machen. Engagement-Management kann und darf keine reine HR-Angelegenheit sein, sondern muss zu einer zentralen Aufgabe des Managements auf allen Stufen werden.

Das <u>Engagement-Management</u> liefert eine effiziente und breit akzeptierte Messung des Engagements und seiner Treiber sowie eine auf den Ergebnissen aufbauende systematische Auswahl und Planung von Massnahmen zur Steigerung des Engagements. Engagement-Management besteht aus grundsätzlich vier Elementen:

- Aufbau der Infrastruktur, des Fragebogens, der Zusammenarbeit mit einem Provider usw.;

- periodische Durchführung der Befragung inkl. Revision des Fragebogens und Kommunikation;

- Analyse und Präsentation der Ergebnisse;

- Ableitung/Planung/Kontrolle der Massnahmen zur Steigerung des Engagements.

Die eigentliche Durchführung der Massnahmen zur Steigerung des Engagements ist nicht mehr Bestandteil des Engagement-Managements im engeren Sinne. Sie ist Gegenstand der verschiedenen Funktionen/Verantwortungen der Linien-Manager, der Personalentwicklung, des Recruitings, des Brand-Managements, des Marketings usw. Die entsprechenden Interventionen innerhalb eines HCM im engeren Sinne sind im Kapitel 6 aufgelistet.

5.3.2   Positionierung im Unternehmen

Engagement-Management wie auch Performance-Management sind sogenannte „Breitband-Prozesse", denn sie involvieren und beanspruchen alle Mitarbeitenden auf allen Stufen. Abstimmung aller Beteiligten/Betroffenen sowie optimale zeitliche Einpassung sind für den Erfolg deshalb entscheidend.

In einem Unternehmen gibt es verschieden Bereiche, die aus ihrem fachlichen Interesse heraus Mitarbeiterbefragungen machen möchten, seien dies Befragungen aller Mitarbeitenden oder nur einer Teilgruppe. Beispielsweise ist die Marketing- und die Branding-Abteilung immer wieder daran interessiert zu verstehen, wie die Mitarbeitenden die Firmenmarke wahrnehmen und vertreten oder wie gut sie die zentralen Produkte verstehen. HR-Stellen mit dem Auftrag zur Steigerung des Wohlbefindens und der Gesundheit der Mitarbeitenden machen Umfragen über z.B. das Gesundheitsverhalten und die sportlichen Aktivitäten. Einzelne Geschäftsbereiche oder Regionen möchten via Umfragen erfahren, wie bekannt spezifische strategische Initiativen bei den Mitarbeitenden sind und ob sie umgesetzt werden. Aus Gründen der Effizienz (u.a. der zeitlichen Belastung durch Beantwortung der sich teils überschneidenden Fragen) und zwecks koordiniertem Auftritt des Unternehmens gegenüber seinen Mitarbeitenden lohnt sich eine enge Abstimmung all dieser Befragungswünsche. Moderne Survey-Instrumente lassen auch zu, dass verschiedene Fragebogen-Ergänzungen für gezielte Mitarbeitergruppen in eine Gesamtbefragung integriert werden können.

Beim Zeitpunkt der jährlichen Befragung muss auf mögliche entscheidende strategische Mitteilungen und die Bekanntgabe des Jahresergebnisses des Unternehmens Rücksicht genommen werden. Eine Zusammenarbeit mit der Kommunikations-Abteilung ist daher angebracht. Die Interpretation der Engagement-Ergebnisse und deren Umsetzung in konkrete Massnahmen beanspruchen einige Zeit und Aufwand. In dieser Zeit darf das Management nicht auch noch mit anderen zentralen HCM-Aktivitäten, wie z.B. Portfolio-Management-Prozessen, beschäftigt sein. Der Zeitraum zwischen Befragung und Bekanntgabe der Ergebnisse sollte möglichst kurz und ereignisarm sein. Deshalb lohnt es sich, eine Befragung beispielsweise kurz vor der sommerlichen Ferienzeit durchzuführen.

5.3.3 Input, Output und Prozessschritte

5.3.3.1 Input

Folgender Input fliesst in den Engagement-Management-Prozess ein:

- Strategie und Vision/Mission des Unternehmens,

- Befragungsprojekte anderer Fach- und Organisationsbereiche,

- Vergangene Engagement-Befragungen oder frühere Befragungen zur Mitarbeiterzufriedenheit mit ihren Erfahrungen und Ergebnissen.

5.3.3.2 Prozesschritte

Das erste Element, der Aufbau der Infrastruktur und des Fragebogens, erfolgt im Wesentlichen einmal zu Beginn der Einführung von Engagement-Befragungen. Nachträglich wird daraus ein Teilprozess im Sinne einer Überprüfung/Anpassung im Rahmen der jährlichen Durchführung der Befragung. Aus diesem Grunde wird dieses initiale Element gesondert behandelt. Danach folgt eine Beschreibung der verschiedenen Prozessschritte eines periodischen/jährlichen Engagement-Management-Prozesses.

Aufbau der Infrastruktur und des Fragebogens

Folgende Themen müssen geklärt, bearbeitet und entschieden werden:

- Wer ist der Owner des Engagement-Managements und wer leitet das Projekt zum Aufbau der Infrastruktur?

- Welche Bereiche des Unternehmens sind warum, wie und durch wen im Projekt vertreten?

- Besteht das Commitment seitens des Top-Managements? Versteht die Geschäftsleitung die Bedeutung und den Umfang eines Engagement-Managements?

- Welche Engagement-Treiber sollen erfragt werden? Welche haben besondere Bedeutung vor dem Hintergrund der Branche, der aktuellen Situation des Unternehmens, in Bezug auf die aktuelle oder angestrebte Unternehmenskultur und/oder auf die strategische Ausrichtung, bezüglich besonderer Interessen, z.B. der Marketing/Branding-Abteilung usw.? Welche Fragen pro Engagement-Treiber sollen (aus der vom Provider zur Verfügung gestellten Auswahl standardisierter Fragen) verwendet werden?

■ Welche Mitarbeitenden sollen befragt werden? Alle oder nur ein zufällig ausgewählter Teil? Nur Teile der Organisation? Werden Teilzeit-Mitarbeitende und Drittfirmen-Mitarbeitende ebenfalls befragt? Welche Sprachversionen werden zur Verfügung gestellt?

■ Wie und an wen sollen die Engagement-Ergebnisse kommuniziert werden? Sind die Empfänger in der Lage, die Ergebnisse zu nutzen und umzusetzen? Welcher Detaillierungsgrad in den Ergebnisberichten macht für welche Stufen Sinn?

■ Wie soll die Planung der Umsetzungsmassnahmen zur Steigerung des Engagements erfolgen? Top-down und/oder bottom-up? In welchen Zeiträumen sind die Massnahmen festzulegen? Wer kontrolliert, wann welche Massnahmen implementiert wurden?

■ Wie werden HR- und Linien-Verantwortliche in der Interpretation und Umsetzung der Ergebnisse ausgebildet?

■ Mit welchem Provider soll zusammengearbeitet werden? Was wird an Know-how vom Provider erwartet, was von den internen Subject Matter Experts? Welche internen Anforderungen an den Einsatz der Fremd-Software des Providers müssen erfüllt sein?

■ Welche Benchmarks kann der Provider zur Verfügung stellen? Welche Benchmarks eignen sich als Vergleichsgrössen und Normierungs-Skala für das eigene Unternehmen?

■ Wann soll die Befragung wie angekündigt, durchgeführt und die Ergebnisse kommuniziert werden? Mit welchen Medien und welchen Mitteilungen an die Mitarbeitenden sollen der Start und der Ablauf des Engagement-Managements kommuniziert werden?

■ Wie werden die antwortenden Mitarbeitenden anonym so identifiziert, dass eine Auswertung nach Organisationsbereichen, hierarchischen Stufen und z.B. demographischen Charakteristika dennoch möglich ist?

■ Wie und auf welchem Niveau wird die Vertraulichkeit/Anonymität der Antworten gewährleistet? Welche Regeln zur Sicherstellung der Anonymität werden erlassen?

■ Welche Antwortmöglichkeiten haben jene Mitarbeitenden, die aus technischen Gründen keinen Zugriff auf die Online-Applikation haben?

Periodische Durchführung

Folgende Prozessschritte sind dabei zu unterscheiden:

Vor der Umfrage:

- Review der Erfahrungen der letzten Befragung betreffend Zusammenarbeit mit Provider, technische Probleme, Aufwand/Dauer der Auswertung, Verständlichkeit/Erkenntnisgewinn der verwendeten Fragen.
- Welche neuen/veränderten Engagement-Treiber sollen mit welchen Fragen erfasst werden? Welche Engagement-Treiber können weggelassen werden?
- Abstimmung des genauen Zeitpunktes der geplanten Umfrage mit der Geschäftsleitung und der Anliegen anderer Interessenten an einer Mitarbeiterbefragung.

- Aktualisierung der Liste der zu befragenden Mitarbeitenden. Nachtragen der organisatorischen Veränderungen.
- Kommunikation/Ankündigung an die Mitarbeitenden.
- Info-Mappe an die HR-Stellen mit Informationen, Plänen und Argumentarien zwecks Instruktion/Vorbereitung der Führungskräfte.

Während der Umfrage:

- Durchführung der Befragung inkl. Überwachung/Kommunikation der Antwort-Raten pro Bereich.
- Allenfalls Erinnerungs-E-Mails an alle Mitarbeitende die nochmals auf die Wichtigkeit der Umfrage hinweisen.
- Technischer und inhaltlicher User-Support.
- Danke-e-Mail an die Mitarbeitenden (durch CEO) und Erklärung der weiteren Schritte.

Auswertung und Kommunikation der Ergebnisse:

- Auswertung der Antworten und Aufbereitung der Ergebnisberichte pro Bereich und Stufe.
- Gezielter und zeitlich genau geplanter Roll-Out der Ergebnisse. Beispielsweise erhält zuerst die Geschäftsleitung die Ergebnisse insgesamt präsentiert, mit Vorbesprechung beim CEO, dann die einzelnen Sparten oder Regionen usw., jeweils mit entsprechender Kommunikation der groben Ergebnisse und des weiteren Vorgehens an die Mitarbeitenden. Bis auf welche Stufe werden die Ergebnisse auch in den Management-Teams durch Engagement-Fachleute (intern oder extern) präsentiert?
- Instruktion der Linienmanager und der HR-Verantwortlichen darüber, wie die Ergebnisse zu lesen, zu analysieren, zu interpretieren und welche Massnahmen bei welchen Engagement-Treibern angezeigt sind. Vorgaben und Tipps, wie die Ergebnisse mit den Mitarbeitenden zu besprechen sind. Mehr dazu siehe unten unter Kapitel 5.3.7.
- Allenfalls Zusatzauswertungen für einzelne Bereiche oder spezifische Drill-Downs nach Mitarbeitermerkmalen wie Titel, Alter, Geschlecht usw.
- Zur Verfügung stellen und Erklären von Benchmarks.

Interpretation der Ergebnisse und Ableitung von Massnahmen:

- Interpretation der Ergebnisse: Vergleich mit ausgewählten Benchmarks und Vorjahresergebnissen. Analyse des Impacts einzelner Engagement-Treiber auf den Engagement-Index. Konzentration auf die wichtigsten Erkenntnisse. Abwägen der Risiken und Chancen von möglichen Massnahmen sowie der verfügbaren Ressourcen für entsprechende Massnahmen.
- Ableitung und Koordination eines Massnahmenplanes zwecks Beeinflussung der verbesserungsfähigen und einflussreichen Engagement-Treiber. Dabei sind Massnahmen von top-down (z.B. generelle Massnahmen aus Sicht der Unternehmens- oder Bereichsführung) und bottom-up (Massnahmen auf Stufe der kleinsten ausgewerteten Organisationseinheit) gegeneinander abzugleichen. Stufengerechte Ent-

scheidungen über Massnahmenpaket. Kommunikation der eingeleiteten Massnahmen an die Mitarbeitenden.

– Planung und Überwachung der Umsetzung der Massnahmen. Zuteilung der Verantwortlichkeiten. Festlegung des Zeitpunktes und der Mittel zur Kontrolle der Wirkung der Massnahmen.

Die eigentliche Umsetzung ist dann wie schon erwähnt nicht mehr Teil des Engagement-Managements, sondern fliesst in andere HCM-Prozesse und -Interventionen ein bzw. geht in die alltäglichen Verantwortlichkeiten des Managements und spezieller Fachbereiche (z.B. Branding) über.

5.3.3.3   Output

Eine beispielsweise jährlicher Engagement-Management-Prozess liefert folgende Ergebnisse:

■ Engagement-Index und Bewertung der Engagement-Treiber (Ausprägung, Einfluss auf Engagement) für das Gesamtunternehmen und für Teilbereiche bzw. Stufen. Die Gestaltung der Ergebnisberichte (Detaillierungsgrad, Graphiken, Vergleiche usw.) ist bedeutsam. Sie muss an die jeweilige Zielgruppe angepasst und sorgfältig geplant und getestet werden. Für ein Beispiel siehe Abbildung 5.3.

■ Liste der Stärken und Schwächen bezüglich Engagement-Treiber.

■ Massnahmenplan zur Beeinflussung der Engagement-Treiber auf verschiedenen Stufen.

■ Individuelle Antworten der Mitarbeitenden, vertraulich gespeichert (z.B. beim Provider) zwecks spezieller nachträglicher Auswertungen (siehe Kapitel 9).

Abbildung 5.3   Engagement-Report für einen Organisationsbereich

Engagement	• Eigener Bereich: 62 % • Vergleichbare Stufe: 57 % • Veränderung zu Vorjahr: +3 % • Gesamtunternehmen: 65 % • Antwortrate: 80 %	
Engagement-Treiber		Ergebnis Benchmark • Vertrauen in GL 35 % 30 % • Strategieakzeptanz 40 % 38 % • Vorgesetzter 75 % 60 % • Karrieremöglichkeiten 50 % 55 % • Vergütung und Benefits: 30 % 25 % • ...
Wirksame Treiber	Folgende Engagement –Treiber haben die stärkste / schwächste Wirkung auf das Engagement: Stark: Schwach: • Vorgesetzter • Vergütung • Arbeitsinhalt • Work-Life-Balance	

5.3.4   Akteure und Entscheidungsbefugnisse

5.3.4.1   Vorgesetzte

Vorgesetzte auf verschiedenen Stufen sind die Hauptakteure des Engagement-Managements. Ihnen obliegt es, unter Mithilfe der HR-Verantwortlichen, die Engagement-Ergebnisse zu analysieren, zu interpretieren und mit relevanten weiteren Personen (z.B. Mitarbeitende) zu besprechen. Gerade die Kommunikation an die Mitarbeitenden und ihr Einbeziehen bei der Suche nach wirkungsvollen Massnahmen sind anspruchsvolle Führungsaufgaben. Vorgesetzte erwarten die Engagement-Ergebnisse oft mit viel Besorgnis und Nervosität, da sie einen allgemein anerkannten und unter Kollegen kommunizierten Referenzpunkt für die Führungsqualität liefern. Sie sind gespannt, ob sie besser/schlechter als letztes Mal und wie sie im Vergleich zu ihren Peers abschneiden. Unverständnis, Abwehr, Ausreden und vorwurfsvolles Verhalten an die Mitarbeitenden sind keine seltenen Reaktionen, die jedoch das Ausarbeiten von wirkungsvollen Massnahmen erschweren. Ein konstruktiver und positiver Zugang zu den Ergebnissen macht andererseits aus dem Performance-Management eines der mächtigsten Werkzeuge zur gezielten Verbesserung des Führungsverhaltens.

5.3.4.2   Leiter von Management-Teams

Vorgesetzte, denen wiederum Führungskräfte unterstellt sind, müssen mit ihren Direktunterstellten deren wesentliche Erkenntnisse zu Engagement besprechen und allenfalls deren Ziele im Performance-Management ergänzen oder modifizieren. Der Leiter eines Management-Teams kann seinen Führungskräften helfen, richtig mit den Engagement-Ergebnissen umzugehen und geeignete Massnahmen zu planen. Es liegt an ihm, allgemeingültige Massnahmen zu bündeln und in seine Verantwortung zu übernehmen. Es hat sich auch bewährt, Personalentscheidungen im Management unter anderem auf den Verlauf des Engagement-Indexes abzustellen. Eine Führungskraft, die in ihrem Bereich fortdauernd sehr niedrige Engagement-Werte hat, die dazu noch mit ungenügenden Werten in den seine Rolle betreffenden Engagement-Treibern verbunden sind, muss ausgewechselt werden. Nicht unproblematisch sind hingegen absolut formulierte Ziele des Engagement-Indexes. Denn dies verleitet zu oberflächlichen oder unfairen Mitteln zur Beeinflussung des Engagement-Indexes (siehe Anhang). Geschickter sind Verbesserungsziele (nächstes Jahr einen um 4 % höheren Engagement-Index erreichen) oder Ziele in der Form von überprüfbaren Massnahmen auf Ebene der Engagement-Treiber. Im Übrigen können grössere Umfrage-Provider auch Erfahrungswerte darüber liefern, wie stark der Engagement-Index üblicherweise über einen Zeitraum von einem Jahr verbessert werden kann. Diese Art von Benchmarking hilft, Veränderungen über die Jahre genauer zu interpretieren.

5.3.4.3   HR-Verantwortliche

Mit dem Performance-Management erhält der HR-Verantwortliche eine weitere Möglichkeit, als Coach und Berater der Führungskräfte zu wirken. Dies bei der Analyse der Ergebnisse wie auch bei der Suche und Identifikation von geeigneten Massnahmen. Der HR-Verantwortliche hat mit den Engagement-Ergebnissen eine Faktenbasis zur Hand, mit der er das Management eines Bereichs besser überzeugen kann, gewisse Veränderungen anzugehen. Er ist nicht mehr nur auf seine persönliche Wahrnehmung und auf anekdotische Berichte über Probleme im Bereich einzelner Engagement-Treiber angewiesen.

Von den HR-Verantwortlichen wird erwartet, dass sie das Instrument der Umfrage und die statistischen Ergebnisse im Detail verstehen und technisch erklären können. Auch das verwendete Engagement-Konzept und die Bedeutung des Mitarbeiter-Engagements für z.B. Kundenzufriedenheit und Geschäftserfolg müssen von den HR-Verantwortlichen verstanden und erläutert werden können.

5.3.4.4   Subject Matter Experts

Subject Matter Experts sind die fachliche Schnittstelle zum Provider der Umfrage-Applikation. Sie koordinieren die verschiedenen Interessen, initiieren Kommunikationen an die Mitarbeitenden und planen und begleiten den Ablauf einer Befragung. Dabei informieren sie beispielsweise laufend über erreichte Antwort-Raten. Sie stellen Hilfsmittel und Informationen zur korrekten Interpretation der Ergebnisse und zur Identifikation geeigneter Massnahmen zur Verfügung. Sie erstellen spezifische unternehmensweite Auswertun gen (z.B. Engagement pro Alters-Stufe, Titel oder Geschlecht) oder beauftragen den Provider mit bereichsspezifischen Sonderanalysen. Sie werden von den HR-Verantwortlichen und Vorgesetzten zu speziellen Engagement-Workshops in einem Teilbereich der Organisation hinzugezogen, um dort als Experten die unternehmensweiten und unternehmensübergreifenden Erfahrungen einzubringen.

5.3.5   Überwachung

Folgende Informationen tragen dazu bei, den Engagement-Management-Prozess selbst zu bewerten und dessen Effizienz, Akzeptanz und Qualität zu verbessern:

Antwort-Raten: Wie viele Mitarbeitende eines Bereichs beantworten den Fragebogen. Daraus lässt sich die Akzeptanz der Engagement-Befragung ableiten. Diese Akzeptanz kann u.a. durch entsprechende Kommunikation der Vorgesetzten über den Zweck des Performance-Managements beeinflusst werden, insbesondere durch eine nachvollziehbare und korrekte Interpretation der Ergebnisse aus der letzten Befragung sowie durch die konsequente Umsetzung der beschlossenen Massnahmen. Survey-Provider haben Benchmark-Zahlen über zu erwartende Antwort-Raten. Antwort-Raten von rund 80 % sind keine Seltenheit und zeigen, welche Bedeutung Mitarbeitende solchen „Ausdrucksmöglichkeiten" zumessen.

Qualität und Umfang der Berichts-Analysen und der Massnahmenplanung: Die Subject Matter Experts für Engagement-Management verschaffen sich einen Überblick darüber, wie seriös die Berichte analysiert und wie welche Massnahmen abgeleitet wurden. Dadurch erhält die Fachstelle Hinweise, wo im nächsten Jahr noch vermehrt geschult und überzeugt werden muss. Einen Überblick über die Massnahmen liefern auch „Success Stories" und eine Liste von Erfolg versprechenden Massnahmen pro Engagement-Treiber, die als Beispielkatalog allen Bereichen im Sinne eines aktiven Knowledge-Managements zur Verfügung gestellt werden kann.

Review mit den Beteiligten: Im Sinne einer seriösen „After Action Review" lohnt es sich, alle an der Durchführung der Umfrage beteiligten und davon betroffenen Stellen kurz zu befragen, beispielsweise die IT-Verantwortlichen, eine Auswahl an Linienverantwortlichen, die Kommunikationsabteilung usw. Auch der Input aus Anfragen an den User-Support kann für einen solchen Review verwendet werden. Ziel ist es, Verbesserungspotenzial für die nächste Durchführung zu identifizieren und dann laufend die Qualität der Befragung und die Akzeptanz der Mitarbeitenden zu steigern.

5.3.6   Periodizität

Wie andere Management-Prozesse zur Überwachung der Produktionsfaktoren (z.B. Budgetierung, Performance-Management) sollte der Engagement-Management-Prozess jährlich abgewickelt werden. Dies mag anfänglich aufwändig erscheinen. Wenn das Engagement-Management aber ernsthaft betrieben wird, d.h. auch konkrete Massnahmen abgeleitet und geplant werden, dann wird sich schnell zeigen, dass die Hauptakteure ein jährliches Update ihrer Engagement-Werte brauchen, um ihre HC-Interventionen zu überprüfen, bevor die nächste Reorganisation diese erschwert oder gar unmöglich macht. Der Engagement-Index ist ein Wert, der im Geschäfts-Jahresbericht aufgeführt werden kann, folglich auch jährlich erneuert werden sollte.

Allenfalls können zwischendurch sogenannte Pulse-Surveys durchgeführt werden. Dies sind Umfragen, die nur bei einem relativ kleinen, zufällig ausgewählten Teil der Mitarbeitenden durchgeführt werden und neben den Standard-Engagement-Fragen noch spezifische Fragen zu besonderen Ereignissen oder breit angelegten Initiativen enthält. Solche Pulse-Umfragen können in kritischen Zeiten kurzfristiger den Puls des Mitarbeiter-Engagements und der Reaktion der Mitarbeitenden auf bestimmte Ereignisse/Initiativen fühlen. Eine detaillierte Analyse der Ergebnisse bis weit hinunter in die Organisation ist dann aber aus statistischen Gründen (Repräsentativität) und Gründen der Daten-Anonymität nicht möglich.

Eine raffinierte Form von Puls-Befragung wendet die Firma JetBlue in USA an (vgl. Davenport, Harris & Shapiro, 2010). Immer zum Jahrestag ihres Firmeneintritts werden die Mitarbeitenden im Anhang zu einem „Gratulationsschreiben" zu ihrem Engagement befragt. Somit kann JetBlue auf monatlicher Basis mit ausreichender Genauigkeit den Verlauf des Mitarbeiter-Engagements verfolgen und diesen zu relevanten Firmenereignissen in Bezug setzen.

5.3.7   Kommunikation und Schulung

Wie in kaum einem anderen HCM-Prozess müssen hier sehr viele unterschiedliche Inhalte an alle Mitarbeitenden oder an Teilgruppen zum genau richtigen Zeitpunkt kommuniziert werden. Beispielsweise sollten die Mitarbeitenden via E-Mail am Ende der Befragungsperiode – verbunden mit einem Dankeschön für die Beantwortung – über den Abschluss der Befragung und über die weiteren Schritte bzw. über die nächsten zu erwartenden Informationen ins Bild gesetzt werden. Diese Information muss nach Möglichkeit durch den CEO oder die Bereichsleiter erfolgen. Die Kommunikationsfachleute müssen hinzugezogen werden.

Bei der erstmaligen Präsentation der Engagement-Ergebnisse auf oberster Stufe lohnt es sich allenfalls, diese durch Vertreter des Providers machen zu lassen, da diese die Glaubwürdigkeit und die Relevanz des Konzeptes „Engagement" erhöhen.

„Politisch" heikel ist auch die Sequenz, mit der die Engagement-Resultate bekannt gegeben werden. Vorgesetzte von Management-Teams sollten zuerst darüber informiert werden, wie die Ergebnisse bei ihren Direktunterstellten aussehen. Dadurch können sie Zeitpunkt und Art und Weise, wie diese informiert werden (z.B. bilaterales Gespräch oder formaler Versand), festlegen. Das gibt ihnen einen oft wichtigen Informationsvorsprung.

Die Kommunikation der Befragungsergebnisse an sich ist ebenfalls nicht ganz einfach. Wie beispielsweise soll ein CEO der gesamten Belegschaft und wie ein Vorgesetzter seinen Mitarbeitenden die Engagement-Ergebnisse kommunizieren, ohne Schwächen zu vertuschen oder in Rechtfertigungsparolen auszuweichen?

Insgesamt bedeutet dies, dass die Planung und die inhaltliche Bearbeitung der Kommunikation eine zentrale Rolle einnehmen und viel zum Erfolg oder Misserfolg des Engagement-Managements beitragen. Kommunikations-Experten sind gefragt, die sowohl das Timing, wie auch die Inhalte und die möglichen Kanäle im Griff haben.

Wichtig ist, dass die befragten Mitarbeitenden den Eindruck erhalten, dass die Umfrage nicht einem isolierten Interesse einzelner Fachstellen dient, sondern dass die Geschäftsleitung und das ganze Management sehr und regelmässig an der Meinung der Mitarbeitenden interessiert sind, dass die Ergebnisse durch das Management offen und kritisch gewürdigt werden und gezielte Massnahmen aufgrund der Erkenntnisse ergriffen werden.

Das Konzept des Engagements und der Engagement-Treiber muss für alle Mitarbeitenden und Führungskräfte klar und verständlich sein. Dazu gehören auch der Zusammenhang zwischen Engagement und Kundenzufriedenheit/Geschäftserfolg. Die dadurch sich etablierende Begrifflichkeit erleichtert Diskussionen von Führungskräften über zentrale HCM-Themen. Beispielsweise kann erreicht werden, dass Manager und Ausbilder nicht mehr einfach von „Motivation" reden, sondern von „Engagement", und dass nicht irgendwelche Konzepte und Modelle (z.B. Herzberg oder Sprenger) von Motivationsfaktoren im Unternehmen Schule machen, sondern dass die konkret gemessenen Engagement-Treiber für Diskussionen über Motivatoren verwendet werden.

Auch wenn die Ergebnisberichte zu Engagement und Engagement-Treiber selbsterklärend und einfach gestaltet werden können und müssen, so lohnt es sich erfahrungsgemäss dennoch, das Lesen und das Interpretieren der Berichte im Einzelnen zu thematisieren. Hier können die HR-Verantwortlichen (HR-Business-Partner) eine wichtige Rolle spielen.

Anspruchsvoller ist dann noch der Weg von den Ergebnissen zu den Massnahmen. Es lohnt sich, diesen Weg mit Hinweisen, Anleitungen und Betreuungen durch HR-Spezialisten zu optimieren. Dabei ist klar zwischen Analyse/Verstehen der Ergebnisse, Akzeptieren und Interpretieren der Gründe und Folgen sowie einer überlegten Ableitung gezielter, realistischer Massnahmen zu trennen. Dies klingt einfacher, als es in der Praxis ist, insbesondere weil die Mitarbeitenden wie vor allem auch das Management höchst sensibel auf Engagement-Ergebnisse reagieren. Kurzschlüsse und übertriebene Massnahmenkataloge sind hier keine Seltenheit. HR-Business-Partner können den Linienverantwortlichen beratend und coachend zur Seite stehen.

Der Provider der Umfrage kann meistens aufgrund seiner Erfahrungen einen wesentlichen Beitrag zu dieser Schulung leisten, aber auch zu den Kommunikations-Massnahmen, wie sie oben erwähnt wurden. Diese Möglichkeit sollte schon beim Vertragsabschluss mit dem Provider berücksichtigt werden.

5.3.8   IT-Unterstützung und Datenmanagement

Die Befragung der Mitarbeitenden zu Engagement und Engagement-Treibern lässt sich aus verschiedenen Gründen (Anonymität, Aufwand, ...) nur online durchführen. Eine entsprechende IT-Applikation muss definiert, eingekauft und/oder entwickelt und dann implementiert werden. Alle Mitarbeitenden sind potenziell Nutzer dieser Applikation. Benutzerfreundlichkeit und kurze Antwortzeiten sind entscheidend. Eine Zusammenarbeit mit einem Engagement-Survey-Provider lohnt sich aus verschiedenen Gründen (erprobte und standardisierte Fragen, Anonymität, IT-Applikation, Benchmarks, Prozess-Know-how, effiziente Auswertungstools usw.). Das Engagement-Management muss auch die Auswahl und die Zusammenarbeit mit einem Provider sowie die reibungslose Nutzung einer IT-Applikation sicherstellen.

Verschiedene heikle Themen müssen dabei sorgfältig analysiert, geplant und umgesetzt werden:

- eingehendes Testing des Online-Fragebogens mit Benutzern vor Start der Umfrage.

- Aspekte der Benutzerfreundlichkeit während Beantwortung (Unterbrechen, Fortfahren, Avisierung und Weiterleitung via E-Mail, Möglichkeiten zum Print usw.).

- Sicherstellen der Anonymität der Befragung (Hosting bei Provider, erzwungene Passwort-Wechsel usw.).

- Welche HR-Daten pro Mitarbeiter werden festgehalten (Rang, Alter, Org.-Einheit, Vorgesetzter usw.)?

- Datenschutz: Dürfen Daten im Ausland beim Provider gehostet werden? Zustimmungsseite zu Beginn der Umfrage usw..

- Wer darf später die Daten wie weiter analysieren? Wie wird die Anonymität gewahrt?

6 Human Capital Interventionen

6.1 Von HCM-Prozessen zu HC-Intervention

Die HCM Prozesse Performance-Management, Portfolio-Management und Engagement-Management liefern als Output eine ansehnliche Menge an Informationen zur Beurteilung des HC. Diese Informationen sind jedoch nur sinnvoll und im Aufwand gerechtfertigt, wenn sie auch Handlungsimplikationen haben bzw. wenn diese Informationen dazu verwendet werden, das HC bzw. die Kompetenzen eines Mitarbeiters, einer Organisationseinheit oder eines ganzen Unternehmens zu verändern, gezielt zu beeinflussen oder die Engagement-Treiber so zu verbessern, dass sie zu mehr Engagement der Mitarbeitenden führen.

Wie im Kapitel 3.3 schon ausgeführt, handelt es sich bei den HC-Interventionen nicht um standardisierte und zwingend notwendige Interventionen im Rahmen von HCM-Prozessen (z.B. Zielvereinbarungsgespräche mit Mitarbeitenden), sondern um die vom einzelnen Vorgesetzten frei wählbaren Interventionen („Discretionary Interventions"), in denen die Informationen aus den HCM-Prozessen steuernd und gestaltend verwendet werden können.

Die Frage stellt sich also, wie die HC-Informationen aus den HCM-Prozessen systematisch genutzt werden können, um das HC bzw. die Engagement-Treiber mittels gezielter Interventionen bzw. HC-Investitionen zu optimieren. Interventionen in das HC im Sinne von Investitionen in die Entwicklung von Mitarbeitenden sind grundsätzlich positiv besetzt, ethisch lobenswert. Mit einem systematischen HCM soll erreicht werden, dass statt gut gemeintem Aktionismus differenziert Interventionen ausgewählt und am richtigen Ort angewandt werden. Dabei spielt das Kriterium der Nachweisbarkeit der Wirkung auf die Wertschöpfung des HC eine zentrale Rolle.

Interventionen in das HC sind unternehmerische Investitionen, und diese müssen wie andere Investitionen begründet, geplant, überwacht und laufend angepasst werden. Die HCM-Prozesse liefern nicht nur Entscheidungsgrundlagen für die Begründung und Planung dieser Investitionen, sondern gewährleisten auch eine Überprüfung der Wirkung im Zeitverlauf. Beispielsweise kann im Portfolio-Management-Prozess überprüft werden, ob eine einmal entschiedene Intervention überhaupt stattgefunden hat. Falls ja, kann ihre Wirkung in den HC-Messgrössen analysiert werden.

Interventionen binden immer bestimmte Akteure ein, praktisch immer den direkten Vorgesetzten, den Mitarbeiter selbst, aber auch interne und externe Anbieter und Ausführende von Interventionen (z.B. Business School und deren Trainer).

Die Liste solcher frei wählbaren Interventionen ist lang, von Führungspraktiken, Ausbildungsangeboten, Massnahmen zur Entwicklung/Veränderung ganzer Organisationseinheiten (OE) bis zu individuellen Coachings. Aber auch Gehaltserhöhungen, Zuteilung von

Vergünstigungen, Beförderungen sowie strategische Rekrutierung gehören dazu. In diesem Buch werden wir diese Interventionen nicht detailliert beschreiben und diskutieren. Hierfür gibt es ausreichend Handbücher und Übersichten, beispielsweise Bröckermann & Müller-Vorbrüggen, 2006 oder McCauley & Van Velsor, 2004.

Thema ist hier mehr die Schnittstelle zwischen den HCM-Prozessen und den wichtigsten Interventionen. Dabei wird aufgezeigt, welche Informationen aus den HCM-Prozessen einerseits für die Wahl, Durchführung und Überwachung von Interventionen in das HC genutzt werden können, andererseits wird klar, wie die Interventionen selbst von den HCM-Informationen profitieren können (z.B. inhaltliche Gestaltung, Überprüfung der Effektivität usw.).

Für die folgenden Überlegungen ist eine Gliederung der Liste der Interventionen entlang deren Wirkung auf das HC sinnvoll (Scholz, Stein, & Bechtel, 2003):

■ Sicherstellung der **HC-Wertbasis**: Investitionen in unternehmenszielbezogene und eignungsbezogene Beschaffungs- und Ausbildungsprogramme;

■ Kontrolle und Reduzierung des **HC-Wertrisikos**, d.h. Verhinderung ungewünschter Fluktuationen und Leistungs-Lücken durch z.B. zukunftsgerichtete Beförderungen/Nachfolgeentscheidungen, konsequenten Umgang mit leistungsschwachen Mitarbeitenden sowie Bindungs-Massnahmen wie Anreize und Benefits;

■ **HC-Wertsteigerungen** bzw. Verhinderung von Wertminderungen durch förderndes und forderndes Führungsverhalten, durch überlegte Teamzusammensetzungen, durch Organisations- und Kulturentwicklung, durch gezielte Verbesserungen von für das Engagement relevanten Arbeitsbedingungen.

Jede der in Kapitel 6.2 aufgeführten Interventionen gehört primär zu einem dieser Wirkungsfelder, kann aber auch auf andere Felder wirken.

Nicht jede Aktion im Umgang mit Mitarbeitenden ist eine HC-Intervention, die zwingend auf ausgewiesene Entscheidungsgrundlagen aus den HCM-Prozessen angewiesen ist. Oft reicht der gesunde Menschenverstand oder das zeitnahe Ergreifen einer sich bietenden Chance. Entscheidungen über Eingriffe in das HC, die auf systematischen Informationen aus den HCM-Prozessen abgestützt sind, haben jedoch folgende wichtigen Vorteile:

■ Die Intervention ist für alle Beteiligten (Mitarbeiter, Vorgesetzte, Budgetverantwortliche, Ausbilder usw.) detaillierter begründbar.

■ Das Ziel einer Intervention (z.B. Schulungsinhalte, prioritäre Themen in einem Coaching usw.) lässt sich genauer umschreiben.

■ Interventionen als „Package" können ganzheitlicher aufeinander abgestimmt und strategisch ausgerichtet werden.

■ Die Wirkung der einzelnen Interventionen lässt sich einfacher und treffender überprüfen, vergleichen und bewerten.

- Die betroffenen Mitarbeitenden erhalten mehr Transparenz über die Entscheidungskriterien und gewinnen so mehr Vertrauen in die Fairness wichtiger Personal- und Investitionsentscheidungen.

6.2 Steuerung und Gestaltung von HC-Interventionen

Im Folgenden sind kurz die wichtigsten HC-Interventionen aufgeführt. Dabei werden die Aspekte beleuchtet, die primär für deren Rolle im Rahmen eines HCM relevant sind und weniger die methodische und inhaltliche Themen der Ausgestaltung dieser Interventionen. Anschliessend ist jeweils beschrieben, wie standardisierte HC-Messgrössen und systematische HCM-Prozesse

- den Führungskräften aufzeigen helfen, wer, warum welchen Bedarf dafür hat, und wie die Wirkung überprüft werden kann (**Steuerungsinformationen**);

- den Anbietern und Gestaltern solcher Interventionen Hinweise darüber liefern, wie die Inhalte und Methoden/Instrumente dieser Interventionen optimiert werden können und ihre Wirkung belegt werden kann (**Gestaltungsinformationen**).

Die folgende nicht abschliessende Auflistung von Interventionen mitsamt dem Informationsfluss aus den HCM-Prozessen legt dar, wie wertvoll und potenziell nutzbringend ein systematisches HCM für eine optimierte Investition in das HC sein kann. Es zeigt sich auch, dass für eine noch bessere Evaluation der Effektivität und des Impacts von HC-Interventionen noch viel – meist ungenutztes – Potenzial vorhanden ist. Siehe dazu auch Kapitel 9.

6.2.1 Führungsverhalten

Führung auf allen Stufen, vom Team-Leiter bis zum CEO, hat einen zentralen Einfluss auf das HC. Siehe die Umfrageergebnisse in der IBM Human Capital Study 2008 (Lesser & DeMarco, 2008). Führungskräfte sind nicht nur für die Durchführung der HCM-Prozesse sowie für die Entscheidungen über andere HC-Interventionen verantwortlich, sondern haben mit ihrem Verhalten und ihrem Stil entscheidenden direkten Einfluss auf das ihnen unterstellte HC. Die Bindung eines Mitarbeiters an ein Unternehmen ist stark vom direkten Vorgesetzten beeinflusst (vgl. Harter, Schmidt, Killham & Agrawal, 2009, oder Davenport & Harding, 2010). Menschen kommen zu Unternehmen, aber sie verlassen Vorgesetzte. Respekt gegenüber den Mitarbeitenden, konstruktives Feedback, Kommunikation der kurz- und längerfristigen Ziele, Vorbildfunktion sowie Trainer on-the-Job sind nur einige der Facetten von Führungsverhalten, die das HC optimieren. Selbstverständlich unterscheiden sich die HC-relevanten Führungsthemen je nach Hierarchiestufe. Einem Teamleiter obliegt es, zu seinen direkten Mitarbeitenden ein verlässliches, förderndes und forderndes Vertrauensverhältnis zu schaffen. Ein CEO kann zusätzlich und primär über Kommunikation und strategische Steuerung sowie faires Abwägen zwischen Unternehmens- und Belegschaftinteressen das HC positiv beeinflussen. Praktisch alle übrigen HC-Interventionen sind in ihrer Wirkung durch das begleitende und verstärkende Verhalten der involvierten Führungskräfte mitbestimmt. Ein Training off-the-Job kann seine Wirkung erheblich vergrössern, wenn die Mitarbeitenden von ihrem Vorgesetzten erstens entsprechend darauf eingestellt und dafür motiviert sind und zweitens der Transfer des Gelernten in die Praxis durch den Vorgesetzten begleitet, gefördert und überwacht wird.

HCM mit seinen Prozessen ist an sich eine Führungsaufgabe und, wenn man diese systematisch und seriös wahrnimmt, wird das alleine schon die Führungsqualität eines Unternehmens steigern (z.B. Mitarbeitergespräche, Nachfolgepläne, Organisationsentwicklungen zur Steigerung des Engagements usw.). Der konkrete Output der HCM-Prozesse liefert zusätzlich wertvolle Einsichten dazu, wo und wie die Führung von Mitarbeitenden weiter verbessert werden kann.

Steuerungsinformationen:

- Die Engagement-Umfrage liefert auf Team- und Bereichsstufe relativ differenzierte Angaben über die durch die Mitarbeitenden wahrgenommene Führungsqualität. In der Aktionsplanung des Engagement-Managements werden Massnahmen hergeleitet, die den Engagement-Treiber „Direkter Vorgesetzter" adressieren. Beispielsweise, wenn in einem Bereich die Menge und Art der Kommunikation von oben nach unten als ungenügend beurteilt wird, werden die betroffenen Vorgesetzten Wege suchen müssen, diese Kommunikation zu verbessern und indirekt das Engagement der Mitarbeitenden weiter zu erhöhen. Im Zeitverlauf wird die Engagement-Umfrage zeigen, ob die entsprechenden Massnahmen seitens der Führung Wirkung gezeigt haben.

- Eine Führungskraft mit direktunterstellten Vorgesetzten erhält mit dem Engagement-Management ergänzende Informationen zur Führungsqualität ihrer unterstellten Vorgesetzten. Nach einer entsprechenden Analyse und einem Abgleich mit anderen Bewertungen aus dem Performance-Management kann sie ihren unterstellten Vorgesetzten differenziert Führungsziele formulieren, mit dem Zweck, den Engagement-Level ihres gesamten Bereichs zu verbessern. Für unterstellte Vorgesetzte, die in ihren Teams im Zeitverlauf immer tiefe Engagement-Level aufweisen, muss eine Umplatzierung oder gar Kündigung in Betracht gezogen werden.

- Die Zielvereinbarungs- und Zielerreichungsgespräche im Performance-Management wie auch die Kommunikation der Potenzialeinschätzung (Entwicklungsgespräche) verbessern nicht nur den Kontakt und das Vertrauen zwischen Vorgesetztem und Mitarbeiter, sondern liefern dem Vorgesetzten auch wertvolle Hinweise darüber, wie und wo er sein Führungsverhalten an einzelne Mitarbeitende anpassen kann.

- Die Kalibrierungen in den Portfolio-Review-Meetings helfen dem Vorgesetzten, seine HC-Beurteilungen zu differenzieren und treffsicherer zu machen. Dies führt zu einer impliziten Förderung der Leistungskultur. Die Analysen anhand z.B. des Leistungs-/ Portenzial-Grids und die Diskussionen im Portfolio-Review-Meeting zeigen auf, bei welchen Mitarbeitenden welche Umplatzierungen sinnvoll sind. Mit dem Verfolgen der Einstufungen von Jahr zu Jahr lässt sich die Treffsicherheit in der Beurteilung verbessern.

Gestaltungsinformationen:

- Das Kompetenz-Modell und die Liste der Engagement-Treiber liefern dem Vorgesetzten eine Begrifflichkeit und Sprache, die ihm hilft, sein Führungsverhalten differenziert zu reflektieren. Die systematischen Vergleichsmöglichkeiten bei den Beurteilungen von Leistung und Potenzial auch mit benachbarten Organisationseinheiten verleihen einer Führungskraft einen sichereren Stand in diesbezüglichen Diskussionen mit Mitarbeitenden.

- Ein systematisches HCM mit seinen standardisierten Prozessen konkretisiert und strukturiert einen wesentlichen Teil der Führungsaufgaben und fördert dadurch ein gemeinsames Verständnis von Führung. Die Gestaltung der Aus- und Weiterbildung von Führungskräften kann sich an den HCM-Prozessen orientieren. Vergleichende Analysen der Nutzung der HCM-Instrumente in verschiedenen Organisationseinheiten machen den Erfahrungsaustausch unter Führungskräften einfacher und gehaltvoller.

6.2.2   Rekrutierung

Die Rekrutierung neuer Mitarbeitender ist in grösseren Unternehmen ein eigener HR-Prozess, in dem die Instrumente, Kriterien, internen Abläufe (von der Erstellung eines Anforderungsprofils, über das „Sourcing" bis zur Vertragsabwicklung) und externen Kanäle definiert sind. Diese Prozesse unterscheiden sich sinnvollerweise je nach Situation des Arbeitsmarktes und je nach Land oder Region. Eine konkrete Rekrutierung eines neuen Mitarbeiters kann eine Vakanz, z.B. in Folge einer Pensionierung, füllen oder strategisch gezielt ein Team mit neuen Skills ergänzen. Präzision des Anforderungsprofils, geschickte Nutzung des Arbeitsmarktes sowie Validität der Selektionsinstrumente sind Aspekte der Rekrutierung, die wesentlich die Schaffung der HC-Wertbasis beeinflussen.

Steuerungsinformationen:

- Ein verankertes Kompetenz-Modell mit definierten Kompetenz-Anforderungen pro Stufe oder gar Position macht die Formulierung eines Anforderungsprofils an einen zu rekrutierenden Mitarbeiter einfacher und präziser. Die Kommunikation zwischen Führungskräften und Rekrutierungs-Spezialisten wird dadurch gehaltvoller, eindeutiger und effizienter. Dies ist besonders wichtig, wenn besondere Kompetenzen gefordert sind. Das Kompetenz-Modell dient aber auch in allen anderen Fällen als Basis für die Selektionsinstrumente (z.B. strukturiertes Interview) in einem Rekrutierungsprozess.

- Die strategisch ausgerichtete Portfolio-Sichtweise eines Vorgesetzten auf sein HC-Portfolio (Portfolio-Management) generiert wertvolle Informationen, ob und wenn ja welche Kompetenzen durch Rekrutierung neuer Mitarbeitenden komplettiert werden sollen.

■ Die Ergebnisse der Engagement-Umfrage liefern ein genaueres Bild der Arbeitsbedingungen und der „Kultur" in einem Unternehmen. Dadurch kann so etwas wie die „kulturelle Passung" schon in der Rekrutierung gesteuert werden. Diese Passung kann nicht nur auf Stufe Gesamtunternehmen angestrebt werden, sondern die Engagement-Treiber können auf Stufe Organisationseinheiten oder gar grösseren Teams analysiert und dem Rekrutierer zur Verfügung gestellt werden. Dabei werden nicht nur die Sonnenseiten einer Position in einem Bereich vermarktet, sondern es kann auch in der Selektion präziser berücksichtigt werden, wie weit ein Bewerber fähig und willens ist, die „Schattenseiten" der Führungs- und Organisationskultur (z.B. problematische Work-Life-Balance) einer Position zu bewältigen.

■ Eine Analyse der Vielfalt in einem Team und eine Einschätzung der Art und Menge künftig benötigter Kompetenzen dienen als systematische Begründung für strategische Rekrutierungsinitiativen. Eine Diskussion und Kalibrierung aller Mitarbeiter-Beurteilungen durch ein Management-Team können auch aufzeigen, ob sinnvollerweise Vakanzen zuerst durch interne Verschiebungen und Beförderungen gedeckt werden können oder ob auf dem externen Markt rekrutiert werden muss.

Gestaltungsinformationen:

■ Das Kompetenz-Modell bildet das Raster der Wahl für die inhaltliche Gestaltung standardisierter Selektionsinstrumente. Beispielsweise sollte ein Assessment bei der Selektion von Bewerbern ab einer bestimmten Führungsstufe auf den für Führungsfunktionen relevanten Kompetenzen des unternehmerischen Kompetenz-Modells aufgebaut sein.

■ Die Informationsmittel (Broschüren, Auftritte usw.) zur Anwerbung von interessierten Personen können auf der Basis des unternehmensweiten Profils der Engagement-Treiber-Werte konkretisiert und fundiert werden.

■ Die Rekrutierungsabteilung kann die rekrutierten und eingestellten Mitarbeitenden hinsichtlich Leistungs- und Potenzial-Beurteilungen sowie Engagement-Wert (aggregiert) auf ihrem Weg verfolgen und daraus Schlüsse ziehen, wie gut die Rekrutierung und das „Onboarding" ihre Funktion erfüllen.

■ Wenn im Rahmen des Portfolio-Managements die Personalplanung adressiert wird, dann werden auch die Rekrutierungsaufträge insgesamt planbarer.

■ Dank der erweiterten Übersicht über die benachbarten Organisationseinheiten vorhandenen Mitarbeitenden mit (horizontalem oder vertikalem) Potenzial kann vor oder parallel zu einer Rekrutierung auf dem externen Personalmarkt der „interne Personalmarkt" gesichtet werden. Erst dadurch wird eine Basis für eine Rekrutierung geschaffen, die alle relevanten Märkte bearbeitet und nutzt.

6.2.3   Anreiz- und Lohnsystem

Mit dem Gehalt und anderen monetären Entschädigungen „kauft" ein Unternehmen das HC eines Mitarbeiters. Der Mitarbeitende erzielt mit seinem zur Verfügung gestellten HC eine entsprechende monetäre Rendite. Dieses Tauschgeschäft ist in einen Arbeitsmarkt eingebunden, in dem auch verschiedene dritte Akteure wie Gewerkschaften die Löhne mitbestimmen. Die Gehälter sind für die Bilanz eines Unternehmens die wohl grösste Intervention oder Investition in die Wertbasis seines HC. Administrativ ist diese Intervention sehr aufwändig und verlangt nach hoher Qualität und Sicherheit. Das Lohnsystem muss Stufen, Job-Familien, Regionen usw. berücksichtigen, und das Anreizsystem sollte flexibel auf wichtige Segmente oder gar Individuen ausrichtbar sein.

Steuerungsinformationen:

- Das Performance-Management liefert mit der Beurteilung der Gesamtleistung eines Mitarbeiters die bedeutsamste Information für die individuelle Differenzierung des Gehalts, inkl. der Zuschüsse wie Boni etc. Die Beurteilung des Potenzials kann im Sinne einer einmaligen Bindungs-Massnahme ebenfalls für die Festlegung eines Bonus verwendet werden.

- Ein systematischer Vergleich (innerhalb einer Gehaltsstufe) von individuellen Gehaltserhöhungen und Boni mit vorangehenden Leistungs- und Potenzialbeurteilungen liefert einem Vorgesetzten aussagekräftige Informationen darüber, ob er die HC-Interventionen „Gehaltserhöhung" und „Bonus" optimal einsetzt. Damit wird nicht nur erreicht, dass Gehälter und Boni fairer verteilt werden, sondern es lässt sich auch verfolgen, ob diese „teure" Investition in das HC wirkungsvoller genutzt wird.

Gestaltungsinformationen:

- Eine Auswertung der Engagement-Treiber im gesamten Unternehmen kann Hinweise darauf liefern, wie einzelne Mitarbeitergruppen (z.B. Altersklassen, Führungsstufen, Leistungsklassen) die verschiedenen Formen der Belohnung (Respekt und Lob durch Vorgesetzte, Basisgehalt, Boni, Vergünstigungen) bewerten und welchen Einfluss sie auf das Engagement haben. Basierend auf solchen Analysen können die Struktur und die Variation der Vergütung angepasst werden.

6.2.4   Formelle Aus- und Weiterbildung

In einer sich immer schneller verändernden Welt kommt ein Unternehmen nicht darum herum, selbst in die Aus- und Weiterbildung der Kompetenzen ihrer Mitarbeitenden zu investieren und nicht nur gut ausgebildete Mitarbeitende am Markt zu rekrutieren. Sei es in eine fachliche Grundausbildung von Schulabgängern (Auszubildende) oder in die Weiterbildungen von bestehenden Mitarbeitenden. Bildungsinhalte können fachlicher Natur (Wissen und Fertigkeiten) oder verhaltensbezogen (z.B. zwischenmenschliches Verhalten, Beratungsprozesse usw.) sein. Aus- und Weiterbildung sichert und steigert primär die HC-Wertbasis. Ein attraktives Angebot an Weiterbildungsmöglichkeiten beeinflusst aber auch die Bindung der Mitarbeitenden und reduziert das HC-Wertrisiko. Aus bildungsökonomischer Sicht macht eine Unterscheidung in firmenspezifische und allgemeine Bildungsinhalte Sinn (vgl. Becker, 1993). Theorien und Modelle eines strategischen Wissensmanagements thematisieren zunehmend die (externe) Herkunft und Verfügbarkeit von Wissen im Verhältnis zum unternehmensspezifischen Beitrag zur Sicherung und Steigerung von strategisch relevantem Wissen bzw. Kompetenzen (vgl. Von Krogh & Wallin, 2011). Bildungsangebote mit Inhalten, die ein Mitarbeiter auch in einem Konkurrenzunternehmen anwenden kann, sind Investitionen, die aus unternehmerischer Sicht anders zu beurteilen sind als Inhalte, die nur im eigenen Unternehmen umgesetzt werden können. Bei Ersteren ist es vermutlich effizienter, entsprechenden Einfluss auf die Bildungslandschaft eines Landes zu nehmen, als selbst direkt die Investition zu tätigen. Der konkrete Aufwand in Bildung wird meist nur für Interventionen off-the-Job ausgewiesen, der relativ beachtliche und wichtige Aus- und Weiterbildungsanteil on-the-Job kann nur schwer beziffert werden. Aus HC-Sicht ist weniger die Gesamtinvestition in Bildung relevant, als vielmehr die gezielte Verteilung auf die richtigen Mitarbeitenden und die Wahl der effektivsten Bildungsmethode (on-the-Job – off-the-Job, betreutes Lernen – E-Learning usw.). Diese Optimierungen verlangen nach zuverlässigen und objektiven Beurteilungen des Ausbildungsbedarfs bei den Mitarbeitenden sowie einer eingehenden und verlässlichen Überprüfung der Wirkung der verschiedenen Methoden.

Viele Firmen investieren kräftig in Aus- und Weiterbildung. Dieses Investment wird in Jahresberichten verwendet, um das Commitment des Unternehmens in sein HC zu belegen. Die Anzahl Ausbildungstage für sich alleine sagt jedoch relativ wenig aus. Erst wenn sichergestellt ist, dass diese Investition auch den richtigen Mitarbeitenden zugutekommt und für wirkungsvolle Lernmethoden verwendet wird, lässt sich abschätzen, wie effektiv das Investment ist und ob es überhaupt einen Return on Investment erzielt oder nicht. Es gibt empirische Hinweise, dass der totale Aufwand für Trainings zur Entwicklung von Mitarbeitenden negativ mit dem Zuwachs an Shareholder-Value korreliert sein kann, und dass dies vermutlich daher rührt, dass der Einsatz von Trainings zu wenig zielgerichtet ist, den falschen Mitarbeitenden zugutekommt (vgl. Pfau & Kay, 2002).

Steuerungsinformationen:

- Das Portfolio-Management mit seiner Portfolio-Sicht auf das HC ist ein mächtiges Werkzeug, um systematisch und begründet zu entscheiden, welche Mitarbeitenden für welche Aus- und Weiterbildungsinvestitionen „geeignet" sind. Im Falle begrenzter Ressourcen (z.B. für teure externe Weiterbildungen wie MBA oder Executive Seminars) hilft das Portfolio-Review-Meeting bei der Wahl der Mitarbeitenden mit dem vermutlich grössten Return on Investment aus einer Weiterbildungsintervention.

- Nicht jede Aus- und Weiterbildung muss im Portfolio-Review-Meeting thematisiert werden. Schon ein Zielvereinbarungs- oder Zielerreichungsgespräch und ein rudimentärer individueller Entwicklungsplan können – beispielsweise bei festgestellten Kompetenz-Lücken – für eine begründete Entscheidung für konkrete Weiterbildungsmassnahmen ausreichend sein.

- Das Portfolio-Management kann die Koordination der verschiedenen Aus- und Weiterbildungsmassnahmen bei einzelnen Mitarbeitenden erleichtern, weil dort die wichtigsten Interventionen, insbesondere die aufwändigeren Aus- und Weiterbildungsinterventionen, besprochen werden und so z.B. Überlastungen durch Weiterbildung verhindert werden können.

■ Auf Unternehmensbereichs-Ebene lässt sich überprüfen, in welchen Zellen des Portfolio-Grids welche und wie viele Aus- und Weiterbildungsinterventionen durchgeführt wurden, im Vergleich zu den Empfehlungen pro Grid-Zelle . Dies erlaubt zumindest eine systematischere Diskussion über die Verteilung dieser Investitionen im Hinblick auf eine Wirkungs-Optimierung dieser Investitionen.

■ Eine systematische Gegenüberstellung der individuell getätigten Bildungsinvestitionen und der Position im Portfolio-Grid und eventuell seiner Engagement-Werte liefert dem Vorgesetzten ein erstes Bild über die Wirkung seiner Investitionen in Aus- und Weiterbildung.

Gestaltungsinformationen:

■ Ein systematisches HCM mit seinen standardisierten Messgrössen und Prozessen ist eine wertvolle Grundlage dafür, dass teure Aus- und Weiterbildungsinterventionen bewusster, professioneller, gezielter und koordinierter eingesetzt werden. Gewisse Angebote können explizit auf die Position im Leistungs-/Potenzial-Grid auf einer bestimmten Stufe beschränkt werden. Dies erhöht die Transparenz und die Fairness in der Vergabe von Weiterbildungsinvestitionen, was wiederum das Engagement der Mitarbeitenden und das Image der Anbieter positiv beeinflussen kann.

■ Das Kompetenz-Modell ist ein Raster, eine Sprache in der die Themen und Ziele der Aus- und Weiterbildungsangebote festgestellt, präzisiert und in der Ausgestaltung von Bildungsangeboten verwendet werden. Konkret kann eine Analyse der Kompetenz-Ratings im Performance-Management (Gap-Analyse) die relevanten Stärken und Schwächen präzisieren und den Ausbildungsbedarf insgesamt in einer Organisation abschätzen helfen.

■ Mit jeder Engagement-Umfrage erhält das Unternehmen insgesamt und jeder Bereich Feedbacks der Mitarbeitenden dazu, wie gut das Weiterbildungsangebot wahrgenommen wird. Anpassungen im Angebot insgesamt, in der Kommunikation über das Angebot und im Prozess der Zuteilung können somit auf konkrete Fakten abgestellt und entsprechend optimiert werden.

■ Die Überprüfung der Wirksamkeit von einzelnen Aus- und Weiterbildungsinvestitionen und deren Einfluss auf das Geschäftsergebnis (Impact) insgesamt sind sehr anspruchsvoll und methodisch komplex. Die Verfügbarkeit von HC-Daten auf Stufe der Mitarbeitenden und die Veränderungen im Zeitverlauf sind ein grosser Schritt in Richtung einer vertieften Analyse der Wirksamkeit. Die konkreten Analysen bleiben komplex, aber es liegen zumindest verlässliche und standardisierte Daten vor, die weiter führen als reine Happy-Sheets am Ende von Ausbildungsveranstaltungen. Im Kapitel 9 wird vertiefter auf die Wege und Methoden solcher Auswertungen eingegangen.

6.2.5   Beförderungen / Nachfolgeentscheidungen

Nachfolge-Entscheidungen und „Verschiebungen" von Mitarbeitenden in andere, höhere Funktions- und Lohnklassen betreffen in erster Linie das HC-Wertrisiko. Dabei gilt es sicherzustellen, dass überhaupt entsprechende Kandidaten vorhanden und bekannt sind. Die Selektion des besten Nachfolgers, z.B. für eine Führungsposition, vermeidet HC-Einbussen oder gar Lücken. Der Übergang, die Transition von einer Funktion in die nächsthöhere ist sowohl aus Sicht des Mitarbeiters wie des Unternehmens eine oft risikobehaftete Investition, für die es sich lohnt, entsprechenden Analyse- und Betreuungsaufwand zu leisten. Entscheidungen über Beförderungen sind immer auch vor dem Hintergrund der Firmenstrategie und des Arbeitsmarktes zu beurteilen. Berücksichtigt und fördert man für Nachfolgeentscheidungen interne Kandidaten oder sucht und findet man diese auf dem externen HC- bzw. Personalmarkt?

Nachfolgepläne können als Nachwuchspools geführt werden, in denen noch nicht genau definiert ist, wer für welche Position infrage kommt. Nachfolgepläne im engeren Sinne legen genau fest, welche Kandidaten für welche Position vorgesehen sind.

Steuerungsinformationen:

■ Das Potenzial-Leistungs-Grid identifiziert auf relativ objektive Weise die Mitarbeitenden, die für Beförderungen infrage kommen, und die – z.B. im Rahmen von Nachwuchspools oder Förderkreisen – auf eine solche Beförderung oder Nachfolge vorbereitet werden sollen.

■ Zum Zeitpunkt einer konkreten Nachfolge- oder Beförderungsentscheidung kann auf die Nachfolgepläne oder Nachwuchspools zurückgegriffen werden. Fehlbesetzungen können dadurch eher verhindert werden.

■ Die Kalibrierung und Offenlegung von Nachwuchskandidaten im Portfolio-Review-Meeting über benachbarte Organisationseinheiten hinweg erleichtern die Bildung und Nutzung von Nachwuchspools.

■ Vorgesetzte können die Qualität ihrer Beförderungs- und Nachfolgeentscheidungen überwachen, indem sie die ausgewählten und beförderten Mitarbeitenden auf dem weiteren Weg via deren späteren Leitungs- und Potenzialeinschätzungen verfolgen.

Gestaltende Informationen:

■ Die inhaltliche Qualität von Nachwuchsplänen und Nachwuchspools wird durch ein systematisches HCM gefördert. Dies ist auch mit einem klassischen „Talent Management" erreichbar (vgl. Enaux & Heinrich, 2011). Ein umfassendes HCM erlaubt aber zusätzliche Qualitätssicherungen z.B. durch eine Auswertung darüber, wie hoch das Engagement der identifizierten Nachwuchskräfte ist und welches deren Engagement-Treiber sind. Dies liefert Hinweise darüber, welche Massnahmen (zur Engagement-Steigerung) in diesem Segment besonders Erfolg versprechend sind.

■ Eine Auswertung der Engagement-Treiber kann aufzeigen, wie die Mitarbeitenden das Angebot an Karrieremöglichkeiten und Karrierepfaden wahrnehmen, ob die Beförderungen und Nachfolgeentscheidungen für sie transparent erscheinen usw. Daraus lässt sich ableiten, ob und wo es Sinn macht, konkrete Karrierepfade zu bestimmen und zu kommunizieren.

■ Sämtliche Nachfolgeentscheidungen einer Periode können dahin gehend überprüft werden, wie weit bei ihnen auf „offizielle" Nachwuchskandidaten oder auf Nachwuchspools zurückgegriffen worden ist. Daraus lässt sich ersehen, wie wirkungsvoll die Nachwuchspläne sind, und was allenfalls in deren Besetzung und Offenlegung geändert werden muss.

6.2.6   Kündigungen

HC-Interventionen sind üblicherweise Investitionen. Aber auch eine De-Investition kann eine sinnvolle Intervention sein. Kündigungen des Vertrags zwischen dem Unternehmen und Mitarbeitenden können von beiden Seiten ausgesprochen werden. Entlassung von Mitarbeitenden seitens Unternehmen können wegen Minderleistung oder Fehlleistung eines Mitarbeiters erfolgen oder aus betriebswirtschaftlichen Gründen, wenn beispielsweise eine Produkt-Linie eingestellt oder ein Marktsegment verlassen wird und deshalb weniger Mitarbeitende benötigt werden. Mit jeder Kündigung wird das HC vermindert, zumindest bis ein Ersatz eingestellt wird. Die Wirkungen einer Kündigung auf das HC sind vielfältig. Sie reichen von allgemeiner Steigerung des Mitarbeiter-Engagements im Falle einer Entlassung eines fehlbaren oder unfähigen Vorgesetzten bis hin zu einer generalisierten De-Motivation und zum Vertrauensschwund seitens der Mitarbeitenden, wenn Entlassungen mit kurzfristigen Kostenoptimierungen begründet werden. De-Investitionen von HC, gewollt oder ungewollt (Kündigung durch leistungsfähige Mitarbeitende), sollten deshalb gut durchdacht und in ihrer Wirkung eingehend analysiert werden. Kündigungen verändern primär die HC-Wertbasis, wirken indirekt aber auch auf die HC-Wertsteigerung. Voraussicht oder Verhinderung von ungewollten Kündigungen reduzieren das HC-Wertrisiko.

Steuerungsinformationen:

■ Wenn Entlassungen aus wirtschaftlichen Gründen anstehen, hat der Vorgesetzte mit den kalibrierten Leistungs-, aber auch Potenzialeinschätzungen eine Basis zur Hand, die als ein Kriterien für die Wahl der zu entlassenden Mitarbeiter verwendet werden können.

■ Entlassungen von Schwachleistern lassen sich einfacher abwickeln, wenn eine systematische und kalibrierte Leistungsbeurteilung über einen Zeitraum hinweg vorliegt, als wenn auf einmalige und schwer vergleichbare Einschätzungen eines einzelnen Vorgesetzten abgestellt werden muss.

Gestaltungsinformationen:

■ Systematische Analysen von (ungewollten) Kündigungen in einem Organisationsbereich pro HC-Portfolio-Position und nach Engagement-Treiber-Werten der weggezogenen Mitarbeitenden liefern zusätzlich zu Austritts-Interviews Hinweise darüber, was allenfalls getan werden kann, um solche Kündigungen in Zukunft zu verhindern oder Entlassungen besser vorzubereiten.

■ In gezielten und im Portfolio-Management bestätigten Mitarbeiter-Segmenten (z.B. High Potentials, Hochleister in Schlüsselpositionen) kann eine zusätzliche Einschätzung des Abwanderungs-Risikos („Risk of Leaving") vorgenommen werden. Dadurch können in kritischen Segmenten ungewollte Kündigungen allenfalls verhindert oder es können rechtzeitig konkrete Nachfolgekandidaten bestimmt werden.

6.2.7   Individuelle Förderung

Individuelle Förderung könnte auch als eigenständige Form der Aus- und Weiterbildung verstanden werden. Die heutige Praxis kennt jedoch so viele Instrumente zur individuellen Förderung in einem Unternehmen, dass sich „Individuelle Förderung" pragmatisch als separate Gruppe von Interventionen anbietet. Bekannteste Instrumente sind Coachings, Mentorings, 360°-Feedback-Beurteilungen, Development Center, Spezialaufgaben mit Management-Attention usw. Das Spezielle an diesen Instrumenten ist, dass jeweils eine dritte Instanz (neben dem Vorgesetzten und seinem Mitarbeiter) ins Spiel kommt, nämlich der Coach, ein Mentor, Peers bei der 360°-Beurteilung oder Experten als Beobachter in einem Development Center. Gerade der von diesen Drittpersonen zu leistende Aufwand macht einen wesentlichen Teil der Investition aus. Die Auftragsklärung ist bei der individuellen Förderung der entscheidende Qualitätsaspekt. Die wohl bedeutsamste individuelle Förderung erfolgt meist durch den Vorgesetzten selbst, z.B. durch deren Vorbildfunktion. Diese ist jedoch unter der Intervention „Führungsverhalten" subsumiert.

Steuerungsinformationen:

■ Im Wesentlichen sind es dieselben Punkte wie bei Entscheidungen über formelle Aus- und Weiterbildungen.

■ Der Drittperson (z.B. Coach) dienen präzise Informationen aus der Beurteilung des zu fördernden Mitarbeiters. Das können individuelle Beurteilungen sein (z.B. Potenzial mitsamt Begründung), aber auch Erläuterungen zum Arbeitsumfeld (z.B. die Engagement-Treiber in der Organisationseinheit des zu fördernden Mitarbeiters), die z.B. für die Themen in einem Coaching oder die Besprechung von Massnahmen nach einem 360°-Feedback mitbestimmend sein können.

■ Individuelle Fördermassnahmen sind insbesondere empfehlenswert für Mitarbeitende, die neu in einer Funktion oder Position („Transition") sind. Im Portfolio-Review-Meeting können diese „Transition"-Fälle explizit thematisiert werden und es kann über geeignete Massnahmen entschieden werden.

Gestaltungsinformationen:

■ Analysen des Förder-Erfolges und entsprechende Anpassungen in den Fördermethoden können mit einer Beobachtung des Geförderten über mehrere Jahre im Portfolio-Grid oder auch nur im Kompetenz-Rating erfolgen.

■ Bei der Gestaltung eines bereichsspezifischen Development-Center können die Engagement-Treiber-Profile zur inhaltlichen Gestaltung der Szenarien/Simulationen beigezogen werden im Sinne einer kulturellen Passung.

■ Ausgewählte und aufwändige individuelle Fördermassnahmen (z.B. 360°) können auf Quadranten im Leistungs-/Portfolio-Grid begrenzt werden.

6.2.8   Organisationsentwicklung

Organisationsentwicklung oder kurz OE verstehen wir im Rahmen eines HCM als Interventionen, die die Zusammensetzung, die Organisation und Arbeitsweise/Kultur eines Teams oder Bereichs verändern bzw. optimieren. Darunter subsumiert sind Kulturinitiativen wie Info-Veranstaltungen und Workshops, Platzierungsentscheidungen für Gruppen von Mitarbeitenden, gezielte regionale oder bereichsbezogene Rotationen bis hin zu Aufbau- und Ablauf-Reorganisationen. Dabei spielt das Management der damit verbundenen Veränderungsprozesse eine entscheidende Rolle.

Steuerungsinformationen:

■ Wichtige Inputs für solche Interventionen können aus den Portfolio-Review-Meetings oder den Engagement-Umfragen kommen. Diese liefern Hinweise, wer betroffen ist und warum bzw. was das Ziel solcher Massnahmen sein muss.

Gestaltungsinformationen:

■ Der Effekt von OE-Interventionen kann in der nächsten Engagement-Umfrage überprüft werden, sofern sichergestellt ist, dass die Vergleichsgruppen gebildet und ausgewertet werden können.

■ OE-Interventionen sind oft einmalig, und deshalb kann auch ein systematisches HCM eher wenig dazu beitragen, die Art und die Form einer solchen Intervention mitzugestalten. Eine Analyse der Engagement-Treiber in einem betroffenen Organisationsbereich kann Hinweise geben, wo Widerstand zu erwarten ist oder welche Engagement-Treiber besonders berücksichtigt/bearbeitet werden müssen.

7 Strategie und Human Capital Management

> *„HR (respectively Human Capital) should be every company's ‚killer app'. What could possibly be more important than who gets hired, developed, promoted, or moved out the door ? Business is a game, and as with all games, the team that puts the best people on the field and gets them playing together wins. It's that simple."* (Jack Welch, 2006)

Es ist unbestritten, dass sich Investitionen in das HC und folglich ein HCM an der Strategie des Unternehmens oder Geschäftsbereichs orientieren sollten. Mit einem sogenannten „Strategic Fit" kann ein HCM einerseits mithelfen, die Unternehmensstrategie praktisch umzusetzen in Richtung eines längerfristigen unternehmerischen Erfolges und dauerhafter Wettbewerbsvorteile, andererseits kann ein „Strategic Fit" auch dazu beitragen, HC-/HCM-Themen als Chancen und Risiken in die strategische Unternehmensplanung einzubringen. Was ist jedoch genau unter einem „Strategic Fit" des HC bzw. des HCM zu verstehen? Welche Fragen und Entscheidungen sind damit verbunden? Wie kann ein systematisches HCM den „Strategic Fit" konkret herstellen? Liefert ein HCM mit der in Kapitel 3 vorgestellten Architektur neue Antworten auf offene Fragen rund um das Strategiethema?

Im Folgenden werden wir die Bestandteile und Schritte eines „Strategic Fit" des HC beschreiben, bevor wir aufzeigen, welche offenen Fragen dazu ein systematisches HCM klären hilft und wie es konkret den „Strategic Fit" herstellt.

7.1 Bestandteile des „Strategic Fit"

Welches sind die grundlegenden Bausteine eines „Strategic Fit" bzw. einer strategischen Orientierung des HC und des HCM? Dazu wurde schon viel publiziert, eine klare und anerkannte Darstellung und Übersicht fehlt aber noch (vgl. Boxall & Purcell, 2011; Schuler & Jackson, 2008; Hölzle, 2010; Cascio & Boudreau, 2012). Die hier in Abbildung 7.1 vorgeschlagene Übersicht über die Bestandteile (Kästchen) und Schritte (mit Kreisen bezeichnete Übergänge) einer strategischen Orientierung der Verwendung der Ressource HC soll die Ausführungen in diesem Kapitel strukturieren und verdeutlichen.

Abbildung 7.1   Bestandteile des „Strategic Fit"

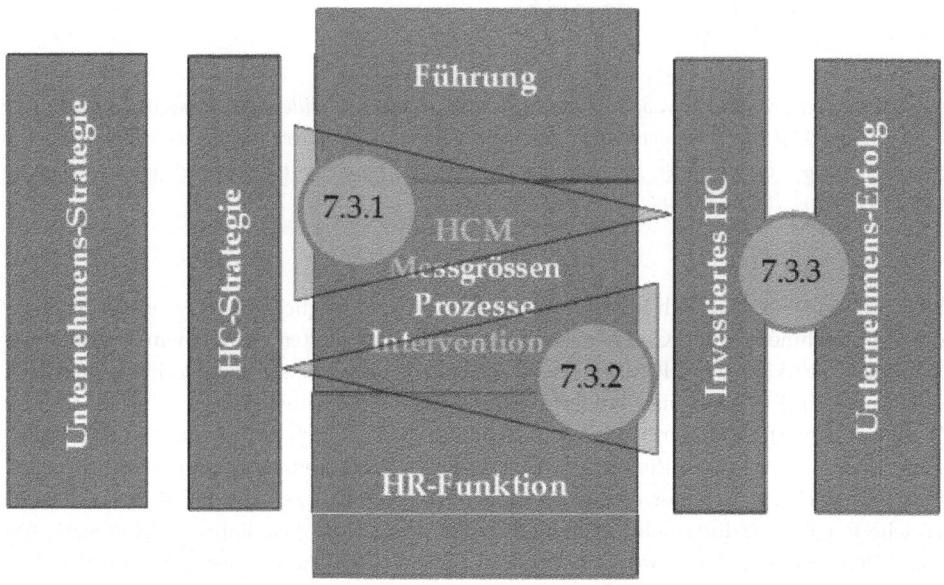

Die Nummerierung in den Kreisen verweisen auf die Unterkapitel

Zunächst zu den einzelnen Bestandteilen (Kästchen) in Abbildung 7.1:

Die **Unternehmensstrategie** als Summe der Entscheidungen und Massnahmen zur Sicherung des langfristigen Erfolges und eines dauerhaften Wettbewerbsvorteils kann in sehr
unterschiedlicher Form vorliegen:

■ als ausformulierte Vision und Mission;

■ als unternehmerische Kernkompetenzen gemäss Prahalad & Hamel (1990);

■ als Statements/Reaktionen zu den fünf Wettbewerbskräften (Neue Wettbewerber, Sub-
  stitution von Produkten und Dienstleistungen, Position/Druck der Kunden, Druck der
  Zulieferer, Rivalität unter Mitbewerbern) von Porter (1979);

■ als Positionierung entlang „operational excellence, product leadership, customer inti-
  macy" (vgl. Ulrich & Beatty, 2001);

■ als ausformulierte mittel- bis langfristige Ziele entlang Geschäftsbereiche oder Märkte,
  dokumentiert in Score-Cards und Strategy Maps (vgl. Kaplan & Norton, 1996);

■ oder in Form von Geschäftsmodellen mit Business-Plänen.

Die **HC-Strategie** als Teil der Unternehmensstrategie spezifiziert den Bedarf an HC (Menge/Art) und legt grob die Mittel und Wege fest, über die das benötigte HC bereitgestellt, entwickelt und investiert/de-investiert werden soll, um Erfolgspotentiale des Unternehmens zu nutzen und den Unternehmenserfolg zu sichern. Es gibt kein allgemeingültiges Formular, entlang dessen eine HC-Strategie gegliedert und „abgefüllt" werden kann. Folgende Fragen mögen hilfreich sein für die konkrete Gliederung einer HC-Strategie:

1. Was soll bis wann erreicht werden und warum?

2. Wie, d.h. mit welchen Mitteln (z.B. systematisches HCM, Interventionen) soll das erreicht werden?

3. Wer (z.B. HR-Funktion, Führungslinie) ist verantwortlich/entscheidungsberichtigt für die Umsetzung der Strategie?

4. An Hand welcher Indikatoren wird die Umsetzung in Jahresziele erreicht und überwacht?

Inhaltlich sollte eine HC-Strategie letztlich folgende Fragen beantworten:

■ Welche Mitarbeiter-Kompetenzen (Wissen, Fähigkeiten, Motivationen) sind für die Erreichung der Unternehmensziele in welchen Mengen erforderlich oder werden nicht mehr benötigt?

■ Welche Positionen/Mitarbeiter-Segmente im Unternehmen sind für die Erreichung der strategischen Ziele von besonderer Bedeutung?

■ Wo gibt es welche Risiken/Chancen in der Bereitstellung des notwendigen HC, in Art und Umfang?

■ Welche Art der Zusammenarbeit, welche Werthaltungen/Überzeugungen und welche Bindung mit dem Unternehmen im Sinne einer Unternehmenskultur sind Erfolg versprechend und gleichzeitig für Mitbewerber schwer nachahmbar?

■ Wie sollen die HCM-Prozesse und –Interventionen gestaltet werden, wo müssen HCM-Schwerpunkte gesetzt werden, um das für den Unternehmenserfolg benötigte HC bereitzustellen und zielführend einzusetzen?

■ Wer (Linie, HR) hat welche Aufgabe und Verantwortlichkeiten im HCM und mit welchen Indikatoren wird die Erfüllung dieser Aufgaben kontrolliert?

Zur Beantwortung dieser Fragen braucht es

■ grundsätzliche Entscheidungen (z.B. zentrale Werte im Umgang mit der Belegschaft, Meritokratie?, Ausmass und Nutzung der Leistungsdifferenzierung? usw.),

■ eine Sicht nach Aussen im Sinne einer Umwelt- und Marktanalyse sowie

■ eine Analyse des benötigten bzw. vorhandenen HC.

Selbstverständlich wird nicht jede ausformulierte HC-Strategie zu allen Fragen/Themen eine Aussage machen. Die Granularität und Vollständigkeit einer HC-Strategie hängt unter anderem davon ab,

◼ ob eine grundsätzlich neue strategische Ausrichtung formuliert wird oder ob zu grossen Teilen eine bewährte und bekannte HCM-Praxis weitergeführt werden kann und lediglich neue Schwerpunkte zu beschreiben sind,

◼ auf welcher Ebene die HC-Strategie konkretisiert werden soll, d.h. auf Ebene des Gesamtunternehmens oder für einen Teilbereich, wo „nur" wichtige lokale Ergänzungen und Präzisierungen vorgenommen werden müssen.

Zudem ist es ein Merkmal überzeugend formulierter Strategien, dass sie die besonders relevanten Themen adressieren und so die Kräfte in der Umsetzung auf einige wenige Stossrichtungen konzentrieren können.

Eine aussagekräftige HC-Strategie entsteht aus einer engen Zusammenarbeit von HR-/HC-Spezialisten und Führungsverantwortlichen auf Unternehmens- oder Geschäftsbereichs-Stufe. Der Bezug zur HCM-Architektur (siehe Kapitel 3) oder zu einem Raster wie die „Organizational Capabilities" (Kompetenzen und Commitment der Mitarbeiter, Werte/Kultur, Agilität in Veränderungen usw.) von Ulrich (2008) kann dabei die Strategiefindung erleichtern. Aufbauend auf den definierten Messgrössen „Kompetenzen" und „Potenzial" können die relevanten Fragen an die Art des benötigten HC konkretisiert und in Form eines unternehmensspezifischen Kompetenz-Modelles dokumentiert werden. Mit der Messgrösse „Engagement-Treiber" wird die anzustrebende Unternehmenskultur skizziert. Die standardisierten HCM-Prozesse stipulieren zudem klare Entscheidungen dazu, wer wie konsequent das HC managen soll und welche Interventions-Entscheidungen wie zu fällen sind.

Die Führung, das HCM und die HR-Funktion (HR-Business-Partner, HCM-Spezialisten, Personalverwaltung) setzen die HC-Strategie konkret um. Die konkreten Wirkungsmechanismen des HCM im Herstellen eines „Strategic Fit" sind im folgenden Kapitel 7.3 erläutert. Wieso unterscheiden wir explizit zwischen Führung, HCM und HR-Funktion? Eine Begründung findet sich schon in Kapitel 2.4. In unserem Verständnis sind die Führungskräfte aller Stufen die entscheidenden und verantwortlichen Akteure des HCM. Spezialisten der HR-Funktion stellen entsprechende Instrumente und Interventionen zur Verfügung und garantieren einen rechtlich einwandfreien Umgang mit den Mitarbeitenden. Wie genau die Arbeitsteilung zwischen HR-Funktion und Linie erfolgen soll, wie die HR-Funktion aufgestellt sein soll und welche Führungsgrundsätze gelten, ist in der HC-Strategie festzuhalten. Die drei Elemente (Führung, HCM, HR) entfalten ihre Wirkung erst voll, wenn sie aufeinander abgestimmt sind, wenn sie zusammenpassen und gemeinsam in die strategisch richtige Richtung ziehen. Diese organisatorische Fähigkeit im strategisch orientierten Umgang mit HC schafft letztlich Wettbewerbsvorteile.

Das **investierte HC** meint das effektiv verfügbare und eingesetzte HC. Die Mitarbeitenden investieren ihr HC in das Unternehmen und das Unternehmen bietet dafür die notwendigen Bedingungen und Anreize. Es entsteht durch konsequentes HCM, durch zielgerichtete

Führung und mit wichtigen Beiträgen der HR-Funktion (z.B. Rekrutierung). Je nach Stand der Umsetzung entspricht es mehr oder weniger den Zielvorstellungen der HC-Strategie. Es leistet, basierend auf den Annahmen der HC-Strategie, einen aktiven Beitrag zur Umsetzung der Unternehmensstrategie in Richtung des beabsichtigten nachhaltigen Unternehmenserfolges, auch wenn die dazugehörigen Wirkungsmechanismen nicht durchweg empirisch ergründet sind (vgl. Kapitel 9.6).

Der **Unternehmenserfolg** ist insbesondere aus HC-Sicht mehrdimensional, wie in Kapitel 1.6.3 dargelegt wird. Kurzfristige finanzielle Erfolge müssen durch längerfristige Perspektiven wie Nachhaltigkeit, Agilität und Soziale Legitimität des Unternehmens ergänzt werden.

Dies alles erscheint recht plausibel und folgerichtig. In der Realität tauchen aber schnell kritische Punkte und komplexe Rahmenbedingungen auf, die einen „Strategic Fit" bzw. eine Passung zwischen Unternehmensstrategie, HC-Strategie und investiertem HC bzw. Unternehmenserfolg erschweren.

7.2 Kritische Themen eines „Strategic Fit"

Eine Durchsicht der Publikationen und Diskussionen zum Thema „Strategie und HRM / HCM" macht deutlich, dass folgende Themen nicht restlos geklärt sind, immer wieder zu Missverständnissen führen oder einer besonderen Beachtung bedürfen. Diese betreffen nicht nur die Ressource HC, sondern werden oft grundsätzlich im „Strategischen Management" thematisiert. Indem wir diese hier kurz beschreiben, hoffen wir weitere Hinweise zu geben, wie ein wirkungsvoller „Strategc Fit" effektiv erreicht werden kann und welchen Vorteil dabei ein systematisches HCM aufbauend auf einer begründeten HCM-Architektur einbringt.

1. **Von der Unternehmensstrategie zur HC-Strategie oder auch umgekehrt?**
   Gemeinhin wird unter einer strategischen Ausrichtung primär ein Vorgehen Top-down bzw. links nach rechts in Abbildung 7.1 verstanden. Die Unternehmensstrategie legt die langfristigen Ziele fest und daran haben sich alle Funktionsbereiche wie IT, Marketing oder HR zu halten. Hauptthema einer strategischen Ausrichtung ist dann lediglich das deduktive, mechanistische Ableiten der Bereichsziele aus den Unternehmenszielen. Das HC und mit ihm das HCM würden so zum reinen „Erfüllungsgehilfen" der Unternehmensstrategie (vgl. Meifert, 2011). In der betrieblichen Realität sind die Mechanismen jedoch nicht ganz so einseitig. Nicht nur die Denker in der Zentrale des Unternehmens erarbeiten strategisch relevantes Wissen und leiten daraus übergeordnete Visionen und Ziele ab, sondern auch die Macher auf unteren Ebenen und in den verschiedenen Funktionsbereichen, indem sie z.B. ihr HC und dessen Wertschöpfungsbeitrag beurteilen sowie HC-bedingte Risiken und Opportunitäten abschätzen. Daraus ziehen sie dann Schlüsse, wie weit eine Unternehmensstrategie realistisch und sinnvoll ist bzw. ergänzt werden müsste/könnte. Gerade auch im Bereich HC/HCM entstehen so „Emergent Strategies" in Ergänzung der von den Unternehmensstrategen formulierten „Deliberate

Strategies" (vgl. Mintzberg, 1994). Das aktuell verfügbare und investierte HC wirkt dabei nicht nur limitierend auf eine Unternehmensstrategie zurück (z.B. wenn sich zeigt, dass entscheidende Positionen nicht besetzt werden können), sondern gestaltet auch fördernd bzw. Opportunitäten aufzeigend die Unternehmensstrategie mit (z.B. wenn Fähigkeiten und Wissen vorhanden sind, beispielsweise für die Produktion neuer/anderer Produkte oder Dienstleistungen genutzt werden könnten). Dieser Weg von bottom-up bzw. von rechts nach links in Abbildung 7.1 kann entscheidend für den nachhaltigen Erfolg eines Unternehmens sein. Basierend auf der Analyse nachhaltig erfolgreicher Firmen argumentiert Collins (2001) sogar „Get the right people on the bus" und entscheide erst danach, wohin der Bus fahren soll. Also HC vor Unternehmensstrategie. Der aktive Einbezug aller Stufen in die Strategiediskussion (z.B. mittels HCM) fördert zudem das Verständnis und die Akzeptanz der resultierenden Strategie und somit deren Umsetzung. Gerade die so entstehende Lernfähigkeit und die Flexibilität auf allen Stufen können ausschlaggebend sein für ein Unternehmen, sich schnell und überlegt auf neue Herausforderungen einzustellen und Strategien erfolgsorientiert anzupassen. Organisationseinheiten mit vorwiegend Wissensarbeitern sind prädestiniert für solche komplexen adaptiven Prozesse. Ein HCM wird also immer zwei Ziele haben, erstens die gesetzten Pläne der HC-Strategie effizient und wirkungsvoll umzusetzen, zweitens einen Beitrag zu leisten, wie aus der Sicht des investierten HC die HC-Strategie und indirekt die Unternehmensstrategie zu definieren und allenfalls anzupassen sind. Die hierfür benötigte differenzierte Analyse des investierten HC mittels definierter und standardisierter HC-Messgrössen und eine strategische Interpretation der Ergebnisse, z.B. im Engagement-Management-Prozess, unterstützten die Argumente von HC-Spezialisten und Führungskräften in Strategiediskussionen.

2. **Ist das strategisch benötigte HC ausreichend schnell und sicher verfügbar?**
   Erfahrungsgemäss ist der zeitliche Aufwand für grundlegende Veränderungen im HC eines Unternehmens grösser bzw. länger als die zeitliche Gültigkeit von strategischen Neuausrichtungen. Verhaltensweisen und Fähigkeiten lassen sich auch mit hohen Investitionen nicht von heute auf morgen verändern, und neue Mitarbeitende brauchen Zeit, bis sie ihr Potenzial voll entfalten können. Das HC gehört auch nicht dem Unternehmen, sondern die Mitarbeiter sind grundsätzlich frei, sich umzuorientieren („Humankapital hat Füsse"). Märkte und Technologien bewegen sich oft schneller, als das entsprechend benötigte HC aufgebaut oder verändert werden kann. Gerade wenn man ein HC anstrebt, das sich grundlegend von Mitbewerbern unterscheidet, dann braucht es Zeit, bis eine unternehmensspezifische Kultur geschaffen ist (vgl. „Path Dependency" in Kapitel 1.7.5). Aus HCM-Sicht ist die Zukunft weitläufiger und unsicherer als bei anderen Einflussfaktoren der Unternehmensstrategie. Diese Unsicherheit bzw. Volatilität lässt sich oft nur in Form von möglichen Szenarien beschreiben und eingrenzen. Bei der Formulierung der HC-Strategie kann man sich entsprechend für das wahrscheinlichste Szenario entscheiden, möglichst viel Agilität und Flexibilität durch ein HCM anstreben oder aber das HC im Hinblick auf strategische Szenarios diversifizieren (vgl. Boudreau, 2010). Jedenfalls drängt sich auf, dass gerade bei der Ausarbeitung von HC-Strategien den Risiken und Chancen und damit möglichen Szenarien viel Beachtung geschenkt wird (vgl. Cascio & Boudreau, 2012). Ein HCM, das die Chancen und Risiken im inves-

tierten HC regelmässig, systematisch und stufengerecht thematisiert (z.B. mittels Portfolio-Reviews) und adressiert, trägt zur Agilität einer Organisation bei und steigert deren
Kapazität, ihr HC schneller und flexibler den Bedürfnissen anzupassen.

3. **„Best Fit" oder „Best Practice"?**
    Gibt es bewährte und optimale HCM-Lösungen im Sinne von „Best Practice", oder
    muss jedes Unternehmen im Sinne eines „Best Fit" die strategisch passende HCM-
    Lösung für die Umsetzung ihrer HC-Strategie finden? Diese Frage wird in der Fachwelt
    emsig diskutiert (z.B. Boxall & Purcell, 2011 oder Ingham, 2006). Mehrheitlich wird die
    Meinung vertreten, dass Unternehmen und Organisationsbereiche zu unterschiedlich
    sind (bezüglich Strategie, Art des Personals, kulturellen Einbettung, Land, Führungs-
    struktur oder Grösse usw.), als dass allgemeingültige Best-Practice-Lösung für HCM-
    Systeme auf einer Makro-Ebene gefunden und propagiert werden könnten. Lediglich
    für einzelne Instrumente oder HCM-Interventionen auf der Mikro-Ebene, wie z.B. As-
    sessment Center liessen sich Best-Practice-Vorgaben machen. Bestenfalls gäbe es allge-
    meingültige Gestaltungsprinzipien, wie z.B. das Prinzip der zwingenden Berücksichti-
    gung der „Employee Voice" (vgl. Boxall & Purcell, 2011, Chapter 3) oder übergreifende
    Struktur-/Vorgehenskonzepte (vgl. Meifert, 2010). Unseres Erachtens kann ein vor-
    schnelles Sichzurückziehen auf „Best Fit" aber auch eine Entschuldigung für mangelnde
    Professionalität sein, zudem wird so ein Vergleich und ein Wettbewerb zwischen Un-
    ternehmen fast unmöglich, und der Fachdisziplin HCM fehlt der Anreiz, zentrale Best-
    Practice-Messgrössen und -Prozesse zu standardisieren. Genauso wie es für die Buch-
    haltung und Rechnungslegung grundlegende Systeme und standardisierte Praktiken
    gibt, müsste es doch für HCM ebenfalls breit akzeptierte Regeln und Standards geben.
    Andernfalls läuft unseres Erachtens HCM als Disziplin Gefahr, „beliebig" und in sei-
    nem Ansehen innerhalb von Unternehmen folglich unter ihrem Wert geschlagen zu
    werden. Die hier im Kapitel 3 vorgeschlagene HCM-Architektur hat zumindest das Po-
    tenzial allgemeingültig oder gar „Best Practice" zu sein. Dies mindestens in Unterneh-
    men mit einem signifikanten Anteil an Wissensarbeit. Keine solche Organisation, kein
    entsprechend tätiges Unternehmen kann auf die vorgeschlagenen HC-Messgrössen ver-
    zichten. Die dazu notwendigen Prozesse sind elementar, auch wenn sie in ihrer konkre-
    ten Ausgestaltung Varianten zulassen. Die Wahl bzw. die Palette der Interventionen
    hingegen kann einem „Best Fit" gehorchen und muss „lokale" Gegebenheiten respektie-
    ren. Für die Ausgestaltung der einmal gewählten einzelnen Interventionen gibt es je-
    doch meistens wiederum klare Best-Practice-Erfahrungen und -Vorgaben. Falls man
    sich z.B. für den Einsatz von Assessment-Center (AC) entschieden hat, dann kann man
    sich an gängigen AC-Standards orientieren. In der Metapher der Architektur eines Ge-
    bäudes: Wenn man sich (optional, im Sinne eines „Best-Fit") für Dachfenster entschie-
    den hat, dann stehen hierfür wiederum Normen und Qualitätsvorschriften zur Verfü-
    gung. Selbstverständlich liefert die HCM-Architektur nur den formalen Rahmen, nicht
    aber die strategiegeleitete inhaltliche Ausgestaltung. Sie gibt vor, wie Kompetenzen de-
    finiert/normiert sind, nicht aber, welches die pro Unternehmen strategiegeleiteten bzw.
    erfolgsrelevanten Mitarbeiter-Kompetenzen sind. Sie zeigt, wie Engagement-Treiber
    systematisch zu messen sind, überlässt es aber der HC-Strategie, die unternehmensspe-
    zifischen Engagement-Treiber festzulegen. Auch in der Definition von Potenzial gibt es

Elemente, die allgemeingültig sind, andere aber, die unternehmensspezifisch auszuformulieren sind. In der Sprache eines Gebäudes: Jedes Haus braucht formal ein Dach, ein
Fundament, tragende Wände und eine Fassade. Die „inhaltliche" Ausgestaltung der
Fassade oder einzelner Räume und deren Zusammenspiel sind dann gebäude- bzw.
strategieabhängig.

4. **Eine oder mehrere HCM-Lösungen pro Unternehmen?**

In komplex aufgebauten Unternehmen (z.B. globale Konzerne oder aus Mergers zu-
sammengebaute Konglomerate) existieren oft verschiedene HRM-/HCM-Systeme und
Praktiken nebeneinander, verbunden nicht selten mit einer mehr politischen denn strategischen Auseinandersetzung darüber, wo welche HCM-Praktiken angemessen sind
bzw. wer darüber entscheidet. Beispielsweise werden je nach Konzernbereich unterschiedliche Definitionen von „Potenzial" verwendet oder das Performance-
Management unterscheidet sich von Bereich zu Bereich in Skalen, Prozesschritten und
Beurteilungskriterien. Im Hinblick auf optimale Transparenz und Effizienz stellt sich
die Frage, was unternehmensweit standardisiert werden soll und wo eine lokale, dezen-
trale strategisch begründete Autonomie angezeigt ist. Zu diesen Fragen gibt es eine ausführliche Literatur (vgl. Boxall & Purcell, 2011), und in der Praxis führen sie oft zu
hemmenden Grabenkämpfen um die „Governance" oder zu „vagabundierenden Verantwortungen" (Meifert, 2010). Die hier vorgeschlagene HCM-Architektur erleichtert
diesbezügliche Antworten. Die unterste Ebene der HCM-Architektur, die HC-
Messgrössen gemäss Abbildung 3.1, kann und sollte unternehmensweit definiert und
standardisiert werden. Die mittlere Ebene (Prozesse) macht allgemeingültige Vorgaben,
wie z.B. ein Portfolio-Management zu erfolgen hat. Pro Organisationsbereich kann dann
immer noch entschieden werden, wie breit, tief und stringent z.B. ein Portfolio-
Management-Prozess ausgerollt werden soll. Die Interventionen auf der obersten Ebene
sind zu einem grossen Teil kontext-spezifisch und lassen sich oft lokal effektiver gestalten und überwachen, als wenn eine unternehmensweite Lösung angestrebt wird. Ein
Beispiel: Die Rekrutierung neuer Mitarbeiter kann pro Unternehmensbereich dezentral
organisiert sein und dort lokale Kanäle und Marktverhältnisse nutzen. Diese Aufteilung
innerhalb einer Gesamtschau einer HCM-Architektur entschärft erfahrungsgemäss viele
heisse Grabenkämpfe, ohne das Wesentliche und die Gesamtschau aus den Augen zu
verlieren. Die HCM-Architektur liefert zudem eine übergreifende Sprache, was wertvolle fachliche Diskussionen in komplex strukturierten Unternehmen erleichtert.

Insgesamt also liefert ein systematisches HCM, basierend auf einer begründeten HCM-
Architektur, teils neue Antworten für grundsätzliche strategische Themen und verschafft
engagierten HCM-Spezialisten (in HR und Linie) einen überzeugenderen Sitz am Tisch der
strategischen Entscheidungsfindung.

7.3   Der „Strategic Fit" in der HCM-Praxis

Im Folgenden wird der konkrete Beitrag einzelner HCM-Elemente (Prozesse, Interventionen) bei der Herstellung eines „Strategic Fit" zwischen HC-Strategie und investiertem HC verdeutlicht. Dabei beziehen sich die Kapitelnummern auf die entsprechend beschrifteten „Pfeile" in Abbildung 7.1.

7.3.1   Strategie-Umsetzung

Grundvoraussetzung für jede erfolgreiche Umsetzung einer Unternehmensstrategie ist, dass die Mitarbeitenden aller Stufen die Strategie verstehen und akzeptieren und die Entscheidungskompetenzen stufengerecht geregelt sind (vgl. Neilson, Martin & Powers, 2008). Neben den persönlichen Fähigkeiten des Vorgesetzten sind dazu die Verfügbarkeit systematischer Informationen über die Mitarbeitenden sowie wirksame Mittel und Verantwortlichkeiten zur Beeinflussung des HC notwendig. Es braucht mit anderen Worten systematische und stufengerechte Management-Methoden und –Prozesse für das HC, also ein HCM, mit dem effizient und zuverlässig die HC-Strategie umgesetzt werden kann.

Im Folgenden sind die wichtigsten Eingriffs- und Entscheidungspunkte im HCM näher erläutert, die bei der Umsetzung (von links nach rechts in Abbildung 7.1) der HC- Strategie behilflich sind:

Zielvereinbarungen im Performance-Management

Die Zielvereinbarungen mit den Mitarbeitenden bieten den Vorgesetzten ein sehr direktes und mächtiges Mittel, um die Geschäftsstrategie stufengerecht pro Mitarbeiter zu erklären und mit deren Fähigkeiten und Motivationen abzustimmen. Das Performance- Management übersetzt die strategischen Ziele in individuelle Vorgaben zum „Arbeitsergebnis". Eine strategische Neuausrichtung wird dazu führen, dass sich die Bedeutung einzelner Ziele verändert oder neue Ziele wichtig werden. Nur eine klare Kommunikation und Erklärung solcher Verschiebungen tragen zur schnellen Umsetzung einer Strategie auf der entsprechenden Stufe bei.

Kompetenzen

Richtig definierte und formulierte Kompetenz-Modelle (siehe Kapitel 4.1.2) sind strategiegeleitet und fokussieren die strategisch erfolgsrelevanten Verhaltensweisen pro Mitarbeiter-Segment oder -Stufe. HC-relevante strategische Neuausrichtungen müssen sich in einer Anpassung des Kompetenz-Modells niederschlagen. Die darauf basierenden Vereinbarungen von stufengerechten Kompetenz-Anforderungen und/oder die Diskussion mit den Mitarbeitenden über individuelle Schwerpunkte im Verhalten (Stärken, Schwächen) im Rahmen des Performance-Managements liefern den Vorgesetzten eine direkte Gelegenheit, erstens die Bedeutung dieser (neuen) Kompetenzen zu betonen und zweitens mit den individuellen Voraussetzungen abzustimmen. Entscheidungen über die Vergütung eines Mitarbeiters, die auf der Erreichung von Kompetenz-Zielen oder Einhaltung von Kompetenz-Standards abstellen, sowie Entscheidungen zur Investition in die Entwicklung persönlicher Kompetenzen, beschleunigen die Umsetzung strategischer Ziele bezüglich Verhalten und Werthaltungen der Mitarbeitenden.

Portfolio-Review-Meeting

Die Strategie (d.h. der Blick in die Zukunft) beeinflusst auch die Sicht auf das vorhandene HC-Portfolio bzw. auf seine Passung mit den künftigen Anforderungen. Es gilt abzuschätzen, ob das Portfolio gezielt verändert/umgebaut werden muss, die Zusammenarbeit, Veränderungsbereitschaft und Agilität der Mitarbeitenden zu verbessern sind, oder ob das Portfolio genügend diversifiziert ist, um den künftigen Anforderungen gerecht zu werden. Die kaskadierenden Portfolio-Review-Meetings (vgl. Kapitel 5.2) fördern und strukturieren die damit verbundenen Diskussionen unter Führungskräften auf allen Stufen bzw. dort, wo stufengerechte Entscheidungen über Massnahmen gefällt und umgesetzt werden müssen. Strategie-Diskussionen zum Thema HC verharren somit nicht auf einer abstrakten und oft unspezifischen allgemeinen Unternehmensebene, sondern werden konkret auf Ebene von Teams geführt.

Als Output von Portfolio-Review-Meetings fallen fundierte und strategiegeleitete Entscheidungen über Interventionen in das HC an. Nachfolge-Entscheidungen, Entscheidungen für Entwicklungs- und Ausbildungsinitiativen oder für Rekrutierungs-Aktionen usw. erfolgen in einem korrekt durchgeführten Portfolio-Review-Meeting immer mit Bezug zur Umsetzung der Unternehmensstrategie. Sorgfältig geplante Interventionen bzw. Investitionen und De-Investitionen in das Human Capital fördern ihre strategische Wirksamkeit.

Die Potenzialeinschätzungen sind wie beschrieben ein Blick in die Zukunft und damit auch strategischer Natur. Hat ein Mitarbeiter die Kompetenzen, die es in ein bis zwei Jahren in einer höheren Funktion für eine strategisch erfolgreiche Besetzung einer bestimmten Position braucht? Eine klar definierte Strategie beeinflusst die Kriterien für „Potenzial" auch inhaltlich und prägt so die strategische Auswahl der künftig erfolgreichen Nachwuchskräfte.

Die Kalibrierung der Potenzialeinschätzungen erfolgt unter Führungskräften und vor dem Hintergrund der künftigen Anforderungen an das Unternehmen und damit an die Mitarbeitenden. Die Tatsache, dass solche Kalibrierungen im Management-Team diskutiert und „ausgefochten" werden, fördert das Bewusstsein für die Bedeutung der strategischen Ausrichtung und verbessert das gemeinsame Verständnis des betreffenden Management-Teams in Sachen Umsetzung der Unternehmensstrategie. Die Kommunikation an die betroffenen Mitarbeitenden stellt eine weitere Chance dar, die getroffenen Entscheidungen auf dem Hintergrund der strategischen Ausrichtung zu erläutern.

Engagement-Management

Die Analyse und Diskussion der Umfrage-Ergebnisse zu Engagement und Engagement-Treiber machen nur Sinn, wenn gezielte Aktionen abgeleitet werden. Die Definition und Auswahl der befragten Engagement-Treiber werden durch die HC-Strategie mit beeinflusst. Je nach anvisierter Unternehmenskultur als Teil der HC-Strategie kann die Auswahl an befragten Engagement-Treibern oder bestimmten Fragen anders ausfallen. Zudem ist die Engagement-Umfrage ein probates Mittel, um ganz grundsätzlich zu überprüfen, ob die Mitarbeitenden die (lokal gültige) Geschäftsstrategie kennen und akzeptieren. Wenn die Umfrage beispielsweise zeigt, dass die Mitarbeitenden die Geschäftsstrategie auf ihrer Stufe nicht kennen oder zu wenig verstehen oder akzeptieren, ist eine entsprechende Kommunikations-Massnahme nahe liegend. Dem CEO obliegt es, bei der jährlichen Bekanntgabe der Engagement-Umfrage-Ergebnisse mit einer Kommunikation an alle Mitarbeitenden nochmals die Zusammenhänge zur Unternehmensstrategie zu betonen und zu erklären.

Modifikationen der HCM-Elemente

Spezielle HC-relevante strategische Initiativen, wie z.B. die Intensivierung der bereichsübergreifenden Zusammenarbeit, können zusätzliche HC-Messgrössen notwendig machen. Beispielsweise kann eine explizite Beurteilung der geographischen und fachlichen Mobilität eines Mitarbeiters innerhalb des Unternehmens (zusätzlich zu Kompetenzen und Potenzial) eine strategisch relevante bereichsübergreifende Förderung der Zusammenarbeit erleichtern.

Wenn aus Sicht der HC-Strategie in einem Geschäftsbereich besonders die Sicherung des Führungsnachwuchses und die Bindung leistungsstarker Fachkräfte angezeigt sind und dieser Bereich z.B. bisher den Portfolio-Review-Prozess noch nicht konsequent implementiert hat, dann hat er gerade mit diesem Prozess eine konkrete Möglichkeit die Strategie effizienter umzusetzen.

Im Design von Interventionen wie Weiterbildungen, Anreizsysteme oder Rekrutierung gibt es einen grossen Gestaltungsspielraum (vgl. Kapitel 6). Strategische Ziele und Vorgaben beeinflussen deren konkrete Ausgestaltung mit. Beispielsweise müssen die Inhalte einer Führungsschulung die Strategieumsetzung thematisieren und direkt unterstützen. Strategische Vorgaben bezüglich Sozialer Legitimität des Unternehmens finden ihren Niederschlag in der Auswahl und in der Ausgestaltung der Anreizsysteme (z.B. Boni, Abfindungen usw.). Strategische Rekrutierungsinitiativen beeinflussen das Vorgehen in der Suche und in der Selektion von Kandidaten.

7.3.2   Analyse des investierten HC

Üblicherweise ist bei der (Neu-)Formulierung einer Unternehmensstrategie ein HC, eine Belegschaft bereits verfügbar bzw. im Einsatz. Eine eingehende Analyse dieses investierten HC kann erstens Risiken und Opportunitäten für eine neue Unternehmensstrategie aufdecken und zweitens in der HC-Strategie den Handlungsbedarf aufzeigen, um bestehende Lücken zwischen dem heute verfügbaren und dem künftig mit der neuen Strategie benötigten HC zu schliessen. Für die Ableitung der (neuen) HC-Strategie ist deshalb eine genaue Kenntnis des aktuell investierten HC notwendig. Nur wenn ich weiss, wo ich stehe, kann ich entscheiden, wie und wodurch ich am besten ans Ziel gelange.

Eine strategische Analyse des vorhandenen, investierten HC kann eher informell und punktuell erfolgen oder aber systematisch geplant und betrieben werden. Die in Kapitel 4 definierten Messgrössen des HCM liefern die „Sprache", in der das aktuelle verfügbare und investierte HC beschrieben werden kann. Im Kapitel 9 werden die Methoden für aussagekräftige Analysen des HC (z.B. deskriptive Analysen) dargestellt und an Beispielen erläutert. Die Kenntnis über das investierte HC bzw. den Gap zum strategisch benötigten HC beschränkt sich somit nicht mehr nur auf vage Annahmen oder kasuistische Evidenzen, sondern basiert beispielsweise auf vergleichbaren Kompetenz-Profilen unterschiedlicher Mitarbeiter-Segmente, auf Muster von Engagement-Treibern, auf Kennzahlen zur Führungsqualität oder Nachfolgeplanung und auf Wirkungsanalysen (ROI) von HC-Interventionen (z.B. Selektionsverfahren in der Rekrutierung).

Ein systematisches HCM mit seinen Messungen und Analysen liefert also wertvolle Beiträge bei der Neuformulierung einer HC-Strategie und machen Letztere konkreter und präziser.

Bestehende und in der Umsetzung befindliche HC-Strategien müssen jedoch manchmal auch dynamisch modifiziert werden, wenn klare Gründe dafür sprechen. Auch dafür liefert eine seriöse HCM-Praxis wertvolle Beiträge. Im Folgenden werden Analysen/Erkenntnisse aus einem systematischen HCM beschrieben, die für ein konstruktives Überdenken der vorgegebenen Geschäfts- und HC-Strategie bedeutsam sind. Sie können diese von unten nach oben bzw. von rechts nach links zielführend adaptieren helfen. Dies unternehmensweit, aber auch in lokalen Adaptationen oder Erweiterungen.

Zielerreichungsgespräche im Performance-Management

Wie weit ein Unternehmen die formulierten geschäftlichen Ziele erreicht hat, wird üblicherweise im Business-Performance-Management analysiert und berichtet. Darin zeigt sich auch, wie weit ein Unternehmen oder ein Bereich auf dem Weg zur Erreichung der strategischen Ziele in den Bereichen Finanzen, Kunden und Prozesse vorangekommen ist. Die Zielerreichungsgespräche im Performance-Management können diese Analyse ergänzen. Systematische Gespräche von Vorgesetzten mit Mitarbeitenden können wichtige Hinweise darüber liefern, warum welche Ziele aus Sicht der Mitarbeiter nicht realistisch sind/waren. Auch die Klärung von Faktoren, die eine Zielerreichung verhindern oder erschweren (z.B. mangelnde Zusammenarbeit zwischen Bereichen, fehlendes oder veraltetes Know-how, veränderte Kundenbedürfnisse usw.), kann ein Ergebnis solcher Gespräche sein.

Bei der Besprechung der Erreichung der Kompetenz-Ziele oder von Kompetenz-Standards kann ebenfalls thematisiert werden, wie klar und realistisch diese Fähigkeits- und Verhaltensziele waren/sind, was deren Erreichung erschwert oder behindert und welche Arbeitsbedingungen die Zielerreichung oder die Arbeitgeberattraktivität fördern könnten.

Portfolio-Reviews

Eine Betrachtung und Diskussion des aktuell vorhandenen HC mitsamt seinen Risiken in einem Unternehmensbereich erfolgen regelmässig im Portfolio-Management-Prozess. Beispielsweise mag eine aktuelle Betrachtung eines bestimmten HC-Segmentes in einem Unternehmensbereich aufzeigen, dass dort dessen Leistungsträger überaltert sind und mittelfristig mit den vorhandenen Mitteln nicht ersetzt werden können. Der Erfolg einer Geschäftsstrategie, die wesentlich auf diese Leistungsträger abstellt, ist in diesem Unternehmensbereich mittel- bis längerfristig gefährdet. Diese Erkenntnis kann dazu führen, dass die Bereichsziele (z.B. bezüglich Dienstleistungen / Produkten / Märkten) angepasst werden müssen, oder dass besondere HC-Interventionen und -Investitionen beschlossen werden (Anpassung der HC-Strategie), um die sich abzeichnenden Lücken zu schliessen.

Wirkungs-Analysen

Eine Diskussion und Wirkungs-Analyse der bisher lokal getätigten Investitionen in das HC (Rekrutierungen, Weiterbildung, Entwicklung, Führungsaktivitäten usw.) können zudem aufzeigen, welche Interventionen für die Erreichung bestimmter strategischer Geschäftsziele besonders wirkungsvoll waren. Hierzu können Wirkungskettenanalysen (siehe Kapitel 9.6.2.6) die notwendigen Fakten liefern. Wenn sich beispielsweise zeigt, dass bestimmte Kompetenzen bei den Verkäufern (z.B. hohe Problemlösefähigkeit) und eine hohe Ausprägung bestimmter Engagement-Treiber (z.B. Teamwork) die Kundenzufriedenheit deutlich mehr steigern als die variablen Vergütungspraktiken, kann diese Erkenntnis die Ausformulierung einer HC-Strategie beeinflussen.

Veränderungen in den Engagement-Treibern

Die laufende Analyse der Engagement-Treiber kann Veränderungen in den Bedürfnissen bestimmter Mitarbeitergruppen identifizieren, die für das Engagement der Mitarbeitenden sehr entscheidend sind, bisher aber nicht als strategische Erfolgsfaktoren identifiziert oder betont wurden. Angenommen, eine solche Analyse der Engagement-Treiber fördert zutage, dass insbesondere die jüngere Generation von Mitarbeitenden zunehmend sehr viel Wert auf Vereinbarkeit von Beruf und Familie legt und entsprechende Vorkehrungen und Freiheiten wesentlichen Einfluss auf deren Engagement haben. Diese Erkenntnis kann mithelfen, die HC-Strategie anzupassen, insbesondere wenn sich zeigt, dass davon ein unternehmensstrategisch sehr relevantes Segment von Mitarbeitenden (z.B. gut ausgebildete Spezialisten) betroffen ist.

Analyse des Fortschritts in der Umsetzung einer Strategie

Ein systematisches HCM erleichtert die Identifikation von Indikatoren zur Überwachung der Umsetzungsschritte und liefert dadurch Hinweise, wo in der Umsetzung oder in der Strategie selber nachgebessert werden muss. Dazu ein Beispiel:

Nach einer grundsätzlichen Neuformulierung der Unternehmensstrategie muss das Engagement der Mitarbeitenden und dessen Beeinflussung durch den Engagement-Treiber „Identifikation mit Unternehmensstrategie" sowohl insgesamt wie auch in speziellen Segmenten (z.B. auf den obersten zwei Führungsebenen) interessieren. Aus einer solchen Analyse kann abgeleitet werden, ob die neue Strategie bei den Mitarbeitenden auch „angekommen" ist. Eine Strategie ohne Verständnis und Unterstützung seitens der Mitarbeitenden ist nur sehr schwer umsetzbar. Entweder muss die neue Strategie besser kommuniziert oder sie muss gar neu formuliert werden.

7.3.3   Einfluss des investierten HC auf den Unternehmenserfolg

Ein strategisch optimal ausgerichtetes HCM wird danach beurteilt, wie effizient und effektiv es das benötigte HC bereitstellt, entwickelt und einsetzt. Damit ist aber noch nicht garantiert, dass dieses investierte HC die gewünschte Wirkung auf den Geschäftserfolg hat. Solange der Schritt vom investierten HC zum Unternehmenserfolg nicht eingehend in Grösse und Art bekannt ist, sind entsprechende Annahmen und Vorgaben der HC-Strategie nicht restlos begründet. Die Analyse der Wirkung des investierten HC auf den Geschäftserfolg ist jedoch überhaupt nicht trivial, wohl mit ein Grund, wieso sie oft geflissentlich ausser Acht gelassen wird. Einerseits sind die messtechnischen Voraussetzungen sehr anspruchsvoll, andererseits ist eine Definition des Unternehmenserfolgs mehrschichtig, wie wir schon in Kapitel 1.6.3 erwähnt haben. Statistische Zusammenhänge beispielsweise zwischen Engagement und Verkaufsleistung sagen noch wenig aus, ob z.B. das Engagement den Verkaufserfolg beeinflusst oder umgekehrt. Erst wenn die statistischen Zusammenhänge mit abgestützten Modellen und Theorien erklärt werden können, lassen sich konkrete Vorgaben und Entscheidungen (in einer HC-Strategie), z.B. für das Verkaufstraining oder für die Führung von Verkaufsteams, begründen (vgl. Winkler, König & Kleinmann, 2012). Es reicht zudem nicht aus, einzelne Elemente eines HCM mit dem Unternehmenserfolg in Verbindung zu bringen, beispielsweise die Stringenz der Durchführung des Performance-Managements mit kurzfristigen Gewinnzahlen zu korrelieren. Erst ein HCM als kohärentes Ganzes von Instrumenten, Führungskräften und HR-Spezialisten bzw. seine integrierende Summe erschafft ein HC, das durch seine Einzigartigkeit einen strategischen Wettbewerbsvorteil bewirken kann.

Die Wertschöpfungskette von der Unternehmensstrategie über eine ausformulierten HC-Strategie, gezielte HCM-Massnahmen hin zu einem investierten HC, das einen nachweisbaren Impact auf den Unternehmenserfolg hat, ist lang und komplex sowie in vielen Unternehmen eine „Black Box" (vgl. Boudreau & Ramstad, 2007). Der Vorteil eines systematischen und professionellen HCM liegt jedoch ganz wesentlich darin, dass es vergleichbare Daten und Informationen zum HC, zu HCM-Prozessen und zu HC-Interventionen generiert und dadurch mehr Transparenz in diese Wertschöpfungskette zu bringen in der Lage ist. Wie diese Kette untersucht und analysiert werden kann, wird eingehender in Kapitel 9.6.2 beschrieben.

8 Integriertes Human Capital Management

> *„We should never underestimate the value of coherence and consistency, but they do not rule out the possibility that at times there will be trade-offs between organizational and employee interests or that management may need to change HR Systems to cope with threatening change." (Boxall & Purcell, 2011)*

8.1 Einleitung

Verschiedene Studien belegen, dass Unternehmensverantwortliche ein integriertes Human Capital Management fordern (vgl. IBM, 2008). Vereinzelt wurde auch bereits festgestellt, dass Unternehmen mit einem hohen Grad an Integration des HCM am Markt erfolgreicher sind als jene mit einem HCM, das aus isolierten Einzelprozessen besteht (vgl. Martin & Bourke, 2009, oder Bersin & Associates, 2010).

Was ist unter einem integrierten HCM bzw. seinem „Internal Fit" zu verstehen? Warum lohnt sich ein hoher Integrationsgrad und wie erreicht man ihn? Was sind die Kosten oder Nachteile einer Integration? Dies sind Fragen, die bisher im Bereich HCM wenig diskutiert und erörtert wurden.

Integration darf nicht ein Ziel für sich sein, sondern muss einen unternehmerischen Zweck, ein strategisches Ziel haben. Integration kostet und beschränkt den Gestaltungsfreiraum einzelner Akteure. Integration verlangt eine Koordination/Überwachung wichtiger Entscheidungen und Aktionen. Diese und andere „Nachteile" müssen gut analysiert und bewertet werden, bevor man sich für die „Vorteile" einer Integration entscheidet.

Integration bedeutet „die Herstellung eines Ganzen", das „Zusammenführen von Informationen aus verschiedenen Datenbeständen" oder „das Zusammensetzen von Teilen zu einem systemischen Ganzen". Ein integriertes HCM muss unternehmerisch mehr Wert generieren als die Summe seiner Einzelteile. Keene (1997) definiert „Fit" als:

Konsistenz zwischen den integrierten Aktivitäten und Konsistenz der einzelnen Aktivitäten zum Ganzen: Konsistenz stellt sicher, dass sich die Effekte der einzelnen Aktivitäten kumulieren und nicht gegenseitig behindern oder aushöhlen. Konsistenz macht auch die Kommunikation zwischen den Anwendern einfacher und erleichtert dadurch die Implementierung.

Gegenseitige Verstärkung: Die Aktivitäten sind so aufeinander abgestimmt bzw. integriert, dass der Output der einen Aktivität eine andere Aktivität verstärkt.

Aufwand-Optimierung: Dank Koordination und Informationsaustausch können Redundanzen, unnötige Überlappungen und Widersprüche vermieden werden, und der Aufwand (z.B. in Form von Schulung) kann minimiert werden.

Im Folgenden werden wir jeweils zwischen einer „**vertikalen Integration**" und einer „**horizontalen Integration**" unterscheiden. Vertikal in der HCM-Architektur bedeutet, dass die Wahl und Ausgestaltung der Interventionen auf die Erkenntnisse in den HCM-Prozessen abgestellt wird. Dass z.B. eine Wahl eines Anreizsystems durch Erkenntnisse der Engagement-Treiber beeinflusst wird oder dass die Rekrutierung neuer Mitarbeitender auf einer Beurteilung der im Kompetenz-Modell festgelegten Anforderungen abstellt. Horizontal meint die Abstimmung auf der gleichen Stufe der HCM-Architektur, z.B. der HCM-Prozesse untereinander oder der HCM-Interventionen untereinander. Die Beurteilungen im Performance-Management beispielsweise werden im Portfolio-Review verwendet und erweitert. Das Personalmarketing, z.B. im Rahmen der Rekrutierung, ist mit den tatsächlich eingesetzten Anreizsystemen und den Ausbildungsmöglichkeiten abgestimmt.

Eine hohe Integration von Inhalten und Prozessen im HCM ist Voraussetzung dafür, dass ein HCM auch zum Wettbewerbsvorteil werden kann. Einzelne Teile und Aktivitäten können relativ einfach von Wettbewerbern kopiert werden. Ein integriertes HCM mit einem hohen „**Internen Fit**" als Oberbegriff für die vertikale und horizontale Integration hingegen lässt sich weniger leicht kopieren. Sein Wettbewerbsvorteil wirkt nachhaltiger. Zudem sind Schwachstellen und Ineffizienzen in einzelnen Aktivitäten (als Glieder der Integrationskette) schneller sichtbar, und es entsteht ein stärkerer Druck und Bedarf, solche Schwachstellen umgehend zu beheben.

Nicht zu unterschätzen ist die positive Wirkung einer gelungenen HCM-Integration auf die HR-Funktion insgesamt. Das Image der Professionalität des HR steigt. HR wird von den Führungskräften und von den Mitarbeitenden als eine Funktion wahrgenommen, die weiss, was sie längerfristig will und was sie wie beitragen kann. Konsistente Gleichbehandlung und Fairness sowie ein einheitliches Verständnis der Wirkungsmechanismen bei Personalentscheidungen fördern zudem das Engagement und die Bindung der Mitarbeitenden (vgl. Bowen & Ostroff, 2004).

Ein höherer Integrationsgrad im HCM verspricht auch höhere Transparenz und Konsistenz in rechtlich relevanten Personalentscheidungen (z.B. Beförderungen, Kündigungen). Er reduziert potenziell das Risiko, in arbeitsrechtlichen Streitfällen zu wenig auskunftsfähig zu sein oder die Fairness und Ausgewogenheit einer Entscheidung nicht belegen zu können.

Das in diesem Buch skizzierte HCM ist auf eine hohe Integration ausgerichtet und erlaubt es, die genannten Vorteile zu nutzen.

8.2   Formen der HCM-Integration

Im Folgenden sind verschiedene Formen der Integration beschrieben, jeweils zusammen mit einer konkreten Anwendung sowie einem Beispiel, das auf den bisher beschriebenen Messgrössen und Prozessen im HCM basiert. Die Vor- und Nachteile der jeweiligen Integrationen sind explizit aufgeführt. Dies als zusammenfassende Bewertung, aber auch als Hinweis, worauf bei der Integration geachtet werden muss und welche Folgen antizipiert werden müssen.

8.2.1   Konzeptionelle Integration

Ein Fachbereich, d.h. eine Menge von Prozessen, Funktionen, Informationen und Entscheidungen ist konzeptionell dann integriert, wenn überall die gleiche **Sprache**, die gleichen Begriffe und Definitionen, die gleichen **Regeln** gelten und verwendet werden. Ziel ist eine hohe inhaltliche Konsistenz. Eine konzeptionelle Integration ist in einem „weichen" und noch wenig entwickelten Bereich wie dem HCM besonders wichtig und wirkungsvoll. Keine öffentliche Fachbehörde (wie z.B. ISO) hat die Definitionen und Normen des HCM bisher festgelegt. Deshalb ist es wichtig, dass sich ein Unternehmen bzw. eine Organisation auf Definitionen, Begriffe und Regeln im HCM einigt. Andernfalls ist eine Kommunikation unter den Beteiligten stark erschwert und andere Arten der Integration sind schlichtweg unmöglich. Im HCM müssen die Messgrössen (Kompetenz, Arbeitsergebnis, Potenzial, Engagement und Engagement-Treiber) durch Fachexperten formell klar definiert sein, und dort, wo Inhalte betroffen sind, wie Kompetenz-Modell oder Engagement-Treiber, muss bei allen Betroffenen bezüglich der strategischen Relevanz dieser Inhalte Einigkeit geschaffen werden. Definitionen dieser Messgrössen, und wie man zu ihnen gelangt, sind in den Kapiteln 3.1 und 4 eingehend beschrieben. Unter „Regel" wird verstanden, wie die verschiedenen Messgrössen miteinander wozu zu kombinieren sind. Beispielsweise ist „Leistung" eine durch Vorgesetzte kombinierte Beurteilung von Kompetenz und Arbeitsergebnis pro Mitarbeiter, ein „Top-Talent" jemand, der eine hohe Leistung erbringt, aber auch hohes Potenzial für eine nächsthöhere Funktion aufweist. Ein anderes Beispiel ist die Bedeutung eines Engagement-Treibers, der aus dem statistischen Einfluss auf das Engagement insgesamt bestimmt wird.

Die konzeptionelle Integration ist für die drei HCM-Prozesse (Performance, Portfolio und Performance-Management) zwingend. Eine erweiterte, vertikale konzeptionelle Integration von HCM-Prozessen und HC-Interventionen, wie Rekrutierung, Ausbildung, oder von speziellen Messinstrumenten, wie beispielsweise 360°-Feedback, ist möglich und wünschenswert. Beispielsweise sollte das Kompetenz-Modell auch in der Rekrutierung zentrale Bedeutung haben. Die Anforderungen an neue Mitarbeitende müssen in der Sprache der Kompetenzen formuliert sein. Die Begrifflichkeiten und Modelle, die in Trainings benutzt werden, oder die Gestaltung/Gliederung des Trainingsangebotes sollten sich an den Begriffen und an der Gliederung des Kompetenz-Modells orientieren. Wenn von potenzial-orientierter Rekrutierung die Rede ist, muss den Rekrutierungsverantwortlichen klar sein, dass es darum geht, neue Mitarbeitende zu rekrutieren, die nicht nur in eine bestimmte

Funktion passen, sondern mindestens für die nächsthöhere Stufe Potenzial haben. Seminare über Mitarbeiter-Motivation sind für die Beteiligten am besten verständlich und in den Alltag übertragbar, wenn sie sich an der Definition von Engagement und inhaltlich an den wichtigsten Engagement-Treibern orientieren. Instrumente zur Beurteilung von Mitarbeitenden, z.B. im Rahmen der Einstufung am Beginn einer Ausbildung (z.B. 360°-Feedback) oder zur Einholung einer „Second Opinion" bei der Potenzialbeurteilung (z.B. Assessment), müssen auf dem Kompetenz-Modell aufbauen und dieselben Begriffe verwenden. Externe Anbieter solcher Instrumente, die ihr eigenes Kompetenz-Modell erstellt haben, versuchen teils ein Matching von Kompetenz-Modellen schmackhaft zu machen. Dies ist jedoch erwiesenermassen hoch komplex und deswegen nur verwirrend.

Vorteile einer konzeptionellen Integration:

■ Der Lernaufwand bei den Beteiligten ist geringer. Es muss nur eine Definition erlernt werden, die dann in mehreren verbundenen Prozessen und Funktionen angewendet werden kann.

■ Die Kommunikation zwischen allen Beteiligten ist erleichtert. Alle sprechen mehr oder weniger die gleiche Sprache.

■ HCM und im weiteren Sinne HR werden aus Sicht der Linie verständlicher, überzeugender. Die damit verbundenen Funktionen erhalten eine höhere Glaubwürdigkeit. HCM als Ganzes bekommt ein Gesicht, eine Konsistenz, die auch weniger mitarbeiterorientierten Führungskräften einen Zugang zum HCM erleichtert.

■ Der alltägliche Umgang mit HCM-Informationen in Prozessen und Funktionen, sei es bei der Beurteilung eines Mitarbeiters im Rahmen des Performance-Managements oder bei der Diskussion über Mitarbeitende in Portfolio-Review-Meetings oder der Zielvereinbarung zur Steigerung des Engagements, wird effizienter und inhaltlich präziser.

Nachteile einer konzeptionellen Integration:

■ Es braucht einen nicht zu vernachlässigenden initialen Aufwand zur Definition, zur inhaltlichen Präzisierung und Schulung. Anfängliche Fehler oder Mängel bei der Definition von Kenngrössen können eine breite negative Wirkung entfalten.

■ Inhaltliche Änderungen z.B. im Kompetenz-Modell müssen an verschiedenen Orten nachvollzogen und orchestriert werden. Es braucht eine redaktionelle und ausführende Koordination.

■ Die Wahl und das Hinzuziehen externer, fremder Hilfsmittel und Modelle (z.B. in Trainings), die auf andere Begrifflichkeiten und Messgrössen abstellen, sind erschwert oder eingeschränkt. Dies trifft vor allem für kleinere Unternehmen zu, die z.B. ihre Trainings- und Rekrutierungsfunktionen outsourcen.

8.2.2   Integration der HCM-Prozesse

Prozesse sind horizontal integriert, wenn das Ergebnis (Output) eines Prozesses zum Input für einen anderen Prozess wird und diese inhaltliche Verbindung auch im zeitlichen Ablauf geregelt ist. Eine gegenseitig verstärkende Integration entsteht, wenn sich mehrere Prozesse zirkulär oder in einem Netz beeinflussen und wenn der Output des einen Prozesses als Input eines nächsten Prozesses auch dessen Qualität und Effizienz verstärkt. Beispielsweise braucht das Portfolio-Management die Leistungsbeurteilungen aus dem Performance-Management, um ein übersichtliches Grid des HC-Portfolios zu erstellen. Die aus der Analyse des Grid abgeleiteten und beschlossenen individuellen Massnahmen (z.B. Ausbildungsmassnahmen) werden dann wiederum zu fundierten Bestandteilen der Zielvereinbarung. Die Ergebnisse aus dem Engagement-Management (Analyse des Engagements und der wesentlichen Engagement-Treiber) beeinflussen und ergänzen die Definition von organisatorischen Massnahmen aus dem Portfolio-Grid. Ein tief bewerteter Engagement-Treiber „Weiterbildung" zusammen mit einer Analyse der Ausbildungsdefizite aufgrund des Grid (z.B. zu wenig High Performer in einem bestimmten Bereich) können die Entscheidung für eine organisatorische Ausbildungsinitiative, wie beispielsweise einen „Förderkreis", verstärken und erleichtern.

Es ist nahe liegend, dass solcherlei vernetzte Prozesse auch zeitlich aufeinander abgestimmt sein müssen. Das heisst, dass diese Prozesse nicht parallel laufen sollten und dass die zeitliche Sequenz keine Unterbrechungen oder Verzögerungen erträgt. Individuelle Entscheidungen aus dem Portfolio-Management müssen umgehend in Ziele im Performance-Management übertragen werden können, und die Leistungsbeurteilung muss möglichst aktuell sein, wenn sie in den Grids im Portfolio-Review-Meeting analysiert wird. Prozesse sind immer mit Aufwand und Belastung der Akteure (Vorgesetzte, HR, Mitarbeitende) verbunden. Eine zeitliche Sequenz muss also auch die Ausgewogenheit der Belastung anstreben. Zum Jahresende, wenn üblicherweise verschiedene Abschlussarbeiten anstehen und zudem noch die Zielerreichungsgespräche die Zeit der Führungskräfte beanspruchen, macht es kaum Sinn, auch gleich noch eine Mitarbeiterbefragung zum Engagement durchzuführen. Für eine grobe Übersicht über die zeitliche Abstimmung im geschäftlichen Jahreszyklus siehe Abbildung 8.1.

Abbildung 8.1   HCM-Prozesse im Jahreszyklus

Prozess	Geschäftsjahr			
	Q1	Q2	Q3	Q4
Performance-Management	Zielverein-barungs-gespräche		Zwischen-gespräche	• Leistungs-beurteilung • Kalibrierung • Zielerreichungs-gespräche
Portfolio-Management	Potenzial-beurteilungen	• Portfolio-Reviews • Entwicklungs-gespräche		
Engagement-Management		• Review Fragebogen • Umfrage	Analyse und Kommunikation der Ergebnisse	

Wesentliches Ziel und Ergebnis der drei HCM-Prozesse sind die Gespräche zwischen Vorgesetztem und Mitarbeitenden, aber auch zwischen den Vorgesetzten selbst. Wenn die drei Prozesse gut integriert sind, werden auch diese Gespräche gehaltvoller, konsistenter, verbindlicher und wirkungsvoller. Den Vorgesetzten fällt es leichter, die Gespräche vorzubereiten und inhaltlich zu fokussieren, die Mitarbeitenden ihrerseits erhalten konsistentere, besser begründete und verständlichere Informationen zu ihrer Position, zu den Anforderungen und den geplanten Massnahmen.

Dass die HCM-Prozesse auf die für sie relevanten Geschäftsprozesse abgestimmt sein müssen, versteht sich von selbst und wurde schon unter dem Untertitel „Positionierung" in der Beschreibung der einzelnen HCM-Prozesse ausgeführt. Ein Abschluss des Performance-Managements eines Jahres, noch bevor die Jahresendzahlen zu den finanziellen Geschäftsergebnissen vorliegen, ist nicht zielführend.

Vorteile einer Integration der Prozesse:

■ Schlüssel-Informationen müssen nur einmal erhoben werden.

■ Es ist klar, wozu der Output eines Prozesses verwendet wird. Damit werden diese Ergebnisse verbindlicher und deren Erarbeitung erfolgt seriöser. Eine indirekte Überwachung der Qualität der Ergebnisse eines Prozesses ist möglich.

- Das Ressourcen-Management bei den Akteuren ist optimaler.

- Die Betroffenen wissen, woher die Informationen in einem Prozess stammen, und empfinden das ganze HCM als konsistent, betrieblich relevant und fair.

Nachteile einer Integration der Prozesse:

- Man verliert zeitliche Flexibilität in der Durchführung von Prozessen und Massnahmen.

- Berechtigte Ausnahmen und Sonderaktionen sind schwieriger zu begründen und durchzusetzen. Es besteht die Gefahr einer gewissen Bürokratisierung.

8.2.3 Integration der HCM-Prozesse mit Human Capital Interventionen

Output der HCM-Prozesse sind Informationen zum Stand des Human Capital und zu den beabsichtigten Massnahmen bzw. Investitionen. Diese Massnahmen werden mittels Interventionen wie Rekrutierung, Training, Gehaltsanpassungen, Beförderung und Mitarbeiterführung usw. umgesetzt.

Die Schnittstelle der HCM-Prozesse mit diesen Human Capital Interventionen ist in Kapitel 6 ausführlich beschrieben. Eine „**vertikale**" Integration der HCM-Prozesse mit den Interventionen ist ein weiterer wesentlicher Schritt zu einem integrierten HCM. Einerseits spielt hier wiederum die zeitliche Synchronisation eine Rolle: Die Leistungsbeurteilungen müssen abgeschlossen sein, bevor die Gehaltserhöhungen und allfällige Boni festgelegt werden. Andererseits muss auch geklärt sein, wie der Output aus den HCM-Prozessen in den beschriebenen Interventionen zu verwenden ist, beispielsweise welchen Einfluss die Leistungsbeurteilung auf die Verteilung eines Bonus-Pools haben muss. Je nach Bereich werden enge algorithmische Vorgaben verwendet, oder der Einfluss wird alleine durch den Vorgesetzten entschieden. Den Akteuren und Betroffenen sollte dieser Zusammenhang aber klar und bekannt sein. Die Erkenntnisse und Entscheidungen aus dem Engagement-Management zusammen mit den Ergebnissen aus dem Portfolio-Review-Meeting sind für die Führung eines Bereichs besonders relevant. Eine vergleichsweise überdurchschnittliche Unzufriedenheit mit der Belastung und dem Stress am Arbeitsplatz beispielsweise, die einen nachweislich negativen Einfluss auf das Engagement der Mitarbeitenden haben, müssen durch geeignete Führungsmassnahmen (Effizienzsteigerungen, mehr Ressourcen, leistungsfähigere Mitarbeitende usw.) korrigiert werden. Auch die Bindung von Mitarbeitenden mit hoher und strategisch relevanter Leistung, aber wenig Potenzial für eine weitere Karriere, kann und muss durch eine entsprechende Mitarbeiterführung des Vorgesetzten, z.B. durch informelle Anerkennung, Schaffung von Plattformen, wo solche Mitarbeitende ihren wichtigen und grossen Beitrag zeigen können usw., gestärkt werden.

In der Führung von Vorgesetzten ist entscheidend, dass die Führungsverantwortlichen die Inputs und Anregungen aus den HCM-Prozessen für die Zielsetzungen der unterstellten Vorgesetzten verwenden. HCM-Erkenntnisse und -Entscheidungen umzusetzen, ist primär eine Führungsaufgabe auf allen Stufen.

Die vertikale Integration von HCM-Prozessen und HC-Interventionen kann auch als Abstimmung von Nachfrage und Angebot verstanden werden. Die Nachfrage nach Human Capital Investitionen entsteht aus den HCM-Prozessen, das Angebot an Investments liefern die HR-Funktionen und die Fähigkeiten der Vorgesetzten. Dieser „Markt" muss inhaltlich und mengenmässig in ein effizientes Gleichgewicht gebracht werden. Das kann bedeuten, dass inhaltlich neue Angebote geschaffen werden oder dass sich die Nachfrage nach dem gesamtunternehmerisch bereitgestellten Angebot ausrichten muss. Beispielsweise würden viele gute Mitarbeitende eine vom Unternehmen bezahlte Weiterbildung zu einem MBA gerne in Angriff nehmen. Die Plätze für MBA-Studenten sind jedoch beschränkt und teuer und deswegen meist gesamtunternehmerisch auch aus Budgetgründen limitiert, selbst wenn die Ausbildung sinnvoll wäre. Ein Leiter eines Organisationsbereichs muss sich auch darüber Gedanken machen, ob seine ihm direktunterstellten Vorgesetzten die notwendigen Führungsfähigkeiten (zur Befriedigung der Nachfrage aus dem HCM) haben, ob diese entwickelt/gefördert werden sollen oder ob einzelne Vorgesetzte ausgetauscht werden müssen. Siehe zu dieser Abstimmung von Angebot und Nachfrage den vergleichbaren Modell-Ansatz von Nobelpreisträger Becker zu Investitionen in das Human Capital auf der makroökonomischen Stufe (Erziehung, Bildung, Familienstrukturen, Arbeitslosigkeit usw.) (Becker, 1993).

Vorteile einer Integration von HCM-Prozessen und HC-Interventionen:

■ HCM bleibt nicht bei den Analysen und Entscheidungen stehen, sondern führt zu konkreten und überprüfbaren Interventionen zur Optimierung des HC.

■ Massnahmen und Investitionen zur Steigerung des Human Capital stellen auf transparente, koordinierte und faire Analysen und Entscheidungen ab.

■ Die betroffenen Mitarbeitenden können nachvollziehen, warum was unternommen wird.

■ Die Führungsverantwortlichen aller involvierten Stufen erhalten einen Überblick darüber, wer was warum tun soll, um das Human Capital weiterzuentwickeln, und können so ihren eigenen Beitrag besser positionieren.

■ Angebot und Nachfrage bezüglich Investitionen in das Human Capital können abgestimmt werden. Es gibt weniger ineffiziente Marktverzerrungen, Überangebote oder Engpässe.

Nachteile einer Integration von HCM-Prozessen und HC-Interventionen:

■ Berechtigte Ausnahmen und Sonderaktionen bei den HC-Interventionen sind schwieriger zu begründen und durchzusetzen. Es besteht die Gefahr einer gewissen Bürokratisierung.

■ Die „Spielwiese" der HC-Interventionen ist weit und vielfältig. Eine koordinierende Übersicht ist nur mit einigem Aufwand und mit Disziplin erreichbar, was die Einführung und Nutzung von kreativen Interventionen behindern kann.

■ Der Zugang zu gewissen HC-Interventionen wird für Organisationsbereiche, die einen Teil der HCM-Prozesse (z.B. Portfolio-Review-Meeting zur Festlegung der Ausbildungs-Interventionen) nicht nutzen, erschwert.

8.2.4   Integration der HCM-Interventionen

Die horizontale Integration der HCM-Interventionen untereinander verhindert in erster Linie „Sand im Getriebe", generiert durch widersprüchliche Signale an die Mitarbeitenden. Wenn in einer Ausbildungsveranstaltung zu Leadership andere Führungskriterien vermittelt werden als in den tatsächlichen Entscheidungen über Beförderungen und Nachfolgeentscheidungen angewandt werden, dann werden die Betroffenen verwirrt und verlieren das Vertrauen in die HR-Abteilung und/oder in die Führungskräfte selbst. Wenn im Rahmen der Rekrutierung von Karriere- und Ausbildungschancen die Rede ist, dann müssen diese auch durch entsprechende Angebote im realen Leben eingelöst werden können. Anreizsysteme (z.B. Boni usw.), die keinen ersichtlichen Zusammenhang mit dem Führungsverhalten von Vorgesetzten haben, werden kaum akzeptiert und verlieren ihre Wirkung.

Vorteile einer Integration der HCM-Interventionen:

■ HR-Angebote werden als professionell wahrgenommen.

■ Mitarbeitende erhalten kongruente Signale.

■ Interventionen sind kombiniert wirkungsvoller als in der Summe der Einzelmassnahmen.

Nachteile einer Integration der HCM-Interventionen:

■ Es entsteht ein erhöhter Abstimmungsaufwand, z.B. beim Design neuer Interventionen

■ Der Mut für „spontane" Interventionen geht allenfalls etwas verloren.

8.2.5   Integration der Daten

Bei der Integration der Daten ist zwischen einer inhaltlichen und technischen Integration zu unterscheiden. Bei der inhaltlichen Integration geht es darum, alle HCM- und HR-Daten möglichst aller Mitarbeitenden den Benutzern (Linie und HR) als ein Datensatz bzw. als ein Data-Warehouse übersichtlich zur Verfügung zu stellen. Dies erfordert nicht nur eine konzeptionelle Integration der HCM-Definitionen, sondern auch eine eindeutige Definition der administrativen HR-Daten. Hier gibt es Datenfelder, die in einem Unternehmen oft nicht vereinheitlicht sind, beispielsweise das Datenfeld „Vertragskategorie" der Anstellung oder „Anzahl Dienstjahre" (Aufrechnung von intermittierenden oder Teilzeit-Anstellungen) oder Job-Kategorie bzw. Funktionsstufe. Besonders wichtig ist eine eindeutige Identifikation jedes Mitarbeiters mittels einer Nummer, über die eine Zuordnung zu HC-relevanten Segmenten (Organisationseinheit, Stufe, Track usw.) möglich ist. Diese inhaltliche Integration ist einerseits abhängig von der Disziplin, mit der Datenfelder festgelegt werden, andererseits „leiden" viele Unternehmen darunter, dass Firmenbereiche zusammengelegt wurden, die bis dahin andere HR-IT-Systeme hatten, inkl. anders definierter Datenfelder.

Die technische Integration wird hier nicht weiter ausgeführt. Es gibt verschiedene Wege dazu. Wichtig ist nur, dass die Benutzer jederzeit einfach, einheitlich und schnell auf die für sie relevante aktuelle Daten Zugriff haben, zwecks Überprüfung der Richtigkeit und möglicher Ergänzungen (z.B. Mitarbeitende verwalten ihre eigenen Daten), aber vor allem auch zwecks Information und Analyse für die Führungskräfte sowie für professionelle analytische Berechnungen (siehe Kapitel 9).

Wenn die HCM- und HR-Daten einmal inhaltlich und technisch integriert sind, stellt sich noch die Frage, wem welche Daten wann zur Verfügung gestellt werden. Hier geht es um die horizontale und vertikale Integration der Daten in einer Organisation. Haben z.B. Peers einer Führungskraft Zugang zu deren Liste der Top-Talents oder zu den Nachfolgeplänen? Kann irgendeine Führungskraft oder ein Recruiting-Spezialist einen Suchlauf starten, um ein bestimmtes Fähigkeits- und Erfahrungsprofil eines Mitarbeiters zu suchen, damit dieser dann gezielt „angeworben" werden kann? Hat ein Verantwortlicher einer Trainingseinheit Zugang zu den Performance- und Potenzial-Daten der teilnehmenden Mitarbeitenden? Hat ein Bereichsleiter direkten Zugang zu allen HC-Daten jedes Mitarbeiters in seinem Bereich? Hier stellen sich einige sehr entscheidende Fragen, die auf dem Hintergrund von arbeitsrechtlichen Datenschutz-Bestimmungen, den Entscheidungsrechten der verschiedenen Management-Stufen (z.B. wer entscheidet abschliessend über Trainingsmassnahmen), aber auch aus der Sicht der vorhandenen und/oder angestrebten HCM-Kultur zu beantworten sind.

Eine weitere Besonderheit der HC-Daten liegt darin, dass sie oft auf Einschätzungen beruhen. Diese Einschätzungen werden vom Wissen darüber beeinflusst, wer Zugang zu diesen Einschätzungen haben wird (vgl. Anhang). Beispielsweise kann ein Vorgesetzter gezielt die Potenzialbeurteilungen bei seinen Mitarbeitenden nach unten korrigieren, wenn er verhindern will, dass seine Peers ihm seine „Perlen" abwerben. Die Frage ist, wie weit der (interne) Markt für Human Capital geöffnet werden soll und wie dieser Markt effizient und fair funktionieren kann und damit zum Erfolg des Unternehmens beiträgt. Wenn die Spielregeln nicht geklärt sind und es keine klaren Preise gibt (z.B. wie viel erhält eine Führungskraft für den Transfer eines seiner Top-Talente, in das er viel investiert hat, in einen anderen Bereich?) werden dauernd Konflikte entstehen, und/oder die Führungskräfte agieren protektionistisch.

Eine wichtige Funktion von modernen HCM-IT-Applikationen ist deshalb eine flexible und administrativ gut zu bewältigende Regelung der Zugriffe auf die Daten, die zudem auf die Funktionen und Rollen der Benutzer abgestellt ist.

Eine Besonderheit sind die Daten zu Engagement und Engagement-Treiber. Diese sind nur in aggregierter Form verfügbar. Individuelle Engagement-Daten widersprechen dem Prinzip der Anonymität der Mitarbeiterbefragungen. Normalerweise ist eine aggregierte Auswertung ab zirka acht Antwortenden sinnvoll bzw. garantiert die Anonymität. Vergleiche von aggregierten Engagement-Daten zwischen besonderen Gruppierungen von Mitarbeitenden (z.B. neu eingetretene Mitarbeitende, in der Vorperiode ausgetretene Mitarbeitende) und der Gesamtbelegschaft können sehr aufschlussreich sein. Für solche Auswertungen braucht es eine rigorose Abmachung zwischen externem Umfrage-Provider, der die nach Personal-ID geschlüsselten individuellen Engagement-Antworten hat, und den an Auswertungen in einer Gruppe von bestimmten Mitarbeitenden interessierten Auftraggebern. Es hat sich bewährt, dass der Auftraggeber seine Daten (inkl. der Personal-ID) zusammen mit einer Spezifikation der gewünschten Aggregierungen und Analysen an den externen Provider liefert, die dieser dann unabhängig durchführt, und von denen er nur die Ergebnisse zurückmeldet.

Vorteile einer Integration der Daten:

■ Beliebig wählbare Aggregierungen von Daten können erstellt und analysiert werden (gemeinsames und klar strukturiertes Date Warehouse).

■ Interne Vergleiche (interne Benchmarks) sind möglich.

■ Es braucht keine „Übersetzungshilfen", wenn Analysen aus unterschiedlichen Bereichen interpretiert werden müssen.

■ Standardisierungsanstrengungen (z.B. Definition von „Potenzial") werden unterstützt.

Nachteile einer Integration der Daten:

■ Es entsteht Aufwand für Vereinheitlichung der Datendefinitionen.

■ Eine ausgeklügelte Regelung der Zugriffsrechte ist notwendig.

8.2.6   Integration der IT-Systeme

Praktische Erfahrungen zeigen, dass Entscheidungsträger (selbst in Grossfirmen) schwer davon zu überzeugen sind, dass firmenintern zu entwickelnde und zu unterhaltende HCM-IT-Lösungen (sogenannte Massanfertigungen) wirtschaftlich Sinn machen. Die Ansicht ist weit verbreitet (und oft auch stichhaltig), dass dieses Rad nun wirklich erfunden ist. Wo, wenn nicht hier, tun es gekaufte Konfektionslösungen?

Unabhängig von der Frage „Make or Buy" stellt sich die Frage des Integrationsgrades von HCM-IT-Applikationen. Verschiedene Anbieter von Software-Lösungen für HCM verkaufen ihre Produkte mit dem Versprechen auf eine integrierte Lösung. Die Integration von IT-Applikationen und Systemen ist aber nur eine Form der Integration, vielleicht sogar die im Bereich HCM am einfachsten zu erreichende. Ein integriertes HCM ist zwar kaum mittels technischer IT-Lösungen zu erzwingen, aber die Entscheidung für die Implementation einer IT-seitig integrierten Lösung kann wichtige konzeptionelle Fragen aufwerfen und Antworten forcieren, die andernfalls umgangen oder ungenau und uneinheitlich beantwortet werden. "Talent systems should reinforce the processes, not drive the processes." (Bersin, 2010). Viele Firmen leben mit historisch gewachsenen HR-Systemen, deren Optimierung und Integration wegen mangelnder betrieblicher oder regulatorischer Notwendigkeit hinausgeschoben werden. Ein integriertes HCM, wo die Führungskräfte direkt Zugriff zu und Eingriff in zentrale HR- und HC-Daten haben müssen, ist jedoch unrealistisch ohne eine substanzielle Integration der HCM-IT-Applikationen.

Empfehlenswert, um die unten erwähnten Vorteile zu nutzen und die Nachteile zu vermeiden, ist eine firmenweit verbindliche HCM-IT-Architektur. Diese schreibt vor, welche Funktionen und Daten integrierten IT-Systemen vorbehalten sind und für welche individuelle Lösungen entwickelt und/oder gekauft werden dürfen. Idealerweise werden zur „Verdrahtung" beider Welten standardisierte Schnittstellen zu Verfügung gestellt.

Vorteile einer Integration der IT-Systeme:

- Einheitliche Benutzeroberfläche: Die Benutzer können ohne „Brüche" und ohne Umstellungsaufwand von einer Funktion zur anderen wechseln. Dies vermindert auch den Schulungsaufwand und die Akzeptanz bei den Endbenutzern. Der einfache und einheitliche Zugang zu HCM-Daten und –Funktionen ist eine der Voraussetzungen dafür, dass die Führungskräfte selbst ihre HC- und HCM-Daten pflegen und nutzen.

- Ein Portal bzw. ein Einstieg in und eine Übersicht über die HCM-IT-Applikationen erleichtern die Orientierung und können gar auf spezifische Benutzergruppen (HR, Führungskräfte, Spezialisten) zugeschnitten werden.

- Sogenannte „Workflow-Systeme" führen die Endbenutzer durch die anstehenden Aktivitäten und liefern pro Führungskraft eine Übersicht über die ausstehenden HCM-Aufgaben (z.B. Zielvereinbarungen pro Mitarbeiter bis zu einem bestimmten Termin).

- Konzeptionelle Brüche oder Dateninkonsistenzen werden weniger wahrscheinlich, weil beim Design der Integration solche Fragen geregelt wurden.

- Ohne integriertes HCM-IT-System entstehen (weitgehend unerkannt) „private" oder abteilungsspezifische Satellitensysteme. Deren Daten sind schwierig zu synchronisieren und kostspielige Redundanzen nahezu unvermeidlich.

Nachteile einer Integration der IT-Systeme:

- Integrierte Systeme sind im Design und in der Implementation meist aufwändiger, dafür aber dann im Unterhalt tendenziell effizienter.

- Auf einzelne HCM-Prozesse oder HC-Interventionen optimal zugeschnittene IT-Applikationen, sogenannte „lokale" Optimierungen, werden beschnitten oder können nicht genutzt werden.

- Stark unternehmensspezifisch zugeschnittene Sonderlösungen (Eigenentwicklungen oder „Customizing" von Standardlösungen) sind nicht mehr möglich oder nur mit sehr hohen Kosten.

8.2.7   Integration der organisatorischen Verantwortlichkeiten für das HCM

Nicht zu unterschätzen ist die Regelung der organisatorischen Verantwortung für das HCM. Klar ist, dass letztlich die einzelne Führungskraft für HCM verantwortlich ist. Die fachliche Verantwortung für die Gestaltung der HCM-Prozesse und die Integration aller Aspekte des HCM sollten aber bei einer Person oder allenfalls einem Gremium im HR liegen. Dieser Head HCM ist im optimalen Fall direkt dem Chef HR unterstellt und steht hierarchisch auf gleicher Höhe wie die HR-Business-Partner der verschiedenen Unternehmensbereiche. Er sollte insbesondere bei der Implementation von HCM-Prozessen direkten Zugang zur Führungslinie des Unternehmens haben. Dieser Head HCM muss HR-intern zu den Verantwortlichen im Recruiting, Compensation und Learning and Development und ausserhalb HR zu den Bereichen Branding und Marketing gute Kontakte pflegen. Einzelne Firmen haben hierfür die Form eines HCM Council gewählt, wo die verschiedenen Bereiche (Marketing, Branding, Compensation, Training, Vertreter der Linie usw.) vertreten sind (vgl. Corporate Leadership Council, 2006).

Gemäß Hilb und Oertig (2010) ist die Qualität des Human Capital Management ein wesentlicher Erfolgs-, aber auch Risikofaktor im Unternehmen. Daher sollten sich Aufsichtsrat bzw. Verwaltungsrat und Geschäftsführung idealerweise selbst direkt um diesen Bereich kümmern. Meist verfügen sie über zu wenig entsprechende Kompetenzen, Analysen und Instrumente, und tun es auch deswegen nicht. Die Governance für HC bzw. das HCM sollte aber eine Aufgabe des Verwaltungsrates sein.

Andere aufbauorganisatorische Konstruktionen sind denkbar. In grossen mehrteiligen und global tätigen Konzernen haben die Aufteilung der Ergebnisverantwortung (z.B. zentral versus dezentral/regional) und die je vorherrschenden Charakteristika des Human Capital pro Bereich (Kultur, „Handarbeit oder Wissensarbeit") einen wesentlichen Einfluss. Wir haben in Kapitel 7 dargelegt und begründet, dass zumindest die Messgrössen und die HCM-Prozesse konzernweit definiert und standardisiert werden können, allenfalls mit lokalen Anpassungen im Kompetenz-Modell und in den Engagement-Treibern. Die Gestaltung, Auswahl und die konkrete Nutzung der HCM-Interventionen können hingegen lokal bzw. dezentral geprägt sein. Entsprechend sollte dann auch die Organisation der HR-Funktion gestaltet sein. Wichtig ist, dass mindestens die Verantwortlichkeit für die drei HCM-Prozesse (inkl. Analysen) in einer Hand und beispielsweise auf Konzernebene liegt.

9 Analysen im Human Capital Management

9.1 Einleitung

> *„Do you think you know how to get the best from your people? Or do you know? How do investments in your employees actually affect workforce performance? Who are your top performers? How can you empower and motivate other employees to excel? Leading-edge companies are increasingly adopting sophisticated methods of analyzing employee data to enhance their competitive advantage."* (Davenport, Harris, & Shapiro, 2010)

Informationen über HC sind dann wertvoll, wenn sie mithelfen, wichtige Management-Entscheidungen zu unterstützen und zu verbessern. Das Ziel von Analysen im HCM ist, aus Daten und erhobenen Messwerten überzeugende und relevante Einsichten herzuleiten. Analysen im HCM sammeln und verarbeiten zweckdienliche und relevante Daten über Individuen und Gruppen von Mitarbeitenden (HC) sowie über Prozesse des HCM zu relevantem Wissen unter Verwendung von statistischen Verfahren und systematischen Untersuchungsmethoden. HC-Entscheidungen (z.B. Beförderungen oder Rekrutierungen) basieren mit diesem Wissen nicht mehr ausschliesslich auf persönlichen Annahmen und Beziehungen, sondern immer mehr auf Fakten und Zahlen, so wie das in anderen Disziplinen der Normalfall ist. HCM-Analysen oder „People Analytics" wie sie bei Google heissen, tragen wesentlich dazu bei, aus HCM eine „Decision Science" zu machen, vergleichbar zu Finanzwesen oder Marketing (vgl. Boudreau & Ramstad, 2007). Entscheidungsträger sind die Führungskräfte. HCM-Spezialisten gestalten die Systeme, Instrumente und Analysen zu Handen der Führungskräfte so, dass diese ihre HC-Entscheidungen effizient und sicher treffen können. Die HCM-Spezialisten in der HR-Funktion werden so in Anlehnung an Thaler & Sunstein (2008) zu „Decision/Choice Architects".

Aus Sicht der Geschäftsführung braucht es auch für das HCM ein Controlling bzw. Steuerungsinstrumente, basierend auf strategisch ausgerichteten Steuergrössen. Die Konzeption von HCM-Controlling (vgl. Meyer-Ferreira, 2010) deckt sich weitgehend mit dem Anspruch der Analysen im HCM. Strategisches HCM-Controlling betont zu Recht den Aspekt, dass die Steuergrössen bzw. die in HCM-Analysen errechneten Kennzahlen strategisch hergeleitet und begründet sind. Die Zusammenarbeit von „klassischen" Controllern und Spezialisten für HCM-Analysen ist in der Praxis unabdingbar, um die richtigen Zahlen für den geschäftlichen Erfolg zu erhalten, den Wertschöpfungsbeitrag des HC richtig zuzuordnen und den HCM-Analysen den nötigen unternehmerischen Stellenwert zu verschaffen. Neuere Studien zeigen, dass CEOs erstens die Wichtigkeit von HC-/HCM-Zahlen erkannt haben und solche HCM-Analysen fordern, aber noch in keiner Weise zufrieden sind mit dem, was sie diesbezüglich von ihrem HR-Bereich erhalten (PwC, 2012).

Ergebnis von Analysen sind nicht in erster Linie raffinierte Statistiken, sondern Einsichten und Wissen über Zustände und Zusammenhänge in Hinblick auf besser begründete und fundiertere HCM-Entscheidungen. HCM Analysen setzen primär eine mentale Ausrichtung hin zu mehr Empirie voraus, verlangen nach einem iterativen, aber logischen Vorgehen und hängen erst in zweiter Linie von raffinierten statistischen Instrumenten ab.

Analysen im HCM und das dadurch erarbeitete Wissen sind in vielen Unternehmen erst rudimentär vorhanden oder beschränken sich auf Kennzahlen zur Personaladministration. Manche HR-Professionals stehen einem zahlenbasierten Zugang zu Human Capital noch skeptisch gegenüber. Trotzdem zeichnet sich ein deutlicher Trend hin zu mehr und differenzierteren HCM-Analysen und HC-Metriken ab (vgl. Fitz-enz, 2010; Davenport, Harris & Shapiro, 2010; Bassi, Carpenter & McMurrer, 2010; Barnett & Vance, 2012; Pease, Byerly & Fitz-enz, 2012). Organisationen, die in fortgeschrittenem Masse HCM Analysen durchführen und deren Ergebnisse für HC-Entscheidungen verwenden, zeigen bessere Geschäftsergebnisse als Organisationen ohne HCM-Analysen (Aberdeen, 2009).

Welchen Nutzen stiften HCM-Analysen?

■ Sie liefern den Führungskräften einen einfachen und präzisen Überblick über den Stand des ihnen anvertrauten Human Capital.

■ Sie liefern Aussagen darüber, wie gut das HCM betrieben wird, und ob die Beurteilungen und Prozesse fair und vernünftig durchgeführt bzw. genutzt werden.

■ Sie helfen mit, HR-Praktiken und den Return von HC-Investitionen zu optimieren.

■ Sie zeigen auf, wo Führungsstil und Führungsverhalten verbessert werden müssen und auch verbessert werden können, um das Human Capital zu erhöhen.

■ Sie liefern dem Management begründete Hinweise dafür, wo und in welchem Ausmass die Geschäftsergebnisse durch HCM verbessert werden können.

■ Sie geben dem HCM die nötige Transparenz und Verbindlichkeit, um genauso ernst genommen zu werden wie andere Unternehmensfunktionen (z.B. Finance).

■ Sie liefern Informationen, die für externe Investoren und Analysten zwecks einer reelleren Bewertung des Unternehmens wertvoll sind, oder die bei Firmenübernahmen (M&A) zur Bewertung beigezogen werden können.

HCM-Analysen können auch nach ihrem Zweck gegliedert werden (vgl. Melcher & Winkler, 2011). Dabei lässt sich sinnvoll unterscheiden zwischen

■ **Überwachung/Kontrolle**: Übersicht über den Stand des HC sowie über Anwendung und Effizienz/Effektivität von Instrumenten und Prozessen im HCM. Auftraggeber bzw. Stakeholder hierfür können die Fachverantwortlichen für HCM oder Bereichsleiter, die sich ein Bild über den Stand des HCM in ihrem Bereich machen wollen, sein.

- **Strategische Analyse/Kontrolle**: Wie weit sind die für das HC/HCM formulierten strategischen Ziele erreicht? Stakeholder hierfür können der CEO selbst oder Führungskräfte auf oberen Ebenen mit klaren strategischen HCM-Zielen sein.

- **Wirkungsanalyse**: Wie wirken Aspekte des HC und HCM-Interventionen auf das Geschäftsergebnis? Stakeholder hierfür sind einerseits die Verantwortlichen für die entsprechenden Interventionen (z.B. Leiter Recruiting oder L&D Head) oder die mittleren Führungskräfte, die zu entscheiden haben, welche Interventionen wo die grösste Hebelwirkung haben.

- **Transparenz**: Darstellung und Kommunikation einer nachhaltigen Sicherung und Steigerung des HC auf Unternehmensebene. Stakeholder hierfür sind Analysten und Investoren sowie Entscheidungsträger bei M&A.

Dieses Kapitel

- erörtert die für ein HCM relevanten Daten und Informationen und zeigt, wie diese zu relevanten Aussagen kombiniert werden können;

- liefert einen Einblick in mögliche und sinnvolle deskriptive Fakten und Kennzahlen und zeigt, wofür diese im HCM genutzt werden können;

- erörtert, wie diese Fakten und Kennzahlen auch für das Abschätzen der Effizienz **und Effektivität** von Interventionen im Human Capital (HCM-Prozesse und HR-/Führungspraktiken) genutzt werden können;

- zeigt vergleichend auf, welche Modelle und Verfahren eingesetzt werden können, um den **Zusammenhang zwischen HCM und Geschäftserfolg** („Impact") zu ergründen bzw. zu errechnen;

- stellt einen speziellen Ansatz vertiefter vor, der auf einem Value-Chain-Modell basiert und die Form eines Dashboards annimmt, und zeigt seine Vorteile, aber auch seine Grenzen auf;

- geht nicht auf Verfahren ein, wie der Wert des HC eines Unternehmens insgesamt in monetärer Form („Humanvermögensrechnung", „Saarbrücker Formel") bestimmt werden kann (Scholz, Stein & Bechtel, 2004); diese haben für die Praxis wenig Aussagekraft und liefern den HCM-Verantwortlichen keine konkreten Handlungsempfehlungen (vgl. Schütte, 2005a);

- diskutiert die Bedingungen dafür, dass Kennzahlen und Masssysteme von den Verantwortlichen für HCM auch verstanden und genutzt werden.

9.2   Datenbasis für Analysen im HCM

9.2.1   Personal-Basisdaten

Folgende Arten von Informationen zum Human Capital sind normalerweise auch ohne ein ausgereiftes HCM für die Gesamtorganisation und für einzelne Organisationsbereiche einfach und zuverlässig verfügbar:

■ demographische Daten pro Mitarbeiter: Alter, Geschlecht, Dienstalter usw.,

■ Positionierung eines Mitarbeiters im Unternehmen: Organisationseinheit, Stufe, Titel, Funktion, Gehaltsstufe usw.,

■ Art und Zeitpunkt der Verschiebung eines Mitarbeiters: Eintritt oder Austritt, Änderung der Position (z.B. hierarchische Beförderung).

Dies sind Informationen, die ein ausgereiftes Personalcontrolling definiert, aufbereitet und zur Verfügung stellt. Voraussetzung dafür ist ein vereinheitlichter Datensatz aus dem Personalinformationssystem und ein Werkzeug, das es den interessierten Stellen (z.B. Führungskräfte, HCM-Analysten) ermöglicht, schnell und zuverlässig die gesuchten Datenschnitte und Informationen auf gewünschter Stufe (Drill-Down) und für definierte Mitarbeitergruppen (z.B. nach Titel, Funktion, Standort usw.) zu finden und übersichtlich darzustellen. Auch wenn damit teils knifflige technische und definitorische Probleme verbunden sein können (insbesondere, wenn ein Unternehmen kein vereinheitlichtes Personalinformationssystem hat), so verfügen doch die meisten Unternehmen über für diese Art von Auswertungen ausreichende technische Lösungen. Für Analysen im HCM sind dies Basisdaten, die in erster Linie genutzt werden, um die zu analysierenden Segmente von Mitarbeitenden zu bestimmen. Beispielsweise braucht man diese Basisdaten, um den Engagement-Index pro Titelstufe oder pro Organisationseinheit zu errechnen. Für sich selbst sind sie für HCM-Analysen weniger relevant.

9.2.2   Interventions-Daten

Darüber hinaus sollten Daten über im Rahmen des HCM entschiedene und getätigte Interventionen bzw. Investitionen in das HC eines oder mehrerer Mitarbeiter verfügbar sein, wie beispielsweise:

■ Gehalt und Incentives,

■ off-the-Job Ausbildungen,

■ Rekrutierung / Onboarding,

■ systematische Assessments,

- Coachings und andere Entwicklungsmassnahmen,

- Nominierung als Nachfolgekandidat,

- hierarchische oder funktionale Beförderungen.

Solche Informationen sollten ebenfalls aus dem Personalinformationssystem heraus verfügbar sein oder aus einem „Learning Management System" extrahiert werden können. Analysen im HCM benötigen diese Daten, um festzuhalten und auszuweisen, welche Arten von Investitionen in relevanten Mitarbeiter-Segmenten getätigt wurden, wie gross die Investitionen in das HC eines Bereichs sind und ob sich diese Investitionen im Vergleich zum Geschäftserfolg rechnen.

9.2.3   HC-Daten

Ein systematisches und standardisiertes HCM, wie in den vorangegangenen Kapiteln beschrieben, liefert nun zusätzlich noch die entscheidenden Daten über das aktuelle und künftige HC, das ein Mitarbeiter in die Firma einbringt, und wie er die Gegenleistung des Unternehmens wahrnimmt:

- Arbeitsergebnis,

- Kompetenzen,

- Leistung (Gesamtbeurteilung im Performance-Management),

- Potenzial,

- Engagement,

- Engagement-Treiber (Wahrnehmung der Arbeitsbedingungen).

Diese Daten sind nur brauchbar, wenn sie konsequent und flächendeckend durch standardisierte HCM-Prozesse erhoben, kalibriert und festgehalten wurden. Solcherlei Daten können für eine konzise Darstellung des HC eines Mitarbeiters oder einer Gruppe von Mitarbeitenden sowie dessen Veränderung als Folge von HC-Interventionen verwendet werden.

9.2.4   Daten über HCM-Prozesse

Informationen zu Qualität, Effizienz und Umfang der Abwicklung werden in professionell durchgezogenen HCM-Prozessen automatisch anfallen. Beispiele hierfür sind „Antwortraten" in der Engagement-Umfrage, Implementationstiefe der Portfolio-Review-Meetings, Anzahl Mitarbeitende mit einem Potenzial-Rating, Qualität der Zielformulierungen im Performance-Management usw. Siehe dazu die relevanten Themen in den jeweiligen Unterkapiteln „Überwachung" in der Darstellung der HCM-Prozesse.

9.2.5   Daten zum Geschäftserfolg

Analysen im HCM, die auch den Zusammenhang zwischen HCM und Geschäftserfolg bzw. Business Performance aufzeigen wollen, benötigen zusätzlich Daten über den Geschäftserfolg eines Unternehmens bzw. seiner Bereiche. Geschäftserfolg kann unterschiedlich gemessen werden, beispielsweise durch:

- Gewinn, z.B. EBIT,

- Verkaufszahlen,

- Zielerreichungsgrad (Termine, Mengen usw.),

- Umsatz,

- Kosten,

- Qualität, z.B. Kundenzufriedenheit.

Diese Daten sind normalerweise aus dem Controlling eines Geschäftsbereichs erhältlich. Sie können pro Mitarbeiter, pro Organisationsbereich oder nur für das Gesamtunternehmen vorliegen. Diese Daten werden in Analysen im HCM verwendet, um den Zusammenhang zwischen Merkmalen des Human Capital (z.B. Mitarbeiter-Engagement), HCM (z.B. Trainings, De-Investitionen usw.) und dem Geschäftserfolg aufzuzeigen.

9.3   Deskriptive HCM-Analysen

Deskriptive HCM-Analysen liefern primär ein einfaches, übersichtliches und zweckmässiges Bild des HC und der HCM-Massnahmen. Diese Analysen zeigen der zuständigen Führungskraft in leicht verständlicher Form, wie das HC, für das sie verantwortlich ist, bewertet ist, wie es zusammengesetzt ist und was bisher dafür investiert wurde. Sie können auch helfen, die Plausibilität der HC-Beurteilungen und der HCM-Entscheidungen kritisch zu beurteilen. Deskriptive Analysen zeigen Trends in der Vergangenheit auf, machen aber noch keine prädiktiven Aussagen. Im Folgenden sind einige dieser deskriptiven Analysen beispielhaft dargestellt:

9.3.1   HC-Profil pro Mitarbeiter

Ein Datenblatt (in elektronischer Form) pro Mitarbeiter, das alle seine relevanten Daten und Informationen enthält, liefert dem Führungsverantwortlichen, schnell eine Übersicht über Fakten, Massnahmen, Entscheidungen und offene Fragen pro Mitarbeiter. Dieses Datenblatt gehört eigentlich in jede Vorbereitungsmappe für ein Personalgespräch. Abbildung 9.1 zeigt ein Beispiel eines solchen Datenblattes. Nebst administrativen Basisinformationen enthält es Angaben zur Stufe und zum Pfad (z.B. Führungs- oder Fachkarriere), und dann enthält es vor allem Angaben über Performance und Potenzial, inkl. Verweise auf Potenzialeinschätzungen. Darüber hinaus sind bisherige und geplante Massnahmen bzw. Investitionen (z.B. Hauptelemente des individuellen Entwicklungsplanes) aufgeführt. Bei den wichtigsten Datenelementen sollte ein Vergleich zur Vorperiode ersichtlich sein. Die Zusammenstellung der Felder kann je nach Funktionsstufe variieren.

Ein solches Datenblatt kann bei Bedarf mit historischen Daten (z.B. aus den Vorperioden) oder mit einem standardisierten Formular zum Lebenslauf ergänzt werden.

Abbildung 9.1   HCM-Mitarbeiterprofil

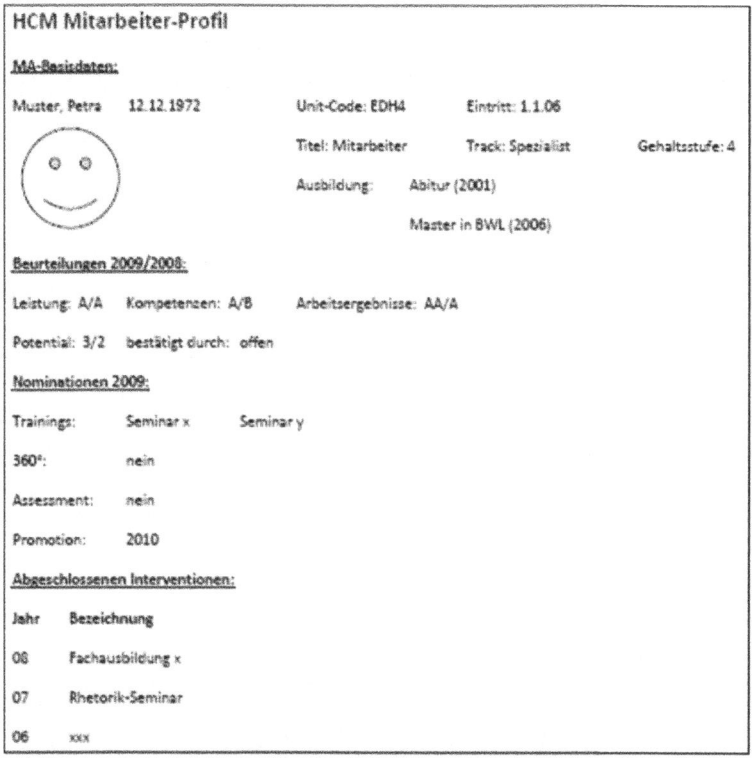

Die individuelle Übersicht erleichtert die Aufgabe der Führungskraft, Massnahmen zur Pflege und zur Steigerung des individuellen HC konzertiert bzw. auf die Möglichkeiten und Grenzen des Mitarbeiters abgestimmt zu entwerfen, zu beschliessen und zu überwachen. Bei jedem persönlichen Gespräch mit einem Mitarbeiter sollte der Vorgesetzte dieses Datenblatt zur Hand haben.

Engagement-Werte auf individueller Basis sind nicht verfügbar (Anonymität), aber schon ab Stufe Teamleiter liegen der Engagement-Index und das Profil der Engagement-Treiber der unterstellten Mitarbeitenden vor, die wesentlich die Führungsfähigkeit der entsprechenden Person beschreiben und deshalb mit auf eine individuelle Übersicht gehören.

Die Datenfelder zu HC-Massnahmen können abhängig vom Angebot an standardisierten Massnahmen von Unternehmen zu Unternehmen variieren und sind stufenbezogen. Selbstverständlich gehört auf ein solches Datenblatt auch ein Freitext-Feld, das es erlaubt, ausserordentliche Einschätzungen, Massnahmen und Entscheidungen festzuhalten.

Es mag selbstverständlich erscheinen, dass eine Führungskraft immer schnell Zugriff auf solche Mitarbeiterprofile hat. In der Praxis ist dies jedoch bei Weitem nicht überall der Fall. Oft müssen die Daten immer wieder eher mühsam aus verschiedenen HR-Applikationen zusammengesucht werden. Vom „alten" Vorgesetzten nachgeführte Mitarbeiterprofile erleichtern auch die Einarbeitungszeit und den Einstieg eines neuen Vorgesetzten.

9.3.2   Mitarbeiter-Liste mit den wichtigsten HC-Daten

Um sich eine einfache Übersicht über alle direktunterstellten Mitarbeitenden zu verschaffen, kann eine Liste der Mitarbeitenden mit den wesentlichen Informationen wertvolle Dienste liefern.

Wenn eine Führungskraft ihrem Vorgesetzten oder ihrem Nachfolger beispielsweise die HC-Situation in ihrem Bereich beschreiben und zeigen will/muss, verwendet er am einfachsten eine Liste seiner Mitarbeitenden oder Direktunterstellten mit je einige wesentlichen Informationen. Tabelle 9.1 zeigt eine solche Liste mit direktunterstellten Führungskräften, die einmal die grundlegenden HC-Messgrössen enthält und dann zusätzlich noch Angaben, die je nach Situation von besonderem Interesse sein können. Hier wird auch der Engagement-Index des Führungsbereichs der einzelnen Führungskräfte aufgeführt. Eine graphische Übersicht mag diese Liste ergänzen, z.B. in Form eines Leistungs-Potenzial-Grids, in dem die einzelnen Personen speziell markiert sind (z.B. farblich), um zusätzliche Kriterien wie „Risk of Leaving" oder Engagement-Index darzustellen.

Tabelle 9.1   HC-Mitarbeiter-Liste

Name	Vorname	Unit Code	Kompetenzen	Arbeits-ergebnisse	Leistung	Potenzial	Engagement Index	Stärken	Schwächen
Muster	Alfred	X2	A	AA	A	2	55	Teamplayer, Fachliche Erfahrung	Durchsetzungs-schwäche, mangelnder Ehrgeiz
König	Beat	Y1	AA	A	AA	3	54	...	...
Prinz	Claus	Y3	AA	AAA	AAA	4	72		
Meister	Dieter	X4	A	A	A	2	60		
Knecht	Ernst	X1	B	A	B	1	45		

Für ein Portfolio-Review-Meeting mit fundierter Vorstellung und Diskussion des HC-Portfolios ist eine solche Liste unverzichtbar. Sie muss inhaltlich (z.B. bezüglich Felder wie Stärken/Schwächen, Engagement-Index) je nach Hierarchiestufe oder Verwendungszweck flexibel erstellbar sein.

9.3.3   Aggregierte Kennzahlen

Mitarbeitende können und müssen sinnvoll segmentiert werden, um das HC auf verschiedenen Ebenen und die dort getätigten HC-Interventionen übersichtlich darstellen zu können. Die übliche Segmentierung erfolgt hinsichtlich Hierarchiestufen oder Funktionen (Führung, Vertrieb, Spezialisten) oder demographischen Gruppen (Altersgruppen, Geschlecht usw.) oder HC-Ausprägungen (Kompetenz-Level, Leistungsniveau, Potenzial usw.). Weitere relevante Segmente können aus der Unternehmensstrategie abgeleitet werden, beispielsweise Schlüsselfunktionen oder kürzlich neu rekrutierte Mitarbeitende. Die technische Grundlage für solche Segmentierungen oder „Datenschnitte" liefern die oben beschriebenen Personal-Basisdaten.

Pro Mitarbeiter-Segment können aggregierte Kennzahlen in Form von Summen, Durchschnittswerten, Prozentzahlen oder Quotienten errechnet werden. Beispielsweise die Anzahl oder der Prozentsatz von Mitarbeitenden mit hoher Leistung und hohem Potenzial (Top-Talente) oder die durchschnittliche Anzahl bestätigter Nachfolgekandidaten für eine Schlüsselposition. Solche Kennzahlen vermitteln ein ergänzendes Bild des HC pro Bereich, das für verschiedene Zwecke aufschlussreich sein kann, insbesondere, wenn sie mit anderen Bereichen verglichen werden. Die Wahl und klare Definition von Kennwerten sollten sich jedoch nicht nach der Verfügbarkeit von Daten richten, sondern die Beantwortung gezielter und relevanter Fragen unterstützen. Beispiele für solche Fragen können sein:

- Analyse der Qualität und Implementationstiefe von HCM-Prozessen, z.B. Wie viele Mitarbeitende eines Bereichs haben ein aktuelles Potenzial-Rating?

- Ausmass der Diversität bzw. Vielfalt des Human Capital (Geschlecht, Alter, Dienstalter, Muttersprache usw.)?

- Übersicht über Art und Menge der HC-Interventionen, z.B. Trainings-Tage off-the-Job?

- Abschätzung des Personal- und Nachwuchs-Bedarf, beispielsweise aufgrund von durchschnittlichem Dienstalter und Lebensalter?

- Überprüfung der Übereinstimmung mit strategischen Initiativen, z.B. Durchmischung bzgl. Geschlecht und Herkunft (bezogen auf Firma nach einem Merger oder bezogen auf Land/Kultur bei einem global tätigen Unternehmen) oder durchschnittliche Anzahl Nachwuchskandidaten für wichtige Führungspositionen (wenn z.B. in der HC-Strategie steht, dass „grow your own leaders" im Vordergrund steht)?

- Analyse der Konsistenz und Plausibilität von HC-Beurteilungen (z.B. Vergleich des Engagement-Indexes in den Feldern des Leistungs-/Potenzial-Grids)?

- Engagement-Wert der Mitarbeitenden, die im letzten Jahr die Firma verlassen haben, oder Leistungs-Potenzialdaten der neu eingetretenen Mitarbeitenden?

- Diskriminierung von bestimmten Segmenten, beispielsweise Prozentsatz an Frauen mit hohem Potenzial im Vergleich zu den Männern im gleichen Segment?

Besondere Fälle von aggregierten Werten sind der Engagement-Index und die Mittelwerte der Engagement-Treiber bzw. deren Einfluss auf das Engagement pro Mitarbeiter-Segment. Engagement-Berichte werden primär hinsichtlich organisatorischer Segmente erstellt. Zusätzlich lassen sich aggregierte Engagement-Werte für bestimmte Gruppen oder Mengen berechnen, die sehr aufschlussreich sein können. Wie ist beispielsweise das Engagement über die verschiedenen Titel-Stufen, Leistungsstufen oder Arbeitsorte (Länder) verteilt oder wie waren die Engagement-Treiber jener Mitarbeiter, die im letzten Jahr die Firma verlassen haben? Eine regelmässige Engagement-Umfrage liefert eine Fülle relevanter Informationen, wie HCM in der Praxis von den Mitarbeitenden wahrgenommen wird. Beispielsweise vermittelt die Antwort auf die Frage „Erlaubt mir das Ausbildungsangebot des Unternehmens, meine Fähigkeiten und mein Fachwissen gezielt zu verbessern?" ein direktes Bild der Wahrnehmung der Ausbildungsaktivitäten eines Unternehmens.

9.3.3.1   Beispiele für aggregierte Kennzahlen

Alle folgenden Abbildungen und Tabellen enthalten frei erfundene Werte. Sie sollen lediglich zeigen, wie Kennzahlen dargestellt und interpretiert werden können.

Eine interessante Information liefern Analysen und Kennzahlen, wo die **„Bewegung"** der Mitarbeitenden (Ein-/Austritt, interne Verschiebungen.) als Kriterium für die Aggregation verwendet wird. Wo sind die neu eingestellten Mitarbeitenden? Aus welchen Grid-Zellen sind Mitarbeitende weggegangen, nach extern oder intern (in gleiche oder höhere Funktionen)? Diese Darstellung kann in Abhängigkeit von der Menge der in einem Grid abgebildeten Anzahl Mitarbeitende codiert oder in Prozentzahlen aufgeführt sein.

Abbildung 9.2   Bewegungen im Leistungs-/Potenzial-Grid

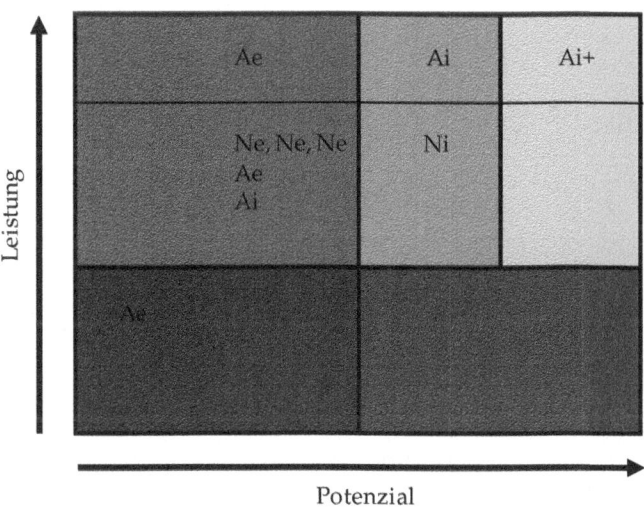

Legende: Ae: Austritt nach extern
               Ai: Austritte nach intern
               Ai+: Austritte nach intern und höhere Funktion
               Ni: Eintritte von intern
               Ne: Eintritte von extern

Diese Analyse der Abbildung 9.2. zeigt z.B. auf, dass gleich drei Leistungsträger, teils sogar mit Potenzial, in der letzten Periode weggegangen sind und noch nicht adäquat kompensiert werden konnten.

Eine vergleichbare und spannende Analyse ergibt sich aus dem Vergleich (auf Bereichs- oder Gesamtunternehmensebene) der **Fluktuations-Daten** mit den Leistungs-Potenzial-Einschätzungen und/oder mit den Engagement-Werten. Wie gross ist die Fluktuation bei den „Top-Talents"? Wie war der Engagement-Index derjenigen Mitarbeitenden, die das Unternehmen freiwillig verlassen haben?

Abbildung 9.3   Fluktuationsrate (freiwillig) und Engagement-Indices pro Grid-Zelle

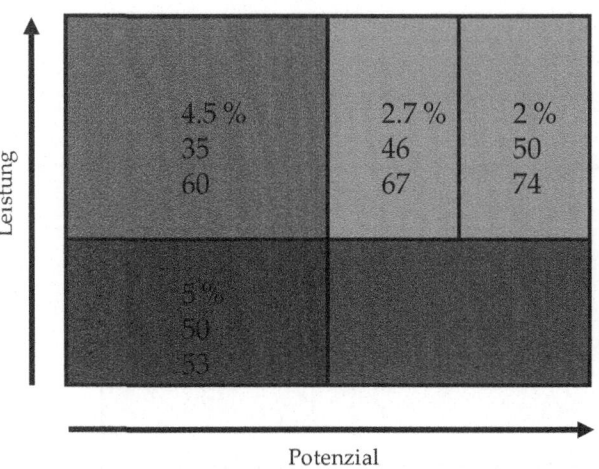

Legende: x % = Fluktuations-Rate (freiwillig)
                xx = Engagement-Index der freiwillig Ausgetretenen
                yy = Engagement-Index aller Mitarbeiter in dieser Zelle

Diese Analyse lässt vermuten, dass Top-Talente gut ans Unternehmen gebunden bzw. überdurchschnittlich engagiert sind. Eine ähnliche Analyse in Tabelle 9.2. zeigt, dass die Fluktuation im Top-Management sehr gering ist und die Leistungsträger im mittleren Management die höchste Fluktuationsrate haben. Dies als Hinweis für gezieltere Bindungsmassnahmen.

Tabelle 9.2   Fluktuationsrate entlang Stufen und Leistung/Potenzial

Stufe	Leistungs-Träger *	Leistungs-Träger mit Potenzial **	Alle dieser Stufe
Mitarbeitende	3.5 %	2.3 %	4.8 %
Mittleres Management	5.2 %	1.8 %	3.0 %
Top-Management	1.6 %	0 %	2.0 %
Total	3.9 %	2.0 %	4.1 %

*Sehr hohes Leistungs-Rating, Potenzial auf Funktion begrenzt**Sehr hohes Leistungs-Rating, Potenzial für andere oder höhere Funktion

Es lässt sich auch weiter analysieren, welches die Gründe sein könnten für die Fluktuationen. Siehe dazu Tabelle 9.3.

Tabelle 9.3   Engagement- und Engagement-Treiber-Werte bei Mitarbeitenden, die
das Unternehmen verlassen haben

Stufe	Engagement-Index	Engagement-Treiber „Vorgesetzter"	Engagement-Treiber „Gehalt"	Engagement-Treiber „Karrieremöglichkeiten"
Mitarbeitende	66	70	22	72
Mittleres Management	54	45	30	55
Top-Management	67	60	31	68
Alle Mitarbeitenden	65	68	25	70

Diese Tabelle zeigt, dass die erhöhte Fluktuation im Mittleren Management (siehe Tabelle 9.2) allenfalls durch Unzufriedenheit mit den direkten Vorgesetzten und wegen geringer Karrieremöglichkeiten zustande gekommen ist.

Es lassen sich auch spezielle Aggregationen analysieren, die Aufschluss darüber geben können, wie konsistent und plausibel **HCM-Entscheidungen** gefällt wurden. Für einen Geschäftsbereich kann man beispielsweise errechnen, wie viele offizielle Nachfolgekandidaten im Portfolio-Management für die Führungspositionen besprochen und bestimmt wurden. Diese Zahl ergibt eine Deckungsrate pro Bereich, die möglichst grösser als 100 % sein sollte. Nun interessiert aber weiter, ob auch grundsätzlich die richtigen Mitarbeitenden als Nachfolgekandidaten bestimmt wurden. Hierfür schaut man sich dann die Position der Nachfolgekandidaten auf dem Leistungs-Potenzial-Grid an (siehe Abbildung 9.4). Daran lässt sich erkennen, ob alle ein Potenzial-Rating haben und ob sie primär aus der Ecke „Top-Talents" kommen.

Abbildung 9.4   Nachwuchskandidaten und ihre Einstufung in Leistung/Potenzial

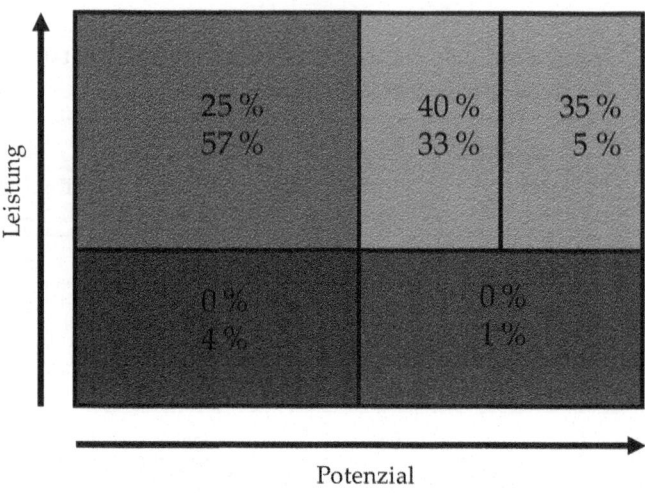

Legende: x % = Anteil der Nachwuchskandidaten
                    y % = Anteil aller Mitarbeiter

Eine solche Analyse überprüft die Qualität der Nachfolge-Entscheidungen und liefert den verantwortlichen Stellen damit eine Grundlage, Ausreisser, falsche Trends oder fehlende Angaben mit den entsprechenden Führungsverantwortlichen faktenbasiert aufgreifen zu können, was wiederum die Qualität der Beurteilungen und Entscheidungen fördert.

Eine andere Analyse (siehe Abbildung 9.5) zeigt beispielsweise, wie die HC-Interventionen im Bereich Aus-/Weiterbildung und individuelle Förderung (360°, Coaching) in Abhängigkeit von der Einstufung von Leistung/Potenzial zugesprochen wurden:

Abbildung 9.5   Verteilung der HC-Interventionen

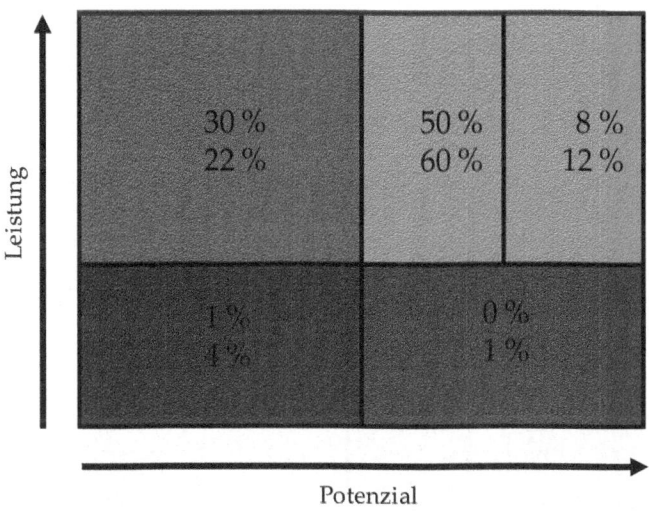

Legende: x % = Zuteilung Aus-/Weiterbildungstage
                y % = Zuteilung individuelle Förderung (z.B. 360°)
        (11 % Mitarbeiter ohne vollständiges Rating)

Eine solche Auswertung, insbesondere wenn sie noch stufenbezogen gemacht wird, kann zeigen, ob die HC-Interventionen gemäss den Vorgaben bzw. dem besten zu erwartenden Return on Investment zugeteilt und genutzt wurden.

In weiteren Auswertungen kann das Engagement eines Mitarbeiters mit seinen anderen **HC-Messgrössen** verglichen werden. Beispielsweise lässt sich bestimmen (durch Zusatzauswertungen nach einer Engagement-Umfrage), wie sich in einem Bereich die Engagement-Werte in den Leistungs-Potenzial-Grids verteilen (siehe Abbildung 9.6). Dabei ist zu erwarten, dass „Top-Talente" und „High-Performer" ein grösseres Engagement zeigen als durchschnittliche Performer mit geringerem Potenzial.

Abbildung 9.6   Vergleich Engagement-Werte und Einstufung im Grid

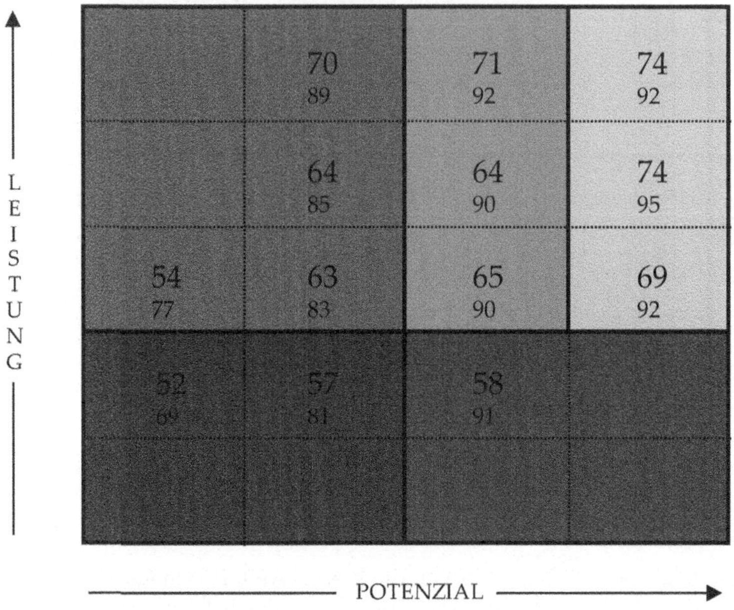

Legende: XX = Engagement Index
                 YY = Antwortrate in Engagement-Umfrage
      (leere Zellen: Keine oder zu wenig antwortende Mitarbeiter)

Solche Analysen helfen mit, die Beurteilungen und Einstufungen zu überprüfen und zu verstehen sowie gegebenenfalls über mehrere Bereiche hinweg zu vergleichen. Auffälligkeiten können zu weiteren vertieften Analysen und Diskussionen führen, die dann das HCM-System als Ganzes kontinuierlich verbessern helfen und den Verantwortlichen einen differenzierteren Einblick in ihr HC gewähren. Diese Kennzahlen liefern ein genaueres Bild des HC und helfen mit, das ganze Mess- und Beurteilungssystem zu überprüfen und schrittweise zu optimieren. Dieser Effekt wird dank dem standardisierten HCM durch unternehmensweite Vergleichs- bzw. Benchmarkmöglichkeiten potenziert (siehe Anhang).

Andere Kennzahlen können verwendet werden, um Veränderungen im HC zu prognostizieren und daraus notwendige Massnahmen (Rekrutierungen, Bindungs-Massnahmen) abzuleiten. Beispielsweise erstellt die Firma Dow-Chemical eingehende Analysen historischer HC- und Personalbasis-Daten in gängigen Segmenten (Altersklassen, hierarchische Stufen) und berechnet, wie gross die Fluktuation pro Segment war. Solcherlei historische

Fluktuationserfahrungen in Form von Kennzahlen werden danach auf aktuelle Portfolios angewendet, und auf diese Weise kann der künftige Personalbedarf abgeschätzt bzw. extrapoliert werden (vgl. Davenport, Harris & Shapiro, 2010).

Die jährlichen Leistungsbeurteilungen pro Mitarbeitenden liefern eine wertvolle Basis für spannende Kennzahlen, sofern diese Leistungsbewertungen standardisiert, sprich vergleichbar erhoben werden. Ein Beispiel: Wie verläuft die Leistungskurve in einem bestimmten Segment der Belegschaft nach Eintritt in das Unternehmen? Diese Leistungsverteilung kann ein hilfreicher Indikator für die Qualität der Rekrutierung sein. Auch der Einarbeitungsaufwand (als Bestandteil der Kosten für eine ungewollte Kündigung/Fluktuation) kann aus einer solchen Leistungskurve abgeleitet werden. Die Abbildung 9.7 zeigt ein Beispiel für die Darstellung einer solchen Leistungskurve.

Abbildung 9.7   Leistungsverteilung nach Dienstalter

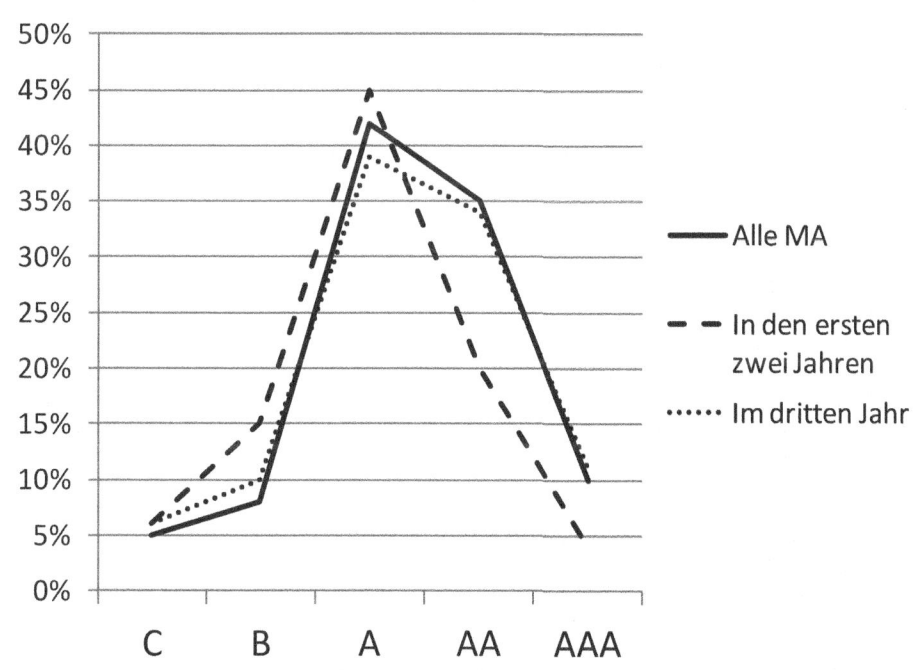

Die Leistungsbeurteilungen sind eine mitbestimmende Grösse für individuelle Gehaltserhöhungen und Boni. Eine Darstellung des Zusammenhangs zwischen Leistung und Veränderungen im Entgelt pro Gehaltsstufe kann Hinweise geben, wie konsequent die Vorgaben zur Zuteilung von individuellen monetären Anreizen tatsächlich angewendet werden. Das Ziel dabei ist nicht, Vorgaben mechanistisch umzusetzen, sondern z.B. zu überprüfen, wo Ausreisser vorliegen und ob diese begründbar sind.

Aggregierte Kennwerte lassen sich fast beliebig viele (Messgrösse mal Segment) errechnen, die Frage ist mehr, welcher Aufwand getrieben und welchem Zweck damit gedient werden soll. Kennwerte, die nicht eingehend besprochen und verglichen werden und die dann auch nicht zu Entscheidungen und Massnahmen führen, sind praktisch nutzlos. Lieber wenige, dafür aber für den Bereich strategisch relevante Kennwerte als eine Vielzahl unüberblickbarer und in dieser Fülle nicht mehr verwertbarer Kennzahlen. Erfahrungsgemäss erhalten HCM-Kennzahlen dann am meisten Aufmerksamkeit, wenn sie aktuelle Projekte oder strategische Initiativen unmittelbar unterstützen, Veränderungen als KPI begleiten oder als Zielgrössen funktionieren.

Ein Teil solcher Analysen kann periodisch standardisiert erstellt werden, andere werden ad hoc von Spezialisten errechnet, sobald eine entsprechende Fragestellung auftaucht. Moderne Data-Mining-Techniken erlauben auch ein exploratives Suchen und ein Identifizieren von Besonderheiten ohne spezifische Fragestellung. Data-Mining-Methoden z.B. aus dem Marketing oder aus der Portfolio-Theorie, liefern ein attraktives Arsenal an Darstellungsoptionen, die das Lesen und Verstehen entsprechender Analysen erleichtern. Auch nichtnumerisches Datenmaterial (z.B. Texte, Begriffe, sprachliche Berichte) kann mittels ausgeklügelter Textanalysen zu interessanten Erkenntnissen verdichtet werden. Beispielsweise hat das „People-Analytics-Team" von Google interne Texte aus über 10'000 Leistungsbeurteilungen, Beförderungsanträgen und Feedbacks zu Vorgesetzten analysiert und dadurch acht zentrale Verhaltensweisen erfolgreicher Vorgesetzter identifiziert bzw. „errechnet" (vgl. Bryant, 2011).

9.3.3.2   Indices aus kombinierten Kennzahlen

Aggregierte deskriptive Kennzahlen lassen sich auch kombinieren zu Indices. Ein solcher Index erlaubt eine zusammenfassende Beurteilung eines Bereichs oder einer Interventionsform wie „Rekrutierung" oder „Führungsverhalten". Eine Kombination kann in Form einer zu definierenden mathematischen Formel erfolgen oder lediglich aus einer qualitativen Zusammenfassung bestehen. Hierzu zwei Beispiele:

Qualitätsindex Rekrutierung, kombiniert aus (immer im Vergleich zur Gesamtpopulation):

1. Kündigungsrate neu eingestellter Mitarbeiter im 1. Jahr,

2. Prozentzahl ungenügender Ratings (Ziele/Erwartungen nicht erfüllt) im Performance-Management nach einem Jahr,

3. Prozentzahl positiver Ratings im Performance-Management nach zwei Jahren,

4. Engagement-Index der neu eingestellten Mitarbeiter nach dem ersten Jahr.

Mit einem solchen Index lässt sich die Qualität der Rekrutierung in verschiedenen Unternehmensbereichen summarisch vergleichen und verfolgen. Verschiedene Rekrutierungswege oder Selektionsprozesse lassen sich in ihren Wirkungen überprüfen.

Leadership-Index, kombiniert aus einer Summe von Kennwerten einer Führungskraft (vgl. Royal Bank of Scotland bzw. Groysberg & Sherman, 2008):

1. Engagement-Index im unterstellten Bereich,

2. Wahrnehmung der Führungsqualität durch die unterstellten Mitarbeitenden (via Engagement-Umfrage),

3. Fluktuation (im Vergleich zur Gesamtpopulation),

4. Prozentzahl an verifizierten Top-Talenten (hohes Potenzial, hohe Leistung) im Vergleich zu Gesamtpopulation,

5. Performance-Rating der Führungskraft.

Der Leadership-Index kann erstens die überragende Bedeutung der Intervention „Führungsverhalten" noch mehr betonen, zweitens systematische interne Vergleiche zwischen Bereichen zulassen und drittens als Grundlage für die Beurteilung und Entwicklung einzelner Führungskräfte verwendet werden. Solche Indices eignen sich auch als Zielvorgabe beispielsweise für die Wirkung von Verbesserungsmassnahmen in einer Rekrutierungsfachstelle.

9.3.3.3 Benchmarking

Liegen erste konkrete Werte für Kennzahlen vor, stellt sich schnell die Frage nach der Bedeutung der Ausprägung. Ist beispielsweise ein 5 %-Anteil identifizierter Top-Talente in einem bestimmten Segment ausreichend? Wie hoch sollte der Engagement-Index auf einer definierten Führungsstufe sein? Die Bedeutung solcher Kennzahlen-Werte kann und muss aus Vergleichen mit Referenzwerten abgeschätzt werden (siehe auch die entsprechenden Ausführungen im Anhang).

■ Zu einigen der erwähnten Kennzahlen gibt es **externe Benchmarks**, die z.T. von Beratungsinstituten angeboten werden (z.B. PwC, 2010). Externe Referenzgrössen haben den Vorteil, dass sie einem Unternehmen den Blick über den Tellerrand hinaus ermöglichen. Oft sind die externen Benchmarks jedoch in der Beschaffung teuer und bei der Definition/Herleitung ist grosse Sorgfalt geboten, um wirklich genau vergleichbare Kennwerte zu erhalten.

■ Eine Bedeutungszuweisung ist auch durch **internes Benchmarking** mit errechneten Werten zu den gleichen Kennzahlen in anderen internen Organisationsbereichen möglich. Dieses interne Benchmarking hat, richtig angewendet, für die verantwortlichen Führungskräfte oft mehr Aufforderungscharakter als externe Benchmarks.

■ Ein Benchmarking mit Werten aus den Vorperioden zeigt **Trends** auf, und die zeitlichen Veränderungen/Vergleiche tragen zur Bedeutungszumessung eines einzelnen Kennwertes bei. Die Voraussetzung dafür ist jedoch, dass sich die Definition der Kennzahl nicht verändert hat.

■ Eine andere Form der Bewertung von Kennzahlen-Werten ist der Vergleich mit fundiert
  (strategisch, erfahrungsbasiert) vorgegebenen **Zielgrössen**.

9.3.4   Ein Fall aus der Praxis

Leistungsträger brauchen Anerkennung

Die jährliche Engagement-Umfrage, aufgeschlüsselt nach Titel-Stufe, ergab folgendes Bild:

Abbildung 9.8   Engagement-Index nach Titel

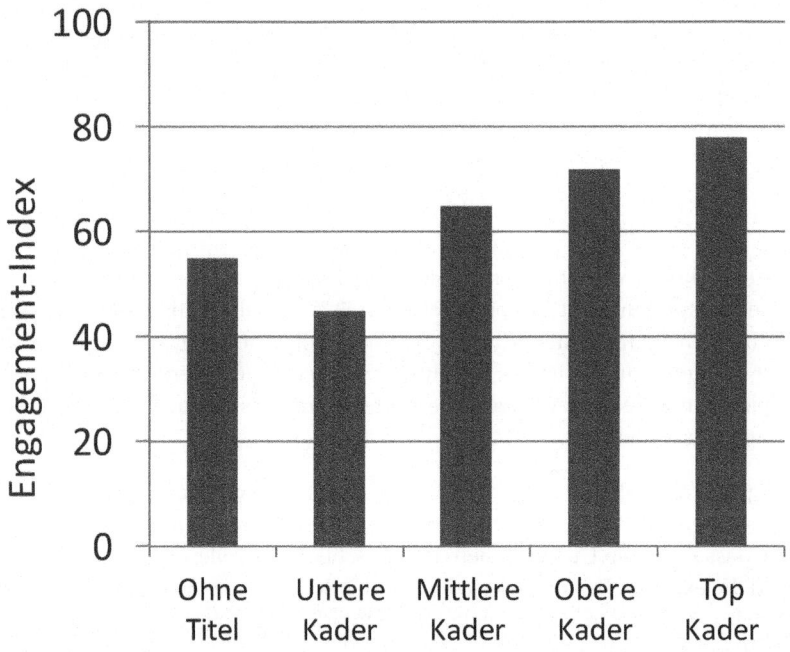

Zwei Ergebnisse stechen heraus:

Das Engagement steigt mit der Titelstufe. Eine an sich erfreuliche, aber nicht außergewöhn-
liche Feststellung. Benchmarks mit vergleichbaren Firmen legen nahe, dass dieser Anstieg
normal ist und insbesondere durch die steigende Leistungsbereitschaft (Faktor ‚Serve' des
Engagement-Indexes) in Abhängigkeit von der Titelstufe erklärbar ist.

Der untere Kader ist weniger engagiert als alle übrigen Stufen und bildet eine Art ‚Delle'.
Dieses Ergebnis findet sich in keinen Benchmarks und scheint organisationsspezifisch zu
sein.

Weil der untere Kader insbesondere an der Verkaufsfront und in der Führung von Teams eine tragende Rolle spielt, gibt dieses Ergebnis zu Besorgnis Anlass und verlangt nach eingehender Klärung bzw. Korrektur.

Eine Arbeitsgruppe aus Personalern, Vertretern dieser Titelstufe und oberen Führungskräften wurde einberufen mit dem Auftrag, erstens das Ergebnis zu analysieren und zweitens Lösungsvorschläge/Massnahmen vorzuschlagen. Die vertiefte Analyse der Ergebnisse der Engagement-Befragung ergab, dass die Engagement-Treiber ,Anerkennung durch Vorgesetzte' und ,Gehalt' auf dieser Stufe vergleichsweise negativ wahrgenommen wurden, besonders akzentuiert bei den Mitarbeitenden mit hohem Leistungs-Rating aber begrenztem Potenzial für höhere Funktionen (,Leistungsträger') im Leistungs-Potential-Grid.

Erste nahe liegende Gründe wurden in einem zu niedrigen Gehalt und bei der Enttäuschung über das Potenzial-Rating gesucht. Eine Serie von Gesprächen mit Betroffenen ergab jedoch ein anderes Bild.

Basierend auf einem neuen Anstellungsvertrag ,mussten' die Mitarbeitenden dieser Stufe die geleisteten Arbeitsstunden nicht mehr rapportieren, waren also in der Gestaltung ihrer Arbeitszeit frei, analog den nächsthöheren Titelstufen, nur dass auf dieser Stufe die Bandbreite an individuellen Boni vergleichsweise eingeschränkt blieb. Die Leistungsträger dieser Stufe erbrachten also in Form von Überstunden eine Sonderleistung, die aber nirgends formal ausgewiesen werden konnte (wie früher) und durch die Vorgesetzten auch nicht materiell entschädigt werden konnten (durch Boni, zusätzliche Ferien usw.). Die Betroffenen wünschten wenigstens, dass sie ihre Überstunden wieder formal dokumentieren konnten, um erstens dem Vorgesetzten zu zeigen, welchen Sonderaufwand sie leisten, und zweitens, um diesen Aufwand in Teilen und vor allem flexibel kompensieren zu können (einzelne freie Tage, zusätzliche Ferientage etc.).

Entsprechende Änderungen in den Arbeitszeitregelungen für diese Titelstufe wurden eingeführt, und im nächsten Jahr zeigt sich die ,Delle' im Engagement-Index nicht mehr.

Dank der Engagement-Befragung wurde dieses ,Symptom' schneller und präziser erfasst, als wenn die Unzufriedenheit der unteren Kader schleichend und unspezifisch den verantwortlichen Stellen zu Ohren gekommen wäre. Zudem erhielt dieses Symptom dank seines generalisierten und offensichtlichen Befundes eine höhere Aufmerksamkeit des Managements.

9.4 Kennzahlen zur Effizienz

Die oben beschriebenen Kennzahlen sind von Kennzahlen zur **Effizienz** von HCM-Prozessen und HC-Interventionen zu trennen. Die HCM-Prozesse, wie z.B. das Performance-Management und HC-Interventionen wie Rekrutierung oder Aus- und Weiterbildung, benötigen Effizienzmessungen, um ihre Funktion bzw. ihr Angebot aufwandbezogen auszuweisen und zu optimieren. Die durchschnittlichen Kosten oder die durchschnittlich benötigte Zeit für die Rekrutierung und Anstellung eines neuen Mitarbeiters ist ein solches

Mass für die Effizienz von HC-Interventionen. Die Durchführungskosten (inkl. Trainer) von Ausbildungstagen sind ein analoges Mass für die Effizienz von Ausbildung. Die Effizienz von HCM-Prozessen (z.B. durchschnittlicher Aufwand für das Performance-Management pro Führungskraft) kann vergleichbar gemessen werden.

Für die Interpretation von Effizienz-Kennzahlen von HC-Interventionen sind interne und externe Benchmarks hilfreich. Letztere können bei Beratungsfirmen (z.B. PwC) bezogen werden.

Kennzahlen zur Effizienz, auch wenn sie noch so eindrücklich sind, beschreiben in keiner Weise den Wert von HC. Effizienz-Kennzahlen sind hilfreich für Entscheidungen über die Verwendung von Ressourcen, ihre Interpretation muss aber immer im Kontext der Effektivität der zur Diskussion stehenden Prozesse und HC-Interventionen erfolgen. Ein effizient durchgeführtes Seminar muss nicht unbedingt das HC in die gewünschte Richtung verbessern bzw. effektiv sein. Ein 360°-Feedback mag die Entwicklung von relevanten Kompetenzen zumindest indirekt positiv beeinflussen, der Aufwand für ein 360° (Instrumente, zeitlicher Aufwand bei den Ratern usw.) kann aber sehr hoch sein.

9.5   Modelle und Kennzahlen zur Effektivität

Wenn das vorhandene HC effizient, zuverlässig und valide gemessen worden ist und aufgrund dieser Messung Interventionen abgeleitet worden sind, die dann auch effizient durchgeführt wurden, bleibt noch die Frage offen, welche Wirkung diese Investitionen und Interventionen auf das HC gehabt haben.

Hierzu einzelne Beispiele:

- Nachfolgeplanung: Werden Nachfolgekandidaten bei einer auftretenden Vakanz wirklich berücksichtigt, und, wenn ja, wie erfolgreich bewältigen die so bestimmten Nachfolgekandidaten die neue Aufgabe?

- Mitarbeiterentwicklung: Wurde ein Coaching durchgeführt, und welchen Effekt hat es auf die Leistung des Coachees? Wurde ein Rhetorik-Seminar absolviert, und welchen Einfluss hat es auf die darauffolgende Einstufung der Kompetenz „Zwischenmenschliche Kommunikation"?

- Engagement-Management: Hat eine Führungskraft aufgrund der Analyse der Engagement-Werte vermehrt über Strategie und Geschäftsziele, z.B. in Form von Town-Halls, informiert, und wie schlägt das in den Engagement-Werten des nächsten Jahrs zu Buche?

- Performance-Management: Welchen Einfluss hatten die Leistungs-Beurteilungen auf die Verteilung der Bonus-Pools, und wie wirkt sich diese Verteilung auf die Wahrnehmung der Vergütung im Engagement-Survey aus?

Die Liste der möglichen Interventionen ist lang, und ebenso lang ist die Liste der Methoden und Kennwerte zur Messung der Wirkung.

Wichtig ist aber zunächst festzustellen, ob Massnahmen und Investitionen überhaupt durchgeführt wurden. Die Beantwortung dieser Frage ist primär eine Führungsaufgabe jeder einzelnen Führungskraft, kann aber durch entsprechende Schritte in den HCM-Prozessen unterstützt werden. Ein wesentlicher Bestandteil eines Portfolio-Review-Meetings ist beispielsweise ein Blick zurück auf Entscheidungen aus dem letzten Jahr und eine Kontrolle darüber, welche Massnahmen wann umgesetzt wurden. Im Performance-Management lassen sich Massnahmen, die in explizite individuelle Ziele umformuliert wurden, jährlich überprüfen, und zwar bezüglich Ausführung wie auch bezüglich Wirkung. Bei der Besprechung neuer Engagement-Ergebnisse in einem Management-Team gilt es zunächst festzuhalten, was in der letzten Periode explizit zur Steigerung des Engagements unternommen wurde und mit welchen Erfahrungen.

Besonders anspruchsvoll sind Wirkungsmessungen rund um die Effektivität einer Intervention oder Investition. Die Wirkungsgefüge selbst individueller Massnahmen sind komplex und können meist nicht mit einfachen Kennzahlen abschliessend und verlässlich beurteilt werden. Trotzdem gibt es Vorgehensweisen, die Wirkung auf das Human Capital zu isolieren und zu messen. Nachfolgend werden einige Vorgehensweisen beschrieben.

Die Verfügbarkeit standardisiert erhobener individueller HC-Daten und aggregierter Kennzahlen ist wichtige Voraussetzung für Wirkungsmessungen im HCM. Individuelle HC-Messwerte wie auch gewisse Kennzahlen lassen sich hinzuziehen, um die Wirkung von HCM-Prozessen und von HC-Interventionen mindestens annähernd zu verfolgen und abzuschätzen. Es geht dabei weniger um ein wissenschaftlich genaues Erheben und Beweisen von signifikanten Wirkungen, sondern mehr um ein „Abtasten" und um eine Verwendung von Kennzahlen als zusätzliche Feedbackschlaufe für die Beurteilung von beabsichtigten Wirkungen. Die absolute Höhe einer Wirkung festzuhalten ist also weniger wichtig, als durch den Vergleich von vor- und nachher erhobenen HC-Messwerten Anhaltspunkte dafür zu erhalten, ob, welcher Art und in welcher Richtung ein Effekt festzustellen ist.

Einerseits können die für Interventionen verantwortlichen Entscheidungsträger mithilfe von Effektivitäts-Analysen in etwa abschätzen, welche Wirkung die Interventionen haben könnten. Andererseits können die Verantwortlichen für die Interventionsangebote wie Assessments, 360°-Feedback, Trainings, Coachings usw. die Wirkungen „ihrer" Instrumente und Interventionen überprüfen. Eine solche Überprüfung hilft mit, die Qualität und Effektivität benutzter Instrumente ständig zu verbessern, und zeigt den Abnehmern bzw. Nutzern besser, wozu sie am besten eingesetzt werden und was davon erwartet werden kann. Dank der Tatsache, dass standardisiert erhobene HC-Messgrössen regelmässig erhoben werden (z.B. jährliche Engagement-Werte, jährliche Position im Portfolio-Grid usw.), können die Wirkungen der Instrumente mit Messgrössen gemessen werden, die bei den Abnehmern solcher Instrumente bekannt, vertraut und akzeptiert sind. Dies im Unterschied zu speziellen Untersuchungen mit zusätzlichen Messpunkten (meist Fragebögen), die zusätzlich erhoben werden müssen und in ihrem Inhalt und in der fehlenden unternehmensweiten Vergleichbarkeit weniger Akzeptanz finden.

9.5.1   Beispiele für Effektivitätsanalysen

Im Folgenden einige Beispiele, wie mit HC-Kennzahlen die Wirkungen bzw. die Effektivität von HC-Interventionen und HCM-Prozessen verfolgt und abgeschätzt werden können.

Angenommen ein Organisationsbereich hat entschieden, die Zielvereinbarungs- und Zielerreichungsgespräche im Performance-Management seriöser, besser vorbereitet und professioneller durchzuführen. Dazu sind die Führungskräfte in einem speziellen Workshop mit Trainingseinheiten vorbereitet worden. Die Wirkung kann in der Erhöhung der positiven Wahrnehmung der formellen Feedbacks (als Engagement-Treiber) und des Engagements insgesamt in der nächsten Engagement-Umfrage festgestellt werden. Insbesondere weil auch verglichen werden kann, wie sich diese Wahrnehmung in anderen Bereichen, die diese Sonderaktion nicht durchgeführt haben, verändert hat. Dieser Vergleich wäre mit einer gesonderten Vor-Nachbefragung kaum möglich und viel aufwändiger durchzuführen.

Aufgrund der Kompetenz-Ratings und der Situation im Portfolio-Grid kommen einige Mitarbeitende in den Genuss eines 360°-Feedback-Verfahrens (Beurteilung, Auswertung, Coaching). Die Wirkung dieses Verfahrens lässt sich abschätzen, indem man die Kompetenz-Ratings der involvierten Mitarbeitenden vor- und nachher vergleicht sowie die Veränderungen der Mitarbeitenden im HC-Grid im Zeitverlauf analysiert.

Um sicherzustellen, dass neu rekrutierte Mitarbeitende auch die gewünschte Qualität mitbringen und sich schnell für die neue Firma engagieren, lassen sich die Leistungsbeurteilung und das Engagement neuer Mitarbeiter über die ersten zwei Jahre verfolgen, natürlich immer im Vergleich zu langjährigen Mitarbeitenden.

Mitarbeitende, die in gesonderte Nachwuchspools aufgenommen und darin speziell gefördert und trainiert werden, lassen sich bezüglich ihrer Position im HC-Grid verfolgen und in ihrem „Erscheinen" auf Nachfolge-Diagrammen verfolgen. Es kann auch Sinn machen, ihr Engagement über die nächsten Jahre zu verfolgen.

Das Portfolio-Grid oder die Engagement-Werte von Mitarbeitenden, die ein formelles Assessment ihres Potenzials z.B. in einem Assessment Center (AC) durchlaufen haben, können in Abhängigkeit von dem im AC erzielten Ergebnis analysiert werden (siehe Abbildung 9.9).

Diese Beispiele sollen zeigen, dass dank der standardisiert und verbreitet erhobenen HC-Messwerte relativ einfach erste Analysen der Wirkung von HC-Investitionen auf das HC selbst erstellt werden können. Auch wenn damit keine Beweise und harte ROI möglich sind, helfen solcherlei Analysen erfahrungsgemäss sehr in der kritischen Beurteilung von Interventionen und Investitionen. Sie mögen zu weiteren Analysen anregen oder zumindest zum Nachdenken führen, warum was wie funktioniert oder nicht funktioniert hat bzw. welche Veränderungen in der Selektion der betroffenen Mitarbeitenden und im Inhalt der Massnahmen in Betracht zu ziehen sind. Die involvierten Führungskräfte, Trainer und Coaches werden so zur Verantwortung gezogen bzw. ernst genommen. Die betroffenen Mitarbeitenden sehen zudem, dass Interventionen nicht einfach nur Goodwill-Aktionen sind, sondern ein bestimmtes Ziel verfolgen.

Abbildung 9.9   Engagement vor/nach einem Assessment (AC)

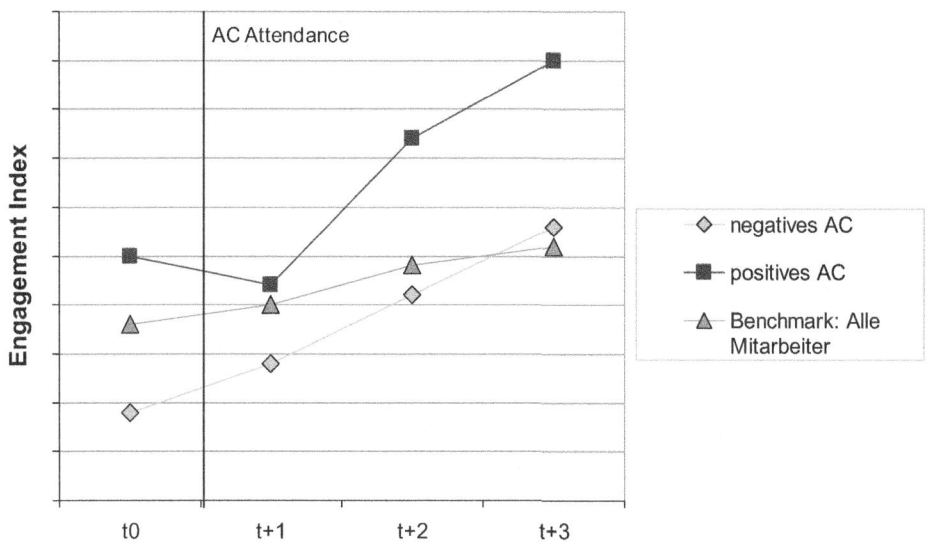

Legende: t0:   Engagement-Uumfrage jeweils vor dem AC (zirka 6 Monate)
          t1 - 3: Engagement-Uumfrage jeweils im ersten bis dritten Jahr nach dem AC

Quelle: Birri & Melcher, 2011

Zu fordern, dass jede HC-Intervention auf ihre Wirkung systematisch überprüft werden muss, wäre übertrieben. Wichtig ist vielmehr ein schrittweises Vorgehen hin zu einem faktenbasierteren HCM, in dem es an Hand von Erfolgsgeschichten und konkreten ersten Erfahrungen langsam zur Norm wird, dass auch sogenannte „weiche" HCM-Aktionen vertiefter auf ihre Wirkung analysiert werden. Die Methoden für solche Wirkungsanalysen werden sich ebenfalls verändern und sophistiziertere Modelle (z.B. aus dem Operations Research) hinzuziehen (vgl. Boudreau, 2010).

Der Nutzen davon manifestiert sich als:

- höherer Stellenwert des HCM insgesamt bei den Führungskräften,

- grössere Transparenz der untersuchten Interventionen,

- informiertere und bessere Entscheidungen für konkrete Interventionen,

- gezielte Verbesserungen der Interventionen,

■ gezielte Angebotsgestaltung von nachgewiesenen wirkungsvollen Massnahmen und nicht einfach aufgrund eines Hypes oder von rein personengebundenen Überzeugungen (Guru-Effekt).

9.6 Analysen zum Zusammenhang zwischen HCM und Geschäftserfolg

Ist die Wirkung einer HCM-Intervention auf das HC bestätigt, so ist damit noch nicht aufgezeigt, ob die entsprechende Veränderung im Human Capital auch Auswirkungen bzw. einen Einfluss („Impact") auf den Geschäftserfolg bzw. auf das Geschäftsergebnis hat. Erst wenn dieser Einfluss nachgewiesen ist, kann auch beurteilt werden, ob und in welcher Hinsicht HCM aus unternehmerischer Sicht einen Nutzen stiftet.

HCM besteht aus einer koordinierten Anzahl von recht aufwändigen Prozessen, Interventionen und Investitionen, die auf eine Erhöhung des HC abzielen und damit zur Steigerung der Leistungsfähigkeit einer Organisation führen sollen. Ob dieser intuitiv plausibel erscheinende Zusammenhang zwischen HC, HCM und Geschäftserfolg tatsächlich vorhanden ist, gilt es zu klären. Der Nachweis und die Analyse dieses Zusammenhangs ist elementarer Bestandteil jedes seriösen HCM in einem Unternehmen. Dabei ist zu beachten, dass dieser Zusammenhang inhaltlich nicht trivial ist. Management-Absichten und – Entscheidungen werden nicht immer so umgesetzt wie sie gedacht waren, Mitarbeiter nehmen Aussagen und Massnahmen je nach Konstellation anders wahr. Rückwirkungen in der HCM-Kette der Einflussfaktoren auf den Geschäftserfolg sind zu berücksichtigen. Abbildung 9.10 dokumentiert diese Komplexität, basierend auf den Ausführungen von Boxall & Purcell (2011).

Es wurden bisher mehrere Versuche unternommen, den Einfluss von HCM auf das Geschäftsergebnis detailliert und quantitativ zu bestimmen, zu steuern und darüber zu berichten. Einzelne dieser Ansätze sind schon etwas erprobt, andere stecken noch in den Anfängen, und alle haben ihre eigenen Vor- und Nachteile. Für eine Übersicht siehe Boudreau & Ramstad (2003). Eine abschliessende und alle überzeugende Lösung liegt noch nicht vor. Aus diesem Grund seien hier die wichtigsten Ansätze kurz beschrieben und grob bewertet. Der zuletzt beschriebene und vermutlich Erfolg versprechendste Ansatz wird dann etwas vertiefter vorgestellt, auch um aufzuzeigen, wie anspruchsvoll, aber auch wie faszinierend eine solche Analyse sein kann, wenn sie auf ein systematisches HCM abstellen kann, wie es in den vorangegangen Kapiteln beschrieben ist.

Abbildung 9.10   Zusammenhang zwischen HCM und Unternehmenserfolg

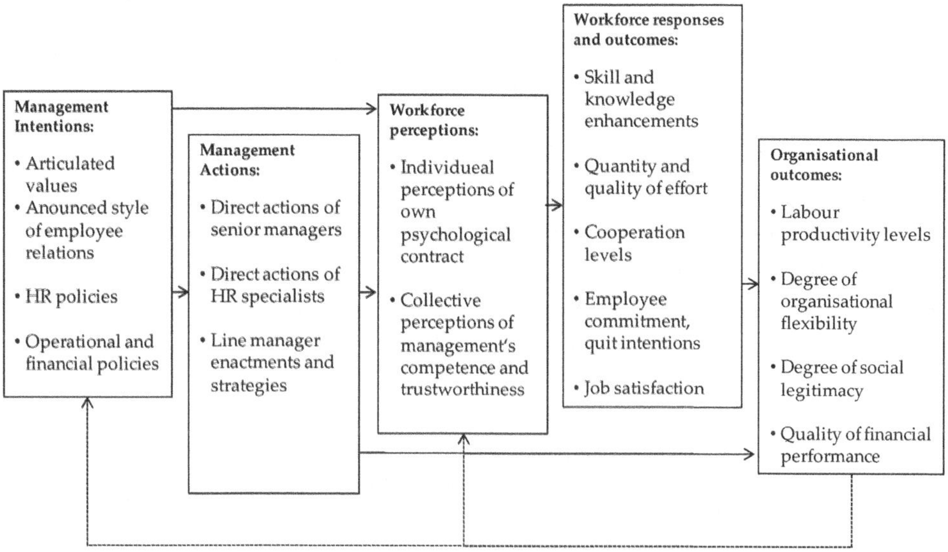

Boxall & Purcell: Strategy and Human Resource Management. 2011

9.6.1   Besonderheiten und Ebenen dieser Analysen

9.6.1.1   Verfügbarkeit von geschäftlichen Erfolgszahlen

Allen diesen Ansätzen ist gemeinsam, dass sie neben Daten und Kennzahlen aus dem HCM (wie oben ausgeführt) auch quantitative Messgrössen zum Geschäftserfolg insgesamt und/oder pro Organisationsbereich benötigen. Beispiele für Erfolgszahlen sind in Kapitel 9.2.5 aufgelistet. Diese Zahlen richten sich nach dem Geschäftsbereich und dessen Tätigkeit oder bewerten das gesamte Unternehmen. Die meisten Unternehmen haben für ihre Aktivitäten und Leistungen entsprechende Leistungsmessungen und Messgrössen, die den Output bzw. das Ergebnis in irgendeiner Form festhalten. Der Erfolg des gesamten Unternehmens im Markt lässt sich durch standardisierte und öffentlich verfügbare Grössen wie Marktwert, längerfristigen "Total Return to Shareholder" (TRS) oder Tobin's Q bestimmen. Neuerdings gibt es auch Versuche, die Nachhaltigkeit des Unternehmenserfolges und die Soziale Legitimität eines Unternehmens systematisch zu erheben, beispielsweise mit dem „Good Company Index", welcher Mitarbeiteraussagen, Kundenmeinungen, Umweltleistungen und gesellschaftliches Ansehen erhebt und zu einem Index kombiniert (vgl. Bassie et al., 2011).

Die Gegenüberstellung von HCM und Geschäftserfolg kann, wie erwähnt, auf sehr unterschiedliche Art und Weise erfolgen. Einzelne Ansätze sind unten beschrieben und bewertet. Für das Verständnis und die Einordnung/Bewertung dieser Ansätze sind einige grundsätzliche Unterscheidungen hilfreich.

9.6.1.2   Ebenen des Vergleichs

Folgende Ebenen des Vergleichs sind zu unterscheiden:

■ Vergleiche zwischen HC-Messwerten **individueller Mitarbeiter** und deren Beitrag zum Geschäftserfolg (z.B. individuelle Kompetenz-Einschätzung verglichen mit individuellem Verkaufserfolg) innerhalb eines Organisationsbereichs (individuelle Ebene);

■ Vergleiche von Kennzahlen (z.B. Talent-Quoten, Engagement-Index, Implementierungsstufe eines HCM-Prozesses oder HC-Interventionen) zwischen vergleichbaren **Organisationseinheiten** und den geschäftlichen Erfolgszahlen dieser Einheiten (Ebene der Organisationseinheiten);

■ Vergleiche auf der Ebene mehrerer **Unternehmen**, beispielsweise Vergleich des Engagement-Indexes mehrerer Firmen (mit identischer Messung dieses Indexes) und deren Marktwert (Ebene der Unternehmen).

9.6.1.3   Best-Fit oder Best-Practice

Vergleiche von HCM und Geschäftserfolg können unterschiedliche Ziele haben. Es gibt Ansätze, die herauszufinden versuchen, welche HCM-Prozesse und HCM-Interventionen grundsätzlich und unternehmensunabhängig im Sinne einer „Best-Practice" einen signifikanten Einfluss auf den Erfolg von Unternehmen haben. Dadurch lassen sich Empfehlungen allgemeiner Art für HCM in irgendeinem Unternehmen ableiten. Beispielsweise lässt sich feststellen, ob eine strikte leistungsorientierte Entlohnung den Geschäftserfolg grundsätzlich und überall verbessert. Eine solche Erkenntnis ermöglicht den HR-Verantwortlichen und den Management-Experten in einem Unternehmen einen Vergleich zwischen ihrer aktuellen HCM-Landschaft und der „Best-Practice". Daraus lässt sich dann ableiten, welche Verbesserungen und neuen Prozesse/Praktiken zu implementieren sind.

Andere Ansätze suchen eher den „Best-Fit" für ein bestimmtes Unternehmen oder für einen ausgewählten Unternehmensbereich. Primäres Ziel dabei ist herauszufinden, welche Charakteristika des HC und der implementierten HCM-Prozesse und –Interventionen in einem bestimmten Unternehmensbereich einen besonders grossen Einfluss auf den Erfolg dieses Bereichs haben, verglichen mit anderen Bereichen. Die Erkenntnisse liefern dann den verantwortlichen Führungskräften Hinweise darüber, welche HCM-Praktiken in ihrem Verantwortungsbereich unbedingt beibehalten werden müssen, welche verbesserungswürdig sind und welche eher vernachlässigt werden können.

9.6.1.4 Subjektive Angaben zu HCM und/oder konkrete HC-Kennzahlen

Es gibt Ansätze, die die Seite des HCM lediglich mittels „subjektiver" Aussagen von verantwortlichen Stellen oder Mitarbeitenden erfassen, z.B. mittels der Beantwortung von Fragebögen über Vorhandensein und Qualität von HCM-Prozessen oder –Interventionen (z.B. Becker & Huselid, 1998). Andere Ansätze ziehen für den HCM-Teil auch konkrete Kennwerte aus dem HCM (z.B. Talent-Quote, Deckungsgrad der Nachfolge, Anzahl HC-Interventionen) hinzu.

9.6.1.5 Art des Zusammenhangs zwischen HCM und Geschäftsergebnis

Es gibt verschiedene Arten und Methoden, wie der Zusammenhang zwischen HCM und Geschäftserfolg ermittelt, analysiert und genutzt werden kann:

- HCM-Kennzahlen werden in der Geschäftsplanung gleichwertig mit Kennwerten zum Geschäftserfolg als Zielgrössen verwendet und berücksichtigt. Der Zusammenhang wird nicht explizit errechnet und bestimmt, aber die Führung des Unternehmens oder von Unternehmensbereichen wird entlang beider Arten von Kennzahlen geführt und beurteilt.

- Die statistischen Werte des Zusammenhangs zwischen HCM-Kennzahlen und Geschäftserfolg sind berechnet (z.B. Korrelationen, lineare Regressionen), wobei die statistische Raffinesse sehr unterschiedlich sein kann, von einfachen Korrelationen zwischen zwei Kennzahlen bis hin zu komplexen Pfad-Analysen. Die Kausalität bleibt jedoch offen bzw. wird vorausgesetzt. Es wird nicht empirisch geklärt, ob ein am Markt erfolgreiches Unternehmen in der Folge mehr in HCM investiert oder ob höhere Investitionen in HCM zu mehr Markterfolg führen.

- Sowohl Zusammenhang als auch Kausalität ist statistisch/empirisch begründet. Langzeit-Studien über mehrere Jahre zeigen, dass HCM-Kennzahlen die führenden Indikatoren für Geschäftserfolg sind und nicht umgekehrt.

Folgende zwei Charakteristika des Zusammenhangs werden oft übergangen, obwohl sie essenziell sind. In der Praxis ist es oft schwierig, alle Charakteristika eines Zusammenhangs bzw. einer Korrelation abschliessend zu klären. Daraus sollte jedoch nicht der Schluss gezogen werden, Korrelationen überhaupt nicht zu berechnen. Es kann falsch sein, simple Korrelationen überzuinterpretieren, es ist aber auch eine verpasste Chance, Korrelationen nicht zu beachten.

Linearität

Der Zusammenhang zwischen beispielsweise einer Kompetenz oder dem Engagement-Index und dem Geschäftserfolg kann durch eine simple lineare Korrelation bestimmt werden. Allenfalls ist der Zusammenhang aber nicht linear, sondern exponentiell, stufenartig, konkav oder U-förmig. Im letzteren Fall würde die (lineare) Korrelation gleich null oder sehr gering sein, obwohl ein systematischer Zusammenhang besteht. Alle der untenstehend beschriebenen statistischen Ansätze gehen von einem linearen Zusammenhang aus. Nicht lineare Zusammenhänge sind jedoch bei Daten über Fähigkeiten und ihren Wirkungen auf die Leistung nicht selten und auch nicht unbedeutend (vgl. Boudreau, 2010). Wie verläuft die Kurve des Returns on Investment für HCM insgesamt? Becker & Huselid (1998) konnten beispielsweise zeigen, dass auf der Ebene von Unternehmen initiale Investitionen in HCM eine grosse Wirkung erzielen, diese danach trotz weiterer Investitionen abflacht und erst mit einem zusätzlichen Sonderaufwand eine noch höhere Wirkung erzielt werden kann.

Kausalität

Wenn ein signifikanter Zusammenhang zwischen z.B. Engagement und Geschäftserfolg festgestellt werden konnte, dann ist damit noch in keiner Weise erklärt, wie und warum dieser Zusammenhang zustande gekommen ist. Insbesondere ist die Wirkungsrichtung, die Kausalität damit noch nicht erwiesen. Ein hohes Engagement kann beispielsweise durch den Geschäftserfolg bedingt sein und nicht umgekehrt. Der Erfolg eines Unternehmens führt eher dazu, dass man sich ein systematisches HCM leistet bzw. leisten kann und nicht umgekehrt. Um eine Kausalität zu belegen, braucht es verschiedene Voraussetzungen. Wright et al. beschreiben detailliert die Voraussetzungen und die Wege zu einer Klärung der Kausalität (Wright, Gardner, Moynihan & Allen, 2005). Wenn beispielsweise die Messung eines Zusammenhangs zwischen zwei Messgrössen periodisch, z.B. jährlich, wiederholt wird, kann die kausale Richtung aus der Differenz der zeitlichen Korrelationen erschlossen werden. Ein Beispiel dafür findet sich bei Watson-Wyatt, 2002. Die meisten der im Folgenden beschriebenen Ansätze haben die Frage der Kausalität nicht abschliessend beantwortet.

9.6.2   Ansätze zur Bestimmung der Wirkung von HCM auf den Geschäftserfolg

9.6.2.1   Balanced Scorecard

Die Unternehmensführung auf der Basis einer Balanced Scorecard ist allgemein bekannt und hat ein breites Echo gefunden. Kaum ein Unternehmen hat nicht in irgendeiner Form eine Scorecard eingesetzt. Balanced Scorecards versuchen, das Geschäft mittels vorauslaufenden Indikatoren („Leading-Indicators") zu steuern. Der HCM-relevante Teil von Balanced Scorecards („Learning and Growth") ist im Vergleich zu den übrigen Teilen wie (Finanzen) meist nicht nur unterbewertet, sondern auch in der inhaltlichen Ausgestaltung wenig detailliert und überzeugend. Er enthält oft Zielwerte, die kaum „Leading", sondern eher „Lagging-Indicators" oder nur Effizienz-Masse für den HR-Bereich (wie z.B. HR-Kosten) sind. Die Gründe dafür sind, dass es noch kein anerkanntes System von Messgrössen für den Bereich „Learning and Growth" gibt und dass die einzelnen Unternehmen oder Unternehmensbereiche ihre „Leading Indicators" im Bereich „Learning and Growth" nicht kennen. Wichtig wäre, dass eine Balanced Scorecard auf sophistiziertere, allgemein anerkannte und bewährte HCM-Kennzahlen als „Leading Indicators" zurückgreifen könnte, wie z.B. Engagement-Index, Talent-Quote oder Anzahl nominierter Nachfolger für kritische

Positionen. Solche HCM-Kennzahlen werden in Scorecards bisher selten verwendet. Erst mit einer wirklich ausgewogenen und strategisch begründeten „Balanced Scorecard" erhielte das HCM seine verdiente Bedeutung. Immerhin, ein Unternehmen, das regelmässig, seriös und „balanced" die Zielerreichungen analysiert, wird auch mit blossem Auge feststellen können, welchen Einfluss in etwa vorauslaufende HCM-Indikatoren haben, auch wenn konkrete quantitative Ergebnisse zum Zusammenhang zwischen HCM und Geschäftserfolg noch ausstehen.

9.6.2.2 ROI und Berechnungen der Utility

Return-On-Investment-Analysen wollen aufzeigen, wie gross der Nutzen einer Intervention ist. Es handelt sich dabei um Nutzen in Form finanzieller und materieller Grössen und nicht „nur" bezüglich Veränderungen der „weichen" HC-Werte (siehe Kennzahlen zur Effektivität). Utility-Studien wurden insbesondere für einzelne Trainings- und Selektions-Interventionen erstellt. Sie sind in der Durchführung relativ komplex. Sie basieren erstens auf dem Vergleich von Gruppen mit und ohne Intervention, zweitens auf Annahmen drüber, wie gross die Spannweite der Leistung (gemessen an der Varianz des Lohnes) der betroffenen Mitarbeitenden ist, wie lange die Intervention wirken wird und was genau die Intervention gekostet hat. Hierfür müssen Annahmen getroffen werden, die zwar in der Praxis recht plausibel, aber in ihrer Komplexität schwer zu erklären und zu vermitteln sind. Oft wurden ROI-Analysen auch mit dem primären Ziel durchgeführt, die positive Wirkung einer Intervention oder eines Instrumentes zu „beweisen", beispielsweise um Budget-Diskussionen zu beeinflussen. Dies beeinträchtigt teils die Glaubwürdigkeit solcher ROI-Berechnungen. Die Technik und einige Anwendungsbeispiele sind in Cascio and Boudreau (2008) oder in Becker, Huselid und Ulrich (2001) eingehend beschrieben. Der Fokus von ROI-Analysen ist rückblickend und auf einzelne Massnahmen gerichtet. Er erlaubt kaum, ein ganzes Set von HCM-Interventionen mit seinen Interdependenzen und Synergien zu bewerten. Seriös durchgeführte ROI-Analysen wichtiger HCM-Interventionen sind jedoch hilfreich, um die Dynamik und die Grundaspekte einer Intervention genau zu durchdenken. Für ein Beispiel siehe Cermak & McGurk, 2010.

9.6.2.3 Mitarbeiterbefragungen

Umfragen zur Zufriedenheit, zur Motivation, zum Engagement oder zum Commitment der Mitarbeitenden sind ein beliebtes und schon seit Langem eingesetztes Instrument zur Bestimmung der Qualität des HCM. Die Definition, was Zufriedenheit ausmacht bzw. ist, und welche Art von Engagement oder Motivation relevant ist, unterscheidet sich aber von Befragung zu Befragung bzw. von Anbieter zu Anbieter solcher Befragungen. Es existieren verschiedene eingehende statistische Studien zum Zusammenhang zwischen „Mitarbeiter-Zufriedenheit" und Geschäftserfolg, und zwar auf Stufe der einzelnen Mitarbeitenden, einzelner Geschäftsbereiche (Business Units) oder zwischen Unternehmen (vgl. Harter, Schmidt & Hayes, 2002). Das Problem solcher Befragungen besteht darin, dass die „Mitarbeiterzufriedenheit" mit HCM-Prozessen und –Interventionen zusammenhängt, und folglich kann aus der Zufriedenheit ohne Zusatzbefragungen über z.B. Engagement-Treiber nicht eindeutig abgeleitet werden, welche HCM-Prozesse und –Interventionen wie und warum verändert bzw. verbessert werden müssen. Zudem basieren die HCM-relevanten Erkenntnisse einseitig auf den Wahrnehmungen der Mitarbeitenden und beziehen Beurteilungen des HC durch das Management (z.B. Leistungs- und Potenzialbeurteilungen, Anzahl nominierter Nachfolger für kritische Positionen) nicht ein. Gallup (ein Umfrage-Provider) beispielsweise beschränkt sich auf 12 Fragen, womit nicht einmal ein vertieftes Bild der Engagement-Treiber entsteht. Linearität und Kausalität sind selten ausreichend analysiert und geklärt. Insbesondere der kausale Einfluss der Zufriedenheit auf den Geschäftserfolg wird manchmal vorschnell als erwiesen angenommen.

9.6.2.4   Watson Wyatt Human Capital Index

Die Beratungsfirma Watson Wyatt hat seit zirka 1998 regelmässig die HR-Verantwortlichen der grössten und wichtigsten Unternehmen in USA und Europa über ihre HCM-Prozesse und Praktiken befragt und die Ergebnisse den standardisierten Erfolgszahlen dieser Unternehmen gegenübergestellt. Eine detaillierte Beschreibung des Vorgehens steht im Anhang von Pfau & Kay (2002). Die Gegenüberstellung und die Analyse der Kausalität wurden sehr eingehend und mit hoher statistischer Aussagekraft gemacht. Allerdings stellt die Analyse des HCM pro Unternehmen lediglich auf die Einschätzung des HR-Verantwortlichen ab. Wahrnehmungen, z.B. der Mitarbeitenden oder konkrete Kennzahlen zu HCM, fliessen nicht ein. Es zeigt sich insgesamt, dass zwischen einem Drittel und der Hälfte des Geschäftserfolgs (z.B. gemessen als TRS) durch HCM bestimmt ist. Dieser Ansatz ermöglicht den Vergleich und die Einstufung von Unternehmen bezüglich HCM. Diese Einstufung geschieht konkret mittels des HCI (Human Capital Index). Daraus lassen sich dann unternehmensweite Massnahmen ableiten, die zu einer Verbesserung des HCI und damit des Geschäftsergebnisses führen werden. Dieser Ansatz ist primär für ganze Unternehmensbereiche bzw. Unternehmen gedacht, verfolgt eindeutig einen Best-Practice-Ansatz und basiert auf eingehenden und überzeugenden statistischen Analysen.

Einen vergleichbaren Ansatz mit ebenfalls vielfältigen und wichtigen Ergebnissen haben Becker & Huselid (1998) verfolgt. Sie konnten beispielsweise zeigen, wie sich der Zusammenhang zwischen HCM und Geschäftserfolg in unterschiedlichen Branchen (z.B. industrielle Produktion und Finanzdienstleistung) verhält.

9.6.2.5   McBassi People Index®

Dieser Ansatz (Bassi & McMurrer, 2007) verbessert einige der Schwächen des Watson-Wyatt Human Capital Index. Er baut auf einer systematischen Befragung von Mitarbeitenden, Führungskräften und HR-Verantwortlichen zu einem wissenschaftlich hergeleiteten Set von HCM-Themen auf. Diese Themen sind: Führungsstil, Mitarbeiter-Engagement, Zusammenarbeit/Wissensmanagement, Lernbereitschaft und –Kapazität, Organisation. Die auf diese Weise systematisch erhobenen Einschätzungen zum HCM eines Unternehmens oder von vergleichbaren Unternehmensbereichen werden dann mittels fundierten statistischen Analysen den relevanten geschäftlichen Erfolgszahlen gegenübergestellt, und es werden pro untersuchten Bereich konkrete Stärken-/Schwächen-Analysen bzgl. HCM erstellt. Daraus kann dann der spezifische Handlungsbedarf pro Organisationseinheit abgeleitet werden. Solche Befragungen lassen sich zwar wiederholen, aber aus Gründen des Aufwandes wohl nicht regelmässig. Der Ansatz von Bassi & McMurrer bezieht keine konkreten HC-Kennzahlen mit ein und beruht folglich nur auf Aussagen von Mitarbeitenden und verantwortlichen Stellen. Er liefert jedoch sehr brauchbare und umsetzbare Erkenntnisse zur Bewertung und zum Handlungsbedarf („Best Fit") bezüglich HCM in einem Unternehmensbereich. Die Kausalität ist jedoch nicht ausreichend geklärt.

9.6.2.6 Wertschöpfungskette

Der Zusammenhang zwischen HC, HCM und Geschäftserfolg ist komplex, besser gesagt, mehrdimensional. Verschiedene Aspekte (Merkmale) beeinflussen sich vermutlich wechselseitig. In einer solchen Situation lohnt es sich, zunächst ein Modell oder ein Framework zu suchen, das diesen Zusammenhang plausibel darstellen und erklären kann. Ein solches Modell der Wertschöpfungskette im HCM orientiert sich am „Value Chain Model" der Leistung eines Unternehmens (Porter, 1985) und bildet die Beschaffung, die Veredelung und die Wirkung des Produktionsfaktors HC auf Kunden und Services als Wertschöpfungsgefüge ab. Die Unternehmen Sears, Sysco und Nationwide Building Society berichten über die Erfahrungen mit einem analogen Modell (siehe bei Baron & Armstrong, 2007). Auf der einen Seite der Gleichung steht eine Reihe von Werttreibern (analog dem Modell von Wucknitz, 2009), auf der anderen Seite stehen die Kennwerte des wirtschaftlichen Erfolgs bzw. der geschäftlichen Zielerreichung. Eine solche „Gleichung" kann als Wirkungsgefüge statistisch vertieft analysiert werden. Dazu braucht es fortgeschrittene statistische Methoden (z.B. Pfadanalyse, Strukturgleichungsmodelle).

9.6.3 Ein Beispiel aus der Praxis

Im Folgenden wird verkürzt ein Ansatz vorgestellt, der in der Credit Suisse erprobt wurde und spannende Erkenntnisse geliefert hat (vgl. Melcher & Winkler, 2009).

In einem weitgehend homogenen Geschäftsbereich (Retail Banking) konnten mehrere (ca. 35) in etwa gleich grosse Organisationseinheiten/Regionen identifiziert werden, die vergleichbar aufgestellt sind und vergleichbare quantitative Zielsetzungen haben. Zur Kundenzufriedenheit pro Region lagen entsprechende Messwerte aus dem Marketing vor. Die Geschäftserfolge der Regionen werden mit harten Zahlen (z.B. Akquisition von Neugeldern) und mit dem Ausmass der Erreichung gesteckter Ziele systematisch gemessen und verglichen. Der Geschäftsbereich praktiziert ein systematisches HCM, wie bisher in diesem Buch beschrieben. Es liegen also Messwerte und Kennzahlen zum HC (z.B. Engagement-Index, Engagement-Treiber und Talent-Rate pro Region) und zum HCM (z.B. Vollständigkeit der Potenzial-Einschätzungen, Anzahl Nachfolgekandidaten pro relevanter Position) vor. Mittels statistischer Analysen wurden die Zusammenhänge bzw. die Pfadstärken zwischen den verschiedenen Messwerten und Kennzahlen über alle Regionen errechnet. Damit lässt sich über alle Geschäftseinheiten aufzeigen, welche HC- und HCM-Merkmale wie stark mit der Kundenzufriedenheit und dem Geschäftserfolg zusammenhängen. Die Richtung des Zusammenhanges lässt sich damit aber noch nicht belegen. Merkmale des HCM und des HC, die zwischen den Regionen <u>nicht</u> variieren (z.B. Durchdringungsrate des Performance-Managements, weil in allen Regionen 100 %) zeigen aus statistischen Gründen (mangelnde Varianz in der unabhängigen Variablen) keinen Zusammenhang zum Geschäftserfolg. Diese Einschränkung wird weiter unten diskutiert.

Danach kann pro Region aufgezeigt werden, wo sie hinsichtlich eines relevanten HC-Merkmals steht (über- oder unterdurchschnittlich) und wie stark eine gezielte Veränderung dieses Merkmals die Kundenzufriedenheit und/oder den Geschäftserfolg verändern könnte (aufgrund des oben ermittelten Zusammenhanges).

Dadurch hat der Vorgesetzte des gesamten Geschäftsbereichs erstens eine Übersicht über sein HC und zweitens darüber, wie gut das HCM in den verschiedenen Regionen betrieben wird. Die Regionenleiter erhalten einen Vergleich in Sachen HC und HCM mit anderen Regionen. Dieser Vergleich hilft ihnen, die Bedeutung der Einzelwerte zu verstehen und richtig einzuschätzen. So können sie für sich konkrete und überprüfbare Ziele ableiten bzgl. Investitionen und Interventionen im Bereich HCM.

Die Erhebungen der Messwerte/Kennzahlen und Geschäftsergebnisse sowie die Berechnung der Zusammenhänge erfolgen jährlich. Somit können auch die gesetzten HCM-Ziele bzw. deren Erreichung in deren Einfluss auf das Geschäftsergebnis überprüft und beurteilt werden.

Ganz entscheidend ist, wie, wann und in welcher Form die vielen statistischen Ergebnisse aus einer solchen Analyse den verantwortlichen Führungskräften zur Verfügung gestellt werden. Sie müssen einfach lesbar sein, in die gesamte Business-Performance-Steuerung zeitlich und inhaltlich integriert sein, und die Erkenntnisse müssen vom verantwortlichen Management auch aktiv und konsequent verwendet werden (z.B. für Zielvereinbarungen im Performance-Management). Um diese Benutzerfreundlichkeit und damit die notwendige Akzeptanz zu erreichen, wurden separate Studien durchgeführt und danach die beschriebenen Zusammenhänge in Form eines „Dashboard" aufbereitet und kommuniziert (vgl. Winkler, König & Kleinmann, 2010). **Tabelle 9.4** zeigt einen verkürzten Ausschnitt dieses Dashboards in tabellarischer Form.

Dieses „Dashboard" erklärt und belegt für sich noch nicht die Richtung oder die Kausalität zwischen zwei Merkmalen der Wertschöpfungskette, aber es zeigt immerhin auf, welche Merkmale wie bedeutsam sind. Die zentrale Kausalität des Zusammenhangs zwischen Engagement und Geschäftserfolg (Erreichung finanzieller Ziele) wurde zusätzlich untersucht. Dazu wurden über 4 Jahre auf gleiche Art und Weise das Engagement und der Geschäftserfolg erhoben. Danach können das Engagement aus Jahr 1 mit dem Geschäftserfolg aus Jahr 2 sowie der Geschäftserfolg aus Jahr 1 und das Engagement aus Jahr 2 korreliert und miteinander verglichen werden. Diese Korrelationen können analog für die folgenden Jahre und für grössere Abstände wiederholt werden. Mittels dieser Analysen konnte eindrücklich gezeigt werden, dass das Mitarbeiter-Engagement nachhaltig die Business-Performance, die Fluktuation von Hochleistern sowie die Kundenzufriedenheit beeinflusst (vgl. Melcher & Winkler, 2011). Die Rückwirkungen von Geschäftserfolg auf Engagement gibt es zwar auch, aber in kleinerem Masse und lediglich kurzfristig (1 Jahr) (vgl. Winkler, König & Kleinmann, 2012).

Tabelle 9.4   Dashboard

Subject	HCM-Indicator	Impact on	
		Engagement	Business Achievement
Management Quality	Top Performing Managers	1 %	2 %
	Number of AC reports	4 %	11 %
	Managers with positive AC-G/AC-I result	0 %	5 %
Perception of Leadership	Perception of Direct Manager	10 %	3 %
	Perception of Recognition	8 %	12 %
	Perception of Collaboration	18 %	22 %
Talent Management	Talent Rate (High Performance and Potential)	10 %	23 %
	Perception of Career Opportunities	17 %	14 %
	Perception of Learning and Development	9 %	3 %
Functional Training	Employees participating in a job-specific Training	0 %	6 %

Relationship between HCM Indicator and Impact: An estimated 10 % increase/decrease in the respective HCM indicator would increase/decrease Engagement or Business Achievement by the indicated percentage.

Quelle: Birri & Melcher, 2011

Eine Kreuzvalidierung in einem anderen Organisationsbereich bestätigte zudem das Modell mit seinen grundsätzlichen Wirkungsgefügen.

Konkret heisst das, dass man davon ausgehen kann, dass das vorhandene Human Capital durch gezielte HCM-Prozesse und HC-Interventionen in Richtung eines höheren Engagements gesteigert werden kann und dieses Engagement sich dann positiv auf die Kundenzufriedenheit und die Erreichung der Geschäftsziele niederschlägt. Das hier vorgestellte Dashboard auf der Basis eines Value-Chain-Modelles basiert auf konkreten/harten HC-Daten verbunden mit subjektiven Wahrnehmungen (Engagement-Treiber) ist ein Ansatz zur „Best Practice", kann die Kausalität nachweisen und liefert für vergleichbare Organisationseinheiten handlungsrelevante und überzeugende Inputs zur Optimierung ihres HC.

Mit solcherlei Analysen der Wirkung bzw. der Wertschöpfung von HCM kann den verantwortlichen Führungskräften erstens überzeugend gezeigt werden, dass sich HCM grundsätzlich auszahlt. Zweitens kann aufgezeigt werden, wo genau in einem bestimmten Organisationsbereich der HCM-Hebel am grössten ist. Dadurch wächst wohl auch die Bereitschaft der Führungskräfte, sich zusammen mit der HR-Abteilung noch mehr in Richtung eines systematischen HCM zu bewegen.

9.7   Voraussetzungen für informative HCM-Analysen

Wie zu Beginn erwähnt, ist das Gebiet der HCM-Analysen noch relativ jung. Erfolg versprechende Vorgehensweisen werden vereinzelt erörtert (z.B. Becker, Huselid & Ulrich, 2001) oder Boudreau & Ramstad, 2006), sind aber noch nicht etabliert, und es lauern noch verschiedene Fallstricke (Bassi, Carpenter, & McMurrer, 2010). Aufgrund erster Erfahrungen lässt sich dennoch grob abschätzen, was die wichtigsten Voraussetzungen für informative HCM-Analysen sind.

Verfügbarkeit von Daten:

Daten müssen einfach verfügbar sein bzw. in systematischen und etablierten organisatorischen Prozessen regelmässig erhoben werden. Sie müssen auch an einem zentralen Ort gespeichert und zugänglich sein (z.B. in einem zentralen Management-Informationssystem). Ihre Verknüpfung mit zuverlässigen Personal-Basisdaten (z.B. Führungsstufe, Organisationseinheit, demographische Merkmale etc.) muss gewährleistet sein. Wenn Analysen zu weichen, immateriellen Faktoren zuverlässig und genau sein wollen, dann können sie dies nur, wenn die zugrundeliegenden Messgrössen (z.B. von HC) auf breit im Unternehmen akzeptierten Definitionen und Standards beruhen. Es ist erstaunlich, welche Vielfalt von Analysen zum HCM möglich werden, wenn nur schon die grundlegenden HC-Messgrössen wie Kompetenzen, Leistung, Potenzial, Engagement etc. in einer standardisierten Form (wie in den entsprechenden Kapiteln in diesem Buch beschrieben) regelmässig erhoben und mit den gängigen Personal-Basisdaten verknüpft werden. Nebst den HCM-Daten braucht es aber auch harte Zahlen zum Geschäftserfolg, die mit den HCM-Daten auf verschiedenen Ebenen in Bezug gesetzt werden können. Solche Zahlen liegen fast immer ausreichend vor. Sie sind für HR- bzw. HCM-Spezialisten aber nicht immer einfach zugänglich und verständlich. Eine regelmässige und vertiefte Zusammenarbeit zwischen HCM-Spezialisten und Controlling-Fachleuten muss zuerst etabliert werden.

Statistisch-methodisches Know-How:

Der Umgang mit und die Analyse von grossen und komplexen Datenmengen setzen eine statistische Grundausbildung und entsprechende Erfahrung voraus. Inferenzstatistische Methoden müssen sicher und umsichtig angewendet werden können. Entsprechende Software-Pakete müssen zur Verfügung stehen und flexibel genutzt werden können. Rein sozialwissenschaftliche methodische Kenntnisse reichen nicht. Andere Disziplinen wie Marketing und Operations Research haben Analyse-Methoden und –Modelle entwickelt, deren Anwendung im Bereich HCM vielversprechend ist (vgl. Boudreau, 2010). Es reicht aber nicht, Daten methodisch sauber analysieren zu können und die Ergebnisse und die Grenzen ihrer Aussagekraft zu verstehen. Die entsprechenden Erkenntnisse und Interpretationen müssen den interessierten Empfängern auch verständlich erklärt werden können, um so eine konstruktive Diskussion um Datenquellen, Datenqualität, Analyse-Methoden und Interpretationsmöglichkeiten zu fördern.

Neugier:

Bei HCM-Analysen ist vorab nicht immer geklärt oder vorgeschrieben, welche Analysen über welche Daten zu erstellen sind. Dies z.b. im Gegensatz zum gängigen Business-Controlling, wo entsprechende Reporting-Vorschriften und -Standards einen wesentlichen Teil der zu erarbeitenden Analysen bestimmen. HR-Verantwortliche und Führungskräfte sind es auch noch wenig gewohnt, präzise Fragestellungen bzw. Anforderungen an bestimmte HCM-Analysen zu stellen. Andererseits liegt oft schnell eine Fülle von Daten vor, bei der man vorerst nicht weiss, wie sie für informative Erkenntnisse analysiert und genutzt werden können. Spezialisten für HCM müssen folglich ein gesundes Mass an Neugier, Mut und Innovationskraft mitbringen. Exploratives Herangehen an Daten ist ebenso gefragt wie das methodisch saubere Umsetzen und die Beantwortung einer (von aussen herangetragenen) konkreten Fragestellung. Einige der heute als beispielhaft publizierten HCM-Analysen (z.B. von Google) scheinen eher das Ergebnis von explorativer Neugier (von Google-Vertretern selber als „aspirational" bezeichnet) zu sein, als das Ergebnis von deduktiv hergeleiteten Fragestellungen. In einer noch so disziplinierten und vereinheitlichten Organisation besteht immer eine gewisse Variation darin, wie gut und effektiv HCM-Praktiken und HC-Interventionen implementiert sind. Dadurch entstehen sogenannte „Naturally Occurring Experiments" (Bassi, Carpenter, & McMurrer, 2010), die es zu erkennen gilt und die nach entsprechender Analyse wertvolle Hinweise liefern können für die Wirkung von HC-Interventionen.

Glaubwürdigkeit:

Ergebnisse aus HCM-Analysen müssen aus Sicht der Empfänger bzw. der für die Umsetzung der Erkenntnisse verantwortlichen Stellen (v.a. Führungskräfte) glaubwürdig sein. Diese Glaubwürdigkeit entsteht durch verschiedene Faktoren wie Kontinuität, Transparenz, Rechtssicherheit, Professionalität und politisches Gespür. HCM-Analysen produzieren selten einmalige spektakuläre Ergebnisse. Wichtig ist, sinnvolle HCM-Analysen kontinuierlich durchzuführen und zur Verfügung zu stellen. Erst dadurch können Erfahrungswerte entstehen, und wiederholte Diskussionen können die Qualität der Interpretation der Ergebnisse erhöhen. Zudem können die Nutzer der Ergebnisse sich darauf verlassen, dass mögliche Interventionen aufgrund der Erkenntnisse aus der nächsten Analyse überprüft werden können. Rechtssicherheit entsteht insbesondere durch eine strikte Einhaltung der Datenschutzbestimmungen und der vereinbarten Anonymität gewisser Daten. Professionalität bezieht sich auf die Fähigkeit der Analyse-Spezialisten, auf gleicher Augenhöhe mit den Empfängern die Analyse-Ergebnisse und die Methoden diskutieren zu können und auf Fragen und Anforderungen der Empfänger schnell und direkt eine nachvollziehbare Antwort bereitzuhaben. Eine fachlich vertiefte und konstruktive Zusammenarbeit von HCM-Analyse-Spezialisten mit Business-Controllern schafft bei den Führungskräften zusätzliche Glaubwürdigkeit. Wenn HCM-Analyseergebnisse den notwendigen Aufforderungscharakter haben, greifen sie meistens in das politische Machtgefüge eines Organisationsbereichs ein. Führungskräfte können sich heimlich überwacht fühlen, die Ergebnisse unbedarft für Beurteilungen anderer missbrauchen oder sich in ihrem Handlungsspielraum unnötig beschränkt fühlen. Lieferanten von HCM-Analysen können die Ergebnisse mehr für Vorwürfe und Rechtfertigungen statt für dynamische Feedback-Schlaufen verwenden. Politisches Gespür im positiven Sinne ist hier nötig und schafft die Basis für Glaubwürdigkeit und Akzeptanz.

Kommunikation und Timing:

Ergebnisse aus HCM-Analysen, die inhaltlich schwer verständlich aufbereitet sind, zum falschen Zeitpunkt anfallen und nicht unmittelbar durch Massnahmen beeinflusst werden können, erzielen kaum die gewünschte Wirkung. Anspruchsvolle statistische Resultate müssen also einfach und verständlich erklärt sein. Entsprechende Dokumente müssen sauber, übersichtlich und selbsterklärend gestaltet sein. Die zeitliche Verfügbarkeit der Ergebnisse sollte sich nicht an den Ressourcen der Analyse-Spezialisten orientieren, sondern daran, wann sie konkret für Entscheidungen gebraucht werden. Im geschäftlichen Jahreszyklus gibt es gewisse Zeitfenster, in denen das Interesse für und die Nachfrage nach HCM-Analysen am grössten ist. HCM-Analysen müssen auf diese Zeitfenster ausgerichtet werden. In HCM-Analysen fallen oft viele für HCM-Fachleute intellektuell spannende Resultate an. Für die Kommunikation an die Führungskräfte müssen die Resultate aber auf die handlungsrelevanten und beeinflussbaren Punkte verdichtet werden. Dazu gehört auch, dass mittels Referenzgrössen aufgezeigt wird, wie weit mit geeigneten Interventionen eine Veränderung in der nächsten Periode möglich ist.

Reifegrad und Strategie:

Nach ersten hoffentlich erfolgreichen HCM-Analysen lohnt es sich zu reflektieren, wo man steht und welche Themen künftig vermehrt analysiert werden sollen. Für eine solche Reflexion und **Beurteilung des Reifegrades** von HCM-Analysen in einem Unternehmen bieten sich verschiedene Modelle an.

Nalbantian & Jeffay (2011) beschreiben ein Spektrum von HCM-Analysen zwischen geringer und hoher Empirie und methodischer Raffinesse entlang:

- Anekdoten,

- reaktiven Checks,

- laufenden Reports,

- Benchmarking,

- Korrelationen,

- Kausalanalysen,

- Simulationen,

- Vorhersagen.

Bersin (2008) unterscheidet zwischen:

- Basic HR-Metrics (z.B. Turnover),

- Workforce-Metrics (z.B. Performance-Management-Ratings, Diversity-Kennzahlen),

- Integrated Talent Metrics (z.B. Engagement-Index, Leadership-Index),

- Business Impact & Predictive Metrics (z.B. HCM-Cockpit).

Das HCM-Analyse-Team von Google Inc. folgt in seinen Projekten folgender **Wertschöpfungskette:**

- Meinungen / Annahmen / Hypothesen (Gefühl, Intuition, Anekdoten),

- Daten (beobachtbar, wiederholbar, standardisiert),

- Metriken (Aggregierungen, Indices),

- Analysen (Zusammenhänge, Korrelationen, Modelle),

- Einsichten,

- Aktionen (Interventionen, Verbesserungen).

Zwischen Metriken und Analysen wird hin- und hergependelt, bis die Ergebnisse einen überzeugenden Erklärungswert haben. Die Kette ist unvollständig und aus unternehmerischer Sicht nutzlos, wenn sie nicht bis zu Aktionen führt.

Neben einer solchen Standortbestimmung wird es sich lohnen, eine eigentliche **Strategie für HCM-Analysen** zu definieren. Eine solche Strategie äussert sich zu folgenden Themen:

- übergeordnete Ziele und Rahmen für HCM-Analysen,

- Rollen und Verantwortlichkeiten,

- beteiligte Fachstellen und zu verwendende Daten-Pools,

- Prozesse und Tools,

- zeitliche und gestalterische Vorgaben für Berichte mit HCM-Analysen,

- inhaltliche Schwerpunkte und auf Unternehmens-/HC-Strategie ausgerichtete KPIs.

10 Einführung eines Human Capital Managements

> *„Specialised knowledge about individual HR practices is widespread, but the ability to discern the patterns embedded in the firm's unfolding HR practices is more likely to be rare. ... Few managers have a superior understanding of how to ‚bundle' or integrate HR practices into HR systems that fit the firm's specific context and ist unfolding stratgies."* (Boxall & Purcell, 2011)

Zu Einführungen von systematischen HCM gibt es noch keine Studien oder Erfahrungsberichte, die über mehrere Unternehmen hinweg die gesammelten Erkenntnisse zusammenfassen. Auch die organisatorischen Voraussetzungen und die Erfolg versprechendsten Vorgehensweisen sind bisher noch nicht übergreifend dargestellt und bewertet worden.

HCM ist kein primär technisch-methodisches Problem und auch nicht einfach eine Frage der Automation von ‚alten' Prozessen. Es reicht auch nicht, einfach eine HCM-Software einzukaufen und sie den Akteuren geordnet zur Verfügung zu stellen, damit diese eine bekannte und vertraute Funktion schneller und besser ausführen können.

HCM ist auch nicht lediglich ein neuer HR-Prozess, den der Rest des Unternehmens über sich ergehen lässt, sondern er verändert das Management einer zentralen Ressource des gesamten Geschäftes, des Human Capital. Die Hauptakteure sind die Führungskräfte.

Die Einführung eines systematischen, integrierten und strategisch justierten HCM ist – wie bei vielen anderen grundlegenden Veränderungen in einer Organisation – eine Frage des gekonnten Change-Managements. Denn HCM betrifft die Denkweise und die Kultur in einem Unternehmen, und es hat für alle Mitglieder einer Organisation auf allen Stufen direkt spürbare Konsequenzen.

Folglich wird eine Organisation, die im Umgang mit grösseren organisatorischen Veränderungen Know-how und Erfahrung hat, bessere Voraussetzungen für die Einführung eines HCM mitbringen als etwa ein statisches und eher träges Unternehmen.

Für einige Unternehmen wird es sich nicht um eine radikale Veränderung handeln, da sie schon Vorstufen von HCM, z.B. einen Talent-Management-Prozess implementiert haben. Dennoch ist der Übergang von einem Talent-Management zu einem systematischen und strategischen HCM inhaltlich und bezüglich der Anzahl der Betroffenen gross.

Für die erfolgreiche Einführung eines HCM ist also in erster Linie ein professionelles organisatorisches Change-Management mit all seinen Facetten gefragt, wie es von Kotter et al. mehrfach beschrieben und erläutert worden ist (Kotter, 1996). Eine Exemplifizierung der für die Einführung einer HR-Scorecard notwendigen Change-Prozesses entlang der sieben Stufen gemäss General Electric findet sich bei Becker et al. (2001). Meifert (2010) stellt ein

Phasenmodell zur Neuausrichtung der Personalentwicklung vor, das in den wesentlichen Teilen auch für die Einführung eines HCM verwendet werden kann.

Einige konkrete Besonderheiten einer erfolgreichen Einführung von HCM lassen sich klar identifizieren. Sie sind primär auf der Basis von persönlichen Erfahrungen des Autors im Folgenden beschrieben.

10.1 "Get the right people on the bus"

Collins (2001) hat in seiner für viele überraschenden Studie klargemacht, dass nicht zuerst die Strategie und das Ziel festzulegen sind, sondern die richtigen Leute gefunden und involviert werden müssen. Bevor nur der erste Schritt in Richtung eines HCM gemacht wird, sollte man sich darüber im Klaren sein, ob man die richtigen Leute dafür im Unternehmen hat. Leute, die erstens die fachlichen und menschlichen Voraussetzungen dafür haben und zweitens die Ressourcen und den Freiraum für eine mehrjährige Aufgabe. Haben Sie also in Ihrem Unternehmen, in einer Person oder in einem kleinen Team vereint, folgende Fähigkeiten:

■ ausgeprägte konzeptionelle, „architektonische" Denkweise, verbunden mit dem Gespür für die politische Machbarkeit und für einen zielführenden Umgang mit Stakeholdern;

■ hohe moralische und ethische Glaubwürdigkeit im Unternehmen;

■ breite Ausbildung und vertiefte konkrete Erfahrung in der Evaluation, Beurteilung und Entwicklung von menschlichem Verhalten inkl. sicherem Umgang mit sozialwissenschaftlichen Methoden und Analysen;

■ Führungserfahrung mindestens auf einer Stufe mit direktunterstellten Vorgesetzten und möglichst ausserhalb HR und daraus folgend einen wirkungsvollen Umgang auf möglichst gleicher Augenhöhe mit wichtigen Führungspersonen im Unternehmen;

■ Erfahrung in der Entwicklung/Adaptation und Einführung von IT-Systemen mit komplexen Datenbeständen und vielen Benutzern, wo auch Benutzerfreundlichkeit und Effizienz in der Abwicklung ein wichtiges Thema waren?

Dies ist kein bescheidenes Profil und lässt sich in HR-nahen Bereichen auch nicht so schnell finden. Becker, Huselid & Ulrich (2001) schlagen eine sehr ähnliche Liste von Anforderungen bzw. Kompetenzen an Personen oder ein Team vor, das ein HPWS (High Performance Work System) mit einer HR Scorecard entwickeln und umsetzen soll. .

10.2 SWOT

Ohne einen ausgewiesenen und bei allen Beteiligten spürbaren „Leidensdruck" in Sachen HCM ist eine Veränderung in der Grössenordnung der Einführung eines HCM nicht machbar. Der Leidensdruck mag inhaltlich vielfältig sein und sich als Wettbewerbsdruck (z.B. auf dem Arbeitsmarkt), prozessuale Ärgernisse (von bestehenden HR-Prozessen) oder als Ohnmacht in einem babylonischen Turm von HC-Themen und HR-Daten zeigen. Wichtig ist, dass dieser Leidensdruck klar identifiziert wird. Eine vertiefte Analyse der Stärken, Schwächen, Chancen und Risiken (SWOT-Analyse) ist nötig, um den Handlungsbedarf sowie eine Erfolg versprechende Stossrichtung und Vorgehensweise festzulegen. In einer SWOT-Analyse müssen folgende Themen analysiert werden:

- Führungs- und Unternehmenskultur;

- Dokumentation und Status von HC-Zielen mitsamt klarer Zuordnung von Verantwortlichkeiten z.B. in einer Balanced Scorecard;

- bereits implementierte Prozesse, Instrumente und Interventionen, wie z.B. ein Performance-Management, Nachfolgepläne und Ausbildungsangebote;

- HR-Infrastruktur (Management der Personaldaten, HR-Organisation).

Im Folgenden einige Hinweise, wie einzelne dieser Themen vertieft analysiert werden können.

10.2.1 Führungs- und Unternehmenskultur

Hier scheinen folgende Dimensionen entscheidend für den Erfolg einer Einführung eines HCM zu sein.

Erstens die **zeitliche Perspektive** in der Führung: Sind das Geschäft, das Management und die Incentivierung bzw. der Einsatz der Mitarbeitenden auf primär kurzfristig ausweisbare Erfolge ausgerichtet, oder wird der Erfolg auch längerfristig angestrebt und honoriert? Im kurzfristigen Fall mag ein systematisches HCM weniger Chancen haben, da HC-Interventionen immer nur mittel- bis längerfristig wirken. Mitarbeitervergütungen, die ein Verhalten fördern und belohnen, welches zu nachhaltiger Profitabilität und zum langfristigen Erfolg beiträgt, stehen im Einklang mit den Zielen und Möglichkeiten eines systematischen HCM. Manager aller Stufen werden dann auch klare Ziele für die Pflege und Entwicklung des ihm unterstellten HC formuliert erhalten bzw. selbst formulieren.

Zweitens die **Zusammenarbeit** (horizontal und vertikal): Ein Unternehmen mit wenig Solidarität zwischen Führungsbereichen, ohne gemeinsame Interessen bzw. mit siloartig unterschiedlichen und unabhängigen Zielsetzungen wird weniger an einem systematischen und übergreifenden HCM mit gemeinsamen Standards und Austausch von HC-Informationen interessiert sein als eine Organisation, in der sich alle der gleichen Sache verpflichtet fühlen und gegenseitig voneinander abhängig sind. Organisationen mit einem hohen Grad an zwischenmenschlichem Wohlwollen, wo Geselligkeit mindestens so wichtig ist wie Leistung, werden mit einer konsequent differenzierenden Beurteilung von Leistung und Potenzial Mühe haben. Eine meritokratische, leistungsorientierte Kultur mit gemeinsamen, solidarischen Interessen und grundlegendem zwischenmenschlichem Respekt sowie eher kleiner Machtdistanz zwischen Hierarchiestufen dürfte wohl der geeignetste

Nährboden für ein systematisches HCM sein (siehe dazu beispielsweise die Typologie von Organisationskulturen gemäss Goffee & Jones, 2003). Es existieren globale Unternehmen, die in sich erfolgreich mehrere unterschiedliche Organisationskulturen leben. Dies kann dann zur Entscheidung führen, dass ein systematisches HCM nur in einem Teilbereich eingeführt wird oder nicht in jedem Bereich alle Elemente auf allen Stufen genutzt werden.

10.2.2   Stärken/Schwächen bereits implementierter HCM-Elemente

Hierzu gibt es Checklisten (z.B. Enaux & Heinrich, 2011), die adaptiert werden können, oder es können „Best Practice" Modelle von externen Beratern hinzugezogen werden, wie beispielsweise von Watson Wyatt bzw. neu Towers Watson (vgl. Pfau & Kay, 2002). Es reicht nicht aus, lediglich aus einer „Gut-Mensch" Perspektive aufzuzeigen, was man alles noch „mitarbeiterorientierter" und besser machen könnte. Zum Zusammenhang zwischen HCM und Geschäftserfolg unter unterschiedlichen Bedingungen gibt es ausreichend Fakten, die helfen können, eine solche Analyse zu strukturieren (vgl. Wucknitz, 2009). Die Qualität der Analyse mittels solcher Checklisten hängt wesentlich davon ab, wer befragt wird bzw. wer die Fragen beantwortet und wie systematisch die Antworten ausgewertet werden. Sind es nur die HR-Verantwortlichen oder auch Führungskräfte und Mitarbeitende, die ihre Sicht einbringen können? Werden interne/externe Benchmarks zur Beurteilung miteinbezogen? Einen vielversprechenden Weg bietet beispielsweise der in Kapitel 9.6.2.5 beschriebene McBassi People Index® an (Bassi & McMurrer, 2007). Insbesondere lassen sich durch Benchmarks aussagekräftige Vergleiche zwischen Organisationseinheiten erstellen, und die Datenerhebung ist breiter abgestützt.

10.2.3   HR-Infrastruktur

Ein systematisches HCM setzt voraus, dass die Personal-Basisdaten einheitlich und mit hoher Qualität vorliegen sowie einfach zugänglich sind. Personalverwaltungsprozesse müssen zuverlässig und effizient funktionieren, und die rechtlichen Vorschriften müssen konsequent angewendet werden. Die Einführung eines systematischen HCM muss den Ausbau oder den Einkauf eines HR-Informationssystems prägen, und es müssen entsprechende Ressourcen zur Verfügung gestellt werden.

Nach einer breiten und fundierten Stärken-/Schwächen-Analyse müssen deren Resultate so aufbereitet werden, dass die oberste Führungsebene oder gar der Verwaltungs- bzw. Aufsichtsrat entscheiden kann, ob der Leidensdruck ausreichend ist und mit welchen Mitteln und in welche Richtung etwas unternommen werden muss und kann. Es ist eine Platitüde, dass in grösseren Change-Projekten das Top-Management seine Zustimmung gibt und überzeugt vorangehen muss. Bei der Einführung eines HCM ist dies aber wirklich notwendig, weil erstens ein grosser Kapitalbereich des Unternehmens betroffen ist und zweitens, weil das oberste Management von HCM-Prozessen und -Instrumenten selbst auch direkt betroffen sein wird, und zwar sowohl in der Rolle von „Mitarbeitende" als auch als Führungskräfte.

10.3   Architektur

Wurde der Leidensdruck mithilfe einer SWOT-Analyse einmal geklärt und die Stossrichtung entschieden, kann man entweder im Sinne von „Es gibt immer etwas zu tun" auf den „HR-Baumarkt" gehen, sich von „Preis-Aktionen" verführen lassen, attraktive Instrumente/Werkzeuge auslesen und diese dann anwenden, wo sie gerade passen. Oder man überlegt zuerst, was denn am Ende herauskommen soll, welches die tragenden Säulen eines integrierten funktionalen und attraktiven Gesamtsystems sein werden und welche Standards und Regeln notwendig sind. Wie in Kap. 3 beschrieben, ist der zweite Weg der für ein systematisches HCM erfolgreichere. Erst danach kann daran gegangen werden, allenfalls bestehende Mauern einzureissen und ein neues Fundament zu legen. Präzise Definitionen von Messgrössen und standardisierte Prozesse müssen vorab und oft mit einigem Aufwand erarbeitet werden. Wie bei anderen Projekten (z.B. Software-Entwicklung) lohnt sich ein initialer Aufwand, weil erfahrungsgemäss Fehler im Design und ihre Folgen später im Prozess viel teurer sind als der Aufwand für eine „stimmige" Architektur.

10.4   Learning by Doing

Architektur und Learning by Doing schliessen sich nicht aus. Learning by Doing bezieht sich auf die Phase der konkreten Realisierung und Einführung einer einmal definierten Architektur. Steht einmal das Modell und hat man sich auf Standards geeinigt, macht jetzt der Gang zum „HR-Baumarkt" durchaus Sinn, wo konkret Materialien und Werkzeuge nach klaren Kriterien ausgewählt werden und zusammen mit künftigen Bewohnern/Benutzern praktisch angewendet und evaluiert werden. Ein HCM mit einem „Big Bang" einzuführen, ist wohl unrealistisch und zu riskant, weil viele Aspekte der Führung eines Unternehmens davon betroffen sind. Als sinnvoller erweist sich ein schrittweises Vorgehen, insbesondere was die betroffene Population anbelangt. Nahe liegend, aber nicht immer erfolgreich ist ein Vorgehen top-down, d.h., dass man bei der obersten Führungsebene beginnt, weil dadurch die obersten Entscheidungsträger gleich an Bord sind und weil dort der Nutzen eines systematischen HCM am grössten erscheint. Diese oberste Ebene eignet sich aber schlecht für Prototypen, weil mit HCM so oder so in die heikle Beurteilung von Personen und damit in das Machtgefüge eingegriffen wird. Potenzial- und Kompetenz-Beurteilungen auf Ebene Geschäftsleitungsmitglieder sind keine Spielweise, wo ausprobiert und beliebig wiederholt und geändert werden kann. Es macht folglich mehr Sinn, erste Versionen eines HCM auf unteren Ebenen auszuprobieren und die Erfahrungen der Benutzer, der Führungskräfte gezielt auszuwerten und für Optimierungen zu verwenden, bevor man sich an höhere Ebenen heranwagt.

10.5   Transparenz und verbindliche Ziele

Die in einem systematischen HCM praktizierte Offenlegung und die bereichsübergreifende Kommunikation von kritischen HC-Daten (z.B. Kalibrierungen, Portfolio-Review-Meetings, Nachfolgepläne/-pools) sowie die Betonung der Wichtigkeit offener Gespräche zwischen Vorgesetzten und Mitarbeitenden über Leistung, Potenzial und Engagement schaffen Transparenz und Verbindlichkeit in Sachen HC und HCM. Diese Transparenz ist nicht nur eine Frage der Offenlegung von Daten, sondern muss durch sorgfältige und überlegte Kommunikation auf allen Ebenen erarbeitet werden.

Solange Führungskräfte aller Stufen und Fachbereiche für HC-Interventionen (z.B. Rekrutierung) keine klaren HCM-Ziele erhalten, nach denen sie auch beurteilt werden und deren Erreichung/Nicht-Erreichung spürbare Konsequenzen hat, wird es kaum möglich sein, die Führungskräfte für ein konsequentes HCM zu gewinnen. Die Einführung eines systematischen HCM zusammen mit entsprechenden HCM-Analysen erleichtern die Formulierung klarer (quantitativer) Ziele. Diese wirken aber nur, wenn die Konsequenzen vergleichbar sind mit anderen geschäftlichen Zielen. Bei der Verwendung von HC-Messwerten als Zielgrössen für einen Organisationsbereich (z.B. Engagement-Index) sollte immer im Auge behalten werden, ob und wie diese Messwerte bzw. die Zielerreichung durch die z.B. in ihrem Bonus davon abhängigen Akteure „manipuliert" werden können (vgl. Anhang).

Die Verbindlichkeit von HCM-Zielen ist nicht nur eine Frage des „strammen" Managements, sondern entsteht mit zunehmendem Vertrauen in die Gültigkeit und Konsistenz relevanter HC-/HCM-Messwerte und Kennzahlen sowie in deren Zusammenhang mit dem Unternehmenserfolg.

10.6   Komplexität

HCM-Prozesse können schnell komplex und bürokratisch werden. Dafür gibt es mehrere Gründe. Beurteilungen von Menschen, Entscheidungen über Menschen sind sensibel, und jeder involvierte Beurteiler/Entscheider möchte es möglichst gut und fair – sprich detailliert und breit abgestützt – machen. Simple und einfache Lösungen bergen hier scheinbar die Gefahr, wichtige Aspekte zu verpassen oder der Komplexität des menschlichen Verhaltens nicht gerecht zu werden. Die wissenschaftliche Basis im Bereich HCM ist breit und lässt jeweils viele Optionen offen, und in der weltweiten HR-Gemeinde gibt es keine Standards für HCM, sondern vielmehr einen unkontrollierten Wildwuchs von gut gemeinten Ideen und Instrumenten. Wieso also in einem Formular zur Beurteilung der Zielerreichung nicht noch fünf weitere Kriterien einbauen? Wieso nicht noch 50 zusätzliche Fragen in einen Engagement-Survey aufnehmen? Wieso nicht eine weitere Detaillierungs-Ebene in das Kompetenz-Modell einbauen? Es kann gute Gründe dafür geben, aber dadurch erhöht sich immer auch die Komplexität des HCM. Komplexität bedeutet mehr Aufwand im Aufbau eines HCM, mehr Aufwand im Unterhalt und, was am wichtigsten ist, fast immer mehr Aufwand für die Führungskräfte, für die HCM ja gedacht ist. Es kommt nicht von ungefähr, dass eines der jüngsten Bücher über Talent-Management den Titel trägt „One Page Talent Management, Eliminating Complexity, Adding Value" (Effron & Ort, 2010). Effron behauptet, dass aus seiner Erfahrung einer der Hauptgründe für den Gap zwischen Wunsch und Realität im HCM darin liegt, dass die Balance zwischen Komplexität und Mehrwert zu häufig nicht stimmt bzw. zu komplexe Systeme angestrebt werden. HCM generiert nur Wert, wenn es dazu beiträgt, dass Führungskräfte bessere Entscheidungen hinsichtlich ihres Human Capitals bzw. der ihnen unterstellten Mitarbeitenden fällen, und wenn es die Arbeit der Führungskräfte vereinfacht bzw. sie in ihrer Autonomie nur wo sinnvoll beschneidet.

Jeder Schritt in einem HCM-Prozess, jedes zusätzliche Element in der Definition einer Messgrösse oder jedes Kriterium für eine Investitionsentscheidung in eine HC-Intervention muss eingehend dahin überprüft werden, ob er/es für die Stabilität der HCM-Architektur notwendig ist, ob er/es Führungsentscheidungen echt besser macht und ob er/es die Arbeit der Führungskräfte vereinfacht. Nur wenn die erste und mindestens eine der beiden übrigen Fragen klar mit ja beantwortet werden können, lohnt sich dieses zusätzliche Element.

Diese Überprüfung jedes Elements in seinem Komplexitäts-Wertschöpfungsraster muss explizit beim Design und bei der Festlegung der Detaillösung eines HCM durchgeführt werden. Sie soll aber auch bei einem einmal eingeführten HCM in regelmässigen Abständen bei den bestehenden Elementen erfolgen oder wenn neue Elemente, von wem auch immer, gefordert werden, und zwar zusätzlich zu Analysen, wie sie im Unterkapitel pro HCM-Prozess aufgeführt sind. Hier lautet die Devise eindeutig: lieber zu viel vereinfachen als das HCM unnötig komplex und aufwändig machen!

Die Betonung von Architektur und Standards im hier vorgeschlagenen HCM soll dazu beitragen, dass HCM-Aktivitäten und -Instrumente nicht beliebig ausufern.

Anzustreben ist ein Gebäude mit einer „Minimalistic Design Architecture", kein „Rokoko-Palast", ein Bauhausgebäude und keinen „Baumarkt".

11 Anhang: Messen von Human Capital

Das korrekte Messen bzw. Beurteilen der relevanten Merkmale des Human Capital eines Mitarbeiters ist Grundlage für ein systematisches HCM. Dieses Messen ist aber nicht trivial. Die Beurteilung von „intangible" Grössen in sozialen Systemen beinhaltet besondere Herausforderungen, die in anderen, stärker technisch ausgerichteten Messsystemen nicht vorkommen. Ein unbedarftes Geringschätzen dieser Herausforderungen kann zu Messsystemen führen, die nicht nachhaltig sind, weil die Beteiligten schnell das Vertrauen in die Messergebnisse und deren Verwendung verlieren. Ein übervorsichtiges Zögern vor solcherlei Herausforderungen und Schwierigkeiten kann dazu führen, dass Human Capital nicht nur eine „weiche", sondern eine unbekannte Grösse bleibt und damit die Grundlage für ein Management dieses Kapitals fehlt.

Dieser Anhang soll dem mit dem Messen/Beurteilen von Human Capital Merkmalen weniger vertrauten Leser einige dieser Herausforderungen erläutern und ihm helfen, sie entsprechend ernst zu nehmen und in der Praxis zu meistern. Leser, die grundsätzlich mit den aus der psychologischen Diagnostik bekannten Messkriterien wie Reliabilität und Validität vertraut sind, werden zusätzlich Hinweise finden, worauf bei der Messung entsprechender Grössen in einem betrieblichen Management-Umfeld zu achten ist. Die praktische Erfahrung, wie die besonderen Herausforderungen beim Messen von Merkmalen des Human Capital bewältigt werden können, hat das in diesem Buch vorgeschlagene Human Capital Management mit seinen Messgrössen, Prozessen und Interventionsentscheidungen wesentlich beeinflusst. Insofern liefern die folgenden Überlegungen auch eine zusätzliche, grundlegende Argumentation für die in diesem Buch vorgeschlagenen Lösungen.

11.1 Was ist mit „Messen" von Human Capital gemeint

Human Capital ist eine „intangible" Grösse, d.h. ein nicht nur immaterielles, sondern auch schwer greifbares Merkmal eines Mitarbeiters bzw. eines Unternehmens. Menschliches Verhalten ist zwar komplex, aber nicht zufällig. Human Capital zeichnet sich wesentlich durch die Flexibilität und Kreativität von Mitarbeitenden aus, durch deren Fähigkeit sich zu entwickeln und sich an verschiedene Bedingungen anzupassen. Dies ist grundlegend anders als beim physischen Kapital, bei Maschinen und Ausrüstungen, bei denen die Merkmale eher statischer Natur sind. HC-Merkmale sind also nicht nur schwer greifbar, sondern auch weniger beständig, weniger stabil. Im Unterschied etwa zu mechanischen, elektrischen oder chemischen Messgrössen gibt es für HC-Messgrössen keine standardisierten und universell anwendbaren Methoden und Instrumente. Auch bei finanziellen Messgrössen, wie z.B. „Umsatz" oder „Marge", gibt es betriebswirtschaftlich standardisierte Definitionen und Regeln, wie diese zu erheben sind. Wenn hingegen ein HC-Merkmal, wie z.B. „Potenzial", erhoben werden soll, ist weder die Definition von Potenzial noch die Methode zu dessen Erhebung festgelegt. Zwei Beurteiler gelangen so kaum zum gleichen Schluss, zum gleichen Wert und werden zudem ihr Ergebnis unterschiedlich interpretieren.

Unter diesen Voraussetzungen ist es etwas verwegen, im Zusammenhang mit Human Capital von „Messen" zu sprechen. Passender wären allenfalls Begriffe wie „Evaluation", „Beurteilung" oder „Bewertung". Denn mit dem Begriff „Messen" ist ein hoher, im Bereich von Human Capital sehr hoher Anspruch an die Messqualität verbunden. Dieser Anspruch provoziert eine eingehende Auseinandersetzung mit grundlegenden Themen des Messens. Diese ist in einem weichen Messfeld wie dem des „intangible" Human Capital besonders nötig und hilfreich.

Das Messen von HC-Merkmalen basiert praktisch immer auf einem menschlichen Urteil, auf einer Beurteilung durch eine oder mehrere Personen. Das Ausmass und die Art der Kompetenzen eines Mitarbeiters werden beispielsweise vom Vorgesetzten beurteilt, die Messung der Arbeitsbedingungen basiert auf einer Wahrnehmung und Beurteilung durch Mitarbeitende. Diese menschlichen Beurteilungen finden in einem unternehmerischen Rahmen statt. Dieser Rahmen ist geprägt von Interessen, Stakeholdern und Zielen, die sowohl die Beurteiler beeinflussen wie auch die Interpretation und Verwendung der Messergebnisse. Messen von Human Capital findet immer in einem sozialen System statt und ist von diesem beeinflusst. Dies ist bei anderen, physischen Messgrössen nicht oder weniger der Fall.

Scheinbar exaktere Fachbereiche wie Betriebs- und Volkswirtschaft, die ebenfalls in sozialen Systemen agieren, kennen teils ähnliche Herausforderungen und Probleme. Davon muss und kann das Messen von Human Capital lernen und profitieren. Siehe dazu beispielsweise „The five Traps of Performance Measurement" von Likiermann im Harvard Business Review (Likiermann, 2009) oder die Diskussion um die Definition und Standardisierung des BIP (Bruttoinlandprodukt) (vgl. Stiglitz & Fitoussi, 2008).

Nach Ansicht einiger Autoren ist die Komplexität des Messens von Merkmalen des Human Capital einer der Gründe für den generellen Mangel an standardisierten Messgrössen und vereinbarten Messmethoden im Bereich Personalmanagement (vgl. Fitz-enz, 1990).

Management- und HR-Fachleute sind sich aber einig, dass ein HCM seine wichtige strategische Rolle nur wahrnehmen kann, wenn es in der Lage ist, Human Capital sowie dessen Beitrag zum Geschäftserfolg nicht nur zu messen, sondern auch in einer managementnahen Sprache, d.h. in numerischen, finanziellen Begrifflichkeiten zu kommunizieren (vgl. Cascio & Boudreau, 2008, oder Boudreau & Ramstad, 2007).

Nimmt man die Herausforderung des Messens von HC an, stellen sich die folgenden grundlegenden Fragen:

1. Was muss bei der Wahl und Definition der Messgrössen an Vorkehrungen getroffen werden, bevor überhaupt eine Messung vorgenommen wird?

2. Was muss beachtet werden, damit eine Messung einer HC-Messgrösse ausreichend objektive und gültige Messwerte liefert?

3. Was muss bei der Interpretation und bei der Verwendung der HC-Messwerte im Auge
    behalten werden, um ein nachhaltiges Messsystem zu schaffen?

„Messen" meint hier die ganze Spannweite zwischen Auswahl und Definition der zu messenden Grösse und ihrer Eigenschaften oder Merkmale, über die Wahl und Gestaltung der
Messinstrumente, zu Normierung bzw. Vergleichbarkeit der Messskala bis hin zur Interpretation und Verwendung konkreter Messergebnisse.

Bei der Beantwortung obiger Fragen stehen weniger die gängigen Gütekriterien für Messsysteme, wie z.B. Validität oder Reliabilität, sondern praktische Aspekte des Messens und
Interpretierens von Human Capital Messgrössen aus anwendungsorientierter Sicht in einem unternehmerischen Umfeld im Vordergrund. Ziel ist, Erfolgsfaktoren und Fallstricke
aufzuzeigen und Hinweise zu geben, wie diese genutzt bzw. umgangen werden können.

11.2   Wahl und Definition von Messgrössen

11.2.1   Die vier W

*„Start by determining what decisions you want to make with the data, and then drive the process
back from there." (Towers Watson, 2010).*

*"It is not the measuring itself that is the key to successful HCM, but the intentions behind the
measuring and the resulting practices that emerge." (Baron & Armstrong, 2007)*

Wenn immer es darum geht, Messgrössen von Human Capital zu identifizieren und Messverfahren festzulegen, müssen zuallererst folgende vier Fragen in entsprechender Reihenfolge beantwortet werden:

1. **Wozu** soll das Messergebnis verwendet werden bzw. welche Entscheidungen und Ak-
    tionen werden damit beeinflusst? Zu welchem Zweck soll das Messergebnis verwendet
    werden?

2. **Was** (welche Eigenschaften, Fähigkeiten, Beiträge, Erwartungen, Empfindungen usw.)
    genau will ich messen?

3. **Wie** soll gemessen werden, welche Art von Messinstrument soll benutzt/gekauft wer-
    den und wer misst damit?

4. Bei **wem** soll diese Messung vorgenommen werden?

Die Frage nach dem **Wozu** ist die zentrale Frage, die unbedingt zuerst beantwortet werden
muss, da die Antwort darauf die Antworten auf die restlichen Fragen entscheidend beeinflusst.

In Diskussionen um die Messung von HC-Merkmalen steht oft fälschlicherweise zuerst
Frage Nr. 3 im Vordergrund. Beispielsweise bietet ein Anbieter einen neuen Persönlich-

keitsfragebogen an, und dieses Angebot löst in einer Personalabteilung eine Evaluation von Persönlichkeitsfragebögen und eine Suche nach Einsatzmöglichkeiten im Unternehmen aus. Plötzlich werden Kompetenz-Modelle modern, und man macht sich daran, ein solches für das eigene Unternehmen zu entwickeln oder das entsprechende Modell eines Anbieters zu adaptieren, bevor genau geklärt ist, wozu Kompetenz-Beurteilungen verwendet werden sollen. Fragt man einen CEO, wie in einem Performance-Management-Prozess was erhoben werden soll, dann hat er mit einer klaren Antwort vielleicht vermutlich eher Mühe. Fragt man ihn, welche Entscheidungen mit den Messgrössen des Performance-Managements gefällt werden sollen, wozu die Messgrössen also verwendet werden sollen, dann wird ihm die Antwort wesentlich leichter fallen.

Als Nächstes kommt die Frage nach dem **Was,** und diese wird durch die Auswahl und die präzise und standardisierte Definition der zweckdienlichen Messgrössen beantwortet. Bezogen auf eine Selektionsentscheidung ist zu klären, welche Anforderungen für die zu besetzende Position relevant sind.

Erst danach kommt die Frage nach dem **Wie**, nach den Instrumenten und Methoden zur zuverlässigen und objektiven Erhebung der Ausprägungen einer Messgrösse.

Jede Messgrösse lässt sich mittels unterschiedlicher Techniken und Instrumente erfassen. Das Spektrum reicht von subjektiven Einschätzungen, z.B. des Verhaltens, bis zu weitgehend objektiven Leistungstests (Intelligenztests). Oft steht die Wie-Frage zu sehr im Vordergrund. HR-Fachleute streiten sich um vergleichende Qualitäten von Interviews, Assessment-Centers und Tests für die Erfassung von Kompetenzen der Mitarbeitenden, ohne sich zuerst klarzumachen, wozu die so erfassten Messergebnisse verwendet werden und ob die beabsichtigten Messgrössen damit überhaupt erfasst werden können.

Nicht jede Messgrösse muss und kann bei allen Mitarbeitenden mit derselben Technik, mit denselben Instrumenten erhoben werden. Je nach Mitarbeitersegment kann auf einzelne Messgrössen, z.B. aus Einfachheits- und Effizienz-Gründen, verzichtet werden, oder die benötigte Genauigkeit ist unterschiedlich und rechtfertigt andere, z.B. billigere Instrumente. Aufwändige Simulationen von Führungssituationen in einem Assessment Center sind z.B. gerechtfertigt für die Beurteilung von Kandidaten mit bisher wenig Führungserfahrung. Das Führungsverhalten erfahrener Manager kann hingegen einfacher mit einem 360°-Feedback beurteilt werden.

Die obigen vier W-Fragen bzw. deren Antworten hängen eng zusammen und beeinflussen sich gegenseitig. Eine einzige richtige Antwort zu allen vier Fragen gibt es oft nicht, wichtig ist ein Abgleich der vier Aspekte. Erst wenn alle vier Fragen in der entsprechenden Reihenfolge geklärt sind, ist ein Messsystem ausreichend spezifiziert.

11.2.2   „What gets measured gets done"

Insbesondere in einem organisatorischen Umfeld, wo Ziele gesetzt werden und die Beurteilung der Zielerreichung klare Konsequenzen hat, spielt es eine grosse Rolle, welche Messgrössen der Zielerreichung herbeigezogen werden. Ziele, deren Erreichung nicht gemessen wird, erhalten automatisch weniger Aufmerksamkeit und Energie, werden zweitrangig oder geraten in Vergessenheit, unabhängig davon, wie wichtig sie für den nachhaltigen Erfolg eines Unternehmens oder Unternehmensbereichs sind. Selbst bei Zielen, die gemessen werden, spielt es eine grosse Rolle, welche Kriterien zur Messung herangezogen werden. In einer bestimmten Messgrösse nicht enthaltene Leistungen und Ergebnisse werden zweitranging oder gar „geopfert", auch wenn sie genauso relevant sind wie die gemessenen Aspekte. Die Wahl von Messgrössen mit ihren Kriterien ist also nicht lediglich eine Frage der objektiven Erfassung eines Merkmales, sondern beeinflusst in einem sozialen System wesentlich das Verhalten der Akteure, diesen ausgewählten Messgrössen Genüge zu tun. Die Entscheidung darüber, was gemessen wird, hat eine steuernde Wirkung und ist ein mächtiges Management-Instrument.

11.2.3   Standardisierung

"HR lacks the same kind of standard, widely accepted, and proven methodologies that finance and marketing enjoy." (Rawlinson, McFarland & Post, 2008)

Reife Fachbereiche wie Maschinenindustrie oder Betriebswirtschaft zeichnen sich dadurch aus, dass sie die in ihren Analysen und Konstruktionen verwendeten Messgrössen und Messverfahren weitgehend standardisiert bzw. normiert haben. Sie haben gar unabhängige Normierungsgremien geschaffen, die bestehende Messnormen überwachen und pflegen sowie neue Normierungen und Standardisierungen vorantreiben. Eine Standardisierung umfasst normalerweise die begriffliche Definition der Messgrösse, das Messverfahren mitsamt Zertifizierung der Messinstrumente, die Normierung der Werteskala usw. Ähnliches lässt sich im Bereich Human Resources oder Human Capital selten finden. Oft ist es so, dass selbst innerhalb eines Unternehmens nicht einheitlich definiert ist, wie Arbeitsergebnis und Verhalten von Mitarbeitenden gemessen und bewertet werden sollen. Über etwas komplexere Messgrössen wie „Potenzial" herrscht oft noch weniger Einigkeit. Solange grundlegende Messgrössen des Human Capital in einem Unternehmen nicht klar definiert und standardisiert sind, lassen sich keine unternehmensweiten Aussagen zum Human Capital machen, und etwaige Messungen in organisatorischen Einzelbereichen lassen sich nicht einordnen, weil entsprechende Vergleichsgrössen bzw. (interne) Benchmarks fehlen. Messverfahren, die nur für Teilbereiche einer Organisation verwendet werden (z.B. selbst entworfene Umfragen zur Arbeitszufriedenheit), haben gegenüber unternehmensweiten oder gar unternehmensübergreifenden, z.B. von unabhängigen Anbietern angebotenen Messverfahren den grossen Nachteil, dass deren Ergebnisse kaum intern und mit der Konkurrenz verglichen werden können und so keine Bewertung im Hinblick auf die kompetitive Geschäftsentwicklung zulassen.

Standardisierungen schränken die Handlungs- und Wahlfreiheit der involvierten Akteure ein. Sie können auch sinnvolle lokale Optimierungen verhindern. Beides sind Gründe dafür, warum Standards nicht immer bei allen Beteiligten beliebt sind und befolgt werden, obwohl sie für ein systematisches Management von HC viele entscheidende Vorteile bieten.

Eine Standardisierung, zumindest innerhalb eines Unternehmens, dient auch der Senkung der Kosten und des Aufwandes der Messung. Sie erlaubt „Economy of Scale" beim Einsatz von Messverfahren, aber auch bei der Auswahl und der etwaigen (Eigen-) Entwicklung eines Messverfahrens.

Eine überlegte Standardisierung fördert zudem die Qualität einer Messung (wie Präzision, Relevanz), da eine Standardisierung zur genauen Beantwortung der oben erwähnten vier W-Fragen anregt.

Gerade im Bereich des Human Capital liefert eine Standardisierung einen sehr wichtigen Beitrag zur Verständigung zwischen beteiligten Akteuren. Heute fehlt in den meisten Unternehmen noch weitgehend ein breit akzeptiertes und praktisch verwendetes Begriffsgebäude zum Thema Human Capital. Solange eine solche Begrifflichkeit nicht festgelegt und verankert ist, verstehen sich die Akteure nicht, müssen unterschiedliche „Sprachen" bzw. Teil-Standards erlernen und können sich nicht oder nur mit viel zu viel Aufwand über ihre Erfahrungen und Massnahmen austauschen. Eine Standardisierung hilft zudem entscheidend mit, den Mitarbeitenden aller Stufen klar und verständlich zu kommunizieren, worauf es in einem Unternehmen ankommt, auf welcher Basis Personalentscheidungen gefällt werden und wie die Wege und Prozesse sind, um voranzukommen. Diese Transparenz und Verlässlichkeit, wofür eine Standardisierung die notwendige Voraussetzung ist, bestimmen ganz entscheidend die Wahrnehmung der Karriere-Möglichkeiten durch die Mitarbeitenden. Diese Wahrnehmung ist bekanntlich ein grosser Hebel für das Engagement von Mitarbeitenden.

11.2.4   Aufwand und Kosten

Jede Messung ist mit Aufwand und Kosten verbunden, sei dies in Form von Messinstrumenten und/oder zeitlichem Aufwand für die Beurteiler/Messer oder auch in Form von zeitlichem Aufwand für die Rückmeldung der Ergebnisse an die Betroffenen und der Verarbeitung des Feedbacks. Jede Messgrösse im sozialen Bereich muss von den Beteiligten richtig verstanden werden, was einen entsprechenden Aufwand an Information und Kommunikation bedingt. Die direkt anfallenden und bezifferbaren Kosten für das Messinstrument (z.B. die Kosten für die Durchführung einer Mitarbeiterumfrage durch ein externes Unternehmen, die Anschaffungskosten für einen psychologischen Test usw.) stehen bei der Aufwandschätzung oft fälschlicherweise im Vordergrund, weil sie in klaren Geldbeträgen bezifferbar sind und weil sie via Investitions- oder Kostenrechnung beantragt werden müssen. Oft sind die indirekten Kosten (begleitende Information und Kommunikation des Vorgehens sowie der Ergebnisse, Integration der Ergebnisse in ein übergeordnetes Management-System) jedoch um ein Vielfaches höher und stark durch die Qualität des Messinstrumentes (z.B. Verständlichkeit der Ergebnisdarstellung) mitbestimmt. Die Beurteilung der Kosten einer Messung ausschliesslich hinsichtlich der direkten Kosten des Messinstrumentes greift jedenfalls zu kurz, wenn es darum geht, eine Messgrösse und die zugehörige Messmethode auszuwählen und festzulegen.

Die Anzahl Messgrössen pro Träger von Human Capital (Mitarbeitende) muss ein Optimum erreichen. Es muss ausreichend viele Messpunkte bzw. Messgrössen enthalten, um das Objekt umfassend zu beschreiben, und so wenig Messpunkte wie möglich, um Aufwand und Kosten der Messung sowie der Interpretation der Messwerte in vertretbarem Rahmen zu halten.

11.2.5   Messen heisst nicht nur Quantifizieren

„Es kann nicht alles gezählt werden, nicht alles was man zählen kann zählt." (Einstein)

Quantitative Daten sind per se noch keine sinnvollen Informationen. Gerade Fachkräfte aus Fachbereichen, in denen viel mit Zahlen und numerischen Daten gearbeitet werden kann und muss, laufen Gefahr, alles was nicht in Zahlen ausgedrückt werden kann, als minderwertig oder gar unwichtig/irrelevant abzutun. Die Suche nach der richtigen Messgrösse wird vorschnell auf einfach verfügbare numerische Werte eingeschränkt, auch wenn es qualitativ präzisere Informationen gäbe, um die anstehenden Fragen schlüssig zu beantworten. Zahlen suggerieren eine Genauigkeit, die nicht immer effektiv gegeben ist. Eine bescheidene quantitative Einschätzung beispielsweise auf einer einfachen Skala von A bis C ist oft präziser als ein ausgeklügelter, schwer nachvollziehbarer und in seinen Annahmen oft falscher numerischer Algorithmus, der das Messergebnis auf drei Kommastellen „anzeigt". Das sogenannte „Skalenniveau" einer Messgrösse muss sorgfältig analysiert und festgelegt werden, um nicht ungerechtfertigte Interpretationen von Messergebnissen zu provozieren. Mehr Zahlen und mehr Stellen nach dem Komma ist also nicht immer besser und sinnvoller.

11.3   Objektivität und Gültigkeit der Messwerte

11.3.1   Subjektivität ist unausweichlich

Messen im Bereich Human Capital besteht meist aus einer persönlichen Einschätzung/Beurteilung durch einen messenden Akteur. Eine solche Einschätzung, z.B. des Potenzials eines Mitarbeiters, ist in diesem Sinne immer subjektiv. Dies ist nicht zu ändern und auch nicht durchwegs negativ. Die Frage stellt sich jedoch, wie ich diese Subjektivität sinnvoll eingrenzen kann. Dazu bietet die Sozial- und Kognitionspsychologie einige interessante und wertvolle Erkenntnisse und Ratschläge. Eine Kenntnis der Gesetzmässigkeiten der sozialen Wahrnehmung mit seinen typischen Verfälschungen („Bias") und der systematischen Denkfehler bei der Urteilsbildung („Heuristiken") trägt dazu bei, wo immer nötig, diese natürlichen „Beurteilungsfehler" zu vermeiden. Dies indem die Messsysteme entsprechend angepasst und die Beurteiler gezielt auf diese natürlichen Fehlertendenzen sensibilisiert werden. Für jedermann lesbar zusammengefasst sind diese Erkenntnisse im Bestseller-Fachbuch von Kahnemann (2011) oder etwas psychologischer formuliert im Fachbuch von Kanning (1999). Beispielsweise reduziert sich der subjektive Anteil einer Wahrnehmung deutlich, wenn die zu beurteilende Grösse klar definiert und mit beobachtbaren und handlungsorientierten Parametern umschrieben ist. Wenn ein Beurteiler weiss, worauf er sich warum konzentrieren muss und die Beurteilungskriterien konkret sind, dann ist die Chance geringer, dass irrelevante, rein persönlich gefärbte Wahrnehmungen und Annahmen dominieren. Der sogenannte „Halo"-Effekt beispielsweise ist in der sozialen Wahrnehmung ausreichend belegt und studiert (vgl. Thorndike, 1920, oder Rosenzweig, 2008). Er besagt, dass Menschen in ihren subjektiven Beurteilungen anderer die Tendenz haben, ihr Urteil primär auf hervorstechende Ereignisse, auffällige und einmalige Verhaltensweisen oder besonders eindrücklicher Merkmale des Gegenübers abzustellen, statt unabhängig jede Beobachtung und jedes Kriterium zuerst einzeln zu beurteilen und sich erst dann ein ausgewogenes Gesamtbild zu machen. Gründe für den „Halo-Effekt" liegen meist im Versuch, den Aufwand für die Informationsverarbeitung zu reduzieren oder im Mangel an klar definierten Beurteilungskriterien. Deshalb ist sicherzustellen, dass eine Beurteilung auf eindeutigen, klar festgelegten Kriterien basiert und die Beurteiler nicht gleichzeitig zu viele Messgrössen und Kriterien einschätzen müssen. „Zwei Augen sind immer subjektiv, bei vier Augen beginnt die Wahrheit". Dieses Sprichwort verweist auf einen weiteren wesentlichen Ansatz im Umgang mit Subjektivität. Gerade bei Einschätzungen von Eigenschaften, Verhaltensweisen und künftigen Entwicklungen von Individuen sind eine Offenlegung und formelle Diskussion der vorhandenen subjektiven Ansichten/Wahrnehmungen mit anderen Beurteilern einer der effektivsten und hilfreichsten Formen zur Erreichung von ausreichender Objektivität. Diese Offenlegung und formelle Diskussion mit anderen Beurteilern ist auch deshalb hilfreich, weil die Beurteiler dabei lernen, ihre subjektiven „Fehler" zu erkennen, und von anderen gezwungen werden, ihre Wahrnehmungen präziser und facettenreicher vorzunehmen und zu begründen.

Subjektivität ist nicht nur eine Frage der verfügbaren und geprägten Wahrnehmungsfähigkeit eines individuellen Beurteilers, sondern sehr oft auch abhängig davon, welche aktuelle Beziehung zwischen dem Beurteiler und dem Beurteilten besteht, wie und wie weit der Beurteiler vermeintlichen Nutzen aus einem bestimmten Ergebnis der Einschätzung zieht oder wie weit der Beurteiler schon vorgefasste Beurteilungen/Erwartungen von früher hat. Solche Faktoren erhöhen die Subjektivität und damit das Risiko einer falschen Beurteilung. Die beziehungsmässige Neutralität zwischen Beurteiler und Beurteiltem ist also ein anderer entscheidender Faktor, den es – wenn möglich – zu erkennen und zu regeln gilt.

11.3.2   Differenzierung schafft Fairness

Eine Messgrösse klar zu definieren und standardisiert zu erheben garantiert noch nicht, dass die Messergebnisse auch die tatsächlich vorhandenen Unterschiede im zu messenden Merkmal widerspiegeln. Solange aber eine Messmethode die tatsächlich vorhandenen Unterschiede zwischen Mitarbeitenden nicht aufzeigt, sondern alle in „einen Topf" wirft, ist das Ergebnis relativ nutzlos. Eine realistische Differenzierung, beispielsweise von „Leistung", schafft die Voraussetzungen für eine Gleichberechtigung und Fairness bei der Zuteilung z.B. von Lohn und anderen Vergütungen. Ein „Verdecken" von Unterschieden hingegen dient lediglich einer wettbewerbsfeindlichen Gleichmacherei.

Wie schon erwähnt, unterliegen zwischenmenschliche Beurteilungen gewissen systematischen Fehlern. Zwei dieser „Beurteilungsfehler" sind besonders bedeutsam für eine differenzierte Messung von HC-Merkmalen. Erstens die „Tendenz zur blassen Mitte", wonach menschliche Beurteiler übermässig dazu tendieren, mittlere Skalenwerte zu wählen, die keine echten Entscheidungen in die eine oder andere Richtung verlangen. Zweitens der „Milde- bzw. Strenge-Effekt". Die Beurteiler geben einseitig entweder nur milde oder sehr strenge Beurteilungen ab. Beide Fehler generieren eine suboptimale Differenzierung der Messwerte bzw. eine gleichmacherische Einschränkung des Spektrums.

Diese Beurteilungsfehler können bis zu einem gewissen Grad durch übergreifende Kalibrierungen (z.B. Portfolio-Review-Meeting siehe Kapitel 7.2) oder durch Vorgabe der groben statistischen Verteilung der Messwerte („Recommended Distribution" im Performance-Management) korrigiert werden. Die richtige Wahl und die Ausgestaltung der Messskalen (z.B. kein mittlerer Skalenwert, genaue Operationalisierung der einzelnen Skalenstufen mittels BARS) erschweren solche Beurteilungsfehler zusätzlich. Kalibrierungen in Management-Teams unterliegen jedoch auch bekannten Gruppen-Effekten, wo beispielsweise einzelne „mächtige" oder vorlaute Gruppenmitglieder dominieren oder Mehrheitsmeinungen nicht hinterfragt werden (vgl. „Groupthink" in Dobelli, 2011). Eine professionelle Gestaltung und Moderation solcher „Kalibrierungsmeetings" ist unabdingbar.

11.3.3 Fremdbild ist nicht gleich Selbstbild

Der Mensch ist wohl das einzige Messobjekt, das sich selbst ein Bild, eine Vorstellung von sich selbst bzw. von den zu beurteilenden Merkmalen machen kann und meist auch macht. Nehmen wir als Beispiel das rhetorische Verhalten eines Präsentierenden. Er beurteilt selber auch seine Eloquenz und seine Überzeugungskraft. Diese Selbstbeurteilung bzw. das Selbstbild muss nicht mit dem Eindruck der Zuhörer oder den Beobachtungen seines Rhetorik-Trainers übereinstimmen. Das Selbstbild kann besser oder schlechter sein als das Fremdbild bzw. die Fremdbilder. In der Tendenz sind die Selbstbilder z.B. bei der Beurteilung der eigenen Leistung milder als die Fremdbilder (vgl. Marcus, 2011). Beim Messen von menschlichem Verhalten oder menschlichen Eigenschaften muss also immer mit dieser Dualität „Fremd-/Selbstbild" gerechnet und klar festgehalten werden, ob es sich bei einem Messwert um eine Selbst- oder Fremdbeurteilung handelt. Einzelne Messinstrumente wie das 360°-Feedback machen diese Dualität zum eigentlichen Thema. Interessant beim 360°-Feedback ist die Differenz zwischen dem Fremdbild (gemittelt über mehrere Beurteiler) und dem Selbstbild des Beurteilten. Wenn es um Führungsverhalten geht, interessiert in erster Linie das Fremdbild der Mitarbeitenden. Dieses Fremdbild, und nicht etwa das Selbstbild des Vorgesetzten, beeinflusst die Motivation und das Verhalten der unterstellten Mitarbeitenden. Das Fremdbild ist mit der Einschätzung der Qualität eines Produktes vergleichbar. Denn auch dabei zählt primär, wie der Kunde die Qualität erlebt und einschätzt und nicht, wie der Hersteller sein Produkt beurteilt. Bei der Leistungsbeurteilung hat sowohl das Selbstbild des Beurteilten wie vor allem auch das Fremdbild des beurteilenden Vorgesetzten seine je eigene Bedeutung. Aufgabe des Leistungsbeurteilungs-Gesprächs kann unter anderem sein, das Selbstbild mit dem Fremdbild abzustimmen und divergierende Sichten zu klären. Es macht deshalb manchmal Sinn, bei einer Beurteilung gezielt sowohl Fremd- wie auch Selbstbild zu erheben. Der Beurteilte legt sich nämlich in jedem Fall ein Selbstbild zurecht, und aus einer offenen Diskussion der Differenzen kann das Fremdbild qualitativ verbessert werden.

11.4   Interpretation und Nutzung der Messergebnisse

11.4.1   Messen ist eine Intervention

Jede Messung in einem sozialen System hat „Nebenwirkungen". Diese sind insbesondere bei der Interpretation und Verwendung der Messergebnisse zu beachten.

Eine Messung, auch in der Physik, besteht aus einem Eingriff in ein definiertes System, der wiederum das System verändert. Beispielsweise, wenn die Temperatur mit einem Fühler in einem Raum gemessen wird, so ist der Fühler mit seiner Eigentemperatur und seinem Temperatur-Leitwert ein Teil des gemessenen Systems. In diesem Fall ist die Beeinflussung der Raumtemperatur durch die Messung bzw. durch den Fühler sehr gering. Im Bereich Human Capital ist eine Messung viel „störender" als anderswo. Nehmen wir das Beispiel einer Messung von Engagement mittels eines Fragebogens, den die Mitarbeitenden ausfüllen. Allein die Information, dass und wie eine solche Messung durchgeführt wird, verändert bei den Mitarbeitenden die Wahrnehmung der für das Engagement relevanten Arbeitsbedingungen, im Sinne z.B. von „Aha, das Management interessiert sich für meine Meinung". Diese Wahrnehmung wiederum verändert indirekt das Engagement des einzelnen Befragten. Noch extremer ist die Situation in einem Interview. Jede Interviewfrage verändert die Wahrnehmung des Interviewers durch den Interviewten, und jede Antwort des Interviewten verändert die Erwartungen und oft auch das Verhalten des Interviewers in seiner nächsten Frage.

Unter solchen Bedingungen weis man letztlich erst was man gemessen hat, und wie die Ergebnisse zu interpretieren sind, wenn man alle Reaktionen auf die Mess-Intervention kennt.

Solche Einflüsse und Ungenauigkeiten als direkte Folge einer Messung lassen sich in sozialen Systemen kaum vermeiden, denn die Akteure sind keine passiven Instrumente und Objekte, sondern aktiv denkende und handelnde Personen. Die Frage und das Problem sind hier vielmehr, wie solche Effekte erkannt, abgeschätzt und limitiert/kontrolliert werden können. Entscheidend ist die Kommunikation an alle Beteiligten was warum bzw. wozu gemessen werden soll und wer die Ergebnisse einsehen und wozu verwenden wird. Wenn diese Kommunikation konsistent und glaubwürdig erfolgt, können erstens entsprechende Effekte abgeschätzt, zweitens unberechenbare störende Einflüsse limitiert und drittens die Ergebnisse adäquat interpretiert werden.

11.4.2   Benchmarks als Referenzwerte

Die Interpretation eines Messergebnisses basiert immer auf einem Vergleich mit einem Referenzwert, einem Benchmark. Der absolute Wert eines Messergebnisses allein hilft selten weiter, wenn es darum geht, Massnahmen aus einer Messung abzuleiten oder, allgemein, das Messergebnis für irgendwas zu nutzen. Dies gilt für exakte Messbereiche ebenso wie für weichere. Der Umsatz eines Unternehmens beispielsweise ist für sich alleine noch wenig aussagekräftig. Erst ein Vergleich mit dem Vorjahr oder mit dem in gleicher Weise gemessenen Umsatz in vergleichbaren Konkurrenzunternehmen erlaubt eine weiterführende Interpretation. Je mehr gültige Referenz- oder Vergleichswerte man hat, desto präziser und breiter kann die eigene Messung interpretiert werden und können entsprechende Massnahmen abgeleitet werden.

Referenz- und Vergleichsgrössen fördern – auch in „weicheren" Bereichen – einen gesunden Wettbewerb. Sie regen zu Gedanken und Analysen an, woher die Unterschiede beispielsweise zur „Konkurrenz" kommen, und was dagegen getan werden kann oder welche Erfolgsfaktoren beibehalten werden müssen. Ein anschauliches Beispiel für solche Vergleichswerte bzw. Benchmarks sind die PISA-Studien der OECD über die kognitiven Leistungen von Schülern in verschiedenen Ländern. Man kann diese Ländervergleiche zu Recht hinterfragen, aber sie haben sicherlich eine Dynamik in der Bildungsdiskussion und Bildungsforschung ausgelöst (vgl. OECD, 2009).

Seriöse psychometrische Verfahren liefern sogenannte Normen mit. Diese Normen dienen einerseits dazu, die Messskala festzulegen, andererseits ermöglichen sie eine korrekte Interpretation der Ergebnisse. Die Gefahr besteht hier jedoch darin, dass die sogenannten Normgruppen nicht hinterfragt werden bzw. Vergleiche mit unpassenden Benchmarks zu unsinnigen Interpretationen führen. Die Ergebnisse eines Intelligenztests, der an einer Gruppe von jungen Studenten normiert wurde, führen bei älteren Mitarbeitenden zwangsläufig zu unpräzisen oder gar falschen Interpretationen. Jede Interpretation eines Messwertes kann erst bewertet werden, wenn man weis, auf welche Benchmarks sie sich bezieht.

Für ein HCM sind teils (externe) Benchmarks publiziert, jedoch in erster Linie für Kennwerte, die die operative Effizienz des HCM betreffen. Für die Messung von individuellen Merkmalen des Human Capital (z.B. Kompetenzen) oder von Kennwerten wie „Talentquote" sind sie noch selten. Hier helfen oft nur interne Benchmarks bzw. Vergleiche innerhalb einer Organisation weiter, sofern die Messgrössen standardisiert erhoben wurden. Kalibrierungs-Sessions (siehe Prozesse Performance-Management und Portfolio-Management) fördern nicht nur eine Differenzierung und Normierung der Messwerte, sie sind auch eine besonders geeignete Form von Benchmarking. Ein Vorgesetzter, der seine unterstellten Mitarbeitenden in einer Potenzialbeurteilung mit ihm bekannten Mitarbeitenden anderer Bereiche vergleichen kann und muss, wird die resultierenden Messwerte besser interpretieren können.

Eine weit fortgeschrittene Form externer Benchmarks gibt es bei Messungen von Arbeitsmotivation, Commitment oder Engagement der Mitarbeitenden. Anbieter von Umfragen, wie beispielsweise Hewitt oder Gallup, haben Erfahrungen mit dem Messen von Mitarbei-ter-Engagement oder Commitment bei zahlreichen Firmen. Sie haben zudem die Messgrös-sen wie Engagement oder Engagement-Treiber klar definiert und standardisiert. Sogar einzelne Fragen, z.B. zur Zufriedenheit mit Lohn und Gehalt, sind standardisiert bzw. fi-xiert. Die grosse Anzahl Antworten auf entsprechende Survey-Fragen in unterschiedlichs-ten Firmen ermöglichen Vergleiche zwischen Firmen oder zumindest Vergleiche einer Firma mit einer Gruppe von vergleichbaren Firmen. Somit lassen sich die Ergebnisse ent-sprechender Surveys in einem Unternehmen wesentlich besser interpretieren.

Generell gilt, je häufiger eine gewisse Messung mit einem bestimmten standardisierten Messinstrument (in einem oder mehreren Unternehmen) durchgeführt wird und deren Ergebnisse bekannt gegeben und dokumentiert werden, desto genauer und eingehender kann ein konkretes Messergebnis mit anderen und früheren Messungen verglichen und entsprechend interpretiert werden. Also auch diesbezüglich lohnt sich eine Standardisie-rung von Messgrössen und Messinstrumenten, gerade im Bereich Human Capital.

Die Frage ist aber nicht nur, ob es Referenzgrössen bzw. Benchmarks für eine Messung gibt, sondern welche dieser Referenzgrössen zur Interpretation und danach zur Ableitung von Massnahmen einbezogen wird.

Benchmarking muss immer den Kontext der Datenerhebung berücksichtigen. Zwei Firmen sind bzgl. eines Wertes nie ganz vergleichbar. Eine Referenzgrösse oder ein Benchmark muss allerdings nicht immer hundertprozentig genau die im Interesse stehende Vergleichsgruppe abbilden. Eine Annäherung ist schon viel besser als überhaupt kein Benchmark.

Benchmarking mit dem Zweck, besser zu werden bzw. sich gewisse Ziele zu setzen, führt jedoch maximal dazu, dass man gleich gut wird wie die (vergleichbare) Konkurrenz, aus der der Benchmark stammt, aber nicht besser oder anders. Um Wettbewerbsvorteile zu identifizieren und zu nutzen, kann man nicht alleine auf Benchmarks abstellen, sondern man muss auch eine eigene, innovative Sicht der Zukunft haben.

Die Einführung einer HC-Messung in einem Unternehmen, ohne dass der Aspekt „Bench-marking" bearbeitet und geklärt ist, lässt zu viele Fragen offen, wozu und wie die Mess-grösse für Interpretationen und Entscheidungen genutzt werden kann.

11.4.3   Gezielte Verfälschungen

Es liegt auch in der Natur der arbeitenden Menschen, Ergebnisse ihrer Bemühungen zu ihren Gunsten zu interpretieren, zu manipulieren oder gezielt zu verfälschen, wenn dies ohne unmittelbare negative Folgen möglich ist. Jede Interpretation einer Messgrösse in sozialen Systemen muss dies in Betracht ziehen und nach Möglichkeit zu vermeiden versu-chen. Die Beurteilten selbst können mit „Impression Management", mit Verhaltensweisen und Aussagen in Richtung sozialer Erwünschtheit oder mit bewusster „Schauspielerei" diagnostische Informationen verfälschen. Diese Effekte sind in der Personaldiagnostik bei den gängigen Instrumenten recht gut untersucht (vgl. Marcus, 2011).

Auch die Beurteiler können ein handfestes Interesse an Verfälschungen haben. Beispiels-weise kann ein Vorgesetzter einem Mitarbeiter, den er aus primär persönlichen Gründen loswerden will, eine ungerechtfertigt tiefe Leistungsbeurteilung geben, ihn damit „mob-ben" und mit Verweis auf das geltende „Low Performer Management" letztlich loswerden. Ehrgeizige, kritische und dadurch für den direkten Vorgesetzten unbequeme Nachwuchs-kräfte können mit einer überhöhten Potenzialbeurteilung „weggelobt" werden.

Was kann gegen solcherlei willkürliche oder unbeabsichtigte Verfälschung unternommen werden? Erstens sollte man nicht auf eine einzige Messgrösse abstellen, ausser wenn diese sich aus einer ausreichenden Anzahl von separat erhobenen Kriterien zusammensetzt. Eine ökonomisch vertretbare „Diversifizierung" von Messgrössen kann das Risiko einer Verfäl-schung eingrenzen. Zweitens können auch verschiedenen Quellen bzw. Beurteiler bei der Festlegung des erreichten Messwertes hinzugezogen/konsultiert werden. Dies kann eben-falls die Verfälschung erschweren. Eine ebenso grosse Rolle spielt drittens der Betrach-tungshorizont. Gilt nur der unmittelbar und kurzfristig erreichte Wert, dann kann einfacher manipuliert werden (z.b. durch Vor-/Nachdatieren von Leistungen), als wenn die Beurtei-lung aufgrund längerer Zeitfenster vorgenommen oder der zeitliche Verlauf des Wertes verfolgt wird. Einer Organisationseinheit absolute Ziele für zentrale Messgrössen vor-zugeben (z.B. Engagement Index von 70 %) ist nicht unproblematisch. Gerade bei Mess-grössen zum Human Capital, die auf aggregierten Aussagen von Mitarbeitenden (Surveys) und nicht auf beobachtbarem Verhalten oder durch andere beurteilbaren Leistungen beru-hen, ist besondere Vorsicht geboten, wenn diese zu Zielvorgaben benutzt werden, deren Erreichung bzw. Übertreffen beispielsweise direkt die Vergütung beeinflussen. Es „kostet" ja einen einzelnen Mitarbeiter kaum etwas, wenn er die anonymen Fragen zu seinem Enga-gement positiver beantwortet, als dies der Realität entspricht, wenn dafür aber sein Bereich bezüglich Engagement-Index besser dasteht und er dadurch auch einen höheren Bonus-Pool erhält. Etwas weniger riskant bzw. durch die Beurteiler weniger gut zu steuern sind Zuwachs-Ziele, z.B. Erhöhung des Engagement-Indexes um 5 %.

Wenn „Verfälschungen" einfach möglich sind oder ignoriert werden, dann werden die entsprechenden Messgrössen und Messverfahren schnell an Glaubwürdigkeit verlieren und über kurz oder lang aufgegeben werden.

11.4.4 Transparenz und Feedback

Mitarbeitende lassen sich üblicherweise nicht einfach passiv beurteilen oder messen. Sie erwarten zumindest ein Feedback zum Ergebnis einer Beurteilung. In vielen Fällen steht diese Rückmeldung den Mitarbeitenden sogar datenschutzrechtlich zu. In jedem Fall ist es angezeigt, die Bemessenen eingehend darüber zu informieren, wie die konkreten Ergebnis-se sind und wie sie interpretiert und genutzt worden sind. Bei der Wahl der Messmethode oder des Messinstruments ist darauf zu achten, dass die so gemessenen Ausprägungen an die Gemessenen/Beurteilten zurückgemeldet werden müssen. Je nach Messinstrument ist dies besser oder schlechter verständlich und mit mehr oder weniger Aufwand möglich. Die Bezeichnungen der Skalenpunkte z.B. auf der Skala der „Leistung" im Performance-

Management beeinflussen nicht nur die Zuteilung der Beurteilungen, sondern auch das Verständnis und die Akzeptanz der Beurteilten. Beispielsweise erschwert eine Leistungseinstufung mit einer schulischen Notenskala (1 bis 6) die Akzeptanz bei den Beurteilten, weil sie verständlicherweise unbeabsichtigte Vergleiche ziehen und sich in alte Zeiten zurückversetzt fühlen. Wenige, aber klar definierte Kriterien für „Potenzial" erleichtern die Rückmeldung an die Beurteilten. „Geschätztes sequenzielles Potenzial" kann von den Betroffenen eher akzeptiert und adäquat interpretiert werden als eine Aussage über „absolutes Potenzial".

Verständliche Begründungen für erfolgte Interpretationen und Hintergrundinformationen fördern die Akzeptanz der Ergebnisse und verstärken die gewünschte Wirkung des Feedbacks. Nur mit einem ehrlichen und verständlichen Feedback verstehen auch die Mitarbeitenden, worauf warum Wert gelegt wird und was sie beitragen können und müssen, um ihre Ergebnisse zu verbessern. Falsche oder „schön geredete" Rückmeldungen werden schnell durchschaut und gefährden die Seriosität künftiger Messungen und die Akzeptanz von abgeleiteten Entscheidungen. Transparenz und Feedback prägen wesentlich eine Organisations- oder Unternehmenskultur. Messen bzw. Beurteilen von HC verbunden mit dem dafür notwendigen Feedback ist nur auf der Basis einer entsprechenden Feedback-Kultur möglich, welche wiederum direkt und positiv den Umgang von Vorgesetzten mit ihren Mitarbeitenden und damit deren Engagement steigert. Nur mit einer solchen Feedback-Kultur lassen sich Messsysteme in einer Organisation nachhaltig etablieren.

11.4.5   Konsequenzen und Verantwortlichkeiten

In technischen Systemen beeinflusst die Tatsache, ob Messergebnisse beachtet und für Entscheidungen genutzt werden, nicht direkt die Genauigkeit und Gültigkeit der Messergebnisse. In sozialen Systemen hingegen machen die Beurteiler ihren Einsatz und ihre Ernsthaftigkeit davon abhängig, ob und was mit den Beurteilungsergebnissen passiert. Wenn Leistungsbeurteilungen, die zwar korrekt sind und fair zurückgemeldet werden, keine Konsequenzen bezüglich Gehalt und Vergütung oder Planung von Entwicklungsmassnahmen und Beförderungen haben, werden sie künftig weniger seriös erstellt. Potenzialbeurteilungen bzw. Einstufungen im Potenzial-Performance-Grid, die bei einer Nachfolgeentscheidung nicht berücksichtigt werden, verlieren an Glaubwürdigkeit, und Führungskräfte werden künftig weniger in eine genaue Potenzial-Beurteilung investieren. Engagement-Werte, die keine Konsequenzen für die Gestaltung der Arbeitsbedingungen haben, schmälern folglich das Vertrauen der Mitarbeitenden in Engagement-Surveys, die Antwortrate und die Gültigkeit der Ergebnisse werden signifikant sinken.

Damit Messergebnisse die gewünschten Wirkungen und Konsequenzen für das Human Capital Management haben, müssen nicht nur die Regeln zur Verwendung der Messergebnisse geklärt sein. Es ist auch festzulegen, wer für die Nutzung und Umsetzung der Ergebnisse verantwortlich ist. Meist sind dies Führungskräfte. Ihre Pflichten und Ziele im HCM sollten in ihren Zielvereinbarungen festgehalten werden, HCM-Analysen können zudem die Einhaltung der HCM-Verpflichtungen in Organisationseinheiten überwachen.

Bei der Planung eines Messverfahrens wird oft zu viel in dessen inhaltliche Gestaltung und in die Gültigkeit der Messergebnisse investiert und zu wenig in die Planung und Überwachung dessen, was danach mit den Ergebnissen geschieht, und wer für deren Nutzung verantwortlich ist. Der zweite „Output-orientierte" Teil ist für die Nachhaltigkeit eines Messverfahrens mindestens ebenso wichtig.

Literatur

Aberdeen. (2009). Human Capital Management: Workforce Analytics Drives Profit and Performance. Aberdeen Group.

Aráoz, C.F. (2005). Getting the right people at the top. MIT Sloan Management Review, 46 (4): 67-72.

Axelrod, E. L., Handfield-Jones, H. & Welsch, T. A. (2001). War for talent, part two. The McKinsey Quarterly , S. 9-11.

Barnett, K. & Vance, D. (2012). Talent Development Reporting Priciples (TDRp) Whitepaper. http://www.centerfortalentreporting.org/

Barney, J. (1991) Firm resources and sustained competitive advantage. Journal of Management 17(1): 99-120.

Baron, A. & Armstrong, M. (2007). Human Capital Management. London: Kogan Page.

Bassi, L. & McMurrer, D. (2007). Maximizing your Return on People. Harvard Business Review.

Bassi, L., Carpenter, R., & McMurrer, D. (2010). HR Analytics Handbook. Report of the State of Knowledge. Amsterdam: Reed Business.

Bassi, L., Frauenheim, E., McMurrer, D. & Costello, L. (2011). Good Company: Business Success in the Worthiness Era. San Francisco: Berret-Köhler.

Becker, B.E. & Huselid, M.A. (1998). High Performance Works Systems and Firm Performance: A Synthesis of Research and Managerial Implications. In: Research in Personnel and Human Resources Management, Vol. 16, 53-101

Becker, B. E. & Huselid, M. A. (1992). Direct Estimates of SDy and the Implications for Utility Analysis. Journal of Applied Psychology , 77, 3, p: 227-233.

Becker, B. E., Huselid, M. A. & Ulrich, D. (2001). The HR Scorecard. Linking People, Strategy, and Performance. Boston: Harvard Business School Press.

Becker, B. E., Huselid, M. A. & Beatty, W. (2009). The differentiated workforce. Transforming Talent into Strategic Impact. Boston: Harvard Business School Publishing

Becker, G. S. (1993, Third Edition). Human Capital. Chicago: The University of Chicago Press.

Bersin & Associates (2008). The Essential Guide to Employee Performance Management Systems. www.bersin.com

Bersin & Associates. (2010). Talent Management Factbook 2010. www.bersin.com

Bersin & Associates. (2011). The Performance Distribution Primer. www.bersin.com

Biron, M., Farndale, E. & Paauwe, J. (2011). Performance management effectiveness: lessons from world-leading firms. International Journal of Human Resoruce Management. 22(6), pp.1294-1311.

Birri, R. & Lebrenz, Ch. (2013). Strategisches Personalmanagement. Wege aus der Sackgasse. Personalwirtschaft, 02/2013

Birri, R. & Melcher, A. (2011). Buidling a Talent for Talent. In Povah, N. & Thornton, G. (Eds.): Assessment and Development Centers. Strategies for Global Talent Management, Hampshire, Gower Publishing

Boston Consulting Group (2010, 2012): Creating People Advantage 2010, 2012. www.bcg.com

Boudreau, J. W. (2010). Retooling HR. Harvard Business Press.

Boudreau, J. W. & Ramstad, P. M. (2003). Strategic Industrial and Organizational Psychology and the Role of Utility Analysis Models. In W. C. Borman, D. R. Ilgen, & R. J. Klimoski, Handbook of Psychology. Vol 12: Industrial and Organizational Psychology (S. 193-221). NY: Wiley.

Boudreau, J. W. & Ramstad, P. M. (2006). Talentship and Human Resource Measurement and Analysis. From ROI to Strategic Organizational Change. Human Resource Planning Journal , 29, no. 1, 25-33.

Boudreau, J. W. & Ramstad, P. M. (2007). Beyond HR. Boston: Harvard Business School Publishing.

Bowen, D.E. & Ostroff, C. (2004). Understanding HRM-Firm performance linkages: the role of the "strength" of the HRM system, Academy of Management Review, 29(2), 203-221.

Boxall, P. & Purcell, J. (2011). Strategy and Human Resource Management. Palgrave Macmillan.

Bröckermann, R. & Müller-Vorbrüggen, M. (2006). Handbuch Personalentwicklung, Praxis der Personalbildung, Personalförderung, Arbeitsstrukturierung. Schäffer-Poeschöl Verlag.

Bryant, A. (2011). From Top to Bottom, Building a Better Boss. The new York Times, 4.4.2011

Burton-Jones, A. & Spender, J. (2011). The Oxford Handbook of Human Capital. USA: Oxford University Press.

Byham, W. (2004). Developing Dimension-/Competency based Human Resource Systems. DDI Monographs.

Cappelli, P. (March 2008). Talent Management for the Twenty-First Century. Harvard Business Recview .

Cascio, W. F. & Boudreau, J. W. (2008). Investing in People. New York: Pearson.

Cascio, W.F. & Boudreau, J.W. (2012). Short Introduction to Strategic Human Resource Management. Cambridge University Press

Center for Talent Reporting (CTR). http://www.centerfortalentreporting.org/about-us/

Cermak, J. & McGurk, M. (2010). Putting a value on training. McKinsey Quarterly.

Collins, J. (2001). Good to Great. Why some Companies make the Leap ... and Others Don't. New York: HarperCollins Publishers Inc.

Combs, J., Liu, Y., Hall, A. & Ketchen, D. (2006). How much do High Performance Work Practices matter? A meta-analysis of their effects on Organizational Performance. Personnel Psachology, 59,3 p. 501-528

Corporate Leadership Council (2005). Realizing the full potential of rising talent: A quantiative analysis of the identification and development of high Potential employees. Washington DC: Corporate Executive Board.

Corporate Leadership Council (2006). Creating an Integrated Talent Management Strategy. Corporate Executive Board.

Csikszentmihalyi, M. (1990). Flow. New York: Harper Perennial.

cute-e. Hamburg. www.cut-e.com

Davenport, T. H., Harris, J. & Shapiro, J. (October 2010). Competing on Talent Analytics. Harvard Business Review , S. 2-6.

Davenport, Th.O. (1999). Human Capital. What it is and Why People invest it. San Francisco: Jossey-Bass.

Davenport, Th.O. & Harding, St.D. (2010). Manager redefined: The Competitive Advantage in the Middle of Your Organization. San Francisco: Jossey-Bass.

De Waal, A. (2007). Strategic Performance Management. New York: Palgrave MacMillan

Dobelli, R. (2011). Die Kunst des klaren Denkens. Hanser, München

Dorgan, S. J., Dowdy, J. J. & Rippin, T. M. (February 2006). The link between management and productivity. McKinsey Quarterly .

Drucker, P. (1999). Knowledge-Worker Productivity: The Biggest Challenge. California Management Review, 41-2, p. 79-94.

Dürndorfer, M., Nink, M. & Wood, G. (2005). Human-Capital-Management in deutschen Unternehmen. Hamburg: Murmann.

Effron, M. & Ort, M. (2010). One Page Talent Management. Boston: Harvard Business Press.

Enaux, C. & Heinrich, F. (2011). Strategisches Talent-Management. Haufe: Freiburg.

Fitz-enz, J. (1990). Human Value Management. San Francisco, CA: Jossey-Bass.

Fitz-enz, J. (2009). The ROI of Human Capital: Measuring the Economic Value of Employee Performance. New York: AMACOM.

Fitz-enz, J. (2010). The new HR Analytics. Predicting the Economic Value of Your Company's Human Capital Investements. New York: American Management Association.

Flanagan, J.C. (1954). The Critical Incident Technique. Psychological Bulletin, 5(4), p. 327-358

Gibbons, J. (2006). Employee Engagement. A review of current research and its implications. The Conference Board. Canada.

Goffee, R. & Jones, G. (2003). The Character of a Corporation. London: Profile Books.

Griffin, M. A., Neal, A. & Parker, S. K. (2007). A new model of work role performance: Positive behavior in uncertain and interdependent contexts. Academy of Management Journal, 50, 327-347.

Grote, R. C. (1996). The Complete Guide to Performance Appraisal. New York: AMACOM.

Grote, R. C. (2005). Forced Ranking. Making Performance Management Work. Boston: Harvard Business School Press.

Groysberg, B. & Sherman, E. (2008). The Royal Bank of Scotland Group: The Human Capital Strategy. Harvard Business School Case 408-060

Guthridge, M., Komm, A. B. & Lawson, E. (1 2008). Making talent a strategic priority. The McKinsey Quarterly , S. 49-59.

Hamel, G. & Prahalad, C. K. (1990). Core Competence of the Corporation. Harvard Business Review , 79-91.

Harter, J. K., Schmidt, F. L., Killham, E. A. & Agrawal, S. (2009). Q12 Meta Analysis: The Relationship Between Engagement at Work and Organizational Outcomes. GALLUP.

Harter, J., Schmidt, F. & Hayes, T. (2002). Business-unit-level relationship between employee satisfaction, employee engagement, and business outcomes: A meta-analysis. Journal of Applied Psychology , 87(2), 268-279.

Hay Group: Emotional and social competency inventory. www.haygroup.com

Hay Group: Are you missing something? Engaging and enabling employees for success. http://www.haygroup.com

HCC e.V.: http://www.humancapitalclub.de

HCI: Human Capital Institute. http://www.hci.org/

Herzberg, F., Mausner, B. & Snyderman, B. (1959). The motivation to work. New York: John Wiley & Sons.

Hewitt (2004). Employee Engagement Higher at Double-Digit Growth Companies. Hewitt Research Brief.

Hilb, M. & Oertig, M. (2010). HR Governance: Wirksame Führung und Aufsicht des Board- und Personalmanagements. St. Gallen: Personalwirtschaft.

Hölzle, Ph. (2010). Strategien der Personalentwicklung. In: Meifert, M.T. (Hrsg.) Strategiche Personalentwickung. Springer, 2. Auflage

Hunter, J. E., Schmidt, F. L. & Judiesch, M. K. (1990). Individual Differences in Output Variability as a Function Of Job Complexity. Journal of Applied Psychology , 75(1), 36-47.

Huselid, M.A. (1995). The impact of human resource management practices on turnover, productivity, and corporate financial performance. Academy of Management Journal, 38, 635-672.

IBM (2005). The Global Human Capital Study.

IBM (2008). Integrated Talent Management. IBM Institute for Business Value.

Ingham, J. (2006). Strategic Human Capital Management. Elsevier Ltd.

ISR: International Survey Research (2006). Effects of Engagement.

Jensen, M. & Meckling, W. (1976). Theory of the firm: managerial beahvior, agency costs and ownership structure. Journal of Financial Economics, 3: 305-60.

Kahn, W. (1990). Psychological conditions of personal engagement and disengagement at work. Academy of Management Journal , 33(4), 692-724.

Kahnemann, D. (2011). Thinking fast and slow. London: Penguin Books.

Kanning, U.P. (1999). Die Psychologie der Personenbeurteilung. Göttingen: Hogrefe.

Kaplan, R.S. & Norton, D.P. (1992): The Balanced Scorecard – Measures that drive performance. Harvard Business Review, 1, 71-79

Kaplan, R. S. & Norton, D. P. (1996). Linking the Balanced Scorecard to Strategy. California Management Review , 39, 1.

Keen P.G. (1997). The Process Edge. Harvard Business School Press.

Kepes, S. & Delery, J.E. (2007). HRM Systems and the Problem of Internal Fit. In: Boxall, P., Purcell, J. & Wright (Eds.): The Oxford Handbook of Human Resource Management. Oxford University Press. Chapt. 19

Kotter, J. P. (1996). Leading Change. Harvard Business School Press.

Kupiek, M. & Graf, G. (2010). Begonnene Hausaufgaben. Entwicklung des eigenen Führungsnachwuchses. Tages Anzeiger. Beilage 'alpha' (22. August). oder http://tmag.ch/de/talent_management/benchmark.html

Lawler, E. E. (2003). Current performance management practices. WorldatWork Journal , 12 (2), 21-30.

Lawler, E. E. & Hall, D. T. (1970). Relationsship of job chartacteristics to job involvement, satsifaction and instrinsic motivation. Journal of Applied Psychology , 54(4), 305-312.

Lebrenz, Ch. (2011). Bessere Mitarbteiter als Wettbewerbsvorteil. Frankfurter Allgemeine Zeitung, 22. August, Seite 10

Leonard, D. (1998) Wellsprings of Knowledge: Building and Sustaining the Sources of Innovation. MA: Harvard Business School Press.

Lepak, D.P. & Snell, S.A. (2008). Managing the Human Resource Architecture for Knowledge-Based Competition. In: Schuler, R.S. & Jackson, S.E. (Eds.). Strategic Human Resource Management. 2nd Edition, Blackweel Publishing Ltd., Chapter 15.

Lesser, E. & DeMarco, M. (2008). The Global Human Capital Study 2008. IBM.

Lev, B. (2001). Intangibles – Management, Measurement & Reporting. Washington D.C.: Brookings Institution Press.

Likiermann, A. (2009). The five Traps of Performance Measurement. Harvard Business Review, October .

Lombardi, M. & Saba, J. (2010). Talent Assessment Strategies. A Decision Guide for Organizational Performance. Aberdeen Group. https://www.cpp.com/pdfs/Aberdeen.pdf

Lominger: Leadership Core Competency Library. http://www.halogensoftware.com/pro-ducts/halogen-eappraisal/lominger-leadership/ oder www.lominger.com

Low, J. & Siesfield, T. (1998). Measures That Matter. Boston: Ernst & Young.

Lucia, A. D. & Lepsinger, R. (1999). The Art and Science of Competency Models: Pinpointig Critical Success Factors in Organizations. San Francisco: Jossey-Bass/Pfeiffer.

Macey, W. H. & Schneider, B. (2008). The Meaning of Employee Engagement. Industrial and Organizational Psychology , 1, 3-30.

Marcus, B. (2011). Personalpsychologie. Wiesbaden: VS Verlag für Sozialwissenschaften, Springer.

Martin, K. & Bourke, J. (2009). Integrated Talent Management. Aberdeen Group.

Martin, J. & Schmidt, C. (2010). How to keep your top talent. Harvard Business Review, 88 (5): 54-56.

McCall, M. W. & Lombardo, M. M. (1983). Off the track: Why and how sucessful executives get derailed. Greenboro, NC: Center for Creative Leadership.

McCauley, C. & Van Velsor, E. (2004). The Center for Creative Leadership Handbook of Leadership Development. San Francisco: Jossey-Bass.

Meifert, M.T. (2010). Die strategische Personalentwicklung in acht Etappen. In: Meifert, M.T. (Hrsg.). Strategische Personalentwicklung, Spiringer, 2010, 2. Auflage

Melcher, A. & Winkler, S. (2009). Das HCM-Dashboard als GPS für Manager bei der Credit Suisse. In U. D. Wucknitz, Handbuch Personalbewertung (S. 289-298). Stuttgart: Schäffer-Poeschel Verlag.

Melcher, A. & Winkler, S. (2011). Praktische Beispiele zu Herausforderungen und Nutzen von Analysen im Humankapital Management. In DGFP.

Meyer-Ferreira, P. (2010). Humna Capital strategisch einsetzen. Luchterhand.

Mintzberg, H. (1994). The Rise and Fall of Strategy Planning. New York: Free Press.

Mueller, F. (1996) Human resources as strategic assets; an evolutionary resource-based theory. Journal of Management Studies.33(6): 757-85.

Nalbantian, H.R. & Jeffay, J. (2011). New Tools for Talent Management: The Age of Analytics. Chapter 45 in Berger, L.A. & Berger, D.R. (Eds.). The Talent Management Handbook. McGraw-Hill.

Neilson, G., Martin, K. & Powers, E. (2008). The Secrets to Successful Strategy Execution. Harvard Business Review , June, 83 – 93.

Norton, D. P. (2001). Measuring the Contribution of Human Capital. Harvard Busainess Review, Balanced Scorecard Report , 11-14.

Obermann, C. (2009). Assessment Center: Entwicklung, Durchführung, Trends. Wiesbaden: Gabler.

OECD (2009). Creating Effective Teaching and Learning Environments. OECD.

PDI: Personnel Decisions International. http://www.personneldecisions.com/

Peteraf, M. (1993) The cornerstones of competitive advantage: a resource-based view. Strategic Management Journal. 14: 179-91.

Pfau, B. N. & Kay, I. T. (2002). The Human Capital Edge. New York: McGraw-Hill.

Pease, G., Byerly, B. & Fitz-enz, J. (2012). Human Capital Analytics: How to Harness the Potential of Your Organization's Greatest Asset. Wiley and SAS Business Series

Phillips, J.M. (1998). Effects of realistic job previews on multiple organizational outcomes. A meta-analysis. Academy of Management Journal, 54, 451-492.

Porter, M.E. (1979). How Competitive Forces Shape Strategy. Harvard Businbess Review, March-April

Porter, M. (1985) Competitive Advantage: Creating and Sustaining Superior Performance. New York: Free Press.

Povah, N. & Thornton, G. (2011): Assessment and Development Centers. Strategies for Global Talent Management. Hampshire: Gower

Prahalad, C.K. & Hamel, G. (1990). The Core Competence of the Corporation. Harvard Business Review, May-June, 1990.

Purcell, J. & Hutchinson, B. (2007). Front-line managers as agents in the HRM-performance causal chain: theory, analysis and evidence. Human Resource Management Journal 17(1): 3-20

Purcell, J., Kinnie, K., Hutchinson, B., Rayton, B. & Swart, J. (2003). People and Performance: How people management impacts on organizational performance. London: CIPD.

PwC (2010). Managing people in a changing world. Key trends in human capital, a global perspective – 2010. http://www.pwc.com/gx/en/research-insights/talent.jhtml: PriceWaterhouseCoopers.

PwC (2012). PwC 15th Annual Global CEO-Survey 2012. http://www.pwc.com/gx/en/ceo-survey/pdf/15th-global-pwc-ceo-survey.pdf

Rachbauer, S. & Welpe, I.M. (2004). Human-Capital-Management statt Human-Resource-Management. Notwendigkeit und Vorteile einer neuen Philosophie. in Dürndorfer, M. & Friederischs, P. (Eds.): Human Capital Leadership. Strategien und Instrumente zur Wertsteigerung der wichtigsten Ressource von Unternehmen (p. 139-161). Hamburg: Murmann

Rawlinson, R., McFarland, W. & Post, L. (2008). A Talent for Talent. strategy+business magazine, Autumn, issue 52. Booth & Company.

Ready, D., Conger, J. & Hill, L. (2010). Are You a High Potential? Harvard Business Review.

Ritz, A. & Thom, N. (2011). Talent Management. Wiesbaden: Gabler.

Rose, M. (1994). Job Satisfaction, job skills, and personal skills. In Penn, R., Rose, M. & Rubery, J. (Eds). Skill and Occupational Change. Oxford: Oxford Univcersity Press

Rosenzweig, P. (2008). Der Halo-Effekt. Wie Manager sich täsuchen lassen. Offenbach: GABAL.

Rudis, E. (2007). CEO Challenge: Perspectives and Analysis 2007 edition. New York: The Conference Board.

Salgado, J. F., Anderson, N., Moscoso, S., Bertua, C. & De Fruyt, F. (2003). International Validity Generalization of GMA and Cognitive Abilities: A European Community Meta Analysis. Personnel Psychology , 573-820.

Scheiwiller, P. (2010). Talent Management – mehr Breiten- statt Eliteförderung. io new management, Nr. 6, S. 18-20

Schmidt, F. & Hunter, J. (2004). General Mental Ability in the World of Work: Occupational Attainment and Job Performance. Journal of Personality and Social Psychology , 162-173.

Scholz, C. & Stein, V. (1 2006). Humankapital messen. PERSONAL , S. 8-11.

Scholz, C., Stein, V. & Bechtel, R. (2003). Zehn Postulate für das Human-Capital-Management. Personalwirtschaft, 5, S. 50-54.

Scholz, C., Stein, V. & Bechtel, R. (2004). Human Capital Management. Wege aus der Unverbindlichkeit. München: Luchterhand.

Schuler, R.S. & Jackson, S.E. (Eds.) (2008). Strategic Human Resource Management. 2nd Edition, Blackweel Publishing Ltd.

Schuler, H. & Marcus, B. (2004). Leistungsberuteilung. In Schuler, H. (Hrsg.) Organisationspsychologie – Grundlagen und Personalpsychologie. Enzyklopädie der Psychologie. D/III/3, S. 948-1006. Göttingen: Hogrefe.

Schultz, T. (1981). Investing in People. University of California Press.

Schuster, F. (1986). Menschenführung – ein Gewinn. Hamburg.

Schütte, M. (2005). Externe Berichterstattung zu Wissen, Humankapital, intellektuellem Kapital – ein Vorschlag zur Begriffsklärung. Der Betrieb, Vachverlag Handelsblatt, Heft 5, p. 240 ff

Schütte, M. (2005a). Humankapital messen und bewerten: Sisyphusarbeit oder Gebot der Stunde. Personalführung 4/2005

SHL: The SHL Universal Competency Framework, an SHL White Paper by D. Bartram (2006).http://www.shl.com/OurScience/Documents/SHLUniversalCompetencyFramework.pdf

Silzer, R. & Church, A. H. (2009). The Pearls and Perils of Identifying Potential. Industrial and Organizational Psychology. Perspectives on Science and Practice , 2, 377-412.

Sims, D. (2009). The Talent Review Meeting. Facilitator Guide. Bloomington, Indiana: AuthorHouse.

Sparrow, P., Hird, M. & Balain, S. (2011). Talent Management. Time to Question the Tablets of Stone? White Paper 11/01. Lancaster University Management School

Spencer, S. & Spencer, L. (1973). Competence at Work. NY: John Wiley.

Sprenger, R. K. (2010). Was man festhält flieht. In A. Ritz, & N. Thom, Talent Management (S. 227-232). Wiesbaden: Gabler.

Steinweg, S. (2009). Systematisches Talent Management. Stuttgart: Schäffer Poeschel

Stiglitz, J. E., A, S. & Fitoussi, J. P. (2008). Report by the Comission on the Measurement of Economic Performance and Social Progress. OECD.

Swart, J. (2007). HRM and Knowledge Workers. In: Burton-Jones, A. & Spender, J. The Oxford Handbook of Human Resource Management. USA: Oxford University Press

Taylor, F.M. (1911). The Principles of Scientific Management. New York: Harper Bros.

Thaler, R.H. & Sunstein, C.R. (2008). Nudge: Improving Decisions About Health, Wealth, and Happiness. Yale University Press

Thorndike, E. L. (1920). A Constant Error in Psychological Ratings. Journal of Applied Psychology , 4, 25-29.

Towers Perrin (2003). Working today: Understanding what drives employee engagement. The 2003 Towers Perrin Talent Report. http://www.towersperrin.com/tp/getwebcachedoc?webc=hrs/usa/2003/200309/talent_2003.pdf

Towers Watson (2010). Five Rules for Talent Management in the New Economy. Watson Wyatt Worldwide.

Truss, C. & Gratton, L. (1994). Strategic Human Resource Management: A Conceptual Approach. *International Journal of Human Resource Management*, Vol.5 No.3Tschumi, M. (2007). Praxisratgeber zur Personalentwicklung. Zürich: Praxium.

Ulrich, D. (1998). Intellectual capital equals competence x commitment. Sloan School Management Review. 39: 15-26.

Ulrich, D. (2008). Alignment of HR Strategies and the Impact on Business Performance. In: Schuler, R.S. & Jackson, S.E. (Eds.) Strategic Human Resource Management. 2nd Edition, Blackweel Publishing Ltd.

Ulrich, D. & Beatty, D. (2001). From Partners to Players: Extending the HR Playing Field. Human Resource Management, 40, no. 4, 293-307

Ulrich, D. & Smallwood, N. (2004). Capitalizing on Capabilities. Harvard Business Review, June p. 119-127

Von Krogh, G. & Wallin M.W. (2011). The Form, Human Capital and Knowledge Creation. in Burton-Jones, A., & Spender, J.. The Oxford Handbook of Human Capital. Chapter 10. USA: Oxford University Press.

Watson-Wyatt (2002). Watson Wyatt Human Capital Index: Human Capital as a Lead Indicator of Shareholder Value.

Welch, J. (2006). So many CEO's get this wrong. Bloomberg Business Week. July 10;92

Wellins, R. S., Bernthal, P. & Phelps, M. (2006). Employee Engagement: The Key to Realizing Competitive Advantage. Pittsburgh: DDI: Development Dimensions International.

Winkler, S., König, C. J. & Kleinmann, M. (2010). Single-attribute utility analysis may be futile, but this can't be the end of the story: Causal chain analysis as an alternative. Personnel Psychology , 1041-1065.

Winkler, S., König, C.J. & Kleinmann, M. (2012). New insights into an old debate: Investigating the temporal sequence of commitment and performance at the business unit level. Journal of Occupational and Organizational Psychology.

Wright, P. M., Gardner, T. M., Moynihan, L. M. & Allen, M. R. (2005). The Relationship between HR Practices and Firm Performance: Examining Causal Order. Personnel Psychology , 409-446.

Wright-Phillips. (2010). Leadership Potential Questionnaire: A leading edge advantage in the identification and development of high potential talents. Impact 2010. Atlanta: Bersin.

Wucknitz, U. D. (2009). Handbuch Personalbewertung. Stuttgart: Schäffer-Poeschel.

Stichwortverzeichnis

Der Autor

Raimund Birri ist freischaffender Berater für Human Capital Management in Zürich. Bis 2008 war er als Mitglied des globalen Management-Teams HR der Credit Suisse verantwortlich für Human Capital Evaluation und Prozesse.

Die Positionen in seiner beruflichen Laufbahn waren im Wesentlichen alle darauf ausgerichtet, die Bedeutung der Rolle von Menschen in wissensbasierten Organisationen zu verstehen, zu betonen und zu fördern. Nach dem Studium der Neuropsychologie und fünf Jahren diagnostischer Arbeit an der Neurologischen Universitätsklinik mit Schwerpunkt und Dissertation über neuropsychologische Substrate für kognitive Funktionen wie Problemlösen wandte er sich der Ergonomie bzw. den Human Factors von Informationssystemen zu. Von 1983 bis 1988 war er in der Credit Suisse verantwortlich für die ergonomische Gestaltung von Bildschirmarbeitsplätzen und für Richtlinien zur Gestaltung der Mensch-Computer-Schnittstellen (Software-Ergonomie) und deren Evaluation. Von 1989 bis 1995 leitete er in der IT-Division der Credit Suisse größere Abteilungen in den Bereichen Software-Engineering und Applikationsentwicklung. 1995 wechselte er in den HR-Bereich und leitete bis 2004 den Bereich Assessment Services (Gruppenassessments (AC), Einzelassessments, 360°-Feedback, Beförderungsprozesse). Danach und bis 2008 übernahm er zusätzlich die globale Verantwortung für das Performance-Management, für das Kompetenzmodell sowie für die Mitarbeiter-Befragungen. Er war maßgeblich beteiligt am Design und bei der Implementierung des Portfolio-Management-Prozesses sowie am Aufbau einer Gruppe für Human Capital Metrics in der Credit Suisse. In Vorlesungen an der Universität Zürich (1998-2001), mit Beiträgen an internationalen Fachkongressen sowie mit einigen Fach-Publikationen stellte er seine Expertise und die praktischen Erfahrungen in der Credit Suisse einem breiteren Kreis zur Verfügung.

Raimund Birri ist erreichbar unter raimund.birri@gmx.ch.

The manufacturer's authorised representative in the EU is Springer
Nature Customer Service Centre GmbH, Europaplatz 3, 69115 Heidelberg,
Germany. If you have any concerns regarding our products, please
contact ProductSafety@springernature.com

Printed and bound by CPI Group (UK) Ltd, Croydon, CR0 4YY

28/04/2026

02098479-0015